U0941649

叶之秋 著

宋史是最好的教科书

—盛世—

中国发展出版社
CHINA DEVELOPMENT PRESS

图书在版编目（CIP）数据

宋史是最好的教科书：盛世/叶之秋著. —北京：中国发展出版社，2015.6（2016.2 重印）

ISBN 978 -7 -5177 -0311 -2

Ⅰ.①宋… Ⅱ.①叶… Ⅲ.①中国历史—宋代—通俗读物 Ⅳ.①K244.09

中国版本图书馆 CIP 数据核字（2015）第 072445 号

书　　名：宋史是最好的教科书：盛世
著作责任者：叶之秋
出 版 发 行：中国发展出版社
（北京市西城区百万庄大街 16 号 8 层　100037）
标 准 书 号：ISBN 978 -7 -5177 -0311 -2
经　销　者：各地新华书店
印　刷　者：北京科信印刷有限公司
开　　本：710mm ×1000mm　1/16
印　　张：20.5
字　　数：360 千字
版　　次：2015 年 6 月第 1 版
印　　次：2016 年 2 月第 2 次印刷
印　　数：4001—7000 册
定　　价：39.80 元
联 系 电 话：（010）68990642　68990692
购 书 热 线：（010）68990682　68990686
网 络 订 购：http：//zgfzcbs. tmall. com//
网 购 电 话：（010）68990639　88333349
本 社 网 址：http：//www. develpress. com. cn
电 子 邮 件：fazhanreader@163. com

版权所有 · 翻印必究

本社图书若有缺页、倒页，请向发行部调换

序 言

真仁盛世，让人怀想的美好时代

宋朝，可谓中国历史上最富庶的封建王朝。而真宗、仁宗两朝，又是两宋最巅峰的时代。从“咸平之治”到“仁宗盛治”，太平安乐60多年。

政治上，真仁时代名臣辈出，吏治清明。诸如吕端、寇准、王旦、张咏、李迪、王曾、吕夷简、范仲淹、包拯等都是堪称伟大的一代贤臣。经济上，真仁时代商业发达、国富民康，创造的巨额财富遥遥领先于汉唐明清。文化上，真仁时代科举盛行，文化昌明。宋真宗亲自拟写《劝学篇》，整个国家以读书为荣。诸如宋祁、柳永、欧阳修、三苏等都成长、活跃在这个时代。军事上，真仁时代威震敌国，务求实效。澶渊之战宋朝力挫强敌，签订会盟，辽宋和好百年。西夏李元昊初兴，一度骚扰边境，但最终被宋朝击退，向宋称臣。

真仁时代之所以成为盛世，原因有很多。

那是一个个性张扬与宽容大度并存的时代。

真宗朝最牛的文人叫杨亿，此人是一代文宗欧阳修的偶像。杨亿少年成名，很早就当上了翰林学士，负责草拟诏令。杨亿生性耿直，视气节高过生命。即便是对高高在上的宋真宗，杨亿也凛然有风骨，不肯退让分毫。

有一次，杨亿负责草拟一份给辽国的诏令，用了“邻壤交欢”这几个字。大意说宋辽接壤，两国盟好——没什么不妥。可是，宋真宗觉得这个“壤”字用得别扭。他提起朱笔在旁边作出批复：“朽壤”、“鼠壤”、“粪壤”。杨亿看后，当即改成“邻境交欢”。

本来，事情到此结束。领导改动秘书的稿子不是天经地义吗？身为皇帝，还不能有点自己的小癖好？可是，杨亿把改定稿呈交中书省时，还递上了一份辞呈。宰相急忙禀奏真宗，真宗问怎么回事。宰相解释，唐朝有个不成文的规矩，只要皇帝改动了翰林学士草拟的诏令，翰林学士就必须辞职。不过，入宋50多年来，皇帝改动诏令的事情常有，翰林学士真的辞职的事情，杨亿还是头一份。

很明显，杨亿认定自己是大宋第一文豪，他写的文章就算是皇帝也不能改！宋真宗很郁闷，说："杨亿这个人真有气性，如此不通商量！"不过他还是立刻派人去杨亿家中安抚，坚决不同意杨亿辞职。

大中祥符五年（1012年），宋真宗准备册封德妃刘娥为皇后，他希望由杨亿来写这份诏令。因为杨亿曾反对刘娥封后，宋真宗特意让丁谓去劝说。丁谓和杨亿关系很好，他也不绕弯子，直接说："大年兄勉强写一写嘛，只要你写了这份诏令，后半生的富贵就不用愁了！"这本是攀附皇后、缓和矛盾的绝佳机会，可杨亿冷冷拒绝："如此富贵，并非我想要的！"

宋真宗让丁谓再找杨亿，但杨亿坚持不写。宋真宗只能改让其他翰林学士拟写。别人一听，就立刻答应了。即便杨亿如此不给面子，宋真宗还是爱惜杨亿的才华，对他恩宠不衰。

那是一个纳谏成为常态，崇法成为共识的时代。

宋仁宗提拔张贵妃的伯父张尧佐为宣徽使兼节度使。公布任命后，御史唐介单独求见，要求宋仁宗收回成命。

宋仁宗解释说："节度使乃是粗官（宋朝重文轻武，故把武官看成粗官），为何这个任命你们也要反对？"唐介昂首向前递上奏折，说："陛下说错了！我朝太祖、太宗皇帝都曾做过节度使，节度使恐怕不是粗官吧？"唐介在偷换概念，宋初节度使有实权，而在仁宗时代则不过是一个虚职。可是，有祖宗成法在前，宋仁宗不能反驳。仁宗就说："这个任命本是中书省下达的。"宋仁宗的意思是，你们别针对我，不是我徇私，一切都是宰相按照合法程序操作的。

唐介毫不退缩，当即抨击宰相文彦博攀附后宫，讨好皇帝。唐介更指出，当初文彦博担任益州知州的时候，利用职务之便，制造了一批珍品蜀锦送给张贵妃。因此，张贵妃常在仁宗耳边谈起文彦博如何出色，最终帮助他获得相位。

宋仁宗大怒，唐介的话不但骂了宰相、贵妃，更抨击他用人不明、治家不严。宋仁宗把唐介的奏折推到一边，让人立刻传话给宰相，明天就把唐介贬官外放。唐介不为所动，他平静地说："臣为忠义所激发，即便是被砍头也不在乎，又怎么会畏惧贬官呢?”

宋仁宗更生气了，唐介明摆着不把他这个皇帝放在眼里。他让人立刻召来宰执大臣文彦博等人，指着唐介说:“唐介身为御史，批评时政，是他的本分。但是，唐介说文彦博是靠着勾结后宫当上宰相，这是什么混账话！朝廷任免宰臣，岂是他一介御史能够干预?”宋仁宗这是让宰相文彦博来帮自己说话呢。

文彦博刚要开口，唐介抢先说:“文彦博你该好好反省下！如果有送礼一事，绝对不能隐瞒！”文彦博脸上红一阵，白一阵，最终向皇帝鞠躬行礼，沉默不语。看着宰相也没话说，唐介的头昂得更高了。宋仁宗则火冒三丈，连拍桌子。

唐介话说得在理，但是挤兑皇帝，欺辱宰相也是事实。第二天，宰执大臣开会，决定将唐介贬为地方小官，即日出发。中书省将决定呈报宋仁宗。宋仁宗沉默很久，在批准贬斥唐介的同时,也“罢黜”了文彦博的宰相职务。宋仁宗想起唐介耿直，仇家挺多，万一路上被人弄死了，他就要背负杀害直臣的污名，就特意派遣心腹宦官一路保护，将唐介送到地方。

因为这件事情，唐介名动天下。许多名士都为唐介赋诗，歌颂他的刚直敢谏。士大夫都觉得像唐介这样的才是真正的御史。宋仁宗对唐介也没有真的生气，几年后，他就把唐介召回京城，提拔为谏院长官。

那是一个朝野上下爱民、惜民，以民为本的时代。

宋真宗一朝虽然大兴土木，修建宫殿，崇奉道教，大搞祭祀，但是对百姓的爱惜，则始终如一。

宋真宗咸平六年（1003年），在陕西甘肃一代出现了一颗大流星，在天空缓缓移动，一个多月才消失。宋真宗忧心忡忡，询问宰相:“上天显示异象，必定是朕有失德之处吧。”宰相李沆说:“陛下即位以来并没有什么缺失。天显异象，恐怕是当地将会有大灾吧。”宋真宗说:“必定是朕德行浅薄导致当地出现异象，朕很担心祸及百姓。很快就到朕的诞辰，今年就不搞什么庆典了，节省开支准备赈济灾民吧。”

景德四年（1007年）的十一月，天气寒冷，夜降大雪。第二天，宋真宗告诉宰相王旦说:“昨天黄昏时开始下雪，但没多久就停止了。朕担心雪量不够，影响明年的收成，特意让人密切关注。半夜时回复说又开始下雪了，今天清早一看，果然有一尺厚的雪。明年麦子大熟，应该有希望了！”

宋真宗如此，号称“千古第一仁君”的宋仁宗就更不必说了。

有一年，汴京城内的开宝寺宝塔被雷火烧毁。有关部门提议拨款修复。余靖听了，立刻求见仁宗。余靖口才很好，从三皇五帝时期讲起，旁征博引论述修建宝塔徒然耗费钱财，于国于民毫无半点好处。当时是大热天，余靖说到激动处，越走越向前。而余靖不大讲卫生，十天半个月也不洗一次澡，估计还有很重的狐臭，他就这样近距离地与仁宗一直讲到中午时分，才告退。宋仁宗回到后宫后，告诉妃嫔：“今天朕差点被余靖这个臭汉熏死，唾沫直接喷在我脸上！”但宋仁宗也就是对妃嫔发发牢骚，其实对以民生为念的余靖，一直非常敬重。

《宋史》称：“宋至真宗之世，号为盛治。”王夫之《宋论》称：“仁宗之称盛治，至于今而闻者羡之。”

叶之秋

2015年5月

目 录

第1章 九王夺嫡风起云涌

宋太宗费尽心机夺取到皇位时，并没有意识到，他的一生都将为皇位问题而苦恼。在即位的前10年，他战战兢兢如履薄冰，清除了两个侄子赵德昭、赵德芳和四弟赵廷美，终于坐稳了江山。而数年之后，他又开始为传位给哪位皇子而发愁。

宋太宗一生有9个儿子，个个精明强悍。从雍熙年间开始，一场持续10多年的九王夺嫡纷争就开始上演了。老大赵元佐勇武睿智，老二赵元僖孝顺仁厚，老五赵元杰风流儒雅，这三人先后受到太宗宠爱。但最后登上帝位的，却是20余年一直默默无闻的老三赵元侃。

叫板老爹

老大赵元佐本是宋太宗心中的一块宝。

宋太宗赵光义一生有三位妻子。原配尹夫人很早就去世了，没有留下子嗣。续弦的符夫人出身高贵，乃是后周国丈符彦卿的小女儿。符夫人跟随赵光义近20年，从患难到富贵，做了10多年的王妃。可惜，她在赵光义称帝前就去世了。符夫人也没有留下孩子。第三位妻子是大将李处耘的女儿，雍熙年间晋封为皇后。李皇后曾经诞下皇子，可惜皇子随即夭折。

正室无子，太宗的九子都是庶出，因此太宗在选择皇太子的时候，不必考虑嫡庶之分。于是，身为长子的赵元佐备受朝廷上下瞩目。

而赵元佐的表现也确实不错。

昔日太祖皇帝以武力夺取天下，太宗也精通骑射。太平兴国二年（977年），辽国（契丹）使者前来祝贺。宋太宗为了彰显宋朝武力，特意组织了一场狩猎活动。

那一天，大宋帝国的精锐之师在京城郊外广袤的原野上摆开阵势，大军进退井然有序、契合法度。围观群众一片赞叹。

宋太宗带领一班武将纵马驰骋，和辽国使者一起射猎比赛。忽然，一只兔子快速从宋太宗马前掠过。诸位将领都很自觉地勒马，把猎物让给太宗。宋太宗抬手就要射箭，却看到旁边13岁的赵元佐跃跃欲试。宋太宗很高兴，把自己的金箭交给赵元佐，让他去射。

那兔子受到惊吓，跑起来速度犹如闪电。赵元佐深吸一口气，略一瞄准，一箭射去。远处的兔子在腾空的刹那被飞箭射中。宋太宗带头叫好，诸位将领纷纷赞叹祝贺。一旁的辽国使者也惊讶不已。要想射中奔跑时的兔子，非要有数十年的辛苦练习不可。赵元佐如此年幼就有如此箭术，就算是在以弓马为生的辽国，也可算得上是第一流人物。

史书上说赵元佐“少聪警”，年纪轻轻就非常聪明，非常警觉。而更让宋太宗满意的，是赵元佐“貌类太宗”，活脱就是一个少年版宋太宗。当赵元佐骑马射箭的时候，宋太宗恍惚间看到了年轻时的自己。儿子的成功，便是他的成功；儿子的风光，便是他的风光。

于是，太平兴国四年（979年）宋太宗征讨北汉，北伐辽国时，其他的儿子都留在京城，唯独让长子赵元佐随军。

让赵元佐随行的目的，百官都看得非常清楚。当时的赵元佐不过15岁，还无法提出什么行军作战的建议。跟随出战，一来是让赵元佐增加见闻，开阔视野。一个养在深宫的皇子，若没有亲身经历，很难体会战争的残酷和将士的艰辛。二来是让赵元佐与军中大将多一些接触的机会。虽然宋太宗没有明说，但诸位大将都明白太宗将长子介绍给他们的意思——若无意外，赵元佐就是国家的储君，未来军队的主人。

太平兴国七年，赵元佐年满18岁，正式出阁。昔日宋太祖长子出阁仅仅封为贵州防御使，而赵元佐出阁直接封为卫王。同时出阁的还有三位年纪大些的弟弟。老二赵元僖仅仅比赵元佐小一岁，可封爵仅是郡王。老三赵元侃为检校太傅，老四赵元隽为检校太保，名位更远远不如老大赵元佐。

若不出意外，赵元佐成为太子是妥妥的。

可惜，意外还是发生了。

两年后，赵元佐晋封为楚王，赵元僖晋封为陈王，赵元侃晋封为韩王，赵元隽晋封为冀王，老五赵元杰晋封为益王。五人同为王爵。

五兄弟的封爵中，赵元佐的楚国乃是大国，名位依然高于四个弟弟，可与弟弟们之间的距离大大缩小了。赵元佐的地位不再像以前那么高高在上，遥不可及。

朝廷本有两位宰相，可是，宋太宗下令，以赵元佐为首的五个儿子“并同平章事”，都兼任宰相。按照惯例，皇子兼任宰相，只是领取一份俸禄，好听而已。可是，宋太宗让赵元佐等人“赴中书视事”，直接参与中书省的工作。于是，宋朝立国以来，朝廷中第一次出现了七位宰相协同办公的局面。

宋太宗之所以如此，一方面是想分化相权，巩固皇权；另一方面，也是想让儿子们直接参与到政治活动中。在赵廷美、赵德昭等人被剪除后，确立皇太子就成了大宋帝国工作的重中之重。在实际政务中，宋太宗可以更加准确地了解儿子们的优劣贤愚。

但是，让宋太宗不再独宠长子，另有原因。

这就是赵元佐竟然敢和宋太宗叫板，并且在钦定的逆谋大案中，站到了老爹的对立面。

太平兴国七年（982年），秦王赵廷美被罢黜开封尹职务，离开汴京前往洛阳。下达调令的同时，宋太宗重重赏赐赵廷美，以示兄弟情义仍在。表面看来，赵廷美的离开是正常的职务调动，实际上则是宋太宗即将展开大清洗的前奏。

赵廷美卸任后，开封府的继任者叫做李符。此人宦海沉浮数十年，最是懂得见风使舵。

开宝年间，宋太祖对地方转运使盘剥地方、克扣赋税的事情非常恼火，李符主动请命前往勘察。宋太祖大喜，赐给他一面大旗，上书“李符到处，如朕亲临”八个大字。李符巡视京西路各州县，让护卫时刻拿着大旗跟在身边，很是飞扬跋扈。

只是，太祖如此恩宠，并没有换来李符忠心报效。

开宝六年（973年），赵普罢相，开封尹赵光义成为晋王，掌握了朝廷实权。李符及时投靠，成了赵光义家中的常客。迁都事件中，李符带头跳出来反对宋太祖。宋太宗称帝后，李符的官职一路飙升，短短数年间，越级升迁为三司使，主管中央财政工作。秦王赵廷美离开后，宋太宗遍观藩邸旧臣，虽然还有一些人比李符有才干，但是在察言观色、揣摩领导意图上，无人能出李符之右。

于是，李符就成了代理开封府知府。

李符果然懂事。上任不久，他就在朝会中宣称，秦王赵廷美离开京城后，不但没有反思自己的过错，反倒心怀怨望，结交大臣，图谋不轨。以赵廷美如今的情况，绝对不合适居住在靠近京城的洛阳。

宋太宗得到奏章，大喜，趁机把如京使柴禹锡、翰林副使杨守一状告秦王赵廷美意图在水心殿发动兵变的事情公开。

几天后，赵廷美被贬斥为涪陵县公，迁居到房州。

在宋太宗公布的材料中，赵廷美逆谋的证据明显不充分。但朝廷百官都知道这是宋太宗巩固皇位的必然举措。虽是子虚乌有，但也必须言之凿凿。

在权力面前，大家或者自愿或者被迫，选择做了哑巴，成了瞎子。

唯独赵元佐跳了出来，做那个说真话的小孩。

赵元佐多次入宫，求见宋太宗，要求父亲告诉他，四叔究竟犯了什么罪。在赵元佐看来，四叔赵廷美为人有些张扬，喜欢结交大臣，这些年来，没少被言官弹劾。说他敛财或许有之，贪权或许有之，但说他会发动兵变、谋害父皇，赵元佐绝对不相信。

宋太宗一贯沉默寡言，在儿子面前也始终是一副严父模样。相比之下，赵元佐反倒和年纪相近的四叔赵廷美走得更近。正因为了解，赵元佐对那些所谓罪证不屑一顾。

满朝文武都不敢说真话，他赵元佐敢；天下人都信赵廷美谋反，他赵元佐不信。

宋太宗很郁闷。在他看来，天下人都可以质疑，唯独赵元佐不能。因为赵元佐是他宋太宗的长子，是最有可能继承皇位的那个人。宋太宗不择手段清除赵廷美，不仅仅是为了自己，也是为了赵元佐。

可是，赵元佐不领情。

赵元佐一而再再而三地向太宗要个说法。儿子的背叛终于激怒了宋太宗。他给赵元佐下了禁足令：不得诏命，赵元佐不得入宫。

雍熙元年（984年），赵廷美在房州寂寞死去。消息传入楚王府，幽居三年的赵元佐心中大痛，痛极成狂。他不愿相信和自己一直亲厚的四叔永远离开了他！他不敢相信，杀死四叔的凶手竟然是自己那个满口仁义亲情的父亲！

宋太宗心疼儿子，知道赵廷美之死必定对赵元佐打击很大。为了安抚，宋太宗下诏恢复赵元佐自由，让他随同弟弟们入宫参加朝会。眼下虽然仅仅是可以参加朝会，但不久的将来必然是恢复一切职务，参与朝政。到那时候，赵元佐又是大宋帝国第二人。

宋太宗没有想到，面对自己的恩旨，赵元佐一口拒绝。他以悼念四叔为由，拒绝了父亲的好意。

宋太宗大怒。

兄弟搞鬼

此时，有个人来到太宗面前，禀奏说:“大哥之所以如此，必然是宫人照顾不周所致。楚王宫中传言，大哥时而清醒，时而昏迷。大哥如此，必然是一时糊涂。若能够派遣贴心之人，小心照拂，大哥身体好转，必然会明白父皇一片苦心。”

宋太宗看向此人，愤怒的脸色逐渐平静。在所有儿子中，论起孝顺、友爱，没有人可以超过老二赵元僖。昔日赵元佐被下令幽居，众位兄弟多沉默，唯有赵元僖多次哀求太宗。

所谓患难见真情，老二没有落井下石，而是孝顺父亲牵挂兄长。如此老二，很难得!

宋太宗点点头，让赵元僖去办理此事。

不久，楚王宫上至总管，下至普通宦官宫女，都被更换。更换的人，不少和陈王赵元僖关系亲密。

赵元僖特意到楚王府告诉赵元佐，父亲如此安排的意思。可是，话刚一出口，就惹得赵元佐暴怒。赵元佐一口咬定，必然是父皇厌恶他悼念四叔，因此把他的心腹撤换，派人来监视他的起居，一如当初父皇整治堂兄赵德芳一样。

赵元僖走了，临走时叫来新任楚王府管事，交代他们务必好好照顾楚王。赵元僖强调，若是有什么变故，可以告诉他陈王，也可以直接禀奏陛下。

此后的一段时间，楚王赵元佐的脾气越来越暴躁。有一次，有一个宦官端上的茶水比较烫，赵元佐不但摔杯子骂人，还拔出小刀想要把那个宦官杀死。宦官宫女一片惊恐。很快，有人告诉了陈王赵元僖。赵元僖立刻赶来。他宣称，此事重大，需要管事陪同他一起入宫，如实向太宗禀奏。

同行时，赵元僖告诉管事，此前皇帝换他们前来，就是为了照顾楚王。如今，楚王再次发狂，皇帝必然认为是他们照顾不周。若是如此，那新来楚王府中的一干宦官宫女没有一个逃得过责罚。管事大惊，立刻就明白了该怎么做。

见到宋太宗后，楚王府管事一口咬定他们照顾楚王极为认真，从不敢出任何差错。可是，经历秦王之死后，赵元佐早已经性情大变，变得残忍异常，动辄杀人。皇帝虽多次安抚、训诫，但赵元佐置若罔闻。

宋太宗果然没有责怪管事，反而交代他，可以适当提醒劝谏楚王，不可过于纵容。管事回来后，把皇帝的意思按照自己的理解发挥了一下。结果，楚王府上下对赵元佐的态度逐渐发生了转变，由敬畏变成了鄙夷。一个被皇帝抛弃的皇子，比一个下人还不如。

赵元佐非常敏感，他立刻发觉仆从态度的改变。他的脾气变得更加暴躁。当得知是管事在父皇面前搬弄是非后，赵元佐大怒。他在楼上见到管事经过，也不多说，拉弓一箭射去。弓箭又狠又准地射在管事胸口。管事当场就被射杀。

这下楚王府惊恐一片，人人都说楚王疯了。很快，宋太宗也听到了消息。虽然，赵元佐射死的仅是一个宦官管事，是一个奴才，但是，那也是他宋太宗派去的奴才。打狗还得看主人呢，何况，皇子犯法与庶民同罪。若是被御史知道此事，必然惹出惊天风波。

宋太宗亲自到楚王府，把赵元佐狠狠一顿教训，重新恢复了赵元佐的禁足令。而且这次更加严厉了。赵元佐不但不能离开王府，甚至连亲友前来拜访，也要经过宋太宗批准。

赵元佐面对震怒的父亲，不但不悔改，反而大叫自己无罪，四叔无罪。

从这年夏天开始，赵元佐陷入了真正的疯癫。数月间他只能躺在床上。即便是那几个照顾他饮食起居的宫女，对他也充满敌意，巴不得早点结束工作，早点离开。在楚王府众人看来，赵元佐就是一个把他们看成蝼蚁随意杀戮的魔头。他们恨不得赵元佐早死，如此倒可以早些离开楚王府这个牢笼。

一晃，到了雍熙二年（985年）九月。楚王赵元佐的身体略有好转。宋太宗大喜，宣布大赦天下，为楚王祈福。虽然赵元佐忤逆，但依然是他的儿子。自古以来，只有记仇的孩子，没有记仇的父亲。

听到这个消息，楚王府中人对赵元佐的态度也好了一些。

宋太宗准备在九月九日举办重阳大宴。赵宋皇族的王子皇孙、公主郡主，宫中大小妃嫔，凡是有点头面的人物都会受到邀请。宋太宗让二儿子陈王赵元僖主持宴会。谈到邀请名单时，宋太宗特意提出，楚王长期幽居，若能入宫参加家宴，或许能够舒缓心怀，于病情有助。陈王赵元僖答应，自己会亲自通知大哥前来参加宴会。

宋太宗很满意。

一晃，到了九月九日。宋太宗遍观诸子，发现大儿子赵元佐不在，就问赵元僖。赵元僖回答："大哥病情虽略有好转，但还不适合出行。"赵元僖说得很含混，宋太宗没有多想。他知道大儿子和自己有些芥蒂，借口有病拒绝参加宴会也是可能的。

宋太宗交代，诸王兄弟间也很久没有相见了，宴会散去后，就由陈王牵头，所有弟弟都去看看大哥。

来到楚王府，诸位弟弟纷纷向大哥请安。一开始，赵元佐很高兴，他和父亲虽然有点矛盾，但和几个弟弟关系还是挺好。尤其是老三赵元侃，和他是一母同胞，关系更不比寻常。但等到陈王赵元僖说起，他们兄弟刚刚参加重阳宴会回来时，赵元佐脸色大变。

赵元佐气得一拍桌案，说:“你们都能够侍奉父皇，参加宴会，为何唯独我不能参加？父皇如此待我，明摆着是不要我这个儿子了!”说完，赵元佐不顾随从劝阻，一甩袖子就离开了大厅，剩下一脸莫名的几位弟弟。

原来，赵元僖根本就没有告诉赵元佐父皇点名让他参加宴会的事情。诸位兄弟间，也有人看出一些端倪，可是，赵元僖受父皇宠爱，风头正盛，谁又敢多说什么呢?

赵元僖、赵元侃等人走后，赵元佐一个人在卧房中喝闷酒。喝着喝着，酒意上头。少年时父皇对他何等宠爱，如今却厌弃他到如此地步。沦落到此，还活个什么劲呢?

当晚，赵元佐把楚王府大门重重紧锁，一把火把自己的楚王府给烧了。当时已经是半夜子时，大家都已经睡觉。九月深秋，天干物燥，木质的宫殿很快一栋一栋被引燃。

诸位姬妾和王府宫人在睡梦中惊醒。大家都奋力救火，唯独赵元佐拿着火把在雄雄烈火前狂笑。大家意识到，正是赵元佐点燃了王府。

自己想死也就罢了，却还要他们一起陪葬。

众人很快就由惊恐转变为愤怒，转变成对楚王赵元佐一致的仇恨。

凌晨时分，皇城中的宋太宗得知楚王府发生火灾的消息。开封府和宫中的救火队都快速奔赴现场。一直到清晨五六点中，大火才被扑灭。可是，偌大一个楚王宫已经一片狼藉，变成废墟了。

宋太宗派人查问火灾原因。楚王府众人异口同声，说是楚王所为。宋太宗大怒，当即下令把逆子赵元佐捆绑，押赴中书省，由御史出面审问。宋太宗特意交代，在审讯现场摆上刑具。若是赵元佐胆敢隐瞒，即便用刑，也无不可。

御史自然听出了宋太宗旨意中的厌恶。在御史冰冷的喝问声中，在沸油滚滚的油锅面前，赵元佐第一次感到了害怕。当天，赵元佐就签字画押，承认就是自己放火把王府烧毁。而放火的原因，是因为对父亲心怀怨恨。

宋太宗接到报告，心灰意冷。他让宦官传达口谕："你身为亲王，富贵已经到了极点，为何凶残悖逆到如此地步？国家自有法律典章，我也不敢偏私。从今日起，你我父子之间恩断义绝！"宋太宗吩咐御史，一切按照大宋律令行事。

若是按照律法，自然是王子犯法与民同罪，赵元佐焚毁王府，怨恨君父，已经犯下死罪。

旨意传开，陈王赵元僖马上联络诸位弟弟以及朝中所有宰执大臣，联名上书为赵元佐说情。赵元僖领头跪在大殿前，一边哭泣，一边哀求，所有兄弟中数他最是哀痛。

宋太宗很悲哀，他把赵元僖和宰相宋琪召入大殿。一贯沉稳的宋太宗竟然也泪流满面。他说："朕每每读书，见到前代帝王不能教育好儿孙的，常为他们叹息。朕怎么会料到，这种悖逆的事情竟然也出现在我们家！你们顾念兄弟、君臣情义，朕已经知晓，但为了江山社稷，这次断然不能原谅那个逆子！"

第二天，宋太宗传下诏令，废去赵元佐王爵，贬为庶民，流放均州接受改造。

此后，陈王赵元僖和宰相宋琪再次上表，要求将赵元佐留在京城。赵元佐虽然有罪，但毕竟是天潢贵胄，均州乃是穷山恶水，万一出现变故就不好了。在百官的强烈要求下，宋太宗终于答应召回赵元佐。于是，使者一直追到黄山地区，把赵元佐接了回来。

不过，从此之后，赵元佐就不再是大宋皇族皇长子，而是一个被父亲抛弃的儿子，一个汴京高墙下的囚徒，一个远离公众视线的寂寞人。

百计固位

在经历了赵元佐自焚事件后，宋太宗对二儿子赵元僖另眼相看。据宋太宗了解，对于秦王赵廷美的处理，不仅仅是赵元佐，其他皇子也颇有非词，只是他们畏惧不敢说而已。赵元僖则不然。他从来不和太宗做对，无论是在公开场合还是在私下聚会，都坚定不移地站在父亲宋太宗一边。

宋太宗觉得，赵元佐和他徒然形似而已，真正和他一条心的，是赵元僖。

第二年，即雍熙三年（986年）十月，宋太宗下诏，陈王赵元僖出任开封尹兼任侍中。开封尹是大宋都城最高军政长官，可以左右都城政局，权力极大。若是由皇子出任，就等同于默认的皇位继承人。宋太宗赵光义就是因为昔日担任开封尹，积聚了庞大的力量，最终夺位成功。宋太宗登基之初，封四弟赵廷美为开封尹。赵廷美大喜，从此放弃对抗，乐滋滋地等待继位。赵廷美被罢黜后，由太宗心腹出任。不过，他们仅是权知开封府事，即代理开封知府，和开封尹权力差别极大。即便如此，宋太宗也是频繁更换，防微杜渐。

此刻，赵元僖以皇子身份出任开封尹，此举无异于向百官宣告，二皇子赵元僖，就是大宋帝国的下一任君主。

在宋太宗诸子中，赵元僖最有权谋。他活跃在赵元佐和宋太宗之间，利用彼此的不信任，将赵元佐扳倒，自己顺利成为第一序列继承人。

成为开封尹之后，赵元僖更加积极，争取尽快转正。

赵元僖的活动主要在两方面。

一方面，赵元僖积极出席各种场合，参与大宋朝廷各项政务。他一改往昔循规蹈矩的面目，努力发出属于自己的独特声音。

雍熙三年，宋太宗再度北伐辽国。可事与愿违，宋太宗乘兴而去，铩羽而归。战败后，宋朝高层对于北伐罪责以及未来宋朝的发展方向展开了大讨论。虽然百官多把责任归结为以曹彬为首的北伐将领擅自做主，不听从太宗皇帝的安排上，但是，朝野上下还是有一些人认为，宋太宗才是那个最终责任人。

雍熙四年，辽国大举入侵。宋太宗准备再起大军，三度北伐。但此前几次大战，宋军损伤惨重，昔日太祖苦心经营的20余万精锐禁军基本上打光了。于是，宋太宗下令在黄河南北各州县招募壮丁，补充兵力。

诏令下达后，河南地区官员纷纷上奏，反对这个命令。他们提出，黄河南岸百姓数十年没有经历战乱，只会种田，不会拿刀。若是把这些人送上战场，无异于驱羊入虎口。何况，征兵时正是春季，若是耽误农耕，粮食从哪里来？

宰相李昉接到奏章，提出一个折中的办法。他认为，面对敌国入侵，皇帝陛下积极备战，从大局上看，招募军兵一事没有错。当然，河南官员提出的问题也确实存在。如今，诏令已经下达，很难追回，不如要求负责征兵的相关官员，严格执行八丁抽一的征兵标准。如此一来，征调的兵力会相对少些，但可以保证百姓农耕，维持河南的稳定。若是一些地方敌对情绪非常严重，相关官员再密奏朝廷，另行处理。

李昉本是宋太祖朝的翰林学士，凭借资历成为宰相。此人拜相期间，很少有建设性意见，为官力求稳妥。他明知宋太宗征兵的诏令有害民之处，但依然遵照执行。

陈王赵元僖和主要谋士开封府判官张去华商量许久之后，在朝会时提出了他的解决办法。

赵元僖认为，在河南诸州征兵一事弊大于利，应当立即停止。

赵元僖首先肯定河南官员陈诉的两个理由：若是征兵，必然影响河南粮食收获；河南百姓不擅作战，即便参军，徒然送死。

可是，北方前线战局吃紧，若是不扩大兵源，如何解决前线问题呢？

赵元僖提出，真正的解决之策，不是大量征兵，而是选择那些有军事才略的将帅，让他们统管前线大军，而朝廷不去过多牵制。同时，优待边关将士家属，让他们没有后顾之忧。

在对敌策略上，则当以防守为主。依靠边关的那些沟壑、堡垒，“来则御之，去则勿逐”，敌人来了就抵御，敌人走了不追击。如此一来，辽军必然无功而返。

应该说，赵元僖的策略切合实际，堪称高明。

雍熙北伐失败的主要原因，正是宋太宗对前敌将领的瞎指挥。前线军情变幻莫测，他却要求将士们依照他事先制定的阵图行事。赵元僖提出，朝廷应当让前敌将领有充分的自主权，让他们能够随机应变。太宗朝大将李继隆多次战胜辽军，主要原因就是抛开太宗阵图，结合敌情，做出最合理的判断。

宋太宗要求将领按照阵图行事，主要目的是约束将领、牵制将领。只是，这种做法太低劣，严重影响了宋军的战斗力。赵元僖效法昔日太祖皇帝，把将帅们的家属留在京城，一方面可以安抚将帅，另一方面也可以把家属作为人质。这个方法可以在不削弱军队战斗力的情况下，同样取到牵制将领的作用。

至于对敌策略，也符合宋辽两国的客观条件。辽军多骑兵，宋军多步兵，若是野战，宋军吃亏太大；若是守城，宋军有强弩压制，辽军骑兵就处于劣势了。

宋太宗接到三份奏章，思考很久，最终同意了赵元僖的主张，下诏停止在河南征兵。

对于赵元僖反对自己的诏令，宋太宗不但没有生气，反而很是高兴。作为大宋皇位继承人，不可人云亦云，必须有自己的主张。何况赵元僖的奏章，不但指出诏令的错误，更给出了解决之道。看到儿子有如此进步，做父亲的能不高兴吗？

赵元僖此举，不仅赢得了宋太宗的欢心，也赢得了河南各州官员百姓的拥戴。朝中一些有见识的官员也对这位二皇子充满期待。

赵元僖做出的第二个重要举措，是力荐赵普，促成赵普的第三次拜相。

面对国家的危难，宰相李昉因循守旧，没有能够提出强有力的应对策略。一些人趁机提出罢黜李昉、更换宰相的奏议。

宋太宗早有此意。李昉是翰林学士出身，寻常时写写文章做个太平宰相还可以。在危急时刻，李昉就显得力不从心，帮不上忙了。

宋太宗心中的宰相人选是枢密副使、工部侍郎赵昌言。

太平兴国三年（978年）礼部科举考试，赵昌言因文思敏捷备受赞誉，成为礼部推荐第一人。殿试时，宋太宗看到赵昌言气度不凡，言辞敏锐，非常喜爱。宋太宗想起称帝之前，每逢自己的生日，作为洛阳县令的赵昌言之父必定献上诗歌祝寿，很是忠诚。宋太宗当场御批，把赵昌言放到进士甲等（前三）。宋朝科举甲等往往不出数年就可以到馆阁任职，升迁速度远过寻常进士。

作为天子门生的赵昌言，仕途大门敞开。他35岁出仕，担任从八品将作监臣。短短十年间，赵昌言就官拜枢密副使，进入宰执班子。

赵昌言能文。因文章出色，故参与《文苑英华》的编订工作。

赵昌言机敏。雍熙三年（986年）北伐失败，宋军主将曹彬在岐沟关大败，朝廷上下人心浮动。担任天雄军知军的赵昌言上书太宗，请求诛杀曹彬以谢天下。当时的宰相李昉上书太宗，言辞间指责宋太宗好大喜功，导致北伐失败。赵昌言的上书，则一口认定北伐大败罪魁乃是主帅曹彬，为宋太宗解围。宋太宗大喜，下诏褒奖赵昌言，提拔赵昌言为御史中丞。一年后，赵昌言进入宰执。

雍熙四年年末，宋太宗多次秘密召见赵昌言，言辞中流露出想将让赵昌言出任宰相的意思。

赵昌言大喜。

要想升为宰相，就必须扳倒现任宰相李昉。可是，由谁来出面扳倒李昉呢？

赵昌言进入宰执班子不足一年，身边已经聚集了一批朝廷高官，形成了一个“五人帮”。五人之中，两人是财政部门长官，一人是皇帝的贴身秘书，一人是纪检部门长官。可以说，无论左右皇帝，还是操纵舆论，赵昌言这个“五人帮”能量都很大。他们或者是赵昌言的同榜进士，或者是昔日同事。得知赵昌言有望拜相之后，五人日夜谋划，团结得更紧密了。

五人之中，最滑头的是知制诰胡旦。身为太平兴国三年状元的胡旦，治民之才不足，投机最是在行。担任知制诰的胡旦很了解宋太宗的心思。若是由他们出面弹劾李昉，宋太宗必定会怀疑他们的初衷。于是，胡旦千辛万苦找了一个叫翟颖的小人物，让他充当开路先锋。翟颖一心攀龙附凤，一举夺得富贵，故与他一拍即合。

在赵昌言、胡旦等人的唆使下，翟颖改名为翟马周，标榜将效仿唐太宗朝名臣马周，为国请命。翟马周敲响登闻鼓，状告宰相李昉身为一国宰辅，当辽国入侵之际，不能忧劳国事、竭忠尽智，只知饮酒赋诗、歌舞宴会。宋太宗深以为然。只是当时正在举行籍田大典，事务繁多，罢相会妨碍大典，才一时作罢。二月初，大典已经结束，宋太宗就下诏罢去李昉宰相职位，并且交代起草诏令的翰林学士务必要严厉训斥李昉。

赵昌言等人本以为扳倒李昉之后，宋太宗必定兑现承诺，以赵昌言为相。不料，开封尹、二皇子赵元僖却横插一杠子，推荐了老宰相赵普。

在举荐奏章中，赵元僖把赵普比作唐太宗时代的名相房玄龄、杜如晦，比作唐玄宗时代的姚崇、宋璟。此前数年，国家形势之所以窘迫，就因为“辅相之重，未偕曩贤”，宰相不称职，才把军政要务搞得一团糟。赵普身为开国元老，为人稳重，谋国深远，尤其是不贪图皇恩保全禄位，不徇私情邀取名望。赵元僖高度评价赵普：此真圣朝之良臣也！

此前，赵普因为作风强硬，影响到宋太宗皇帝的威权而被罢黜。可是，雍熙四年的情形已经到了刻不容缓的时刻。赵元僖提出，如今那些正直的官员，无不希望宋太宗把国政交托给赵普，如此一来，“大政何患乎不举，生民何患乎不康”。估计要不了一两个月，国家就可以达到“清净之治”。

正因为赵元僖的大力举荐，宋太宗才决定不计前嫌，召回赵普。

赵普堪称两宋第一谋臣，最是精通官场权谋之道。既然赵元僖主动援手，赵普自然也投桃报李。拜相不久，赵普就禀奏宋太宗，二皇子赵元僖出任开封尹以来，勤于政务，忧心国事，恳请提高封爵。于是，宋太宗晋封赵元僖为许王。

宋太宗也知道赵元僖在四处招揽人马，他引用前贤话语“逆吾者是吾师，顺吾者是吾贼”，希望赵元僖能够远离那些只懂得阿谀奉承的小人，多和那些敢于提不同意见的直臣来往。在宋太宗看来，老谋深算的赵普，那就属于应当提防的人物。

事实却是，赵元僖升为许王之后，和宰相赵普往来密切，尤其是赵元僖的铁杆心腹、开封府判官张去华，干脆就是宰相府中的常客。

后来，在处理“五人帮”事件中，赵普更是站在了许王赵元僖一边，俨然成为坚定的“二爷党”。

当时的京城，入夜之后严禁夜间活动，即为“宵禁”。有一天晚上，“五人帮”在赵昌言家中聚会，喝酒骂娘，丝毫没察觉时间过去。四人出门告别时，已是深夜。四人骑着马，走在寂静的开封街头。马蹄声答答，传出很远。负责巡查的开封府军士发现了，上前喝问阻拦。盐铁副使陈象舆乘着酒意，鞭打军士，还随口吟诗，说“金吾不惜夜，玉漏莫相催”，对宵禁命令毫不在意。众军士看装束，知

道四个人都是大人物，急忙层层汇报。很快，赵元僖和赵普都知道了这件事情。

赵元僖大喜，亲自下令将四人拘押到开封府，看管起来。若是单单犯了“宵禁”之罪，还是小事。可是，四人入夜之后为何同时出现？莫非私下集会？那可就有“朋党”的嫌疑了。赵元僖早就知道翟马周是赵昌言的人，只是没有理由抓捕。此刻，正好借着翟马周与胡旦有来往，就以牵涉到朋党案为名，控制起来。

赵元僖让铁杆心腹张去华审理翟马周案。赵元僖交代，务必要将翟马周背后的指使团伙给挖出来。翟马周本就是一个逐利小人，看到有性命之忧，就将胡旦、赵昌言等人如何策划、如何分工全盘托出。赵元僖得到供词之后，亲自向父皇禀奏。

宋太宗有心保护赵昌言，几次和身边人提起赵昌言是如何有才、处事干练，朝中百官大多不如他。宰相赵普听说后，立刻求见太宗，再三陈诉赵昌言处心积虑扳倒宰相谋求私利，乃是一个“刚戾难制”、欺凌领导的人。这种人不但不能赦免，甚至应该处死。赵普表态后，次相吕蒙正等人也站到了赵元僖一边，共同要求严惩赵昌言。宋太宗无奈，只能下诏将翟马周流放海岛，将赵昌言贬为崇信节度使行军司马（从九品）。其他四人也都一撸到底，贬斥地方。

在处理“五人帮”问题上，赵元僖和宰相赵普精诚团结，展现了强大的力量。赵普纵横官场数十年，三次入主中书省，即便不任宰相，依然可以左右朝局。太宗朝历任宰相中，除了卢多逊和赵普作对，薛居正标榜中立外，其他宰相基本都可以划为赵普一派。宰相沈伦和赵普是昔日好友，得赵普力谏进入宰执。宋琪本是赵光义藩邸旧臣，却和赵普走得很近，曾被赵光义驱逐。赵光义称帝后，藩邸旧臣中唯独宋琪最有才华，不得不重新起用。至于李昉，和赵普都是常山老乡，几次李昉被卢多逊诬陷打压，都是赵普大力挽救。可以说，赵元僖与赵普搭上了关系，距离成为皇太子，不过就是一步之遥了。

数年后，赵普病退，将赵元僖托付给了继任宰相吕蒙正。吕蒙正本是宋太宗手中考取的进士，是太宗的铁杆心腹。但宦海沉浮多年，他知道要想长保富贵，就必须在推举皇太子的问题上站好队，立大功。

淳化二年（991年），左正言宋沆四处活动，联络百官联名上奏，说太宗即位16年，却没有确立皇太子，而太子乃国之根本，根本未固，社稷难安。宋沆是吕蒙正的亲家，熟悉朝廷局势，他又担任言官，向皇帝进言正是本分。一旦皇帝答应晋封皇太子，那拥立之功，可以换来终生富贵。

宋沆认为，宋太宗对许王赵元僖非常宠爱，早有立储之意。差的只是有人来捅破这层窗户纸而已。那只要奏折呈上，必定大功告成。

不料奏折呈上之后，宋太宗竟然很生气。宋太宗找到宰相吕蒙正，说：“近来连续有官员上书要求设立皇太子。朕博览群书，见前代治乱情由，如何不知道此事的重要。只是一旦设立皇太子，就要设立太子官署，许多机构权限就会和朝廷发生冲突。若是引发朝廷混乱，就很不好了。”看吕蒙正有不解之色，宋太宗继续解释：“等到诸皇子长成，朕自然有决断。希望言官们也要体谅朕的苦心啊。”

对待立太子一事，宋太宗的心情很复杂。作为父亲，宋太宗当然希望儿子能够有所成就，于是多番暗示赵元僖将会出任皇太子；可作为皇帝，却又对赵元僖成为皇太子之后有了对抗君父的势力深感担忧。于是他才有了前后矛盾的一番说辞。

要知道当初宋太宗就是靠着担任晋王、开封尹积聚了强大的势力，迫使宋太祖在许多问题上不得不听从他的主张。宋太宗可不想也受人挟制，即便这个人是他的儿子。

吕蒙正出宫后，把太宗的话转告宋沆和幕后的赵元僖。吕蒙正建议暂停举荐活动，宋沆不以为然。他认为，作为父亲的怎么可能忌妒儿子呢？必然是举荐的声势还不够。只要官心、民心足够强大，必然能够得到皇帝的认可。

赵元僖采纳了宋沆的主张。

于是，宋沆带着四个官员跑到大殿之前高声大呼，请立开封尹许王赵元僖为太子。呼喊声传遍皇宫。整个京城官场都知道了许王赵元僖被举荐为太子之事。

很快，宋太宗做出了反应。宋太宗先派宦官好言劝说，待看宋沆等人顽固如昔，于是派遣宫廷侍卫将五人全部抓捕，以狂妄之罪贬斥他方。

宋沆也好，赵元僖也好，一时之间都傻了。

这是怎么回事呢？

几天后，宋沆被远远地贬斥到地方担任团练副使。宋太宗对赵普、吕蒙正这样比较强势的宰相深感厌恶，回想起了李昉言听计从的好处。过了一段日子，吕蒙正被罢相，李昉再次进入中书省，做了宰相。

一开始，赵元僖很恐惧，深怕宋太宗由宋沆牵扯出他，等了许久，不见任何处罚措施，这才渐渐放下心来。从此，赵元僖韬光养晦，再不提册立太子之事。

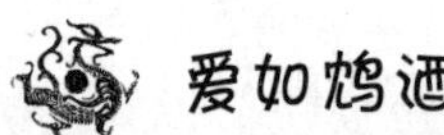

爱如鸩酒

宋太宗年过50岁，身体日渐衰弱，总有一天，赵元僖可以熬出头。

不料想，赵元僖最爱的女人，却搅碎了他的太子美梦，还夺去了他的性命。

自从17岁出阁，赵元僖身边就多了一个绝色女子张氏。张氏出身寒微，父亲不过是八九品的微末小吏。正因如此，张氏深深懂得权力的重要。身为女子，要想在当时的世界获得他人的尊重，首先就要得到自己男人的宠爱。张氏本是赵元僖的贴身侍女，因为梳头功夫出色，得到赵元僖宠幸，做了枕边人。张氏很贴心，在赵元僖还在为次子的身份苦恼的时候，张氏就一直在赵元僖身边鼓励他，支持他。在张氏的身上，赵元僖不但享受到身为男人的无限快乐，更有身为君王的无比尊崇。赵元僖告诉张氏，有朝一日，自己登基称帝，就册封张氏为皇后。

不料，在担任开封尹的那一年，由宋太宗做主，为赵元僖迎娶团练使李谦溥的女儿。李谦溥是太祖朝名将，虽然是文官出身，可作战勇猛，深通韬略。在宋太宗平定北汉的战役中，更立下汗马功劳。为了巩固赵元僖的势力，宋太宗做主联姻。

当赵元僖知道这个消息的时候，没有宋太宗想象得那么开心，宋太宗就明白赵元僖可能有自己喜欢的女人。宋太宗语重心长地告诉赵元僖:“朕为你迎娶的乃是将相大臣家的女儿，六礼完备，希望你能够更加懂得自重啊。”在一个成熟的政治家看来，婚姻本就是为了彼此家族获得最大的利益而存在。一个未来的皇位继承人，奢谈爱情，纯属幼稚。宋太宗的话说得很重，赵元僖不敢多说，只能默默离开。

张氏知道后却大吵大闹。就算是李夫人进门之后，张氏也不知道收敛。李夫人乃是大家闺秀，端庄守礼，远不如张氏懂得妩媚邀宠。面对妻妾不和，赵元僖选择了张氏，把李夫人冷落一旁。李夫人虽心中委屈，但强忍不说，屈辱地过了四五年。

张氏得赵元僖宠爱纵容，更加张狂。张氏跟随赵元僖近十年依然不孕，却不允许赵元僖宠幸其他女子。赵元僖和张氏身边的丫环发生关系，使丫环怀孕了。张氏得知大怒，宣称丫环要回家探亲，悄悄让人把丫环打死了。赵元僖却还蒙在鼓里，茫然不知。至于李夫人那里，赵元僖总共只是去过数次而已。

随着时间流逝，张氏跋扈更甚。见赵元僖迟迟不废黜李夫人，她心生怨恨。靠天靠地不如靠自己。张氏花了上万两银子找到了一个银匠，打造了一个非常精巧的酒壶，酒壶中设有机关，分成两格，一半是美酒，一半是毒酒。张氏想找个合适的机会把李夫人毒死。李夫人一死，赵元僖就没有理由推迟了。这样的事情张氏当然不会告诉赵元僖。赵元僖虽然不喜欢李夫人，但绝不会纵容张氏毒死结发妻子。

淳化三年（992年）十一月的冬至日，是举行家祭、大朝会的日子。李夫人从不饮酒，张氏在寻常没有机会下手。如今家祭中仪式需要，李夫人自然无法推辞。于是张氏决定在这一天动手。

这一天，赵元僖穿上礼服，主持家祭典礼。张氏一反常态，很是恭敬。张氏先给赵元僖斟酒，倒的是美酒；后给李夫人斟酒，倒的是毒酒。张氏的计划原本天衣无缝。即便李夫人毒发身亡，由于同样饮酒的赵元僖无事，自然怀疑不到她身上。至于李夫人死亡的真正原因，只要赵元僖不去追究，谁又能将她如何呢？

谁料想，就在二人举杯时，赵元僖忽然提出要和李夫人互换酒杯。原来，张氏给赵元僖倒的酒少，给李夫人倒的酒多。赵元僖虽然对李夫人不大喜欢，但数年来一直冷落李夫人，心中也多少有些歉意。李夫人不擅饮酒，赵元僖调换酒杯，正是体谅李夫人。李夫人非常感激地把酒杯与夫君互换。张氏看到如此，恨得连连跺脚，却无法出面阻止。张氏眼睁睁地看着心爱的男人一仰脖，将毒酒喝下。

赵元僖和以往一样骑马上朝，到达皇宫。等候朝会时，赵元僖就感到有些头晕。随从官员急忙向宋太宗请假，将赵元僖扶上马。赵元僖迷迷糊糊，到东华门的时候头重脚轻一下子栽下马来。随从官员扶着赵元僖，勉强到达许王府。赵元僖刚到王府，宋太宗随后赶到，看到儿子生命垂危，宋太宗痛哭流涕。一开始宋太宗呼唤，赵元僖还能勉强答应，没多久，就气绝身亡了。宋太宗哭得很伤心，身边众人纷纷落泪。宋太宗在床前表示，追赠赵元僖为恭孝太子。数年之前，宋太宗就默许了赵元僖的太子之位，只是没有宣布而已。不想此时，白发人送黑发人，昔日的迟疑，竟成永远的悔恨。

宋太宗回宫之后，想起赵元僖的种种表现，伤痛悔恨纠缠心中，多年不写诗的宋太宗提笔写下《思亡子》诗。宋太宗告诉随从，自己对不起恭孝太子啊。

看到赵元僖暴毙，百官纷乱，宋太宗其他几个皇子也人心浮动。赵元僖一死，太子位置就出现了空缺，沉寂数年的局面再一次被打破。

这时，有人劝说宋太宗，先不忙悲伤，赵元僖之死还有隐情。宋太宗大惊，派遣最信任的宦官首领王继恩前往王府调查。真相的挖掘其实一点也不难，王继恩很快发现了端倪。

王继恩把调查结果禀告宋太宗，赵元僖之死，源自张氏。张氏此举，意在毒害李夫人。并且，张氏为人蛮横，虐杀婢妾，劣迹斑斑，在佛寺祭祀父母的时候，还超越礼制，等等。宋太宗大怒，下令张氏自缢，推倒张氏父母坟墓，处死制造酒壶的工匠。

同时，另一个隐秘被曝光。在许王府中，发现了朝廷许多大臣的信件，一些军中将领也拜在他门下，甚至还发现赵元僖偷偷豢养死士。

宋太宗震惊不已。赵元僖结交文臣也就罢了，竟然还刻意笼络武将，组建私人军队。这是想干什么？莫非是发动兵变，弑父谋逆？

宋太宗下令取消追赠太子的仪式，以一品官爵将赵元僖草草安葬。

富贵闲中求

老大被废，老二被毒杀，老三赵元侃一下子成了众人瞩目的焦点。表面看来，三皇子襄王赵元侃成了鹬蚌相争中笑到最后的那个渔翁。不过，若进一步了解赵元侃，就会知道，赵元侃这个渔翁也当得很费脑。

淳化三年（992年）时，赵元侃已经25岁。此前的10多年，要说他对皇位争夺一点心思没有，那不可能。只是，前十年，大哥二哥争夺皇位。他们二人，一个是英武不凡的皇长子，一个是父皇的贴心人。这两人的能量都是赵元侃不能相比的。而最近的七八年，则是二哥赵元僖的时代。面对多谋善断、党羽众多的二哥，赵元侃避之唯恐不及。唯有夹着尾巴做人，他才能够勉强躲过灾祸。

在二哥赵元僖轰轰烈烈地发动推荐太子运动的同时，赵元侃其实也并没有闲着。只是，他走的路线与众不同。

赵元僖结交的尽是朝中权贵，宰执大臣如赵普、吕蒙正都是他的座上客。而赵元侃没有那么招摇，他从不和朝廷那些高官将帅来往，而是整天听着小曲，喝着美酒，和一帮人斗鸡走狗，仿佛甘心做一个富贵闲人。

不过，奇怪的是，宋太宗身边那些宦官宫女，那些皇城中品阶低微的宫苑使者，无一人不以和襄王赵元侃结交为荣。在多数天潢贵胄都把宦官、宫女视如草芥的时候，在多数文臣武将对宫苑使者不屑一顾的时候，襄王赵元侃就显得鹤立鸡群。

太宗朝晚年有两位大宦官，一个叫王继恩，一个叫刘承规。王继恩和太宗李皇后走得很近，刘承规对襄王赵元侃颇为恭敬。

刘承规是一个处事极为严谨的人。当年，他还是小宦官的时候，和一帮人负责清点宫外缴纳的珍珠。其他小宦官无人不偷偷把珍珠藏在腰带中带出，唯独刘承规从来不搞这些花招。在他看来，既然宫中有规矩，自然要无条件接受。能够进入宫中侍奉君王、皇子，那已经是莫大的荣幸了。

有一年，有个宫女偷偷出宫看望父母，回宫时却被巡逻侍卫逮捕。按照规定，宫女私自出宫已然犯下死罪。宋太宗念及那宫女一片孝心，有心赦免。只是，一旦赦免此人，以后难免有人效仿。正在迟疑间，已经担任皇城使的刘承规请求太宗把这件事情交给他来办理，并保证必定能够让太宗满意。

刘承规当众宣布，宫女私自出宫犯下死罪，明日行刑，当挖出心肝，以儆效尤。随即，刘承规让人将宫女带下，拘禁起来。

当晚，刘承规来到地牢，将宫女悄悄带出皇宫。他给宫女一些银两，交代她远走高飞，再也不要回到京城。宫女又是惊讶又是感激，再三叩头离开。刘承规则在宫外买了一副猪心肝放在盒子中带入皇宫。

第二天上午，刘承规召集宦官宫女，当众宣布宫女已经被处死，心肝就在盒子中。个别胆大的宫女掀开盒子观看，一看之后纷纷大哭。所有宦官宫女全都颤抖不已。从此之后，再也没有人敢违犯宫廷法度。

宋太宗听到刘承规的禀报后非常满意，提拔刘承规当了内侍都知（宦官的最高职务）。

刘承规从小入宫，伺候过太祖、太宗两位帝王。两位皇帝对刘承规都很欣赏。许多官员，甚至是皇子，都主动巴结刘承规，送上金银田宅，希望刘承规在太宗面前多多美言。可是，多年来，襄王赵元侃从来没有登他刘承规的门。

越是如此，刘承规却越是敬重赵元侃。

在诸多宫苑使者中，管理马匹、仪仗的崇仪副使王得一对襄王赵元侃也很敬重。

王得一本是黄河南岸人，从小学习医术，在当地名气挺大。太平兴国四年(979年)，宋太宗亲征辽国时，被流箭射中大腿，伤势严重。虽然多番治疗，可是腿伤一直没有痊愈。

眼看御医也治不好父皇的病，赵元侃非常着急，派出随从到天下各地找寻名医，终于寻到了王得一。赵元侃没有直接把王得一推荐给宋太宗，而是让王得一到御医院参加选拔，让他凭着自己的本领成为御医。

王得一妙手回春，宋太宗的腿伤大大缓解。宋太宗很高兴，钦点王得一为崇仪副使。以后的几个月，宋太宗多次召见王得一，每次都会给他许多赏赐。王得一已然成为太宗身边的一位红人。

王得一很低调，从来不张扬自己和襄王赵元侃的关系，也从不倚仗太宗的恩宠肆意妄为。不过宋太宗还是透过一些关系，了解到了一切。

有一天，宋太宗单独召见王得一，询问襄王赵元侃是如何找到王得一的，这一段时间，赵元侃是否有所请托。一开始，王得一有些紧张，不过听到太宗如此问话，便很轻松地回答。他说，襄王除了将他带入京城，之后再也没有出现在他的生活中，更没有向他提出任何要求。这一切都是事实，经得起调查，所以王得一没有压力。

宋太宗仔细盯着王得一，确认他没有撒谎。若是王得一稍有迟疑，宋太宗会毫不犹豫地将他处死。他可以向诸位皇子身边安插人手，但决不允许自己身边，尤其是医官，属于其他势力。

经历了“恭孝太子”赵元僖的阳奉阴违，宋太宗对儿子们的孝心多了一些疑心。

宋太宗没有向襄王赵元侃询问任何有关王得一的事情，仿佛一切都没有发生过。不过，他心中对于这个不求名利、关心父亲的三儿子，多了几分好感。

王得一出身乡野，对于功名并不看重。和其他宫苑使者谨小慎微不同，他豪爽敢言，几次出头打抱不平。

那一年，宋太宗看到官员中有不少年老昏聩、领取俸禄不办实事的官员。于是下诏，所有年过70岁的官员，在没有特旨允许下，一律改任散官，不能出任实职。中书省官员苏允淑具体经办此事。此人和唐州团练判官掌宣有些旧怨，见到朝廷新规定，动起了心思。他很滑头，在年过70岁必须退休的官员名单中，加入掌宣的名字。名单呈报上去，很快就有了反馈。掌宣被罢判官职务，退居二线。

当时掌宣只有35岁，正是年富力强的时候。他四处打听，终于得知是苏允淑从中作梗。只是，圣旨已经下达，同僚虽然有心帮忙，但都无力回天。

掌宣和唐州和尚法灯大师关系不错，有一次闲聊间，他向法灯诉苦。法灯说他有一位故人，或许可以帮忙。法灯的故人，就是担任崇仪副使的王得一。

在法灯的陪伴下，掌宣见到了王得一。王得一仔仔细细了解了前后经过，很为掌宣不平。有一天，在给太宗治病之后，王得一向太宗禀奏了此事。宋太宗立刻让宦官刘承规去调查此事。这件事情一点也不难调查，退休名单中的确有掌宣，可任谁见到了掌宣本人，就可以发现掌宣就是三四十岁的中年人。

宋太宗得知真相后，特意召见掌宣。见面时，太宗和颜悦色，询问被打压的原因。掌宣应对从容，颇有文采。宋太宗当场提拔他为大理寺法官，还赏赐100万铜钱作为朝廷的补偿。至于苏允淑，自然被御史拘押，罢官下狱。

王得一在皇宫半年，宋太宗的病情大有好转。但他随后主动辞官，不但辞去官职，就连宋太宗赏赐的金银田宅也一并上交。宋太宗很惊讶，也很不舍。像王得一这样医术高明、不求私利的人太少了。宋太宗再三挽留，可是王得一仍然恳请离开。

宋太宗无奈，只能答应。临别之际，宋太宗问王得一还有什么心愿，若是想为子孙求官，他必然答应。王得一说，自己毫无所求。不过，为了国家，恳请立襄王为皇太子。

宋太宗沉默。

很快，王得一推荐襄王为皇太子的事情就在朝廷上下传扬开来。百官议论纷纷，都在猜测宋太宗的态度。一些官员悄悄拜访王得一，打听禀奏此事时宋太宗的具体反应。

朝中许多官员都在观望。若是能够提早一天知道皇帝的心意，就可以多一分投效新君的功劳。这份拥立之功，比任何军功政绩都要重要。

可是，王得一以身体不适为由，拒绝见任何人。

几天时间，宰执大臣多次求见太宗，旁敲侧击，但太宗似乎对此浑然不觉。按照常理，太宗无非就是同意或者不同意两种态度。可是，宋太宗竟然选择了第三种态度——沉默。

王得一离开，宋太宗不再挽留，此后再也没有召见他，仿佛龙心不悦、圣眷不再。不过，当王得一献上京城宅院，离开皇城时，宋太宗亲笔题写“寿宁观”三个大字，仿佛他又对王得一很在意。

百官疑惑不解。

其实，宋太宗还在犹豫。

朝廷那些外臣，多数不过攀附皇子以求富贵，对此，宋太宗非常了解，也有些无奈。他虽然打压了宋沆，罢了吕蒙正的宰相，再三交代暂时不立皇太子。可是，朝中百官仍犹如飞蛾扑火一般，面对禁令也惘然不顾。数年前，不少官员拜在了赵元僖门下，宋太宗不是很在意。可是，赵元僖去世后，宋太宗了解到第一手情报后却大吃一惊。他最担心的事情竟然还是发生了。

赵元僖去世后，宋太宗严禁举荐皇太子。如今禁令犹在，王得一却公然违犯。按照道理，宋太宗应该处置王得一。可是，宋太宗还是了解王得一的。此人要说一点私心也无，宋太宗不信。毕竟赵元侃与此人有恩。不过，此人处事公允，忠心国事，倒也有目共睹。

可就此立赵元侃为皇太子吗？当时朝中宫中还有不同的声音。

就立皇太子的问题，宋太宗也秘密询问过几个身边人。

内侍都知王继恩提出，自古立嗣，长幼有序。恭孝太子虽然去世，可是大皇子赵元佐依然健在。此前，赵元佐虽然有错，不过，更多的是因病发狂。经过这些年的调养，大皇子的病情大有好转。且大皇子本性纯良，看重亲情，以后必然是一代仁君。

宋太宗也曾经询问后宫嫔妃，李皇后也力谏大皇子赵元佐。李皇后和王继恩的理由不同。她说，大皇子赵元佐的母亲李夫人，跟随太宗多年，为太宗诞下大皇子和三皇子，功劳很大。只是，李夫人命薄，宋太宗刚刚即位，李夫人就去世了，去世的时候，品阶不过是国夫人。赵元佐幼年丧母，太宗又忙于政务。四叔赵廷美刻意笼络，赵元佐年幼无知难免上当。不过，知错能改就是好的，父亲怎能和儿子计较？

宋太宗听了两人的叙述，颇为动心。李夫人嫁给太宗时，太宗还只是后周的一个供奉官，两人可谓同患难。可是，李夫人34岁早丧，宋太宗没有机会补偿。对赵元佐，宋太宗在埋怨的同时，也有几分内疚。毕竟，子不教，父之过。

宋太宗还问过同为内侍都知的刘承规。刘承规没有正面回答，他只是交给宋太宗一份名单，上面是历年来各位皇子、官员送给他的种种钱财礼物。刘承规说，这名单他揣在怀中多年，只有交给皇帝，他才会心安。宋太宗看了名单后，点点头，让刘承规不必上交财物，就当是皇帝赏赐。

在名单中，有大皇子赵元佐，有二皇子赵元僖，还有四皇子、五皇子……唯独没有三皇子。

不过，无论是王得一还是刘承规，他们的理由还不足以说动宋太宗。身为一个帝王，需要的可不仅仅是仁孝，不仅仅是无私。

一言定策

真正让宋太宗拿定主意的人，是寇准。

宋太宗登基以来，一手提拔了不少贤臣。不过，最让宋太宗欣赏的，还是寇准。寇准20岁考中进士，年纪轻轻就出任巴东县令。巴东地区民风向来彪悍，不少人常年拖欠赋税。寇准到任后，没有像以往的官员一样，以抓人打人为主要的催收手段。他在县衙门口张贴了一张布告，上面写着所有拖欠赋税者的姓名、住址。他宣布，只要在期限之前缴清赋税，以往罪责一律免除。若是再次拖欠，定要重重处罚。奇怪的事情发生了，在期限到来之时，所有拖欠者竟然全部缴清。

一张布告当然没有那么神奇的力量。在发布布告的同时，寇准背后还做了许多功课。他详细了解了每一个拖欠户的情况。按照朝廷的规定，他重新划分了百姓等级。对赤贫户，免除缴纳赋税；对一些确实有困难的中等户，个人掏腰包帮助，但是皇粮必须如期缴纳；对于那些有钱而装穷的刺头，寇准自然不会客气。于是，在期限到来之时，就出现拖欠全部缴清的场景。

宋太宗了解到这些情况，非常满意。历代官员中，满口仁义道德的官员很多，可是，真正有治民之才的官员太少。寇准年方弱冠就有如此见识，着实难得。

寇准在地方几年后，宋太宗把寇准调回京城，出任言官。当时辽国多次入侵边境，朝廷上下都在讨论应对之策。只是，空话套话居多，有真知灼见的很少。寇准见识不凡，让宋太宗很满意。

他招来宰相赵普，说:“朕想要提拔寇准，你觉得应当授予什么官职合适呢?”赵普回答:“寇准在治民方面颇有才略，不如让他出任开封府推官。”寇准此前担任从七品右正言，开封府推官则是从六品，一下跳了两级，提拔已经极快。可是，宋太宗不满意。他说:“如此微末小官，岂是寇准应该担任?”赵普脸色一变，改口说:“不知枢密直学士如何?”枢密直学士已经是正三品高官，距离宰执不过是一步之遥。宋太宗还是不满意，不过，看到周围其他宰臣脸上多有不满之色，沉吟许久，说:“好吧，暂且让他出任这个官职吧。”

于是，年方28岁，参加工作不过六七年的寇准，以火箭速度成为大宋王朝最年轻的正三品高官。不过，这还不是尽头。

两年后，宋太宗任命寇准为枢密副使，寇准再一次成为大宋官场万众瞩目的焦点。寇准成为宋朝建国以来最年轻的宰执大臣。

只是，快速升迁对于寇准来说并非尽是好事。一些同样有能力有资历却不得升迁的官员很快聚集到一起，对志得意满的寇准羡慕嫉妒恨。他们在宋太宗面前说了许多寇准的坏话。同时，寇准本人年轻气盛，锋芒毕露，也得罪了一些朝中大佬。比如，他和同为枢密副使的张逊关系就很糟糕。在宰执议事的时候，寇准不顾宋太宗在场，公然和张逊吵架。若非其他同事拉住，两个人差点就打起来了。

宋太宗很生气。寇准是他心爱的大臣，张逊则是他藩邸时候的老臣。手心手背都是肉。可是，两人竟然水火不容到如此地步。既然双方都没有大局观，那么就一起罢黜。于是，寇准被罢黜枢密副使职务，到青州担任知州去了。

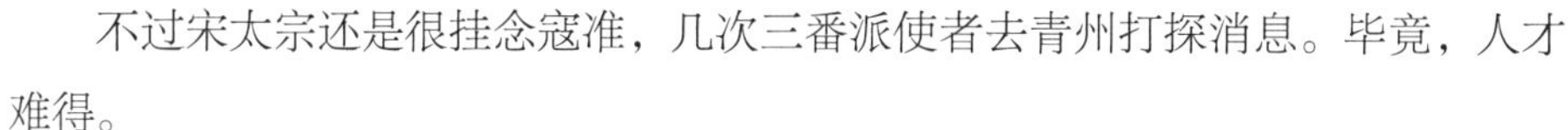

不过宋太宗还是很挂念寇准，几次三番派使者去青州打探消息。毕竟，人才难得。

淳化五年（994年），也就是寇准被罢黜青州的第二年。宋太宗的腿病复发，身体一日不如一日，确立太子已经刻不容缓了。宋太宗想起了青州的寇准。遍观朝臣，除了昔日的赵普，寇准就是百官中最有才略、最有见识的官员了。

宋太宗下诏将寇准召回。寇准到了京城，立刻入宫拜见。宋太宗当时腿病很严重，还躺在床上休息。听说寇准入宫，非常高兴，等不及宫女帮忙梳头，自己挽了个发髻就穿着睡衣出来见寇准。

见面后，宋太宗劈面第一句话说："爱卿，你来得为何如此缓慢？"寇准回答："臣被罢黜青州，非得诏令，不得私自回京。"寇准果然精明。宋太宗问的是寇准从接到诏令后本应该在几天前就赶到京城。寇准却答非所问，把一切归结到宋太宗身上。

其实，寇准一路迟缓的真正原因，是在思考，在权衡。他对朝廷最近几个月的变化了如指掌，已经猜出宋太宗此次召他回京，是要询问太子人选一事。只是，他不像王得一没有任何政治抱负，也不像王继恩和李皇后因为私心看不出大局。他寇准要保全个人富贵，更要为天下人选择一位贤明之主。

当皇帝问起时该如何回答？这个答案太难了，因为选谁都是错！

果然，宋太宗不再追究寇准迟到，直接询问："寇卿家觉得朕的几个儿子中，谁可以托付神器？"

寇准应声回答："陛下当为天下万民选择后嗣君王。做出决定时，不必询问后宫妃嫔，不必询问宦官随从，甚至不必询问两府宰臣。一切都需要陛下乾纲独断，才能够公正无私，符合天下万民的意愿！"

宋太宗听后沉默许久。

寇准一句话道出了宋太宗多日的疑忌。他当然知道王继恩和李皇后有私心。王继恩是靠着拥立他赵光义而登上高位，成为太宗朝第一权宦。此时不过是想借着推举大皇子赵元佐，复制当年的故事罢了。至于李皇后，曾经生下一位皇子，可惜还未周岁就夭折了。若李皇后能够成功拥立赵元佐登基，立下大功，加上她的嫡母身份，晚年可以无忧。

对于王继恩和李皇后的小算盘，宋太宗一清二楚。只是，相比诸位皇子的热衷，三皇子赵元侃多少显得过于超然。因此，在朝廷大臣中，赵元侃并没有多少支持者。有势力的皇子可厌，没有根基的皇子可悲。像刘承规、王得一虽然举荐三皇子，可是他们一个是宦官，一个是内臣，地位卑微，根本不足以保护赵元侃。若是以赵元侃为皇太子，会不会埋下变乱的祸根呢？

这才是宋太宗迟迟不下决断的根本原因。

但是，若是有年轻有为、见识不凡、能量极大的寇准支持，那么宋太宗对赵元侃的未来，就会放心许多了。

宋太宗让一旁的宦官宫女全部退下。许久之后，他缓缓问道："不知卿家觉得元侃如何？"寇准下跪叩头，回答："此事并非臣能够知晓啊。"

宋太宗让寇准起身，仔细端详寇准，发现此时的寇准一改刚刚进入大殿的紧张，整个人显得放松了许多。宋太宗叹了口气，他明白了寇准的心思。既然立嗣一事，不可以问后宫，不可以问内臣，不可以问外官，那么他寇准自然也不必问。即便问到，也不能答。否则便是妄揣圣意，干涉皇家家务。其实，寇准前后的神情已经告诉了宋太宗答案。

三皇子赵元侃，正是寇准心中最合适的皇太子人选。

淳化五年（994年）九月，宋太宗下诏，晋封赵元侃为寿王，出任开封尹。

诏令一出，百官议论纷纷。有人私下议论，皇帝是不是老糊涂了，为何选择三皇子继承大统。要知道三皇子平日里就知道斗鸡走狗，是公认的富贵闲人，最没出息的一个王爷。可是，有些人却说，天象昭彰，只是凡俗之人看不明白罢了。昔日宋太宗给王得一宅院赐名"寿宁观"，今日晋封三皇子为寿王。前后一看，不正是希望寿王康宁的意思吗？太宗皇帝早有立三皇子为太子的心意呢。

一年后，宋太宗正式下诏，册封寿王、开封尹赵元侃为皇太子。为了称呼方便，诸位兄弟就不必改名，赵元侃改名为赵恒。

自从唐朝天德年间以来，中原战乱不息，根本就没有机会正式册封皇太子。册封太子的仪式废弃了一百多年。从宋太宗手上，此仪式才开始恢复。

隆重的册封仪式结束后，宋太宗留下赵恒，父子两人倾心交谈。当然，更多的是宋太宗说，赵恒听。这一年，宋太宗的身体更差了，因为腿病，常常不能举行朝会。宋太宗疲惫的脸色中也透露着欣慰，他告诉赵恒："治国之道，关键在于得人心，如何才能得人心呢？首推以诚信待人。得人心的同时，不能扰乱人心。治国之道务求清静。若是国家政令频繁更换，官员随意升降，都会引起朝局动荡。若你能够做到以诚信待人，以清静治国，那么我也就放心了！"

赵恒点点头，把父亲的教诲记在心中。之后赵恒在位的20余年，基本都秉承了这个治国的理念。

第2章 真宗即位吕端护航

至道三年（997年）三月，宋太宗病逝。皇太子赵恒在灵柩前即位，史称宋真宗。虽然说经过太祖、太宗两代帝王的苦心经营，大宋王朝的统治已经基本稳固。可由于宋太宗在位期间的一系列错误决定，使大宋王朝在一片祥和中也潜藏着许多隐忧。因此，宋真宗很难高兴起来。

另外，宋太宗迟迟不立皇子，使得诸王夺嫡之争愈演愈烈，朝廷派系严重。宋真宗即位时，就有人悍然发动政变。主导政变的人叫王继恩。王继恩是一个宦官，不过他可不是一个普通的宦官，而是掌握大宋皇宫宿卫、多次统兵作战的一代权宦。

权宦野心

在太宗朝，宦官王继恩绝对是个呼风唤雨的重量级人物。此人有大功，也有大才。他擅自改变宋皇后懿旨，改召晋王赵光义入宫，成为太宗登基第一功臣。他在太祖朝就已经是入内都知，在宦官中品阶已然到顶。太宗朝时，蜀地大乱，王继恩被任命为平乱总指挥，统兵作战。变乱平定后，宋太宗有心提拔王继恩为宣徽使，只是，宰臣强烈反对：宣徽使等同宰执，怎能由宦官出任？若开此例，难保朝廷日后不会出现宦官之祸。宋太宗苦思良久，打了一个擦边球。他为王继恩特设了一个官职，和宣徽使名称不同，权力相同，叫做“宣政使”。

王继恩不是刘承规，他可不甘心仅做皇家的忠仆。他虽是宦官，却有政治野心。太宗朝末年，皇太子人选没有确定，王继恩上蹿下跳，很活跃。

一开始，王继恩心中太子的人选就是楚王赵元佐。毕竟赵元佐是太宗长子，和王继恩的关系也最亲近。只是后来赵元佐犯下大错，被废为庶民，让王继恩好一番叹息。他也想过另投新主，只是，在二皇子赵元僖的眼中，王继恩乃是大哥赵元佐的人马。因此，在赵元僖时代，王继恩很憋屈，沉沦多年。

赵元僖暴毙，死因可疑，王继恩主动请求前往调查。结果，王继恩不但查出了毒杀赵元僖的真凶张氏，还翻出了赵元僖的许多隐秘。于是，在世人眼中，赵元僖不再是那个恭顺孝敬的贤王，而是一个为人阴险、善于伪装的小人。

赵元僖死后到赵恒被确立为皇太子的三年间，立谁为皇太子，是朝中最热门的话题。王继恩和李皇后共推大皇子赵元佐。

是王继恩对赵元佐忠心不二吗？绝非如此。

王继恩身在皇宫，无故不得外出。他就打着为皇帝妃嫔祈福的名义，经常到皇家禅林多宝僧舍。那些想要走捷径获取富贵的官员们常常在那里聚会。在王继恩笼络的众多官员中，有一人叫潘阆。此人本是一个没落士子，靠着巴结王继恩当上了一个小官。他当然希望王继恩更上层楼，然后他也就可以做那升天的鸡犬了。

潘阆告诉王继恩，为什么要支持大皇子赵元佐。他说："这些年大皇子被废，二皇子暴毙，诸位皇子中，以三皇子居长。如今，在参知政事寇准的帮助下，三皇子出任开封尹，三皇子会认为他成为皇太子乃是理所当然。即便我们帮忙拥立，他也不会感激我们。若是我们想要成就拥立大功，就必须拥立诸王当中没有资格入选太子的那位。若是我们能够成功，那就是第一功臣了。"

在诸位皇子中，六皇子、七皇子、八皇子年纪都太小，连王爵都不是。若是宋太宗再活个一二十年，他们或许会成为太子争夺的强有力人选。只是眼下太宗多病，这三人一点机会也没有，可以排除。

四皇子赵元份容貌出众，为人宽厚，却过于胆小，对朝廷大政基本不参与。他家中还有个母老虎——妻子李夫人，最是忌妒。李夫人本人没有生育，赵元份为了延续香火，取了小妾，生了三个孩子。不过，在孩子出生后，李夫人就严格限制丈夫的行动，再不许去小妾的房间。即便赵元份对王府丫鬟给个笑脸，那丫鬟也必然会被李夫人暴打，甚至活活打死。

李夫人不但奇妒，而且贪财。宋太宗知道这个儿媳妇的脾气，每次给赵元份发东西，都会特别交代，要平均分给他王府中其他姬妾。可是，李夫人就是不听，而是把所有赏赐全部抓在手中。

王继恩不看好赵元份，此人连家中的老婆都管不了，又怎么能够凌驾诸王之上，成为万民之主呢？另外，赵元份和三皇子赵恒（赵元侃）的关系极好，俨然是亦步亦趋，甘心给赵恒打下手。

五皇子赵元杰是个人物。他虽然比大哥二哥出阁略晚几年，但起点很高，一出阁就爵拜益王，兼任成都尹、剑南东西川节度使。在诸位皇子中，赵元杰握有实权。淳化末年，蜀地大乱。朝廷中有官员弹劾赵元杰，身为成都尹，辖区却出现兵乱，多少有些罪责。宋太宗不但没有怪罪，反倒让赵元杰改封吴王，担任扬州、润州大都督、淮南镇江两镇节度使。赵元杰的权力更大了。

一切，只因赵元杰受太宗喜爱。

大哥走勇武路线，二哥走孝顺路线，三哥走散淡路线，四哥公开弃权。他老五绝不效仿他人，他要走条属于自己的路线。

宋太宗一生好读书，好藏书，文治天下是宋太宗的骄傲。他将各国图书汇聚京师，招揽天下贤士编著图书。《太平广记》书成后，宋太宗每天浏览一卷。即便国政再忙，他也绝对不耽误读书时间。

赵元杰投父所好，走文化路线。

赵元杰喜欢读书，写得一手漂亮的文章。他的小词，若在皇族中称第二，没有人敢称第一。他还擅长书法，草书、隶书上佳，飞白更是绝妙。宋太宗一生最爱飞白。诸位皇子无不苦心磨炼，希望能够追上父亲的步伐。可他们再努力，也无法超越老五赵元杰。

别的王爷建豪宅、藏美姬，赵元杰则修建了一栋京城最豪华的藏书楼，里面收藏了各种珍品图书两万卷。即便是皇家藏书阁，有些地方也比不上。

五儿赵元杰爱文化，宋太宗很满意。他多次驾临益王王府，肯定赵元杰所作所为，还让其他皇子多向赵元杰学习。唯读书才能明道嘛！

只是，赵元杰城府不够。伪装了数年，他在关键时刻绷不住了。

淳化五年（994年）的二月，正是太子人选争夺的关键时刻。赵元杰却在府中大兴土木，修建了一处奢华园林。单单其中一座假山，就花费千万铜钱。园林建成后，赵元杰得意洋洋，带着王府属官参观。那些属官多是阿谀谄媚之徒，纷纷赞美园林如何华美。可是，王府翊善姚坦低着头，看也不肯看。

赵元杰一扫众人，看到了姚坦。他很不满意。赵元杰强迫姚坦抬头，并且一定要品评一二。姚坦昂然抬头说："我眼中看到的都是血山，哪来的什么假山？"赵元杰很生气，质问姚坦此话怎样。姚坦说："我昔日也是百姓出身，亲眼看到州县公差催逼赋税，若是缴纳迟了些，公差就用鞭子抽，用板子打。多少家庭因此而破碎，多少百姓因此而逃亡。如今，这假山耗费巨大，这钱看似是王爷俸禄，实则是千万百姓赋税所出。如此不是血山是什么?”

赵元杰大怒。他是个聪明人，自然知道姚坦说的乃是正理。该怎么反驳呢?赵元杰说:“近日父皇正在后苑修建一座假山，我这假山比之父皇假山不值一提。莫非你也觉得父皇那也是血山?!”

姚坦一听，面白无血，黯然退下。

这件事情很快传入皇宫。宋太宗听到后反应却和赵元杰不同。宋太宗表示:“这假山劳民伤财，我怎么能够再修建呢?”他让人立刻把假山砸掉，并且派人到姚坦府上慰问。

若赵元杰能够幡然醒悟，对姚坦认错，再一次跟父亲保持同一立场，在未来的太子争夺中，还有一些优势。可是，赵元杰选择了另一种极端的方法——他想要赶走姚坦。

他知道父皇疼爱自己，就故意装病不去上朝。宋太宗连忙派御医去治疗，可一个多月了，赵元杰还是无法起床——他故意赖床呢。宋太宗忧心如焚，就把王府的乳母召入皇宫，询问赵元杰身体病弱的原因。乳母回答:“五大王本来没有病，只是翊善姚坦强行束缚大王的行动，连基本的自由都没有。因此，五大王才闷出病来。”

宋太宗多么精明的人，他一想姚坦此前所为，看到乳母言辞闪烁的样子，立刻明白了前因后果。宋太宗大怒说:“姚坦乃是正人君子，我让他去辅佐皇子，正是为了皇子好。如今，我儿却要把姚坦赶走，又撒谎说有病，这怎么可以?我儿本年轻单纯，未必能够想出这样的鬼主意，必然是你等调唆，才会如此!”

宋太宗下令把赵元杰的乳母拖到园子中打了几十板子，逐出皇宫。他又招来姚坦，好言安慰。

经过这一次风波，五皇子赵元杰彻底没戏了。

一个统治万民的君主，想不撒谎或许很难，但无视臣下劝谏，独断专行却是大忌。若是赵元杰为帝，必然是一代暴君。

于是，王继恩最后的人选，只能是大皇子赵元佐。

只是，单凭王继恩个人的力量还不够。王继恩是宣政使，是内侍都知，他有能力掌控整个内宫，但对外朝，却鞭长莫及。

要想成事，必须找寻盟友。在王继恩的用心谋划下，许多大能量的人物纷纷加盟。

人人有梦

第一个同意加入的，是太宗李皇后。

宋太祖开宝八年（975年），晋王赵光义正妻符夫人去世。开宝九年，宋太祖做主，将大将李处耘的女儿嫁给赵光义。当时已经下聘，婚礼就要进行，宋太祖却驾崩了。赵光义宣布，婚礼无限期拖延。

宋太祖在位期间，给弟弟找了不少女人。符夫人也好，李皇后也好，连赵元佐和赵元侃（真宗赵恒）的母亲李夫人，那也是宋太祖主婚许配的。宋太祖的目的很明白，他想通过这种方式拉近和弟弟的关系。更直白地说，要把三弟的床榻，也变成他的属地。

对此，赵光义心知肚明。于是，他当了皇帝之后，并没有继续婚礼。一直到太平兴国三年（978年），吴越归降、漳泉献土，宋太宗自信已经全然掌握了朝廷大权之后，才将李氏迎入宫中。但是，宋太宗并没有给李氏任何名位。就这样无名无分的待了多年，一直到六七年后，宋太宗彻底剪除了赵德昭兄弟、赵廷美势力，李氏才被册封为后。

那么，宋太宗为何没有在后宫妃嫔中另立皇后，而是依然册封李氏为后呢？宋太宗即位后每逢祭祀，必定自称“孝弟”，以示对太祖的尊崇。既然如此，那么太祖定下的婚事，自然应该延续。何况，太祖二子尽死，太祖一派势力也就失去了根基。李处耘去世多年，不过其子李继隆却是难得的一位骁将，在太宗朝屡立战功。宋太宗娶李氏，也可以对李家以及太祖朝武将以示安抚。

李皇后无子，自然对王继恩的提议一口答应。

有了李皇后的加盟，就等于有了法律的保障。若是太宗驾崩，王继恩大可以借李皇后之口传下遗诏，迎接大皇子赵元佐入宫即位。

并且，经过太宗朝20多年的奋勇拼杀，李皇后的兄长李继隆已经成长为大宋禁军最高统帅之一。军中大将，或者是其战友，或者是其部下。可以说，李继隆在大宋禁军中的影响力，除了老枢密使曹彬，无人出其右。

李后把事情悄悄告诉给兄长。李继隆对兵法了如指掌，对政治并不感兴趣。可事关妹妹的安危，李家未来数十年的命运，李继隆责无旁贷，只能挑起这份重担。有了李继隆的加盟，就等于有了军队的支持。当然，李继隆也表态，太宗对自己恩重如山，不到万不得已时，绝不动刀兵。

在王继恩的邀请下，参知政事李昌龄和知制诰胡旦也加盟进来。

李昌龄的资历比寇准还要早，是太平兴国三年进士。李昌龄有文才。京城金明池竣工，李昌龄主动献上一百首诗歌，大赞太宗如何圣明。太宗很高兴，提拔他到馆阁任职，数年后出任地方知州。

李昌龄还有治民之才。他曾经担任广州知州，对如何繁荣海关贸易颇有见解。当时，广州不但是宋朝而且是整个亚洲数一数二的贸易市场。周边许多国家的商船都会到广州交易，各种奇珍异宝应有尽有。朝廷在广州设有专门机构，负责采买一些物品进贡。不过，多年下来，弊端极多。一些官员经常以超高的价格购入一些品质参差不齐的贡品，国家吃亏很大。李昌龄提出，应当把这一项工作管理起来，对采买工作进行审核。

沿海地区山林当中有不少野象。宋朝官方会组织一定人力去收取象牙，进贡给朝廷。象牙是国家专卖物品，百姓不能私藏，更不能贩卖，生活非常穷困。李昌龄提出，国家政策当以利民为先。国家出面收取象牙，工钱也要不少。不如干脆放开，让百姓收取。然后国家以市场价的一半征收。如此一来，朝廷需求可以满足，百姓生活也会有所提高。

对这些惠民政策，宋太宗全部采纳。

可是，李昌龄这个人毛病也不小，尤其是贪污问题很严重。据说他在地方任职的时候，贪了不少钱财。御史提出弹劾，宋太宗组织人马调查。李昌龄乘船回京，调查组半路上截留他的行礼。打开一看，发现里面都是一些药材。李昌龄宣称，父母多病，因此带了一些药材回家。调查组把情况回报给宋太宗，太宗很满意。于是，李昌龄不但没有受到处罚，反倒被提升。

淳化二年（991年）时，出仕不过13年的李昌龄被提拔为枢密直学士。

事后，有人传言，其实李昌龄就是一个大贪官。只是，他父亲曾任朝廷太常卿（九卿之一，负责朝廷礼仪），朝中故旧不少。李昌龄正是通过他的关系网，得知调查组即将到来，于是提前把搜刮的金银财宝另外装船，成功骗过了调查组。

至道二年（996年），李昌龄被任命为参知政事。至道三年，宋太宗病危。

当时朝廷的宰相是吕端，副相有李昌龄、温仲舒、王化基三人。李昌龄为第一副相，他想要更进一步。只是吕端名望极高，并且身体还行。李昌龄要想在短期超越，似乎不大可能。至于温仲舒更是个人物。宋太宗多次告诉身边宦官，温仲舒有军事才略，想拜他为相应对西夏问题。只是因为太宗身体一日不如一日，为求稳妥，才继续让吕端为相。至于王化基，资历最浅，为官一贯谨慎，不必多提。

也就是说无论太宗是生是死，宰相人选都不会是他李昌龄。若是他想更进一步，登上人臣巅峰，就必须奋力一搏。

于是，李昌龄加盟王继恩阵营。

胡旦则是个小丑人物。

此人也是太平兴国三年进士，和李昌龄乃是同年。那一年录取进士不过74人，胡旦高居榜首，中了状元。按照常理，胡旦的官途当一片光明，无可限量。现实却恰恰相反。

同是那一年中进士的赵昌言，很早就当上了参知政事。李昌龄虽然迟了几年，但最后也成了副相。两位同年昔日都不过是普通进士，如今却先后进入宰执。胡旦呢，沉沦官场多年，到太宗晚年，不过是以郎中身份担任知制诰，连个翰林学士都不是。

胡旦有文才。此人堪称太宗朝绝代惊艳的文豪。只是，胡旦属于典型的无行文人，为了富贵不择手段。虽然说进入官场人人都渴望升官，但是当有所为有所不为。胡旦却很猴急，一而再再而三地贸然出手，多次犯下错误。

那一年，卢多逊被赵普挤走。后来，完成使命的赵普又被宋太宗罢相。胡旦察言观色，精心构思了一篇妙文献上。文曰《河平颂》，其中有云“逆逊投荒，奸普屏外”，对卢、赵二人被罢相大唱赞歌。

胡旦认为，卢多逊勾结秦王赵廷美，诅咒太宗，图谋不轨，罪大恶极；赵普倚仗功勋，横行霸道，架空皇帝，堵塞言路：两人被罢黜，那都是大快人心事。

按照胡旦猜测，自己这篇文章一旦献上，必然龙心大悦，升迁指日可待。谁料想宋太宗看到后勃然大怒。

宋太宗为何生气呢？他告诉宰相：“胡旦言辞中充满了悖谬暴戾之气。昔日朕钦点此人为状元，对他本来寄予厚望。谁料想此人在地方为官多年，毫无善政。担任海州知州时，因贪污受贿，被部下揭发。他本来应当受到重罚，恰逢天下大赦，朕爱惜他的才华才不予计较，重新将他召回京城。谁料想今日他竟如此狂妄。这种品质低劣的人怎么能够在侍从官（知制诰）行列呢？”

宰相听到这番话，立刻行动起来。

几天后，侍从集团领导人之一、中书舍人王德上书弹劾胡旦胡乱批评朝廷宰臣，诽谤皇帝，以下犯上，恳请皇帝将这等狂妄之人罢官流放，以儆效尤。

宋太宗随即下诏，将胡旦贬到商州担任不入流的团练副使。

宋太宗生气是很有道理的。按照当时朝廷公布的信息，卢多逊是谋逆重犯，赵普是平定逆谋的功臣。赵普之所以罢相，并非因为他跋扈，而是年老，主动请辞。为了维护君臣和睦的气氛，宋太宗特意送行，送礼赠诗。赵普非常配合，双手捧着太宗的诗稿痛哭流涕，还说："陛下您赐诗给臣，臣当刻在石碑上，与臣的尸骨一同埋在黄泉。臣到死也不会忘记陛下的恩情。"宋太宗也一脸感伤。

之后，宋太宗告诉新任宰相宋琪，自己罢免赵普相位的原因："昔日朕还是布衣时就和赵普相识，如今他满头白发牙齿掉落，朕看了很感伤啊。中书省事务繁重，朕怎么忍心让他继续操劳呢?"

虽然宋太宗罢免赵普的真正原因正如胡旦所言，是忌惮赵普的才略和势力，但胡旦所言戳穿了宋太宗苦心营造的君臣和睦气氛，很容易让天下臣民认为他宋太宗是一个没有识人之明的昏君，甚至是一个任人摆布的傀儡。

数年后，胡旦四处活动，靠着朝中旧友的帮助，再次回到了京城。当时太宗有心让赵昌言出任宰相，胡旦参与赵昌言"五人帮"。结果，小团伙被赵元僖和赵普联手击溃，胡旦第二次因为投机被贬。

胡旦不死心。他一心想一步登天。如今，拥立大皇子赵元佐，就是一个很好的机会。何况，此次结盟的班底很强，成功率极大。有李皇后坐镇皇宫，李继隆掌控军队，李昌龄掌控朝局，王继恩内外协调，他胡旦草拟圣旨，公布遗诏。一切都合乎法律程序，几乎就是无懈可击。

可惜，这些人都是盲目乐观，只看到了己方的优势。皇太子一方势力也很强劲，尤其是有宰相吕端的支持。

真假糊涂

吕端被后人记得，多半源自宋太宗对他的评价："端小事糊涂，大事不糊涂。"

至道元年（995年），宋太宗有意罢黜吕蒙正，提拔吕端为宰相。一些人有不同意见。宰执当中，比吕端有才略的人还有，比如宋太宗最欣赏的寇准。有人就提出，吕端为人糊涂。宋太宗反驳说："吕端小事糊涂，大事不糊涂。"

吕端一生两次起落。早年他出任开封府判官，主管京城治安。国家早有禁令，不允许从陕西甘肃地区私自运出、贩卖巨木。虽然朝廷有禁令，但是巨木是修建豪宅所必须，因此巨木的价格一路飙升。京城那些皇亲国戚看到有利可图，就联手大搞走私。他们打出皇宫征用的旗号，沿路关卡怎敢盘查？等巨木运送到京城，他们又给京城有关部门送钱送礼，竟然把走私的货物公开售卖，赚取巨额利润。

事情被捅出来后，宋太宗大怒，让有关部门进行调查。调查中，有人提出，京城出现大规模走私现象，作为京城治安主管之一的吕端责无旁贷。于是，吕端被传讯接受审查。不久吕端被贬斥为司户参军，到偏远的商州管理户籍去了。

其实，吕端和整个走私集团根本没有一点关系。真正主持走私的，是吕端的顶头上司、开封尹赵廷美。这位皇帝的四弟，才是罪魁祸首。可是，当时宋太宗还不想和弟弟撕破脸，于是，吕端就成了赵廷美的替罪羊。

面对被贬斥，吕端没有抱怨一句，收拾行礼，安静地离开了京城。有人嘲笑说，吕端真糊涂。

吕端在各地辗转任职，凭着出色的政绩再次回到朝廷。二皇子赵元僖出任开封尹，宋太宗再度任命吕端为开封府判官。本来，这是宋太宗送给吕端的一场大造化。谁料想赵元僖暴毙。人死了也就死了，可他死后还被查出种种不轨迹象。结果，所有开封府的属官都要接受盘查。理由是"裨赞无状"——宋太宗一生护短，明明是赵元僖本人图谋不轨，他硬要说成是吕端等人没有及时劝谏。

别的官员听说要被传唤，一个个牢骚满腹，大喊冤屈，唯独吕端很平静，依然正常办公。

当时正是夏天，天气很热，吕端把官帽脱下，放在一边。看到宦官手捧诏书进入，吕端签署完一份公文，告诉随从:"把我的官帽拿来。"他戴好官帽，走下大堂。那宦官和吕端相熟，看到他如此，有点不好意思，说:"我们也只是奉旨问些事情，吕大人不必如此。"吕端让宦官上座，躬身行礼说:"既然是天子讯问，那我就是罪人。我怎能安坐堂上?"

宦官听了很惊讶，后来把吕端的情况如实回禀宋太宗。宋太宗点点头，记在心上。不久，朝廷传下诏令，吕端被贬为卫尉少卿。

面对飞来横祸，吕端不但没有辩解，还主动认罪，甘愿受罚。更多的人嘲笑说，吕端太糊涂。

其实，吕端一点不糊涂，即便是小事糊涂，也是装出来的糊涂。他的糊涂，那都是大智慧。

吕端两次被贬，都是受其主牵连。吕端的糊涂，在宋太宗看来，那都是顾全大局、忠心侍主的表现。

至于说吕端大事不糊涂，事情就更多了。

当日，宋太宗北伐，下诏让开封尹赵廷美留守都城。昔日宋太祖出征，就是让赵光义（宋太宗）留守。这既是恩宠的象征，又是权力的象征。赵廷美很高兴。

可是，判官吕端说："主上栉风沐雨，吊民伐罪，历尽艰辛。大王您作为主上最亲近的人，应当主动上表，跟随主上左右。如今您留守都城，很不合适呢。"

吕端的话说得很含蓄。他的话有三层意思。第一层意思，宋太宗在外打仗很辛苦，你秦王赵廷美不能在都城享清福。第二层意思，若是想让皇帝更加信任，上表跟随，与皇帝共患难才好。第三层意思，宋太宗对赵廷美并不信任，下诏让他留守，并非出自本心。

赵廷美智商远不如吕端，只听懂了前两层意思，于是很爽快地上奏请求随军。宋太宗当即批准。后来，太宗得知是吕端提出这个建议，对吕端的聪慧与立场非常欣赏。

吕端虽然是秦王属官，心却在宋太宗一边。赵廷美随军，明摆是对太宗更加有利。

许多官员都因赵元僖被贬。后来，朝廷考核官员，这批人大都哭穷，希望朝廷能够重新录用。吕端的态度却让众人大吃一惊。

吕端告诉考核组领导："我之前辅佐秦王，因为不能约束部下，被贬商州。后来许王暴毙，也是因为我辅佐不力。两次我犯下大错，陛下都没有重罚，我心中有愧。如今我若能够到地方担任一个小官，就心满意足了。"

考核报告呈交宋太宗，太宗看后感慨颇多。当年因赵廷美案牵连，吕端被罢黜，赵普提醒宋太宗："吕公此人很难得啊。此人得到嘉奖从不高兴，遭遇贬斥也从不畏惧，甚至言语中提也不提。如此人才，真是宰相气度！"

对赵普的眼光，宋太宗一直佩服。他在吕端申请外放的报告后批示："朕很了解你，你不必忧心。"对吕端两次被贬的真正原因，宋太宗心知肚明，并没有怪罪吕端。

随即，吕端不但没有被贬，而且被升迁为枢密直学士，一个月后晋升为参知政事，进入宰执队伍。

也就是说，吕端的糊涂也好，不糊涂也好，都彰显了一个共同特点：宠辱不惊，勇于承担。

吕端拜相之时，正是宋太宗晚年。

那些年，西夏的李继迁频繁骚扰，虽然被李继隆勉强击退，但是宋朝也损失惨重。蜀地的王小波起义持续数年，才被王继恩、上官正强行镇压。

吕端此人，人品端方，处事稳重。他的治国理念是"黄老"政策，他曾说：

“国家若行黄、老之道，以致升平，其效甚速。”吕端进入宰执之初，宋朝没什么祸事。可是，后来的几年国家灾难频发，吕端的无为而治就显得很无力了。宋太宗一度考虑换上精明强干的温仲舒为相。只是，随着病情日渐加重，宋太宗不得不把传位问题摆在第一位。

应该说，宋太宗的这次取舍非常明智。若非吕端，宋真宗即位就会出大问题。赵元佐虽然勇武，但是为人软弱多情、暴躁易怒，这种人若是当了皇帝，绝对是百姓的灾难。

至道三年（997年）三月，宋太宗驾崩。王继恩团伙迅速活动起来。

李皇后下令封锁消息，秘不发丧，命人火速保护赵元佐入宫即位。同时，由王继恩到中书省传令，假称太宗召唤，宣召宰相吕端入寝殿接受遗诏。等到把吕端控制起来后，就宣布由李昌龄负责中书省，胡旦宣读遗诏。如此，大事即成。

吕端对王继恩曾经拥立大皇子赵元佐早就知晓，一直在提防王继恩。此时，他见王继恩一脸得意之色，猜想宋太宗去世，王继恩可能耍花招。吕端立刻在一张纸上写了“大渐”（病危）两个字，悄悄吩咐心腹即刻到东宫交给皇太子赵元侃。然后，吕端起身，跟随王继恩前往。

走了不远，吕端说：“官家早先有命，若是发生变故，可与宣政使（王继恩）同往秘阁取密诏。不如我们先去秘阁吧。”王继恩乍听太宗另有诏书，大吃一惊，立刻答应前往。到达一处隐秘的房间后，吕端打开大门，说：“密诏就在里面。”王继恩立刻进入搜查。不想王继恩刚进入，吕端就把大门给锁上了。吕端吩咐军士：大变在即，万事谨慎。除非有他吕端的手令，谁敢靠近阁门，杀无赦！

随后，吕端带领几位信得过的宰执大臣前往中宫拜见李皇后。

李皇后久等王继恩不至，心中惶恐，看到吕端到来，以为是王继恩劝说成功，很是高兴。按照计划，李皇后问吕端：“先帝已经驾崩，今日就要册立新君。自古以来，长幼有序，不知道吕相公以为如何？”吕端很严肃地回答：“先帝册立太子，早已昭告天下。如今谁敢擅自更改？”李皇后看到吕端的态度如此强硬，大吃一惊，再一看才发现王继恩不在。吕端告诉李皇后，王继恩正在密室研读先帝诏书，反省自己的罪行呢。

很快，皇太子赵恒来到了皇宫之前，吕端率领百官到皇宫门口迎接，簇拥着赵恒进入皇帝寝宫，在太宗灵柩前即位。

第二天大朝，行登基大典。百官齐齐下拜，宰相吕端岿然不动。礼官询问吕相公有何事。吕端提出，请把御座前面的帘子掀起。吕端对李皇后和王继恩很不放心，必须事事小心。万一这半天时间，宫中发生变故，坐上御座的又变成了别人呢？

吕端确认坐在御座上的确是赵恒，才躬身下拜。这样，赵恒终于登上宝座，史称宋真宗。

对于如此谨慎如此坚定的吕端，宋真宗赵恒深深感激。

低调处理

宋真宗即位之后，立即讨论如何处理逆谋团伙。他找来几位宰执大臣商议对策。有人一脸怒色，愤然提出，对于逆党，即便诛其九族也无不可。吕端却以为，新君登基，正要安抚人心，怎么可以让龙椅染上鲜血？一切必须慎重处理。一旦事情传扬开去，有污大行皇帝贤明，更会让世人误以为新君不孝。

宋真宗认为吕端顾虑周详，处理这件事尽量低调。

在大封群臣的同时，宋真宗下令，殿前都指挥使李继隆功勋卓著，特升格为枢密使、同平章事（使相），派驻陈州任职。既然宋真宗已经赐给武官之中的最高职衔，李继隆没有任何理由拒绝，只能黯然离京。逆谋团伙失去了军队的支持。

随后，宋真宗下令，参知政事李昌龄，擅自结交内臣（王继恩），有违国法，将李昌龄贬为忠武军行军司马。逆谋团伙又失去了宰臣的支持。

李昌龄罢黜后，胡旦忧心如焚。他苦思冥想，写了一篇花团锦簇的文字，颂扬宋真宗。胡旦想着给新皇帝拍拍马屁，或许皇帝一高兴，就把他给放了。奏章呈交之后，宋真宗大怒。此前正苦恼找不到胡旦的罪证，毕竟逆谋事件不能公开。而胡旦的这篇溜须拍马之文正可以做做文章。

宋真宗宣布，知制诰胡旦为人浮华，新君初立就献上谄媚文字，陷新君于不义之地，实在可恶。着令胡旦贬为安远军行军司马，即刻离京。

数月后，宋真宗把皇城防卫大部分换成了自己的人马，开始收拾王继恩。

宋真宗宣布，王继恩结交大臣，擅自泄露宫闱秘事，免去宣政使职务，改任右监门将军，到均州上任。有人提出，王继恩乃是逆党魁首，罪当处死。不过，也有人反对，他们认为王继恩对先帝有拥立之功。在先帝去世不久时，就处死先帝重臣，于宋真宗名声不利。宋真宗再看看吕端，见吕端沉默不语。宋真宗明白了。

宋真宗即位之初，虽然将李昌龄、胡旦等人贬斥，但是，李皇后、王继恩他们经营多年，在朝中宫中还有庞大的势力。对他们二人的处理，要有耐心。

于是，宋真宗让王继恩在均州继续活了两年。等到世人多将王继恩淡忘之时，王继恩在均州被秘密赐死。

作为逆谋团伙的真正主使，李皇后本应当得到最严重的惩罚。可是，李皇后不同其他妃嫔，乃是太宗诏告天下，正式册封的一朝国母。废黜李皇后，弊端重重。

于是，宋真宗选择了另一种处理办法。

宋真宗下令，尊太宗皇后李氏为皇太后。按照规定，新皇后入宫，李太后必须搬出中宫殿。只是，当时并没有太后殿，宋真宗几番商量，最终决定让李太后暂住西宫嘉庆殿。那里本是皇家举办宴会的场所，所有器具、陈设，在皇宫诸殿中数一数二。宋真宗就是要把最好的东西送给李太后。

宋真宗还宣布，最近几年国家多事，经费紧张。不过，身为人子，孝顺为先，即便经费再紧张，也要为李太后修建一座正式的太后殿。太后殿陆续修建了四五年，一直到咸平四年才完工。竣工之日，宋真宗给宫殿赐名为“万安宫”，躬请李太后入住。

李太后很惶恐，本以为宋真宗会严惩自己，甚至赐死，没想到宋真宗竟然如此对待自己。

每天，宋真宗即便朝会再忙、再晚，都必然会到太后殿中请安问候。

李太后晚年多病，宋真宗亲手为李太后调制汤药，在朝会时和百官说起太后的病情满脸悲伤。百官纷纷赞叹，李太后并非真宗生母，真宗却对李太后如此孝顺，皇帝真乃仁孝之君呢。

至于皇兄赵元佐，宋真宗也同样优待。他上台不久，就恢复赵元佐的楚王爵位。真宗几次表示要亲自前往兄长府邸探病，赵元佐忧惧不安，再三表示绝不敢当，即便皇帝前来，也不敢相见。宋真宗见兄长如此，也只好作罢。

川蜀乱局彻底终结

自从宋朝统治蜀地以来，变乱一直没有停息。尤其是在宋太宗淳化四年（993年），更爆发了王小波、李顺起义。李顺建立的大蜀政权拥有军队数十万，几乎占领了川蜀所有州县。宋太宗花了大力气，用了足足两年的时间，才勉强将起义镇压下去。

川蜀之乱，历来闻名。自古以来就有这么一句话流传：“天下未乱蜀先乱，天下已治蜀未治。”而从宋真宗景德年间之后一百多年，蜀地却再也没有爆发大规模的起义。

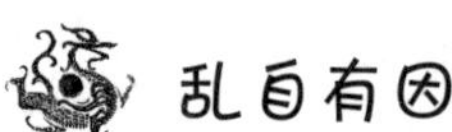

乱自有因

淳化四年年底，成都府青城县茶农王小波、李顺聚众起义。

起义的原因很多，有历史的原因，有现实的原因。

从历史来讲，成都府所在的川蜀地区有着发动起义、割据一方的天然优势。川蜀地区四面环山，中原朝廷要想出兵，只有从剑门一路通过。剑门险峻，李太白诗云“剑阁峥嵘而崔嵬，一夫当关万夫莫开”。历代不少人凭借川蜀特殊的地理条件割据一方，如三国时代的蜀汉政权，十六国时期的成汉政权。在晚唐到宋初数十年间，王衍和孟知祥先后割据，建立前蜀、后蜀。尤其是后蜀，对宋朝的影响很大。

在五代十国那个混战不休的乱世，后蜀仿佛一个世外桃源。从孟知祥割据、称帝，到后主孟昶投降、后蜀灭亡，前后40余年的时间，川蜀地区基本无战事。乾德三年（965年），宋军包围成都，后蜀大将请求出战，孟昶哀叹：“我和先帝好吃好喝养兵40年，如今大敌当前，却没有几个人能够为我向东射上一箭。即便我想坚守，谁又能为我去坚守呢？”在宋人的笔下，仿佛孟昶就是一个毫无斗志、为军民抛弃的昏君。

只是，民众的眼睛是雪亮的。孟昶没有高谈什么君臣大义，主动投降，却是保全了成都府十数万百姓。当宋太祖宣召孟昶入京的消息传开，满城百姓泪流满面，哭嚎相送。同年，孟昶暴毙。孟昶死后多年，川蜀百姓还在怀念他的恩德。

尤其是川蜀归属朝廷后，宋朝禁军统领王全斌放纵部下，肆意劫掠、淫辱百姓，甚至野蛮杀害原后蜀军士，最终激起了兵变。那一次兵变持续了将近两年，才被宋军残酷地镇压下去。

兵变之后，宋太祖对川蜀地区的情感悄悄发生了变化。他对王全斌不满，对川蜀百姓也有不满，对川蜀地区潜藏危险更深深担忧。

按照常理，兵变之后，朝廷应当对川蜀多施善政，以收拢人心，可是，宋太祖除了减免了川蜀百姓半年的赋税，基本没有其他安抚政策。后蜀的那些苛捐杂税多数被宋朝继承了下来。

宋太祖还下令，将原后蜀府库中积攒了数十年的钱粮物资统统运输到京城。朝廷在两川设立转运使，安排专人每天不间断地运送。这样前后运了十几年，府库钱粮才完全运完。宋太祖这么做，一方面是聚积天下财力，为以后统一大业服务；另一方面，也是希望借此遏制川蜀，预防割据。从天下大局看，宋太祖这么做无可厚非，可是从川蜀百姓看，无异于掠夺民财。

川蜀地区有三宝：盐、茶、丝。盐自不必说，是生活必需品。蜀地的池盐不但足够当地食用，还远销江浙。蜀地气候温和，种茶和养蚕都非常适宜。从唐朝以来，汉人吃茶就成为习惯。那些契丹、党项人多吃牛羊肉，更需要饮茶来助消化。可以说，茶叶不但是百姓生活所需，更是关系宋朝与周边地区的外交。至于蜀锦，更是冠绝天下。蜀锦基本是皇家专贡，价格高昂，即便是官宦人家，得到一匹蜀锦也非常艰难。

本来，坐拥三宝的川蜀人应当生活富庶才对，可现实恰恰相反。

在宋朝，地方赋税收入是考核官员优劣等级的重要标准。川蜀归属宋朝后，不少官员为了个人政绩，巧立名目，征收赋税。百姓建房子不但要工钱、料钱，还要交木材税、地基税，就连自家养蚕自家织布、嫁个女儿娶个媳妇都要交税。

最为要命的，是太宗年间频繁发动大战，军费紧张，于是朝廷大大提高了川蜀州县的缴税标准。当地官员为了完成任务，就申请朝廷，设置盐、茶、丝专卖局，由官府统一进行收购、贩卖，严禁百姓私下交易。一些官员为了中饱私囊，擅自将朝廷规定的税收标准提高数倍。如此一来，百姓无利可图，许多盐户、茶农、蚕农破产。

为了活命，一些人开始抱团进行走私。三种物资中，属茶叶利润最为丰厚。一些人偷偷将茶叶贩卖到西北地区，一来一往，就可以获得百分之几百的利润。那几年朝廷正对北方的辽国、西边的党项进行贸易制裁。川蜀的走私活动无异于资敌，一旦被官府抓住，轻则坐牢流放，重则抄家杀头。

只是，官府催逼得太紧，一些地方豪强又趁机兼并土地，百姓生活日渐困苦。百姓不是走私被官府抓住杀头，就是在家中坐等饿死。

那几年的川蜀就如同一个随时就会爆发的火山。对于这种危险局面，淳化初年的成都府知府许骧已经有所警觉。在他任满回京述职的时候，他曾经禀奏太宗说："蜀地已经安宁30多年了，百姓懒惰，贪于玩乐，很容易就被煽动起来。希望朝廷能够派遣忠厚有德的长者担任长官，好好安抚川蜀百姓。"因为是面圣，许骧的话说得非常委婉。其实，自从川蜀归于朝廷以来，历任地方官多把川蜀百姓看成二等公民，把催逼赋税当成升官捷径，老百姓早就怨声载道了。

宋太宗听出了许骧的言外之意，他特意选拔太祖朝枢密使吴廷祚的儿子吴元载为成都府知府。吴廷祚本是后周世宗手下的枢密使，为人稳重厚道，朝野上下口碑极好。太祖称帝后，对吴廷祚很信任，几次亲征，都是让吴廷祚负责京城防务。吴廷祚治家严格，几个儿子都非常有出息。他的四子，还娶了宋太宗的女儿蔡国公主。

可惜，宋太宗看走眼了。这个吴元载在京城时规规矩矩，到了川蜀，离开了皇帝就变得无法无天了。以往对走私的判罚是，要达到一定标准，多少斤以上就打板子，多少斤以上就流放。而吴元载规定，在搜查行动中一旦发现有走私物品，不论数量，一律流放，甚至直接打死。当时当地那些豪绅地主，有钱有闲，于是经常到外游玩，举办宴会。而吴元载规定，从此之后严禁私自举办酒宴。于是乎，川蜀穷人活不下去，富人活得没劲，吴元载把川蜀的百姓全部给得罪了。

吴元载的手下还有个彭山县县令，叫齐元振。此人名气很大，是宋太宗钦定的官员楷模。只是，宋太宗有眼无珠，错把贪官当清官。当初秘书丞张枢奉命到川蜀视察工作，查访百官风纪。张枢为人还算正直，经过他几个月的了解，基本上摸清了川蜀官场的情况。他上奏太宗，对川蜀州县级别100多位官员提出弹劾。那些官员或者被贬官，或者被罢黜，全部受到了国法的严惩。在张枢的报告中，却对彭山县县令齐元振大加褒奖，认为他是一位清廉正直且精明强干的好官、能臣。宋太宗闻奏大喜，特意让使者前往嘉奖。其实，齐元振就是一个大骗子。他的贪婪残酷，相比那被弹劾的100多位官员，有过之而无不及。只是齐元振很狡猾。张枢评判官员是贪是廉，主要是看官府账目和家庭财产。可齐元振早就让人做了假账，还把家中财产全部转移到关系亲密的富商家中。张枢百密一疏，竟然中招。

齐元振被表彰后变本加厉，对百姓更加残暴。

在吴元载和齐元振这样的昏官、贪官治理下，川蜀地区不乱才怪。

为汝均贫富

王小波和李顺都是成都府青城县的茶农，李顺是王小波的小舅子。和其他茶农、蚕农、盐户一样，他们本都有自己的一点家业，虽然说不上富贵，但也勉强可以温饱。自从朝廷设置专卖局之后，王小波和李顺的日子就越来越难过。最终他们也成为走私队伍中的一员。面对朝廷的缉捕，王小波、李顺逃无所逃，只能揭竿起义。

王小波很聪明，虽然他没有什么文化，但也听说过昔日黄王的事迹。黄巢起义，自号为“冲天太保平均大将军”，王小波就经常召集手下那些走私犯们开会，告诉他们:“吾疾贫富不均，今为汝均之!”当今川蜀贫富不均，王小波宣布要为川蜀百姓讨个公道，均衡贫富。

很快，王小波合并了其他几股走私队伍，聚集了数百人。他正式竖起了起义大旗，带领大家攻打青城县。青城县是个小县，平常也就是一些衙役、土兵。不到半天工夫，县衙就被王小波攻破。

王小波知道，起义的消息很快就会传到成都府。那里可有数万守军，而青城县城池残破且没什么粮食储备，根本不足以对抗朝廷正规军。只有转战他处，才是活下去的唯一方法。附近州县中，彭山县人口繁盛，县令齐元振又恶名在外，若是攻下彭山县，必然有许多贫民加入起义队伍。

于是，几天之后，王小波转战彭山。沿路许多百姓投军，队伍很快扩充到数千人。彭山县县令齐元振带领衙兵反抗，但哪里是王小波的对手。彭山县被拿下，齐元振被抓住。

如何处理齐元振呢?

王小波早就知道彭山县百姓痛恨齐元振。他召开万民大会，当众公布齐元振的罪行。齐元振不是爱钱吗？王小波就将他的肚子剖开，在里面塞满铜钱。攻占县衙后，按照齐家仆从的指点，义军没收了大量财物。王小波分文不取，将这些钱全部发放给彭山县穷苦的百姓。百姓看了，无不叫好。

既然当权了，就要兑现当初的承诺。王小波让人清查城中富户的财产，给富户们留下生活必需的一部分，其他则全部平分给百姓。

王小波这两个举动，可谓大大震撼了川蜀百姓。杀掉齐元振，就等于宣布和宋朝政府势不两立。老百姓解气是解气，可是对起义军的目的和前途并不清楚。王小波将富人财产分给穷人，则让所有川蜀百姓感到振奋，有了希望。若是跟着王小波干，有朝一日真的实现“均贫富”，那好日子就要来了！

占领彭山县不到10天，王小波的队伍迅速膨胀，扩充到近万人。

彭山县也不是久留之地，王小波在官军追捕到来之前再次撤离，转战江原县。

江原县是川蜀交通要地，宋军西川都巡检使衙门就设置在那里。那里有数千官军驻守，很难攻下，不过城中储备着大量武器，若是能够拿下，足可以武装起一支几万人的部队。

江原之战是一场硬战。

守将张玘剿匪多年，颇有战斗经验。见到起义军人数众多，来势汹汹，江原城中却只有数千官军，张玘就效法先人，施展空城计。他大开城门，将部队埋伏起来。王小波到达城外，也曾经考虑是否有诈。但江原势在必得，连日来义军数次大败官军，也让王小波生出骄傲自大之心。或许城中守军早就不战而逃了呢？王小波没有多想，带头进入江原城。

起义军一进入城内，就遭到官军全力攻击，起义军死伤惨重。王小波本人也头部中箭，伤势沉重。不过，王小波奋起余勇，继续指挥作战。混乱的义军队伍最终安定了来，最后以惨重的代价拿下了江原城。

宋军守将张玘虽然被杀死，但义军领袖王小波也生命垂危。眼看义军群龙无首，就要散伙，就在此时，李顺赶到了江原，接过了领导义军的接力棒。

王小波的死对起义军是个重大打击，不过，相比而言，李顺更有才华，也更有野心。王小波所想的，不过是带领大家讨口饭吃，李顺则想着割据川蜀，做一方诸侯。

李顺迅速将义军武装起来。有了相当的装备后，义军的战斗力大大提升，很快就攻占了邛州、蜀州、汉州、彭州，最终以10万大军攻陷成都，占据了川蜀的核心位置。成都被拿下后，李顺分兵攻略各地。各地民众纷纷杀掉宋朝官员，响应李顺。不出数月工夫，李顺就控制了大半个川蜀，手下更有了数十万兵马。

李顺起义能获得如此局面，有多方面的原因。

一个原因，是李顺本人有头脑。他在继承了王小波“均贫富”的主张之后，宣布了另一个震撼人心的消息。

李顺宣称，他本人不姓李，姓孟，是后蜀皇帝孟昶的遗腹子。

据说，乾德三年（965年）后蜀亡国的那年，有人在清晨时分经过后蜀王宫附近的那条河，发现河上漂着一个木盆。盆里有一个孩子，还有一张纸条。纸条上说：“国中义士，为我养之。”很明显，这小孩是后蜀国主孟昶的儿子。那人收养了小孩，这个小孩就是后来的李顺。

宋朝官员的暴政让川蜀百姓加倍怀想孟昶的仁爱。贫苦百姓没有什么学识，没什么花花肠子，相信了李顺的身份，更多的百姓加入了义军。即便是一些李顺的乡邻、旧部熟知李顺的身世，对李顺的身份有疑问，但是为了大局，为了起义的前途，大家也都隐瞒不说。

有了孟氏后人的血统，称王称帝就便捷了许多。李顺自称为“大蜀王”，改元“应运”，川蜀独立。他还效仿大宋朝廷设立宰相、枢密使、知州、县令等等官职，派遣官员到各州县安抚百姓，对抗宋军。

另一个原因，是宋朝朝廷对义军形势多次判断失误，使得义军坐大。

起义爆发后，成都府知府吴元载压下军报，想单凭自己的兵力平叛，以挽回颜面，避免惩罚。谁料想义军以滚雪球的方式，短短数月间就扩充到数万人。淳化五年的正月，眼看成都府就要陷落了，吴元载才把消息汇报给朝廷，宋太宗这才得到川蜀叛乱的消息。

宋太宗让宰臣商量对策，多数大臣都认为叛乱发生，是因为地方官员贪婪残暴，若是能够让一个忠厚仁德的人出任长官，好好安抚百姓，自然可以很快平定叛乱。唯独参知政事赵昌言提出，从得知的情报看，叛乱分子有口号，有军队，攻占城池之后并非胡乱屠杀，即便是打压富人也能够有分寸——如此叛乱绝非单纯，狼子野心不可小视。赵昌言认为，要尽快安排得力大将统率禁军前往征讨，如此，才可以避免局势进一步恶化。

当时党项领袖李继迁正率领上万骑兵围困西北重镇灵州，宋太宗正考虑部署大军前往讨伐。听到李顺横行川蜀的消息，宋太宗虽有些吃惊，不过并没有认识到问题的严重性。最终，他没有派出部队剿灭，而是派一个叫郭载的文官出任成都知府，前去招安叛军。

郭载很有骨气。走到距离成都不过两三百里的梓州，有人好意提醒郭载："成都很快就会陷落，您若是前往，必然遭受大祸。不如在梓州稍稍停留几天，如此就可以免除灾祸了。"郭载大怒说："朝廷让我出任川蜀长官，在如此危难关头，我怎能爱惜个人性命，故意拖延？"

可惜，骨气不能变成战斗力。郭载在箭雨中进入了成都城，不过几天，李顺就攻破了城门。郭载不得已，跟随残部逃跑，回到梓州。

成都陷落让宋太宗倍感震惊，他暂时搁置了对李继迁的征伐。在他看来，李继迁虽然势大，但不过是疥癣之患。西北苦寒之地，即便失去，也不会撼动宋朝统治的根基。可是川蜀地区就完全不一样了，搞不好会从国家版图中分裂出去，那宋太宗的脸可就丢大了。

派遣大军出征，主帅人选至关重要。宋太宗思考多日，最终选定宦官王继恩。

宋太宗为什么选了一个宦官呢？是宋太宗手上没有良将吗？不是的。曾经统率大军、指挥过灭国级大战的曹彬、潘美都还在世，身体也很健康，太宗朝崛起的名将李继隆也活跃在北方战线。只是，宋太宗对这些人都不放心。

这些人都久经考验，对朝廷很忠心，但川蜀与北疆不同。此前在两次伐辽战役中，这些人都曾是独当一面的大将。不过，两次都是多路大军同时出击，可以互相牵制。川蜀地区不需要倾国出战，但把数万大军交给任何一个成名武将，宋太宗都不放心。一个茶农搞起来的叛乱，只要朝廷大军出征，无论过程如何，最终必然会被平定。但若具有崇高威望、多年征战经验的大将割据川蜀叛乱，那结局就不可收拾了。

派王继恩做统帅则没有这些顾虑。宦官是刑余之人，是皇帝的家奴。自古以来，就没有宦官当皇帝的。何况，王继恩也并非一个普通宦官。他精明强干，是太宗登基的头等功臣，而且，王继恩早在太祖年间就出任大军监军，之后更几次领兵作战，有一定军事经验。

让王继恩统兵，宋太宗放心。

不料，宋太宗差点又看走眼了。王继恩在宋太宗面前小心勤勉、唯唯诺诺，但一来到川蜀就换了一副嘴脸。攻下成都之后，王继恩手握重兵却不思进取，每天就知道饮酒作乐。宋太宗很气愤。

这时候参知政事赵昌言主动请求前往川蜀，主持平叛工作。宋太宗对赵昌言非常欣赏。当年因为赵普与赵元僖的反对，赵昌言一度被贬官，不久之后，宋太宗就将他召回京城，升任副相。赵昌言一一陈诉自己平叛的主张，宋太宗很满意，就任命赵昌言为川蜀52州马步军总指挥，王继恩也要受赵昌言管辖。

可以说，宋太宗将川蜀的安危寄托在了赵昌言一个人身上。

赵昌言本想凭借这场平叛大功，登上宰相高位。可是，一个叫茂贞的和尚粉碎了赵昌言的美梦。

茂贞和尚擅长相面，宋太宗比较信任他。有一天，茂贞和尚告诉宋太宗说："赵昌言这个人鼻子根部凹陷，乃是反叛之相。这种人不应该让他负责川蜀重任。"宋太宗听后有些犹豫，毕竟君无戏言，赵昌言不过刚出京，皇帝就改变主意，百官以后将如何看待皇帝？几天后，有官员禀告："赵昌言这个人在朝野之间名望颇高，他又没有子嗣，如今统率大军入蜀，恐怕以后局面会很难控制。"

两人的话加在一起，宋太宗动心了。赵昌言是一个文官，临时出任大军统帅，危险性并不高。可赵昌言有能力，又没有子嗣留在京城做人质，万一有别样心思，川蜀不就危险了吗？

宋太宗下令取消赵昌言的兵权，理由自然不能公开。圣旨上说："川蜀地区不过是一些跳梁小丑作乱，赵昌言乃是国家宰执大臣，不可以随意出动。就让赵昌言驻守凤翔地区，作为大军的后援部队。让内侍押班卫绍钦带领诏书前往川蜀指挥作战，想必也可以获得成功。"赵昌言得到圣旨非常郁闷，可是也无可奈何。

张咏治蜀

李顺和王小波一样，被胜利冲昏了头脑。其实在当时，只要义军夺取剑门关，即便官军再多，也无法进入蜀地。如此一来，川蜀就是李顺的天下。可是，李顺错判局势。当时剑门关只有数百宋军守卫，李顺派了数千人前往攻打。他本人坐镇成都，让大将相贵率领20万大军攻打重镇梓州。

可惜，义军遭遇宋军顽强抵抗，既没有拿下剑门关，也没有拿下梓州。王继恩率领大军顺利通过剑门进入川蜀。淳化五年（994年）的五月，王继恩在各地官军的配合下，成功夺回成都城，大破义军，3万人被斩首。李顺本人也在混乱之中死去。义军大将相贵听闻成都有难，率军反攻成都，梓州守将乘势出击，与王继恩里应外合，再次大败义军。经过这两次大战，官军彻底扭转局面，占据了主动。

既然官军已经击溃了叛军主力，那么安抚民心就成了主要任务。宋太宗遍观朝臣，最终选定张咏为新任川蜀长官，前往成都上任。

太平兴国五年（980年），张咏考中进士，先后出任崇阳知县、麟州通判、相州通判、荆湖路转运使。张咏上任之后都能够恪尽职守，整饬风纪，肃清贪官，减免百姓徭役。地方领导对张咏的治民之才、爱民之心赞不绝口。朝中宰臣也连番举荐张咏。淳化四年（993年），宋太宗了解到张咏的种种善政，大感高兴，将张咏召回京城，亲笔写下张咏的姓名交给宰相，说：“张咏乃是当世名臣，朕将要委以重任！”不久，张咏被破格提拔为正三品枢密直学士。

宋太宗对张咏寄予厚望，他说：“西川在变乱之后民不聊生。卿家前往，希望能够便宜从事，安定百姓为是。”

张咏果然有才，在益州的4年，充分展现了他非凡的治民之才、惩恶之法。他推行的不少措施，不仅造福川蜀百姓，对宋朝乃至中国历史都有深远影响。

张咏首先着力于帮助官军平定蜀地，剿灭起义军残余势力。

当时官军虽然夺回了成都城，可是起义军势力依然强大，距离城池10里外，就是起义军势力范围。官军统帅王继恩以军粮不继为借口，拒绝出兵。王继恩每天出入随从众多，还有歌伎舞女陪伴，完全是把自己当成了土皇帝。要想平定起义军，就必须让官军出城平叛；要想官军出城，就必须筹集到足够的粮草。

前任益州知州几乎每天都派人到朝廷催粮，宋太宗也下诏让陕西各州县将所有存粮全部调往蜀地，供给大军。可是，蜀道艰难，运粮时间漫长，耗费极大。常常送一份军粮到前线，路上倒要消耗两三份。张咏入川，看到沿路上尽是运粮的民夫。可即便如此，军中的存粮始终就在半个月左右。

怎么办呢？

张咏了解到成都那些官绅富户家中其实有不少存粮。可是，地方官员拘泥规定，宁肯从陕西运粮，也不肯抬高米价从蜀地富户手中购粮。张咏初到蜀地，自然不能违背朝廷诏令。唐宋以来，盐是官府专卖。因叛军围城，盐价飞涨，张咏从临近州县调来食盐，同时下令，用钱购买，盐价不变；用粮食交换，盐价则可大大降低。百姓闻讯奔走相告。不到一个月时间，百姓都有了盐吃，官府也换取到了数十万石好米。当粮食发放到军营，将士们人人高兴，都说：“以往发放的米，都是掺杂着米糠和泥土，根本就吃不了。如今张大人来了，每一粒米都是好的。张大人真是个善于理政的好官啊。”

张咏一方面通知王继恩，粮食有了，请即刻出兵；一方面奏报朝廷，成都存粮足够大军两年使用，请朝廷停止从陕西运粮。宋太宗接到奏报万分喜悦，在朝会中公开表扬张咏：“以前益州地方官每天都向朝廷要粮，张咏到达益州不过数月，军中就有了两年的储粮。有张咏在，什么事情办不了呢？朕从此不用担心啦！”

王继恩依然不想出兵。他本是一个宦官，如今统兵在外，可节制诸军，一旦战事平定，就要回归朝廷。张咏自然是知道王继恩的心思。张咏有的是法子。按照惯例，战马每天都要支取一定数量的粟米。张咏下令，从即日起不给官马提供粮草，改为支付相应的银钱。

王继恩大怒，找到张咏说："莫非你张咏让我的战马吃铜钱吗？"张咏毫不畏惧，说："城中的草场都被贼人焚毁，要想获得马草粟米，就要从乡间征收。如今王公你整天关起营门喝酒聚会，不图进取，让我如何征收粮草？"看王继恩一脸傲慢，张咏说："我出京之时，陛下受我便宜行事之权。如今我已经把王公所为如实禀奏陛下，我们就静候陛下处置吧。"一听张咏搬出太宗皇帝，王继恩不敢发作。不久之后，王继恩率军出城平叛。

面对骄横的王继恩，张咏毫不畏惧，施巧计逼迫王继恩出兵，用皇命督促将士听命。

不久之后，义军残部也被官军击溃，川蜀基本平定。

战乱平息之后，张咏着手改革民政。

成都在大乱之后，百姓贫苦，人心难安。官员当中也有不少人曾经投敌，担心朝廷的处置。张咏急需稳定民心、官心，重新树立大宋王朝的威信。

张咏下令，严禁官员贪腐。有一次，有个官员被举报。张咏下令将那名官员抓捕入狱。不想那名官员很是傲慢，竟然说："除非杀了我，我绝不会去坐牢。"张咏很生气。那官员犯的罪行虽然不是很严重，可是这欺凌长官、藐视法度的风气要不得。张咏下令，将那名官员推出去斩首。满堂官员看了全都目瞪口呆，从此之后对张咏敬畏有加。

李顺的残党为了制造恐慌，派出不少人潜入民间偷偷杀掉百姓的耕牛。张咏查到了一个罪犯的姓名地址。张咏下令，将那罪犯的母亲拘押，10天之内，罪犯自首就不予追究。不想10天过去，罪犯踪迹不见。张咏下令，放掉罪犯母亲，改为拘押其妻子。不想第二天，那个罪犯就到衙门前自首。张咏喝令将罪斩首，同时公布判词："拘母十日，留妻一宵，倚门之望何疏，结发之情何厚。"张咏要通过斩杀不孝子，来重新恢复道德纲常，让人们知道什么是善，什么是恶。

坊间传言，有个白头发老头常常在午后吃小孩子，整个成都传得沸沸扬扬。到了黄昏，街道上竟然一个人都没有。张咏下令，任何人不得制造谣言，传播谣言，违者重罚，同时派出差役四处查探。不久之后，张咏果然找到了制造谣言的人。张咏将那几个人绑缚刑场，公开问斩，骚乱很快就平息了。张咏评价这件事情，说："自古以来各种妖言兴起，无非利用人们的恐惧和无知。要想平息谣言，祈祷神灵是没用的，关键在于为官者必须有见识。"

在对不法者严厉打击的同时，对普通民众，张咏则满怀关爱。

有一次，王继恩将抓捕到的义军党羽30多人押送到州衙，交给张咏处置。按照法令，张咏可用"谋逆"罪名将这30来人全部杀死。没想到张咏将这30多个人全部都给放了。王继恩怒了，责问张咏："官军浴血奋战，才抓到这30多个叛军，你凭什么把逆贼给放了？"张咏说："昔日李顺胁迫百姓做反贼，如今我张咏和王公，将反贼感化为百姓，这又有何不可呢？"张咏说得没错，多数百姓投靠李顺，只是因为没有饭吃。只要给老百姓一条活路，谁愿意去造反呢？消息传开，李顺残部纷纷出逃，回到故乡。叛乱最终被消灭，张咏功不可没。

要想民心安定，光有爱心还不够，还要解决百姓的吃饭问题。

以往秋收时节，粮食多，粮价贱，百姓怨声载道。等到来年春季，播种时节，多数贫苦百姓却又连粮种也没有，不得不向地主富户借利滚利的高利贷。无数人家因此家破人亡，妻离子散。张咏下令，在蜀地全面铺开赈粜法。也就是官府在每年的秋收时，大量购买粮食以做储备，同时发给农户凭条。等到来年春秋粮荒时，农户拿着凭条，就可以按照原价买回粮食。如此一来，国家没有任何损失，百姓却得到大利。这个赈粜法成为以后历朝历代管理百姓、预防饥荒的主要方法，让无数贫苦百姓得以渡过粮荒。张咏拯救万民之功，可谓大矣！

兵乱又起

张咏于淳化五年（994年）上任，在至道二年（996年）张咏的母亲病逝。按照礼制，张咏当辞官回家守孝。宋太宗以川蜀尚未安定为由，要求张咏留任。至道三年三月，宋太宗去世，宋真宗即位。这一年的八月，川蜀戍卒刘旴叛乱，在蜀州、汉州一带杀人劫财。

经过张咏4年的苦心经营，川蜀百姓的生活已经有所改善，但在军中，依然有不少隐患。朝廷在出兵剿灭李顺残部的同时，也招安了一部分义军。这些人被分化安排到多个部队中。官军对这些参与过叛乱的兵士很歧视，不时发生各种侮辱、虐待的事情。朝廷从京城派往川蜀平叛的禁军，一部分留在了川蜀。这些兵士在平叛过程中，没少抢劫百姓，大发其财。叛乱平定后，这些人倚仗军功，横行不法。这两类将士亲眼目睹了李顺是如何迅速崛起，称霸川蜀的。所谓"富贵险中求”，一旦有机可乘，一些野心家就要发难。

西川都巡检使韩景祐对手下军士要求严苛，动辄打骂，将士之间的关系很紧张。帐下军官刘旰趁着夜色带领几十个心腹冲入驿馆，袭击韩景祐。韩景祐睡觉时挺机警，看到情况不妙，翻墙逃走了。刘旰没有去追击韩景祐，而是带着部下冲到怀安县抢劫，之后又劫掠汉州、蜀州。沿路州县的土匪山贼听说又发生叛乱，纷纷加入。几天工夫，刘旰竟然汇聚了几千人马。

益州钤辖（军分区长官）马知节兼任诸州都巡检，在巡视州县的途中听说了刘旰叛乱的消息。他一面向川蜀最高军事长官招安使上官正汇报，一方面率领300名兵士，连夜奔向蜀州，展开缉捕行动。

上官正收到情报，快马传信给马知节，要他立刻返回成都汇报情况，等候下一步指示。马知节让传令兵转告:“如今叛军人数已经超过3000，若是他们攻破了邛州，势力必然大增。那样即便官军数倍于叛军，剿灭起来也非常辛苦。不如在叛军根基还未稳固时，主动出击!”马知节不等回报，率领部队跨过大江，与叛军交战。

叛军人数虽然10倍于马知节，但精锐不多，更是匆忙会聚，远不如官军配合默契。当然，官兵与叛军人数相差悬殊，若是成都主力不及时出发，马知节也难逃被歼灭的命运。

益州知州张咏听说了这件事情，找到上官正。上官正在李顺起义之初，不过是剑门关小小一个都监，手下只有那么两三百人。剑门关一战，上官正奋勇拼杀，击退敌军，保证了官军顺利入蜀，立下大功。此后，上官正因为平叛有功，在王继恩撤退之后，主管川蜀军政。上官正为人刚强好胜，经常当面揭人短处。一些将领不堪羞辱，把状告到了宋太宗那里。宋太宗特意下诏，劝勉上官正，希望他能够与人为善，顾全大局。

张咏和上官正共事多年，对他的经历、脾气都很了解。张咏说:“如今新君登基，我川蜀就发生兵变，这是我们失职啊。若我等不能快速平定叛乱，必然会受到御史弹劾。当初上官将军面对10倍于己的叛军都没有丝毫畏惧，如今手握数万大军，面对的不过是一群乌合之众，为何还在迟疑观望呢?”张咏一番话软中有硬，上官正不得不听。

当天，上官正就召集军马，准备出行。张咏亲自前往城外饯行。张咏举起酒杯，告诉出征将士说:“你们这些人都有妻儿老小在城中，一旦叛军渡江，家人必然受害。何况你们深受国家大恩，无以回报，希望此行迅速剿灭贼人，不要让一人逃逸。若是拖延时日，毫无成效，那么眼下这个地方就是尔等的死地！”张咏恩威并施，用保护妻儿激励将士，以国法军令约束将士。本来，一些人还存有趁着大乱发财的念头，听到张咏如此说，无不肃然。

官军得胜回来后，张咏拿出府库钱财，厚加犒赏，众人无不高兴。

刘旰兵变从发生到最后平定，不过短短10天时间。马知节、张咏、上官正三人都有不俗表现。

咸平元年（998年），宋真宗有意重用张咏，将其调到京城出任御史中丞。到京城后，张咏听说吏部选派了牛冕继任知州。张咏很担心，他告诉宰臣说：“牛冕为人庸碌，没有安抚百姓、应对突变的才略。”宰臣以为不过是张咏贬低牛冕抬高自己，并没有放在心上。结果如张咏所料，短短一年后，即咸平二年的十二月，神卫军军官王均发动兵变，牛冕处置不力，导致局面恶化。

当然，兵变的主要责任人不是牛冕，而是符昭寿。

符昭寿新任益州钤辖，他来头很大。父亲是五代宋初顶级名将符彦卿，姐姐是宋太宗第二任妻子符皇后。也就是说，符昭寿乃是大宋正牌的国舅爷。此公骄横跋扈，虽然担任川蜀军区长官，但根本不懂军务。他也懒得管什么军务，自从上任后就没有去过军营。若是朝廷有什么军令传达，符昭寿就让仆人前往。他每天的主要工作就是喝酒享乐，做一个花天酒地的土皇帝。

若符昭寿仅仅是如此也还罢了，可人的贪欲是无止境的。符家本来就是当世豪门，符昭寿还四处搜刮民财。他知道蜀锦价钱很高，就拘押了一批纺织工，开了一个工厂，专门为他制作蜀锦。蜀锦拿到京城，换成了数不清的银钱。可是，符昭寿黑心，开工厂只管饭不给钱。就连蚕户的丝钱，他也拖着不给，抠门到了极点。他还打着朝廷征收的名义，四处收购稻米小麦，遇上灾荒就高价出售。偶尔发现有陈腐的粮食，符昭寿硬是把那些陈腐粮食卖给和尚道士，还不准少一分钱。他家的那些仆人仗着符昭寿的势力在军中横行不法，个个都像大爷。禁军中许多将士都是靠着一刀一枪挣来的功名，却被符家奴仆羞辱，人人倍感羞愤。

怨气就这么一点一点地积累。除夕当天，牛冕的一次宴请，让这怨气急剧增加。

成都府的军队总共分为两支，由王均和董福两位都虞侯统领。王均手下有两个分队分别担任知州府和钤辖府的安保工作。牛冕比较大方，时常有一些赏赐。年底了，牛冕把他府上的卫队兵士叫来，好酒好喝招待，末了还每人发了一个红包。这些兵士回到营中就四处炫耀，嘲讽钤辖府卫队。那些兵士又羞又怒，就由士兵赵延顺领头，找符昭寿讨点赏赐。没想到符昭寿不但一口拒绝，还把出面提要求的几个士兵拖下去打了一顿。消息传开，整个钤辖府卫队怒了。

几年来，符昭寿对他们这些军人犹如奴仆——甚至连奴仆也不如。若是符昭寿没钱也还罢了，大家眼见得他家中有金山银山，还依然如此小气，不由得气冲心头。赵延顺屁股被打得开花，对符昭寿恨之入骨，他带头叫喊:“反了！反了!”同营房的那些士兵人人激愤，当时就有7个人报名。

赵延顺做事比较机密，要大家不要冲动。既然要干，就要干出点名堂来。符家是深宅大院，寻常军兵根本进不去。即便出行，符昭寿也是前呼后拥，很难下手。怎么办?

没想到第二天，机会就来了。

每年年底，朝廷都会派使者到峨眉山祈福。正月初一祈福仪式结束后，使者回京。符昭寿是宋真宗的舅父，使者不敢怠慢，特意到成都拜访。吃过晚饭，符昭寿让人安排车马，要送宦官出城。赵延顺灵机一动，想到了一个法子。他溜到马厩中，把缰绳全部解开，然后在一匹马屁股上捅了一刀。马受惊后冲出庭院，其他马也横冲直撞。符昭寿大惊，连忙让家仆去看看情况。趁着这个机会，赵延顺一边大声呼喝，假装拦截马匹，一边说要保护符大帅，带着7个人冲到符昭寿近前，一刀将符昭寿的脑袋砍了下来。

符昭寿一死，整个官衙彻底乱了。赵延顺跑到军营，谎称大帅被人杀死，朝廷必然追究责任，卫队兵士全部难逃一死。大家都知道符昭寿的身份，朝廷也的确不会善罢甘休。既然都是死路一条，卫队兵士一横心，就跟随赵延顺反了。他们本就是成都府的兵，熟知地形，在第一时间冲入兵器库抢夺武器。赵延顺提议，符昭寿虽然死了，可是知州牛冕还在。只要他在，我们依然很难活命。于是他带着一帮人又冲入知州府衙。

不少官员正在向知州大人恭贺新年。听闻符昭寿被杀，城中乱兵肆虐，大家一哄而散。牛冕本就是一庸人，事到临头惊慌失措，唯一能想到的主意就是赶快逃出成都城。在仆人的帮助下，他用一根绳子把自己吊下城楼，逃亡汉州去了。

成都府中的那些士兵一听说造反了，许多人趁乱冲入富人家中抢劫。叛乱的队伍越来越大。

赵延顺本是一名小兵，没什么威望，也没有什么带兵的经验。城中武将中官衔最高的只剩下都巡检使刘绍荣。刘绍荣本来是幽州人，从小在辽国长大。宋太宗伐辽的时候，刘绍荣归顺了大宋。赵延顺觉得，这个刘绍荣本是辽国人，或许对大宋不会那么忠心。他找到刘绍荣，表示大家愿意尊奉他为主。赵延顺话说得客气，可背后数百个兵士个个刀剑出鞘。刘绍荣只要不答应，那就只有死路一条。

没想到刘绍荣大怒，弓箭上弦指着赵延顺说："我虽然是燕地人，但已经归顺了大宋，我怎能和你等一样，做背叛朝廷的事呢？你们若是逼我，我唯有一死！"赵延顺一时倒也不敢乱来，就把刘绍荣给关了起来。

可是，由谁来领头呢？就在这时，赵延顺看到了他的上级的上级、都虞侯王均。

听闻叛乱发生，都虞侯董福约束部下，严禁参与。都监王泽叫来王均，训斥他说："现在叛乱的都是你的部下，你怎么能够还在营中安坐？"王均不想去，可无法拒绝，只能带着几个人去找叛军。

见到王均，赵延顺大喜，立刻上前跪下，请王均为三军之主。王均连连推辞。他身后一个军官呵斥赵延顺，被赵延顺一刀捅死。另一个军官张楷马上劝王均，好汉不吃眼前亏，再不答应，大家今天就得死在这里。看到这种场面，王均只能答应。

由于王均的加入，叛军势力大增。平时与王均关系不错的几路军队将领也纷纷加入，大家为了发财的共同目的走到了一起。而另一都虞侯董福最终也被部下杀死，整个成都落入叛军手中。

王均宣布，从即日起，川蜀就是大蜀国，他就是大蜀国国王。王均任命张楷为丞相，任命赵延顺为大将。王均看起来是叛军之主，其实真正发号施令的是张楷。张楷本是太原人。在北汉灭亡后，张楷加入了宋军，来到了川蜀。他亲身经历了多次北汉与宋朝的大战，战斗经验极为丰富。

张楷提出，大业要想成功，拿下剑门关，阻止朝廷禁军入川最为重要。众人大都参与了平定李顺的战斗，甚至一些人本就是李顺的部下，对剑门的重要性都非常清楚。

几天后王均亲自率领大军离开成都，拿下成都门户汉州，然后直奔剑门。可惜，他遇上了能人。剑州知州李士衡虽然是个文官，但见识不凡。听闻叛乱，他立刻带领士兵和百姓退入剑门关，把粮食、钱财全部带走，带不走的当即焚毁。在李士衡的严防死守下，王均无功而返。

在叛乱发生几天后，宋真宗就知道了消息。他立刻派遣曾经参加平定李顺战役的雷有终主持平叛工作。雷有终率领禁军8000人奔赴川蜀。

王均从剑门退下后，也攻打过其他州城，但大都遭遇宋军的强硬反击。叛军只能退回成都城，负隅顽抗。

成都城池坚固，城内更有张咏积攒的足可以自称数万大军十多年的粮饷。王均以刀剑逼迫城中百姓上城守卫。官军攻打数月，终于破城。王均趁乱逃出成都，但最终被官军追上，斩首示众。

正月王均起兵。二月，王均退守成都。十月成都光复，王均被杀。这次叛乱的原因，和李顺起义大不相同。李顺叛乱是因官府对川蜀百姓横征暴敛，是以一旦起兵，百姓呼应，大半个川蜀都成为李顺的天下。王均兵变则是一些受气的军人发动兵变，百姓多是被胁从。因此，从规模和影响上，王均兵变都要小得多。

平乱良策

宋真宗对川蜀问题非常关心。他在派出武将镇压兵变的同时，也连续发布诏令，要求官员善待川蜀百姓。咸平三年（1000年）的五月，宋真宗发布大赦令，除了王均以及兵变的骨干分子，其他跟随官兵、百姓一律赦免。

不过，好政策还要靠好官员去执行。

作为平叛的最高领导，雷有终差点就把宋真宗的好经给念歪了。王均逃出成都之后，雷有终因为没有亲手抓到匪首非常恼怒。他不问情由，将成都城中个子比较高大的人全部抓起来，让一个在王均伪政府当过官的人指认。一旦说某人好像当过某官，王均就把被指认的人扔到火里烧死。一天下来，烧死了几百人。城中百姓恐惧不安。一些士兵趁乱抢劫民财，雷有终也不管不问。

宋真宗听到一些风声，就派西川转运使马亮接管安抚百姓的事情。同时，宋真宗又派遣官员前往川蜀，视察各地安抚工作。雷有终等将领看到朝廷如此重视，这才收敛了一些。

为了增加战功，雷有终又胡乱抓了100多人，说是王均逆党骨干，送上京城。枢密院官员没有审查，就判处死刑。幸亏马亮禀奏宋真宗，说其中有不少良民，希望重新审查后再做判决。结果死囚犯中89人被释放了。枢密院官员的脸面有点下不来。马亮说:“百姓中被逆党胁迫的人很多，眼下送到京城的不过是百分之一二，大部分的人都躲藏到了山中。若是朝廷将这些人不问轻重，全部斩首，那些人还不再度作乱?”宋真宗听后，连连夸赞马亮。

宋真宗下诏，所有益州各州县百姓，在王均兵变当中若是有偷盗、抢劫甚至杀人者，只要不是王均伪政权中的高官，允许改过自新，朝廷不予追究。消息传开，无数百姓放下心来，走出山林。

之后，宋真宗又连续下了几道诏书，大大缓解了益州再度叛乱的危险。

益州之所以多发叛乱，有气候的原因，比如水旱灾害，流民增多；有地理的原因，剑门一关，禁军难入；也有人为的原因，官员盘剥，将领欺凌。天时问题，宋真宗控制不了。他主要从地利和人和入手。

在太祖、太宗年间，整个川蜀由成都府管辖，算是宋朝的一个直辖市。成都知府的权力极大。因为李顺起义，宋太宗将成都府降格为益州，宋真宗延续了这个做法。降格，就意味着权力的削减。在平定王均兵变的过程中，出现了不少官员扯皮的现象。加上川蜀之地宽广，处理突变往往很慢。像此前刘旰兵变，若马知节按照制度回报安抚使后再做决定，那就晚了。

宋真宗初年对全国行政体系就做了一个重大改革。在宋初的40多年时间，国家下面有几个府（相当于直辖市），几百个州（市）。这些州府都由宰相、皇帝直接管理，朝廷政务繁重。宋真宗下令将全国划为18个路。益州是一路，下辖56个州。王均之变后，宋真宗将益州路分为益州路、梓州路、利州路、夔州路，设置转运使监管一路风纪。如此一来，每一路各自管理十来个州县。即便有事发生，也可以很快做出应对。宋真宗又担心各路之间出现扯皮现象，在四路转运使之上增设都转运使。

当然，关键问题还是处理好民政，让百姓安心，让百姓有饭吃。

宋真宗下令，此前对川蜀的盐茶专卖制度不变，但是在川蜀的收购价格提高，保证百姓的利益。准许百姓在国家允许的价格内贩卖盐、茶、丝绢。听说这个消息，川蜀百姓无不高兴。

朝廷有好政策，还要有好官员。平定兵变后，朝廷将雷有终调离成都，派遣马知节担任益州知州兼转运使，统管安抚百姓事宜。马知节体会朝廷爱民之心，对百姓多加安抚。当时益州每年要向朝廷进贡上万匹丝绢，从当地百姓中抽调人选负责押送。从益州到汴京要经过许多险滩，大半船只经过都会翻船。一旦翻船，所有赔偿都由那些押运的百姓承担。因为这个原因，每年都有许多人家破产。马知节把这件事情禀奏朝廷，请求由国家出面来做押运工作。由官府出面组织，有纪律，有技术，船只运行安全系数提高了很多。从此之后，几乎就没有发生过翻船事件了。

不过，马知节毕竟是武将出身，虽然有一颗好心肠，但他脾气比较暴躁，疾恶如仇。曾经有人写匿名信揭发某个部队兵士意图叛变。马知节立刻行动起来，前后牵连入狱的一共有1000多人。为首的7人被斩首，其他人员被尽数流放。这场大案下来，益州百姓对马知节的霸道专横怨气很大。宋真宗担心激起民变，只能将他调走。

咸平六年（1003年），张咏御史中丞任满。宋真宗本有心提拔张咏进入宰执，可是益州知州出缺，没有合适的人选。最后，宋真宗提拔张咏为刑部侍郎、枢密直学士，前往益州担任知州。听到这个消息，益州百姓欢欣鼓舞，载歌载舞到街头迎接张咏。

张咏果然是一代能臣。到任不久，他就提出了几项政策，对益州乃至宋朝都影响深远。

当时蜀地流行铁钱，可铁钱沉重，1000文钱就有25斤。铁钱价值还低，10枚铁钱换1枚铜钱，携带实在不方便。这时候，一些富户就效法前人，发行交子（纸币），来替代铁钱。不过，单个的富户财力有限，设置的分店也有限。何况，这些普通百姓没有什么过硬的造纸、防伪技术，因此交子上市没几天，就出现了大量的山寨交子。交子铺主和民众的利益都受到了很大侵害。张咏每月都要处理不少因为交子而产生的纠纷。

张咏思前想后，想出了一个对策。

川蜀不产铜，产铁。铁钱的流通，必然还会持续很长的时期。张咏让手下工匠仔细核对成本，效仿福州地区，制造大钱。每1000枚大钱保证用铁30斤左右。每个大钱当铜钱1文，小铁钱10文。如此一来，百姓出门也便利了许多。

不过，铸造大钱，也只是缓解了用钱的压力。若是出远门，还是交子便利。

战乱之后，不少商家破产，交子无法兑换银钱。蜀地的交子行业面临崩盘的危险。张咏决心对交子进行改良。他严格清查交子铺户，剔除不法之徒，规定由16家有信誉、有实力的富商专营交子事务。由朝廷出技术保证交子的印刷水平，并且官府规定，一旦抓住伪造交子的人，如同伪造国家法定钱币一样，从重处罚。从此之后，交子的发行正式得到了官府的支持和保护。后世有人称张咏为“交子之父”。张咏虽不是交子的发明者，但在交子的发展史上却具有重要的推进作用。

川蜀临近大理国，边境地带有不少少数民族聚居。这些人在宋朝和大理国之间徘徊，不时会侵扰宋朝边境。张咏亲自前往少数民族部落，和当地酋长交谈。酋长们久慕宋朝的繁华，对蜀地的盐、茶、丝绢更是需求迫切。张咏答应以正常价格和他们进行交易，但是他们要保证从此之后尊奉宋朝，成为羁縻州（名义上臣属大宋，但享有独立的人事权、财权等）。那些酋长见识过张咏的本领，也敬佩张咏的为人，最后都答应了张咏的要求。为了表示诚意，张咏向宋真宗请求赐予边境部落酋长刺史头衔，允许他们世袭，并且每年赏赐锦袍。宋真宗一开始担心那些酋长们贪得无厌，都来请求朝廷册封，把大宋朝廷给看轻了。张咏再三陈诉，请求赐封的酋长是边境地区最有实力的两个部落，稳住了这两个部落酋长，就稳定了整个边境。朝廷只要给一个虚名，就可以换来边境的长治久安，何乐而不为呢？最后，宋真宗答应了张咏的请求，川蜀边境果然安定了许多年。

在百姓生活安定之后，张咏又把复兴教育、鼓励科举提上了议事日程。蜀地屡经战乱，不少士大夫虽然热衷中原文化，但是对大宋王朝还是心存抵触。张咏了解到蜀地有3个年轻小伙子很会读书，品行不错，就把他们经常叫到州衙来。张咏亲自指点这三人写诗作文。三人也向张咏汇报一些民间疾苦，彼此关系融洽。张咏用自己的行为，感动了三人。后来，这三人参加朝廷科举，果然都考中进士，都官至员外郎（司局级官员）。张咏了解到刘式老先生道德高尚，学问出众，亲自登门邀请刘老先生出山，请他为年青人宣讲儒学。

蜀地书生彭乘很有才，不过20岁出头，名气就挺大。彭城仰慕张咏，就托文鉴大师把自己的诗文转交给张咏，希望得到张咏的点评。张咏接过诗文仔细看过，看完之后没有加任何点评，直接就摔在地上。文鉴大师把经过如实告诉彭乘。彭乘又羞又怒，从此发愤读书，一心要证明张咏轻视自己是个错误。等到任满离开时，张咏写了一封书信给彭乘，说："之前您将大作让我点评，我心中其实非常喜爱。之所以没有表现在言辞上，是因为你年纪还小。如果老夫夸赞你的话，你就会骄傲自满以致于荒废学业，那就得不偿失了。因此我才把诗稿扔在地上，以激励你呢。"张咏知道彭乘家穷，又从自己的俸禄中拿出200贯送上。彭乘看到书信和银钱后，感动得大哭。在张咏的鞭策下，彭乘后来果然学业大成，官至翰林学士。

景德元年（1004年），辽国大举入侵，天下震动。朝廷一些宰臣担心川蜀会不会又出问题。若是宋朝腹背受敌，那可不是好玩的。张咏想出了一条妙计。他从死囚犯中挑选了一个特别恶劣的，宣称是叛乱分子，当着成都百姓的面将其五马分尸。那些心怀不轨的人看到后无不胆寒。整个宋辽战争中，川蜀没有出一点乱子。

在张咏的悉心教化下，蜀地儒风大起，士林和朝廷的仇恨也渐渐淡化。川蜀百姓逐渐融入大宋王朝，以后数百年间，再也没有发生大规模的叛乱。

第4章

西夏崛起与三国制衡

从宋真宗即位之后，北方的辽国就对宋朝侵扰不断。两国之间的大决战一触即发。宋真宗食不甘味、寝不安席。不过，好消息也有。咸平六年（1003年）的五月，盘踞甘肃、陕西一代的党项族巨枭李继迁在与吐蕃的激战中中箭负伤，最终不治而亡。

李继迁是风云人物。此人20岁起兵自立，征战22年，硬是打出了自己的一片天地。太宗淳化元年（990年），李继迁称夏国王。真宗咸平五年（1002年），李继迁将刚拿下的灵州改为西平府，作为大夏国都城。这个大夏国，在历史上也被称为西夏。李继迁就是西夏太祖皇帝。

西夏的崛起有很多原因，其中最为关键的，就是李继迁巧妙地利用了辽国的力量。宋、辽、夏三国之间互相制衡，最终谁也吞不下谁。其实，在最初的那些年，宋朝有能力将李继迁击溃，可惜，宋太宗几次错误的决策让李继迁不断坐大。到了真宗手上，就只能接受现状了。

喜从天降

悲剧的开始，常常都是喜剧。

太平兴国七年（982年），宋太宗大开崇德殿，接待来自夏州的定难军节度使李继捧。

本年的宋太宗，心情低落。在他和赵普的联手谋划下，秦王赵廷美被逐出京城，让宋太宗忧惧多年的皇位问题尘埃落定。只是，大儿子赵元佐的纠缠让宋太宗倍感郁闷。没过多久，宋太宗又接到边关城寨被辽军攻破的消息，心情愈发恶劣。太平兴国四年北伐失败以后，辽国大举反扑，频繁骚扰北方边境。宋朝北边多数城寨无险可守，只能通过开挖沟渠的方式限制辽国骑兵的突进。虽然辽军几次入侵都被宋军击退，但是宋军死伤惨重，代价很大。北疆的威压，始终让宋太宗忧心忡忡，难以开怀。

所以，李继捧的到来，让忧郁多时的宋太宗露出了开心的笑容。

宋太宗一生最爱和兄长攀比，和自己较劲。李氏割据夏州近百年时间，从来没有到中原王朝朝拜。李继捧来朝，是李家第一次。如此一来，宋太宗又有一个项目，超过了宋太祖。

宋太宗确实应该高兴。礼仪结束之后，李继捧告诉了宋太宗一个消息。这个消息就如同天上掉下的馅饼，让宋太宗猝不及防，喜不自禁。

李继捧说，臣此次来朝，愿意将所辖4州8县所有土地，全部献给朝廷。

事情还要从许多年前说起。

唐代初年，太宗李世民一统天下，威名赫赫。当时，生活在西藏的吐蕃政权兴起，频繁侵扰边境。为了缓解边境压力，太宗下诏，让一些边境少数民族内迁。源自羌族的党项族平夏部就在那个时候被安置到了夏州地区。

一晃，时间过去了200多年。这段时间，平夏部繁衍生息，不断兼并周边小部落，势力遍布夏州、银州、绥州、宥州地区。

晚唐时期，黄巢起义，天下纷乱。各地豪强招兵买马，纷纷扩充地盘。平夏部新一代首领拓跋思恭趁机起兵，一统党项各部，之后攻占夏州，成了一方豪强。

拓跋思恭很聪明。他知道，攻城略地的动静若是太大，必然会引起大唐王朝的剿杀。要想走出困境，就必须表示诚意。于是拓跋思恭上表归顺朝廷，并且主动出兵帮助朝廷消灭黄巢。唐朝高层看拓跋思恭很懂事，也就放手让其发展。

此后数年，拓跋思恭在消灭黄巢的行动中逐渐壮大起来，有了数万人马。黄巢起义被联合剿杀之后，唐朝封赏功臣，拓跋思恭被正式任命为夏国公、定难军节度使，以夏州为治所，管辖夏州、银州、绥州、宥州等地。

为了表示恩宠，唐朝皇帝赐其姓为李，拓跋思恭也就成了李思恭。

从那时候开始，党项族李氏就成为定难军的实际拥有者。此后许多年，李氏代代相传，到宋朝建立时，已经是第六代。

李氏第六代的领导人叫李彝殷。

李彝殷是个人精。此人从后唐时期就开始接管家业，经历了后唐、后晋、后汉、后周、宋五个朝代。在这几十年间，李彝殷一直秉承两个原则。这两个原则让党项族李家一直巍然独立在中原王朝的西部。

第一个原则，尊奉大朝。

五代时期，中原王朝更迭频繁，完全是你方唱罢我登场的局面。作为党项族的政权，李彝殷对中原王朝的权力斗争完全不参与。不过，只要你掌握了天下，李彝殷就上表称臣，进献一些马匹、牛羊。而那些中原皇帝，无一不是凭着兵强马壮强行登上宝座，即便称帝，也有数不清的政敌需要处理。既然李彝殷非常恭顺，那么，也就默认李氏在夏州的统治。

第二个原则，保持独立。

李彝殷虽然上表称臣，可是，整个定难军官员任免，中原王朝不能干涉。后唐明宗时期，因为李氏政权经常截杀西域前往中原的客商，严重影响丝绸之路的畅通，引起朝廷不满。唐明宗派遣大将康福率领大军征讨夏州。后唐军队实力强劲，多次大败党项军队，最终兵围夏州城。可是，夏州城池坚固，即便是和后来北汉国都太原城相比，也毫不逊色。官军久攻不下，疲惫不堪，只能撤军。党项军队乘势追击，反倒大败官军。

多年后，后周太祖郭威时代，官军又一次意图消灭李氏政权，可是，再一次无功而返。对于中原王朝来说，盘踞在夏州的党项政权，就犹如一块硬骨头，嚼不烂，也咽不下。

李彝殷很骄傲，但他有资格骄傲。

可入宋之后，天下形势急剧变化。导致中原纷乱的藩镇割据问题被宋太祖轻松化解，盘踞江南数十年的多个诸侯国也被宋太祖逐一消灭。李彝殷感到了恐惧。

相比以往，李彝殷做出了许多让步。他主动上表归顺，并且告诉宋太祖，为了避太祖父亲赵弘殷的诲，从此之后，他改名为李彝兴。以后朝廷有需要时，他必定坚决执行，绝不打折扣。

李彝兴说到做到。乾德年间，北汉国主勾结北方一些部落进攻宋朝的麟州，宋太祖派遣大将回击，让李彝兴配合。李彝兴立刻派遣弟弟率领上万骑兵前往抵御。北汉军队不得不退却。

宋太祖对李彝兴的态度非常满意。那一年，李彝兴送来良马300匹。中原地区马匹较少，李彝兴一出手就是300匹，比较大方。宋太祖非常高兴，回赠一条玉带。按照当时的规定，只有亲王以上才有资格使用玉带。当时李彝兴不过是一个节度使，宋太祖如此，已经是破格赏赐。宋太祖非常重视这件事情，亲自到作坊视察玉带制作过程，并招来定难军使者，询问李彝殷的腰围如何。使者局促不安，说："彝兴的腰围很大……"宋太祖哈哈一笑，毫不介意，说："如此甚好，你们大帅是个有福之人啊。"结果，李彝殷收到了一条超长的玉带，相比300匹战马的价值，他赚翻了。

乾德五年（967年），李彝兴去世。宋太祖停止朝会三天，追封李彝兴为太师、夏王。可以说，宋太祖对李彝兴很不错。

李彝兴去世之后，他的儿子、孙子先后出任定难军节度使，接管夏州等地。一直到北汉灭亡之前，夏州党项和宋朝的关系都很甜蜜。但在这甜蜜之中，却潜藏着重大危机。

对党项族李氏来说，他们这个政权之所以能够存在，就是因为中原王朝混战不休，无暇他顾。宋朝初建，平定天下是首要任务。当时的夏州李氏对朝廷态度非常恭顺，宋太祖没有理由也没有必要提前收拾他们。可是，随着时间的过去，天下渐趋一统。尤其是北汉灭亡之后，作为割据一方的小小李氏仿佛是要注定被灭亡。

不过，夏州李氏很幸运。太平兴国四年（979年），宋太宗不顾众人的反对，强行北伐辽国，导致大败。大败之后，辽国与宋朝彻底撕破脸，并且对宋朝持续用兵，希望从幽、云等地打开缺口，夺取中原。宋太宗倾尽全力，才勉强守住边疆。

之后，宋太宗又忙于整顿内部，清除赵廷美势力。

这都使得夏州李氏得以喘息。不过，只是喘息而已。一旦宋朝从与辽国的大战中抽出手来，必然会收拾夏州李氏政权。

不过，夏州李氏政权毕竟和一般的藩镇势力不同。他们属于少数民族政权，虽然多年来一直臣服于中原王朝，但其实就是一个独立王国。并且，党项族人骁勇善战，以游牧为生。一旦开战，他们完全可以能战则战，不能战则跑。要想彻底征服他们，宋朝也必须花大本钱。

世事难料。夏州明明已经处在风雨飘摇的非常时刻，可竟然还内斗不止。

太平兴国五年，李彝兴的孙子李继筠去世，因为儿子还小，只能由弟弟继位。在诸位兄弟的争夺中，最小的弟弟、年仅18岁的李继捧最终胜出，控制了夏州，坐上了定难军节度使的位置。

不过，李继捧毕竟年轻，威望不够，实力不够。兄弟叔伯中，不满的人大有人在。其中，反对最激烈的是叔父辈的绥州刺史李克文。

党项族不讲什么父死子继，一切以强者为尊。李克文接管绥州多年，兵强马壮，眼看侄儿兄弟反目，正是夺位的大好时机。李克文有点心计，他知道堂弟银州刺史李克远性如烈火，有勇无谋，看不起小侄儿李继捧。李克文就故意吹捧李克远，贬低李继捧。被人这么一忽悠，李克远果然第一个跳了出来，带领兵马去攻打夏州。不想李继捧虽然年轻，却颇有头脑。他安排了一支部队，在银州到夏州的中途埋伏，等到李克远经过时，突然杀出。结果，李克远全军覆没，自己也被杀死。

本来，经过这一场交战，李继捧的威信应该会竖立起来，可结果恰恰相反。李克文在家族中散布流言，说李继捧刻薄残忍，叔父李克远不过略有不满，李继捧就将其残忍杀害，完全不顾念亲情。李氏家族那些长辈一下子火了，许多人都站到了李克文一边，逼迫李继捧退位。

李继捧的定难军节度使职务，是得到了宋朝皇帝认可的。要想换人，也必须得到宋朝皇帝的同意。李克文就写了一封奏章，送到京城。在奏章中，李克文大谈李继捧如何失德，没有资格继承节度使职务，请求宋太宗将李继捧召去京城，另外选择合适人选。

宋太宗看到奏章很高兴，即刻下诏要李继捧入京。

李继捧当然不愿意离开夏州。可是，城内有京城来的钦差，城外有李克文的大军。眼看众叛亲离，李继捧无计可施，只能跟随钦差离开。

几天后，宋太宗的诏命到达，任命李克文为代理夏州刺史。李克文非常高兴。夏州是定难军的治所，只要控制了夏州，其他几个州就不在话下。

只是，李克文没有高兴几天，他的夏州刺史就被宋太宗给撤了。因为，远在京城的李继捧把夏州、银州等定难军所辖州县全部献给了朝廷。

李继捧这么做，也是无奈。20岁的他面对那些叔伯，多少有些弱势。离开夏州之后，李继捧就在考虑自己的前途。只要李克文等人还在，他就没有回来的可能。可是，前往京城的结局是什么呢？宋太宗看似尊崇，但不过是赏赐一些金银，没有一点实在的东西。要想得到宋朝的尊重，他李继捧也必须出血。既然叔父不仁，那他李继捧也可以不义。

李继捧一狠心，把祖宗打下的定难军献给了朝廷。唯有如此，他在京城的日子才能过得安稳，过得舒坦。

宋太宗大喜。马上，宋太宗晋封李继捧为彰德军节度使。这是一个肥缺。虽然太宗朝的节度使已经没什么兵权，可是品阶摆在那里。以后的富贵人生，还是不用愁的。

有了夏州李氏现任领导人李继捧的签名文件，宋朝官方立刻派出人马前去接管夏州。宋太宗的工作做得还是比较细致。他规定，所有李继捧家族五服以内的人，都必须离开夏州，内迁京城。宋太宗要彻底斩断李氏对夏州等地的控制。

收到诏令，李氏全族一片纷乱。李氏在夏州等地定居百年，如今要在期限内离开，谁也会有些不舍。不过，故土难离并非不能克服。当初李氏也是从外地迁移到了夏州。只要宋朝给出优厚条件，多数人最终还是会选择同意。即便有几个人不愿意，可是看着跟随钦差前来的数万大军，也只有沉默。

最终，李继捧五服以内的族人大都迁走。

在核对名单的时候，使者发现有一个人被遗漏了，那个人的名字叫李继迁，是李继捧一个关系非常远的族弟。使者叫来银州官员，询问情况。

银州官员回禀说，李继迁刚离开银州城不久。前几天，李继迁告诉官衙说，他的奶妈死了，必须要出城安葬。然后，他带着几十个人扛着棺材出城去了。没想到最后那些人就此离开，没有回来。

官员询问使者，要不要派兵四处巡查，把李继迁抓捕回来，带到京城？使者摇摇头，放弃了追捕。当时的李继迁不过20岁，不但年轻而且与夏州李氏嫡系关系疏远。这种人不可能掀起什么风浪！

李氏族人被送往京城，宋太宗大喜。他大摆筵席，与宰臣一起庆祝这非凡的胜利。

他们绝对不会想到，正是这个李继迁，在以后的20年间，给宋朝西疆带来了无尽的腥风血雨。

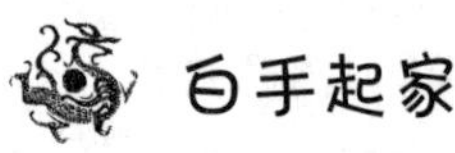

白手起家

说起来，李继迁和李继捧的关系确实比较疏远，他们的高祖父（爷爷的爷爷）才是亲兄弟。太宗要求把李继捧五服以内的族人全部内迁，李继迁只能算是勉强够格。再下一代，比如李继迁的儿子，连迁徙的资格都没有了。

只是，若宋朝的使者能够仔细打探下李继迁的背景，就会大吃一惊。这李继迁与李继捧关系虽然疏远，年纪也才不过只有20岁，却已经在整个党项族内有了很高的威名。

李继迁的祖父叫李思和，当年和李继捧的祖父各自统兵，在长安附近拦截黄巢大军。李思和骁勇善战，虽然最后官位不如李思恭，却也是族内数一数二的大英雄。

少数民族历来崇拜英雄，作为英雄后代的李继迁，自然受到族人的尊重。

这还不是关键。关键是李继迁本人极为了得，堪称是党项族的一位传奇人物。

20年来，李继迁在多个方面，成为党项族内第一人。他“生而有齿”。一般小孩要到周岁的时候才会长牙齿，可是，李继迁一出生下来就有牙齿。现代医学证明，确实有千分之一的可能，婴儿一出生就有牙齿，医学上称为“胎生齿”。

古代人自然不能理解这些。在他们看来，必然是李继迁乃上天神灵下凡，所以才能够与众不同，生而有齿。于是，从儿时开始，李继迁就是党项族的名人。

更传奇的事情还有。李继迁11岁的时候，带着10多个随从到山上去打猎。忽然，一只老虎冲出来，众人大惊。李继迁让随从退入树林，各自隐蔽。他自己却爬上大树，静等老虎经过。之后，李继迁一箭射中，正中老虎眼睛。老虎受伤，众人齐齐冲出，将老虎擒获。

李继迁射虎事件一时间在党项族内广为流传，人人都惊讶这个11岁的小家伙竟然如此了得。不但是箭术高超，而且心性过人。

最后，这件事情被夏州的定难军节度使李克叡（李继捧父亲）知道了。他非常高兴。李家有这样的人物，是李家的骄傲。李克叡任命李继迁为管内都知番落使，处理一些各部落之间的纠纷。于是，11岁的李继迁便成为整个党项族最年轻的官员。

不过，李继迁毕竟不是李氏嫡系。以后的10年，李继迁虽然也有不俗表现，不过官职再也没有升迁。因此，李继迁对李氏嫡系的感情很复杂，既有感恩，也有不满。

太平兴国七年（982年），李克文通过种种手段把李继捧给挤走了，成为代理夏州刺史。对李克文这种窝里斗的行为，李继迁很不满意，和李克文吵了起来。李克文大怒，把李继迁赶到了银州。

李继迁很幸运。正因为李克文心胸狭隘，将他提前赶出了夏州，才躲过了遣送入京的危机。

李继迁和李氏多数族人不同。朝廷诏令宣称，只要李氏前往京城，就可以住豪宅，封高官，待遇极为优厚。李氏多数族人都很动心，可是，李继迁没有。

他是一个有梦想的人。身为李氏族人，李继迁有自己的骄傲。可并非李氏嫡系，又让李继迁心中常有屈辱。如今，李氏嫡系全部内迁，正是李继迁大展拳脚的时刻。只是，他们虽然逃出了银州，可是身边只有几十个人。仅仅靠这么一点人，如何和强大的宋朝抗衡呢？

李继迁很幸运，和他一起逃出的随从中，有两个关键人物。其中之一叫李继冲，此人是李继迁的弟弟，为人勇悍善战，有万夫不当之勇。还有一个叫张浦，此人本是宋朝落第举子，胸中颇有韬略，是李继迁的智囊。这二人一文一武，以后成为李继迁成就大业的左膀右臂。

这些人逃亡银州城外数百里的一个叫地斤泽的地方。地斤泽四面都是沙漠，中部是绿洲，水草丰美，可以暂时作为落脚点。这些人安歇几天之后，开始考虑未来的道路。

李继冲提出，就如老虎不能离开山林，鱼儿不能离开河水一样，夏州乃是李氏根基所在，必须要夺回。如今，可以趁着宋朝军方忙于内迁事务的时候，我们杀掉朝廷钦差，然后进兵银州、绥州，如此一来，大事可成。

一旁的张浦立刻反对。李继冲有勇但少谋，突袭夏州根本就没有胜算。若是搞暗杀，除掉朝廷钦差或许可以成功，但是城外还有数万宋军，以李继迁这几十个人怎么抵挡？

银州是李继迁的家乡，若是能够夺取银州，确实对大业有力。只是，银州的党项族人并不擅长作战，贸然出手，只会白白丧失这一支生力军。最佳决策应当是避开宋军锋芒，远走大漠，徐图发展。

最终，李继迁听从了张浦的建议。

李继迁到达漠北后，日夜不停到各个部落串联。他拿出自己祖父李思和的画像，告诉那些族人，党项族世代居住在此地，李家对各部落有大恩。如今，宋朝背信弃义，削夺他李氏的权柄，妄图占领夏州、银州等地。一旦宋朝站稳脚跟，党项族人必然沦为汉人奴仆。如今他李继迁愿意站出来，为了党项族去对抗宋朝。

李继迁的慷慨陈词感动了一些人，不过，多数部落还是选择了观望。

谋士张浦提出，多数部落安于现状，单凭豪言是无法打动他们的。但如果能够和他们联姻，把彼此利益捆绑在一起，他们必然会跟随。李继迁听从。一些偏远的部落，在以往是根本没有机会和高贵的李氏联姻的。此时，李继迁主动求婚，不少部落答应了。李继迁一口气娶了10多个老婆，势力逐渐壮大。

太平兴国七年的十二月，李氏全族内迁基本完成。就在此时，夏州内部出现了纷争。宋朝虽然在夏州设立了知州，不过，许多事务还是需要党项族人来进行处理。夏州城附近的一些部落为了争夺这空出来的首领位置彼此攻杀。宋朝官方忙于调节纠纷，防御就松懈了许多。

李继迁看到有机可乘，就带着几百人攻打夏州。夏州知州立刻向朝廷禀奏，从附近地区调集大军前来征讨。李继迁看宋军主力到来，急忙撤退。

这是李继迁第一次出兵攻打夏州，虽然无功而返，却具有标志意义。从这一年开始，李继迁扯起反旗，开始了抗宋的大业。

太平兴国八年年初，李继迁派遣使者到麟州进献马匹。李继迁提出，如果宋朝能够让夏州等地回归到以前的半割据半自治状态，他们愿意称臣纳贡，绝不背叛。奏章被层层递交，到达宋太宗手上。宋太宗看后冷笑连连，很快做了回复。

在宋太宗看来，大宋势力强大，昔日允许李氏管理夏州，已经是莫大恩德。如今既然已经收回夏州等地，又怎么能够再次割让。若是李继迁执意对抗，那宋朝官方将毫不留情地予以镇压。

李继迁见朝廷如此强势，彻底打掉了归降的念头，一心一意开始走自己的道路，即对抗大宋、追求独立的道路。

逃到漠北之后，李继迁的势力的确是强大了一些。漠北远离夏州、银州，也就远离宋军的势力范围，可以保证李继迁等人的安全。不过，漠北人口稀少，可以聚集的力量太少，要想成就大业，李继迁就必须回到党项族聚居的夏州、银州。

夏州城池坚固，更有宋军主力屯驻，李继迁于是把进攻的目标锁定在银州。

银州大将曹光实是一员老将，此人参加了宋初多次统一战争，经验丰富，有勇有谋。此前，曹光实打探到李继迁在地斤泽地区活动，突然袭击，把李继迁的老窝一锅端了。连李继迁的母亲和妻子都被逮捕，送往京城。若非李继迁狡兔三窟，把人马分散在多个据点，抗宋大业就要溃败。

大败之后，李继迁、张浦等人总结教训，想出了一条妙计。

张浦提出，我方大败，士气低落，宋方大胜，难免就有些骄傲。宋军大将曹光实骁勇善战，与之正面作战几乎没有取胜的可能。不如我们以投降为名，将曹光实引入埋伏圈，然后一击成擒。

李继迁听从。

很快，银州宋军主帅曹光实收到了李继迁的投降信。李继迁大谈自己如何年少无知，被宋军击溃后四处碰壁，无处容身，恳请宋方开恩，给他一条活路。信中，李继迁交代了会面地点，请曹光实前往受降。

银州知州也看到了这封信。他提出，李继迁一贯狡诈，这次投降很可能有诈，希望曹光实和他一起，带着宋军主力前往受降。

曹光实也想过这种可能。只是，一想到此前地斤泽一战李继迁大败而逃，曹光实就否定了诈降的可能。在他看来，李继迁不过就是一个毛头小伙，不足为惧。若是与知州一起受降，那功劳就被分了一半。这点曹光实可不能答应。

于是，曹光实背着银州知州，带几百个随从，就跑去约定地点受降。一走入埋伏圈，他就被李继迁擒获。

抓到曹光实之后，李继迁让部下都换上宋军的服装，打着曹光实的旗号，趁着夜色前往银州城。银州守军在毫无防备的情况下将李继迁引入。李继迁等人犹如狼入羊群，一晚时间，就将宋军全部屠杀。之后，李继迁火速出兵，焚毁了会州城。会州是宋军屯放粮草重地。会州一毁，宋军要想夺回银州就会非常困难。

雍熙二年（985年），李继迁成功突袭夺取银州，不但缴获了城内的大量武器、铠甲，还极大地鼓舞了党项各部落的士气。在他们看来，宋朝不再像以往那么不可侵犯。于是，更多的人汇聚到李继迁的帐下。一股足以震撼宋朝的强大势力逐渐形成。

以夷制夷

银州丧失后，李继迁四面出击，夺取了许多城寨，领地迅速扩大。宋太宗闻讯震怒，决定派遣大军征讨。

雍熙二年，宋军在田仁朗、王诜、李继隆的带领下来到了绥州。田仁朗到达绥州后，一个多月没有进一步行动。他在观察银州城内的李继迁，思考一个可以将李继迁一鼓作气全部消灭的庞大计划。

当时，李继迁正派出军队，剿灭周边不肯顺服他的部落。其中最大的一个部落，叫府宁寨。府宁寨向大宋军方求援，可是，田仁朗拒不发兵。

田仁朗有他的理由。

府宁寨城池坚固，坚守个十天半个月应该没有问题。更为重要的是，此前，李继迁一直在隐藏实力。宋军若是即刻出兵，李继迁必然远远撤离。如此一来，即便救下了府宁寨，对于大局也没有什么帮助。李继迁的军队多是骑兵，来往飘忽。宋军若是不能击溃其主力，就不能取得根本性胜利。可是，若宋军暂缓救援，李继迁必然认为府宁寨可以攻下。那么，他就会将潜藏在各地的兵马全部都带出来，夺取府宁寨。等待10多天之后，李继迁人马疲惫，那时候宋军突击，必然能够歼灭李继迁主力。

应该说，田仁朗的计划很高明。可是，还没等到第10天，田仁朗就被罢免，改由王侁担任主帅。

就在田仁朗驻守绥州期间，王侁多次密奏太宗，说了田仁朗许多坏话。在王侁看来，若是快速进兵夺取银州，必然能够在李继迁根基稳固之前将其击溃。田仁朗的计划看似高明，其实在养虎为患。宋太宗左右权衡，选择了王侁。

从当时来看，宋太宗的选择仿佛是正确的。王侁进兵之后，果然凯歌高奏，取得多次胜利。李继隆从银州出兵，击溃支持李继迁的悉利族，追杀数十里，斩首3000人，将投降李继迁的代州刺史斩杀。之后，李继隆又在开光谷地区大败党项军队，招降了银州3个部落数千人。不久，和银州知州联手，突袭亲附李继迁的14个部落，俘虏斩杀7000人。

短短数月时间，那些亲附李继迁的大小部落几乎都被王侁、李继隆击溃。李继迁不得不带着他的谋士和家人，再次逃离银州城。

表面看来，王侁的主张让宋军获得了空前的大胜。只是，根本问题没有解决——李继迁没有死，他的铁杆心腹张浦、李继冲等人没有死。所谓“野火烧不尽，春风吹又生”，李继迁是当地人，补给供应对于他来说，不是什么难题。可是，对于宋朝军方就不同了，大军驻扎在外，补给的压力很大。一旦主力撤离，李继迁又会卷土重来。

并且，经过银州的攻防战，李继迁更加成熟了，他的影响力也从漠北扩大到了银州、夏州地区。一些受到宋朝打压的部落，渐渐把李继迁当成了他们的大英雄、大救星。更多的人投靠到了李继迁的帐下。

更为致命的，是李继迁又开始考虑未来。单纯靠着和党项族联姻的方式，已经无法解决眼前的困境。李继迁把眼光投向了更远处。在北方那个遥远的地方，有一个强大的国家——辽国。这个辽国和他李继迁有一个共同的敌人——宋朝。谋士张浦曾经说，中原的汉族王朝经常用“以夷制夷”这一招来对付周边少数民族。他李继迁如今也要用辽国来对付宋朝！

雍熙三年的年初，就在宋太宗信心百倍准备再度北伐辽国的时候，李继迁的使者来到了辽国，自称为夏州刺史，恳请归附辽国。辽圣宗亲自接见使者。一番交谈后，辽圣宗大喜。此前几次辽宋大战，辽军虽然占有优势，但也付出了惨重的代价。若是能够有一股势力，在辽宋大战时，牵制宋军，那对辽国可是件大好事。此前，辽国扶持北汉对付宋朝，如今又何妨扶持党项李继迁呢？

雍熙三年下半年，宋军北伐辽国失败。相比多年前的高粱河之败，这一次宋军战败死伤人数极多。雍熙四年之后，辽国大举反攻。宋朝不得不大量征兵，以巩固边防。

趁着宋朝大败，李继迁在甘肃、陕西一带更加活跃。淳化元年（990年），辽圣宗下诏，册封李继迁为夏国王，并将义成公主下嫁。李继迁从一个党项部落的小角色，摇身一变成为大辽帝国的驸马。凭借着大辽帝国驸马的威势，李继迁得到了更多部落的拥戴。李继迁本有实力趁乱夺取一两座州城，可是他没有。他所需要的，不是一城一地，而是整个党项族所在地区。他所追求的，也不再是什么定难军节度使，而是如辽国所册封的一样，做一个与宋、辽并立的夏国国王。

这一年，宋朝廷宰执更换，赵普第三次拜相。面对北疆的窘境，赵普与李继迁、辽圣宗“英雄所见略同”，都想到了“以夷制夷”：不如让原定难军节度使李继捧回到夏州，用李家嫡系李继捧来对付旁支李继迁。

宋太宗权衡再三，答应了。

朝廷下令，恢复李继捧定难军节度使职务，将夏州、银州、绥州等州的财政大权全部交给李继捧。可以说，既给人事权，又给经济权。有兵有粮的李继捧，完全有实力和李继迁一拼。

宋太宗还特别开恩，赐李继捧国姓，改名赵保忠。

听闻这个命令，李继迁有些担心，毕竟李继捧才是李氏家族法定的继承人。一旦李继捧回归，会不会威胁到他李继迁的地位呢？谋士张浦哈哈一笑，让李继迁不必担心。他说，那李继捧本就是因为被李氏家族排挤，不得已前往京城献上领土。这种人已经是抛弃家族的罪人，有什么资格回来领导族人？反观李继迁，数年来已经得到广大部落的支持，拥有了莫大力量，更成为辽国的驸马，既得民心，又有强援。李继捧凭什么和李继迁争？

张浦的分析确实有道理。

不过，赵普也考虑到了这些问题。如今，李氏嫡系已然全部内迁，李继捧回到夏州后不存在被排挤的问题。至于献土一事，其实并不影响大多数党项族人的生活。至于权力，朝廷可以剥夺，也同样可以给予。

在宋朝军队的护送下，离开家乡数年的李继捧回到了夏州。

不过，宋太宗没有想到，这个吃着大宋、穿着大宋的李继捧，也想着“以夷制夷”。他知道自己回来的任务是消灭李继迁，一旦任务完成，他就没有了存活的意义。在半路上，他就已经想好了对策，对李继迁，要打，但不过是假打。

李继捧回到夏州不久，就上表朝廷，说他已经和李继迁谈过，李继迁幡然悔悟，决定归顺朝廷。宋太宗接到奏章大喜。宰相赵普提出疑问，希望派出密探到前线探查清楚，再做下一步决策。宋太宗认为，用人不疑，疑人不用。既然给予李继捧大权，就必须信任李继捧。

宋太宗下令，嘉奖李继捧，让李继迁交出兵权就可以担任银州刺史。不久，李继捧推荐李继迁的弟弟李继冲，朝廷任命其为绥州团练使。

数月后，李继捧再次上奏，说那些背叛朝廷的部落，已经被他一一击溃。如今的定难军，已经恢复了和平。奏章上达，宋太宗更加高兴，晋封李继捧为同平章事。

其实，李继捧既没有找李继迁谈判，也没有出兵征讨那些追随李继迁的部落。半年多时间，他除了在夏州城内喝酒享受外，什么事情也没有做。夏州地处西陲，天高皇帝远。古代交通不便，只要他李继捧有心封锁消息，朝廷很难知晓。

后来，反倒是李继迁抢先出手，攻打夏州城。李继捧不得已，和李继迁交战。此后的一段时间，双方互有胜负。据李继捧说，若非李继迁跑得快，早被射死了。

那段时间，辽国使者曾经询问李继迁的光复大业进行得如何。辽国需要的是一个足够可以牵制宋朝的强大势力，不是一个弱小的部落。李继迁告诉辽国使者，他的势力已经扩大了很多，连陕西地区的麟州、鄜州都被他拿下。其实，李继迁根本没有拿下麟州、鄜州。当时的夏州、银州都在宋军（李继捧）的掌握之中，他怎么可能越过这两个地方，攻占麟州、鄜州呢?

李继迁与李继捧果然是兄弟。虽然在争夺党项族统治大权上，彼此攻杀，但是在耍弄心眼上，惊人相像。

后来，宋太宗终于了解到李继迁依然在四处劫掠，反叛朝廷。宋太宗大怒，一面斥责李继捧无能，一面召集宰执，商议对策。

有官员提出，李继迁之所以能够长期活跃，是因为他得到了当地部落的支持。夏州、银州等地，多是寸草不生的大沙漠，各种物资极为贫乏，唯独盛产一种青白盐（池盐）。这种青白盐，正是党项族与周边汉族交易的主要物品。只要朝廷下令，附近州县禁止购入青白盐，那么，党项族必定陷入经济危机。如此一来，那些人也就无法支援李继迁。同时，让其周边地区购买解州出产的食盐，朝廷也可以增加一大笔收入。而把这些收入充作军费，朝廷也可以节省一笔开支。总之，禁止购入青白盐一举多得。

宋太宗听从。

不过，事情的走向和宋太宗的预期恰恰相反。宋朝禁盐，确实给党项族人带来了极大的困扰，本应该取得非常好的成效。可是，宋太宗光是颁布了禁盐令，各种宣传工作没有跟上。若是宋朝官方能够说明，禁止购入青白盐，并非针对党项族本身，而是针对李继迁——正因为李继迁背叛宋朝，挑起战争，宋朝才要惩罚党项族——那结果将完全不同。

或许是出于宋太宗的自大，或许是地方官员的粗疏，禁令下达后，夏州等地百姓怨声载道，宋朝官方却丝毫没有应对办法。反倒是李继迁，宣扬大宋此举明为禁盐，实为断绝党项族人生路。要想活命，唯有追随李继迁，反抗大宋。只要大家团结起来，给大宋施压，大宋最终必然会让步。

一些完全依靠出口青白盐的部落首先站出来反抗宋朝。他们杀掉官兵，攻打州县，与李继迁遥相呼应。李继迁抓住时机，把各州县42个部落首领聚集起来，大搞会盟。为了断绝这些部落的后路，李继迁就带着42个部落的1万多人在宋朝环州境内任意劫掠，更把小康堡的官员、百姓全部屠杀。环州官员带领官兵拼死守城，才勉强把李继迁等人击退。

经过这一场变故后，整个西北地区的那些大部落，基本都站到了宋朝的对立面。宋太宗无奈，只能宣布，取消禁盐令。只是，即便如同从前一样，任凭周边百姓购买青白盐，夏州、银州等地的党项族人也不会感谢大宋朝廷。

抽空一击

淳化五年（994年）春，李继迁聚众叛乱攻打环州的消息传到汴京，宋太宗大怒。他说："那李继迁在西面沙漠中叛乱10年，朝廷对其施以厚恩，任命他为观察使，俸禄优厚，又恢复彼此的贸易，还把绥州、宥州团练使的职务交给他弟弟。朝廷如此对他，他竟然还要作乱。是可忍孰不可忍？朕如今下定决心，必要武力征讨之！"宋太宗任命禁军大将马步军都指挥使李继隆为河西兵马都部属（河西战区总指挥），率领数万禁军前往平叛。

这次军事打击和以往大有不同。以往的军队不过是周边州县调集，战斗力平平。如今不但是大宋最精锐的禁军出战，主帅更是与辽国大战也频频获胜的名将李继隆。

听闻大军将至，李继捧和李继迁两人都迅速行动起来。

朝廷派遣大军前来，究竟是什么意思？是灭李继迁，还是连他李继捧一起灭掉？李继捧摸不准头脑，于是，他让自己的母亲、妻子、儿女都驻扎在城外，当然，最贴心、最精锐的亲兵也跟随在他左右，驻扎在城外。如此一来，一旦朝廷有变，他可以第一时间逃跑，不会受到城内宋朝官员的牵制。

李继捧还派人到京城进贡良马50匹，据他说，李继迁的问题他能够解决，希望朝廷不要出兵。宋太宗大怒。几年前，李继捧就用这类话欺瞒朝廷，导致朝廷连连降下诏令，把银州、绥州等地交给李继迁，让李继迁的势力更加壮大。宋太宗派人传旨给李继隆，大军路过夏州，先把李继捧拿下再说。

就在宋朝禁军前往夏州的路上，李继迁非常胆大，不但没有逃走，反而主动出击，趁着夜色，进攻夏州城外的李继捧。李继迁意图火中取栗，若能够在宋朝禁军到达夏州之前，拿下夏州城，那么，李继迁的形势将大为好转。毕竟，夏州城池坚固，粮食充足，即便宋军有数万之多，也足可以支撑数年。

李继捧见到族弟前来，还很高兴。猝不及防下，李继捧被打得满地找牙。除了他本人穿着一件单衣，披散着头发，逃入城内，所有的军器财宝全部被李继迁夺取。李继迁接着进攻夏州城，夏州指挥使李光嗣上城楼据守。他也是李氏族人，在党项和宋朝之争中，李光嗣更看好宋朝。他把李继捧软禁起来，带领军兵击退了李继迁。

宋军主力到达夏州，李光嗣将李继捧献上。有将士说李继捧反复无常，实在可恶，应当就地正法。宋军主帅李继隆说："如今的李继捧不过是砧板上的鱼肉，杀了对我们也没什么帮助。不如把他押解到京城，听凭陛下发落。"从此之后，李继捧就基本消失在众人的视线之中。

之后，李继隆召集众将商议对策。

夏州指挥使李光嗣把最近一年来整个定难军的形势变化一一介绍。当听说李继迁竟然主动从银州、绥州等地撤退时，李继隆沉默了。

正如同当初宋军大将田仁朗分析的一样，党项族人精通骑射，行动飘忽。只要其主力不灭，李继迁之祸就无法消除。可是，李继迁把他的大本营设置在沙漠深处，并且居无定所，时常转移。宋军主力都是步兵，行动迟缓。且大军行进，要耗费巨额粮草。战争多持续一天，朝廷的负担就加重一天。

李继隆说："如今李继迁逃入沙漠，我大军追击，粮草转运艰难。我们要慎重行事，不要轻举妄动。"李继隆将自己的意见汇报给朝廷，请求暂缓出战，等待时机。奏章送到京城，宋太宗采纳。

宋太宗也很苦恼。在他看来，李继迁之所以能够在银州、夏州盘踞，忽而投降，忽而反叛，和其地理形势有着莫大的关系。此前，李继迁多次意图攻下夏州城。若是成功，李继迁就更难平定。宋太宗下令，让李继隆把夏州故城全部拆毁，将城中百姓迁移到银州、绥州等地。如此一来，可保未来安定。

诏令下达，李继隆立刻上奏，反对这个决定。李继隆提出，夏州城池坚固，是天下坚城。若是被李继迁占领，危害确实很大。毁坏夏州城，的确可以让李继迁失去一个据点。但是，毁坏夏州故城，对宋方也弊端多多。夏州百姓眷恋故土，一旦强行迁徙，必然民怨沸腾，民心更会倒向李继迁。即便不考虑当地百姓，就是从军事方面来说，一旦毁坏夏州故城，李继迁前来攻打，夏州如何防御？

李继隆提出，夏州故城不但不能毁坏，而且应当在银州、夏州之间的交通要道设立城寨，派兵驻守，截断当地部落和李继迁之间的粮道。如此一来，李继迁就只能做一个流寇，最终会被饿死。

应该说，李继隆的主张很好，和数十年后范仲淹应对西夏李元昊的方略惊人相似。正因为西土辽阔，转运艰难，不利于宋军（步兵）作战，于是沿途设立堡垒，互为犄角，逐步推进。如此可以大大限制党项骑兵，最终将其困死。

可惜，淳化五年的宋太宗，已经到了人生的晚年。他的身体越来越糟糕，整天都被腿伤困扰。当然，更为重要的，是经历了两次北伐辽国惨败后，宋太宗对于拓展土地已经没有太多的兴趣。隐隐间，他甚至有了干脆将银州、夏州“还”给李继迁的念头。

宋太宗下令，毁坏夏州故城诏令不变，即刻执行。

数月后，宋太宗将这支禁军分派到各地驻守，李继隆离开夏州，前往环州。

至道元年（995年），李继迁派心腹张浦前往汴京，再次向宋朝称臣。宋太宗很高兴。

蜀地就算爆发过王小波、李顺起义，平定后依然是中原王朝的一部分。夏州、银州和蜀地不同。这两地数百年来都是党项族居住。虽是千里不毛之地，但地理位置特殊，意义重大。

如此，李继迁主动来降，宋太宗怎能不高兴？

高兴归高兴，宋太宗还必须给李继迁一点压力。宋太宗找了几百个卫士，在崇政殿庭院中演习骑射，让张浦在一旁观看。宋太宗说：“之前，朕曾经送给继迁三张弓，不知你们可有人能够拉开？”张浦说：“那弓必须有一石六斗（160斤）的力气才能拉开。臣等无人可以拉开。”宋太宗哈哈一笑，让那些卫士都拿上一石六斗的硬弓。一声令下，数百卫士竟然人人都能开此硬弓。

张浦怎么会不清楚宋太宗的意思。朝廷不过是想以此来威慑李继迁罢了。既然如此，张浦就如你所愿。他故意装作大吃一惊的样子。宋太宗得意地说:“不知道你们部落能否匹敌?”张浦连忙说:“我们部族用的都是弱弓短箭，怎么敢和天朝相比。见到了这等强弓，人人都会逃遁，还怎么敢对抗呢?”宋太宗听了，很满意，又说:“那银州、夏州等地，土地贫瘠，百姓穷苦，即便是饮食也没什么好的，有什么值得眷恋的呢?希望李继迁自己能够来朝，朕必定保他终生富贵!”张浦听了，连连称是。

宋太宗下令，既然李继迁有意归降，张浦也不用回归，朝廷封其为团练使，留在京城。宋太宗派使者晋封李继迁为麟州节度使，李继迁表面接受，可依然故我。

对于宋廷扣押张浦，李继迁并不意外。张浦对于他很重要，但是，此时他还有更重要的事情要处理。只要这件事情处理了，不怕宋朝不归还张浦。

李继迁的大事，就是突袭灵州。

李继迁心中一直在盘算一个宏大的建国蓝图。要想改变游击战的局面，就必须拥有一个足够坚固的城池来对抗宋军。他的首选本是夏州。只是夏州故城被毁，银州、绥州经历几次攻防战早就残破，又与宋朝几路军镇近邻，都不适合。西面的灵州虽然有宋兵把守，可是人数并不多。灵州距离宋军最近的军镇足有千里之遥，宋军无论是出兵救援还是押送粮草，都很容易被李继迁拦截。何况，灵州的西北和西南都有广阔的土地。虽然有一些吐蕃部落生活，可是那些部落各自分散，根本不是李继迁的对手。

灵州一旦攻下，局面将彻底扭转。只是，灵州城池坚固，攻城必定是一场持久战。这就意味着需要耗费无数粮草。以当时李继迁的能力，筹备足够数万人支撑数月的粮草，还很难做到。

没想到就在李继迁左右为难的时候，宋太宗将40万石粮草送到了李继迁面前。

宋朝军方当然也知道灵州的重要。夏州故城被毁之后，宋太宗有意经营灵州，以灵州、夏州、银州三地形成半包围之势，逐步困住李继迁。要想增强灵州防御，自然要加大粮食储备。

40万石粮草数目巨大，运输起来根本无法掩饰。如何防备李继迁劫粮，成为此次运输的关键。

至道二年（996年）的春天，宋太宗派遣大将皇甫继明由环州护送40万石粮草前往灵州，会州观察使田绍斌中途接应。皇甫继明乃是一员老将，为人严谨而稳重，在军中颇有威望。他提前派出使者前往会州，告知田绍斌行程。从环州到灵州途中，有一处叫做浦洛河的地方，地势险要，李继迁最有可能在那里劫粮。皇甫继明希望双方在浦洛河处会师。如此，可以确保粮草安全。

不想大军还没走到浦洛河，皇甫继明就染上重病。毕竟他已经是63岁的老人了。副将白守荣年轻气盛，立功心切，说："如今大帅您病情严重，无法前行。我担心大军超过了约定的日期。不如由我先带兵护送粮草前往灵州。"皇甫继明很担心。这次押送粮草虽然也有上千兵士护送，不过多是新兵，队伍当中还有大量毫无作战经验的民夫。若是遇上大股敌军，搞不好仗还没打，自己先乱了。皇甫继明强自振作，穿上铠甲说："我的病已经好了一点了，不必为我担心。"之后，皇甫继明勉强前行，走到清远军附近实在撑不住了。皇甫继明临终前，交代白守荣，务必要把粮草分成三队护送。如此一来，一路遇上危险，其他两路可以救援。即便无力救援，粮草也不会全部丢失。最好就是大军暂停前进就地驻扎，等待田绍斌援军到达。

白守荣答应得挺好。只是，皇甫继明一死，他就把三队并做一队，快速进兵。他想的，绝不是简单的护送粮草，而是找寻李继迁一战。

田绍斌只带了300骑兵、300弩兵前往接应。带多了兵反而容易引起注意。田绍斌沿着路途赶往清远军方向。两支部队终于会师。

几天后，李继迁率领的3000骑兵果然出现在浦洛河附近。

田绍斌下令，由他带来的300骑兵、300弩兵组成一个方阵，千余护粮队军兵与民夫全部待在阵中。敌人冲锋，则弩兵进攻，敌人后退则骑兵追击。一战之下，李继迁不但没有夺得粮草，反而损失了上千人。宋军士气大振。

李继迁部暂时退却，田绍斌和白守荣商议对策。田绍斌提出，皇甫继明是此次押送粮草队伍主帅，他如今病故，应该将其尸身护送回环州，将消息禀奏朝廷。护粮队一路疾行，非常疲惫。他带来的兵士也有一些损伤。不如大家就在此地休息一天。况且，此次交战，敌人虽然有所损伤，但是兵力仍在宋军之上。唯有保护粮草，缓缓前行，才是上策。

白守荣听了非常生气。在他看来，他的护粮队虽然人数不多，但武器装备精良。此次交战，田绍斌硬是要让他们待在阵中，错过了立功的大好机会。如今，敌人实力大损，正是乘胜追击，一鼓作气将其消灭的大好时机。田绍斌阻止他们出战，明摆着是要独占大功。

白守荣说："你害怕李继迁，我不怕。你的任务本就是中途接应，如今已经完成任务，就不要干涉我们的事情。”田绍斌也是一方大将，脾气刚直，见白守荣一个押运副将，竟然如此嚣张，也很不满。最终，双方谈崩。白守荣带着他的护粮队押送粮草前行，田绍斌带着他的600名兵士前往清远军。

两支部队就此分道扬镳。

田绍斌曾经参加过平定二李、征讨两湖、消灭后蜀、攻打后唐等多次战争，经验丰富。李继迁对此人极为忌惮，他没有走远，一直在仔细观察宋军动向。他远远看到宋军一分为二，看不到田绍斌的旗帜了，大喜。

李继迁派出一些老兵骑着劣马充当诱饵，白守荣果然中计，率军追赶，离开粮草辎重四五里。看白守荣已经中计，李继迁率主力冲出，拦腰截断宋军。那些民夫看到党项骑兵出现，一个个惊慌失措，抛下粮车逃命而去。白守荣见势不妙，也赶紧逃跑，1000名新兵很快被屠戮干净。李继迁将40万石粮草收入囊中。

消息传到京城，宋太宗大怒。40万石粮草不是小数目，并且，李继迁得到这笔粮草就有了和朝廷军队打持久战的能力。怎么办?

真是害怕什么来什么，就在宋太宗生闷气的时候，西疆消息传来，李继迁率领上万骑兵攻打灵州。灵州粮食短缺，若是不增援，很难守住。只是，如今从内地通往灵州的要道已经被李继迁控制。不派出大军，基本没有突破的可能。

宋太宗很苦恼。至道二年，他的病情越发沉重了。蜀地的叛乱，在官军的强力镇压下，勉强被平定了。可是，叛军残部还盘踞山林，百姓也亟须安抚。这些都需要大笔钱粮。若是西线再度开战，朝廷将不堪重负。

参知政事张洎看出了宋太宗的心意，他带头上书，请求放弃灵州。在他看来，灵州乃是蛮荒之地，丢弃了不可惜，得到了没用处。

宰相吕端强烈反对。李继迁围城已经半年，灵州城内粮食早就吃光。若是再迟疑，灵州必然失守。城中所有军兵、百姓必然会被李继迁屠戮。一旦放弃灵州，就等于放弃了西疆广大领土。那李继迁将会以灵州为中心，四面拓展，对宋朝造成更大的祸患。

宋太宗权衡再三，再派大军征讨。

这次出征，一共有五路大军。李继隆从环州出兵，丁罕从庆州出兵，范廷召从延州出兵，王超从夏州出兵，张守恩从鄜州出兵。李继隆为本次西征军主帅。

不过，和以往一样，真正的主帅乃是远在京城的宋太宗。他早就拟定好作战计划，分别送给五人。他规定，李继隆从环州绕道灵州，解灵州之围。其他四路由驻地出发，到李继迁的大本营乌白池会合，共同歼灭李继迁主力。

宋太宗的这个作战方案看似稳妥，其实潜藏着许多不稳定因素。五路大军虽有主帅，其实又都直接听从皇帝调遣。虽然规定了在乌白池会师，但大军行进有远有近。乌白池又在千里沙漠之中，即便是当地土著，在规定的时间赶到也有些难度。何况，宋军多是步兵，在沙漠中缺少机动性，很容易被李继迁部各个击破。大将卢斌曾经提议不如大军直接进攻灵州，目标明确，路也更好走。李继迁在腹背受敌之下，必然退却，灵州之围也就解除。

可是，宋太宗不听。宋太宗有他的考虑。在他看来，兵发灵州可以很轻易地解除灵州之围。可是，只要李继迁的主力还在，朝廷一样会被牵着鼻子走。反倒不如一鼓作气，奔着李继迁大本营而去。所谓攻其必救，效果还会更好。

本来，宋太宗应当将有不同意见的卢斌排除出局，可是，他却将卢斌调派给李继隆当先锋。卢斌本就对宋太宗的作战计划非常不满，到了李继隆处，对其行军路线又提出不同意见。按照太宗的交代，大军当先从环州前往灵州，解灵州之围。再由灵州前往乌白池，会师消灭李继迁主力。卢斌认为，从灵州到乌白池要走一个多月，可是从环州直接前往乌白池，不过10天路程。我们何必舍近求远呢？

李继隆少年成名，与辽国大战多次，凭借的都是他对战局的准确判断。他对于宋太宗的所谓作战方案，也是常有不同意见。此时，遇上了卢斌，两人竟一拍即合。李继隆决定改变路线，直奔乌白池。

半路上，李继隆遇上了庆州的丁罕部队。两支部队合兵一同前往。他们走了10多天，一直在搜寻李继迁的主力，可是始终没有遇上一个敌人。计算路程，李继隆等人估计很有可能走错了方向，于是赶紧沿着原路撤回。

鄜州路大将张守恩倒是遇上了李继迁部。不过，他觉得敌军人数太多，贸然进攻损失更大。于是，远远望见敌军，张守恩就宣布撤军。

结果，最后只有夏州的王超和延州的范廷召到了乌白池。两路大军和李继迁主力遭遇。李继迁自然明白乌白池对于他的意义。他的军队全部都拼死作战。双方大小数十次战斗，彼此互有死伤。只是，王超、范廷召两路大军在兵力上不占优势，并且随军粮草储备不足，尤其是沿路水井多被李继迁捣毁。宋军又饥又渴，根本无法继续战斗。两人只能且战且退选择撤军。

五路大军气势磅礴而来，失魂落魄而去。虽然在交战中，宋军死伤人数并不多。可是，宋朝耗费了大量人力物力才组织了这次西征，没有消灭李继迁主力，那就等同失败。不过，因为李继迁把主力撤回乌白池对抗宋军，灵州之围倒是暂时解决。

只是，机会就此一次，错过就再也难寻了。此次出兵的时机在于至道元年、至道二年，辽国内部发生叛乱，无暇南顾。机会稍纵即逝。至道二年年底，辽国内乱平定，宋太宗本人的病情也愈发沉重。从此，消灭李继迁再也不可能了。

鸡肋之失

至道三年的三月，宋真宗在内忧外患中即位。

听闻宋太宗病逝，宋真宗即位，李继迁立刻派遣使者前往边境，请求归降，同时他请求把银州、夏州等地恢复到多年前的状态——即半自治半割据的状态。宋真宗知道李继迁的野心绝不仅仅于此。只是，他刚刚即位，稳定朝局是第一要务。并且，北方的辽国蠢蠢欲动，多次派兵挑衅，甚至有可能大举入侵。若是两线开战，对于宋朝来说，实在不堪重负。

何况，经过十多年的发展，李继迁实际上已经占据了夏州、银州、绥州以西的广大领土，党项族各部都被他强行统一。周边其他少数民族也有许多加盟到李继迁的反叛队伍中。宋朝花了极大的代价才勉强守住夏州、银州、绥州等地。可是，州城外十来里的地方，已经沦为李继迁的地盘。

与其继续拼杀，守卫本就属于党项的州城，不如宋朝退出，换取和平。

咸平元年（998年）春，宋真宗下诏，任命银州观察使李继迁为夏州刺史、定难军节度使，将定难军原属夏州、银州、绥州、宥州等地让给李继迁管理。

当然，李继迁虽然是节度使，可是依然是宋朝任命的地方官员。在夏州、银州、绥州等地州城，还有宋朝军队驻扎。

李继迁接受了诏令，安稳了几年。至道二年的大战让他认识到了宋军的强大，他不得不多花一些时间经营内部，训练战士，提升实力。

在以后的三四年，李继迁进一步扩张势力，笼络民心。每逢辽国出兵攻打宋朝北疆，他就趁机突袭宋朝西疆，搞得宋真宗头大。李继迁多次攻打麟州。麟州靠近辽国，若是能够占领，辽国出兵援助将更为便捷。只是，宋军驻守麟州的，乃是曹彬之子曹璨。此人精通兵马，颇能用兵。他在当地土著中征召了不少兵马，在柳拔川附近大败李继迁，斩杀了数千人。李继迁攻打麟州无功，转而攻向定州、怀远、永州等地，宋军损伤惨重。不过，这些地方并非党项故地，在宋军的抵抗下，李继迁也只能止步。

因此，李继迁再次把目光转向灵州。他已经多次向东面用兵，可是都无功而返。只有再度进攻灵州，向西南发展有前途。

李继迁大举兵马进攻灵州。消息传到朝廷，关于灵州是守是弃的问题再度引发大臣的争论。

宰相张齐贤主战，他认为灵州城一旦失去，李继迁的势力必将更大。那个时候即便朝廷积聚再多的粮草兵马，也很难确保胜利。那么，如何解决这个难题呢？张齐贤认为，应当立刻派出使者，前往与李继迁临近的吐蕃部落，册封吐蕃首领潘罗支为王，赏赐金银，与他约定共同讨伐李继迁。李继迁不断向西南扩充势力，和潘罗支多次交战，彼此仇恨极深。如果两家联手出击，必能重创李继迁。

张齐贤再三请求朝廷要不吝赏赐，册封潘罗支为王，可是遭遇大多数宰臣反对。最后，宋真宗册封潘罗支为防御使，派遣使者前往吐蕃。

当时朝廷宰臣大多数人都认为灵州乃是必争之地，一旦失去，即便是定难军附近州县，也很难保住。可是，宰相李沆却认为，灵州可弃。他说："只要李继迁不死，朝廷必定难以保全灵州！"李沆的意见非常另类，宋真宗听了很吃惊。宋真宗问："卿为何和众人的观点如此不同呢？"李沆回答说："臣认为不如派出使者前往灵州，安排好军队和百姓的撤退工作，把那空城就让给李继迁。如此一来，整个关右的百姓也可以得到休息了。"

听到李沆这个解释，宋真宗不满意。

其实，李沆是换了一个角度看问题。灵州对于大宋当然很重要，一旦放弃，弊端多多。可是，灵州对于李继迁更加重要，一旦得到，就等于有了称王称帝的资本。宋朝要守城，李继迁要攻城。本来，守城容易攻城难。可是，现在的情况是李继迁已经占领了定难军的大部分领地。和夏州、银州相比，灵州距离大宋最近的军镇都有千里之遥。上次粮食被劫后，朝廷再度运粮，可还是被李继迁夺走。宋朝不得不绕一个大圈，耗费更多的人力物力才能将军粮送到灵州。

即便朝廷组织数万大军前往征讨，可是大军分为数路，则会被各个击破；合兵一处又很难找到李继迁主力，徒然耗费粮饷。

因此，李沆才说出如此泄气的话。

咸平四年年末，宋真宗最终还是下令出兵。他从各地禁军中抽调了6万兵马，又从北疆前线把经验丰富的大将王超召回，出任西路军都部署，率军援救灵州。大军行进途中，几次被李继迁部侵扰。在白豹镇地区，宋军斩杀敌军5000人，取得局部胜利。与此同时，李继迁汇聚了数万大军日夜不停攻打灵州城。

咸平五年的三月，在宋朝主力到达之前，李继迁攻破城门，占领了灵州。李继迁改灵州为西平府，以西平府作为都城，当上了名副其实的大夏国王。

消息传来，宋真宗极度失落。可是，就在他伤心的时候，辽国大军再次南下。宋真宗不得不下令王超暂停进军，在永兴军驻扎。所属各部队，分赴临近军镇驻扎，以防李继迁反攻。宋真宗抽出主要精力，对付辽国。

李继迁看到宋朝已经有了防备，带着大军南下攻打吐蕃。此前，吐蕃首领潘罗支已经接受了宋朝的册封，但和李继迁并不接壤，也就没有积极参战。眼下灵州被李继迁占领，对抗李继迁成了吐蕃生死存亡的问题。潘罗支派出使者前往汴京，再次表示臣服，请求宋朝出兵相救。宋真宗答应。灵州虽然失守，但是得到强大的吐蕃支持，也算是有所收获。

李继迁和潘罗支大战，潘罗支投降。谋士提出疑虑，说吐蕃实力仍在，潘罗支投降可疑。只是，一贯精明的李继迁被胜利冲昏了头脑，反倒训斥那谋士小肚鸡肠。

其实，潘罗支就是诈降。宋朝的吐蕃虽然不再像唐朝那么强大，但百足之虫死而不僵，势力绝不容小视。潘罗支更得到了宋朝的册封。这就意味着他不必担心来自东面的进攻，可以全身心地对付李继迁。

咸平六年的五月，就在李继迁大摆庆功宴的时候，潘罗支带着部下突然进攻，大败李继迁。逃亡中，李继迁被流箭射中，受伤严重，不治而亡。

其子李德明继位，当时不过22岁。他颇有见识，严密封锁李继迁的死讯，同时派人到辽国报信，恳请对宋朝施压。宋真宗本想出兵讨伐，但咸平六年时宋辽大决战已经是一触即发，他怎敢节外生枝？在了解到辽国即将出兵攻打大宋后，李德明告诉大宋，父亲去世他已经继位。李德明表示，只要宋朝承认他对灵州、夏州等地的统治，他愿意向大宋称臣，绝不侵扰宋朝州县。

此后，宋真宗派出使者和李德明谈判，最终决定放弃夺回灵州。朝廷册封李德明为西平王，赏赐白银1万两，丝绢1万匹，钱5万贯，茶叶5000斤，同时将残破不堪、空无人烟的夏州、银州、绥州等地交给李德明。纷乱20多年的西疆，终于获得安宁。

从此之后的30多年，西线再也没有发生大战。

第5章 以战求和宋辽永罢兵

宋太平兴国七年（982年），辽景宗去世。新君辽圣宗年纪尚幼，由太后萧绰（萧燕燕）摄政。萧燕燕是中国历史上屈指可数的杰出政治家。在她摄政的20余年间，辽国日渐强盛，达到了200年间的巅峰。大辽帝国疆域广阔，东到库页岛，西到阿尔泰山，面积在北宋之上。辽国人口1000余万，常备军兵力超过50万。咸平二年到咸平六年的4次南征，辽国出兵少则五六万，多则20余万。大辽帝国可谓强矣。

宋景德元年（1004年），萧太后、辽圣宗统率大军30余万南下。辽宋厮杀20余年，终于到了大决战的时候了！

山雨欲来

早在至道三年（997年）夏，宋太宗驾崩的消息传到辽国，萧太后就想要大举南下，征讨宋朝。只是刚臣服的高丽国还需要安抚，河西地区又骚乱不断，加上皇太妃（辽景宗齐妃，萧绰的姐姐）常常与她叫板，萧太后不得不暂缓出兵。咸平元年（998年）五月，萧太后终于协调好了各股势力，祭告天地，来年将大举南征伐宋。

按照辽国兵制，辽军南下，若是不设立统军，发兵6万；若是由朝廷重臣，诸如宰相、亲王出任都统军，发兵15万；若是皇帝亲征，则兵力定在20万以上。辽国南下攻打宋朝，有多个选择，大体上可以分为东、中、西三路。东路可以攻打河北东部的沧州、清州、霸州、雄州、安肃军，中路可以攻打河北西部的威虏军、保州、定州、镇州，西路可以攻打山西一带的代州（雁门关）、宁化军、岢岚军、火山军、府州等地。

只是，山西一带山峦起伏，河北东部一带河流较多，都不利于辽军骑兵冲杀。

于是，辽国主力经常从中路进入，攻打保州、定州、镇州、高阳关一带。高阳关以南的莫州、瀛洲属于燕云十六州之一，后晋石敬瑭时代被割让给辽国，周世宗年间又归于中原。夺回关南故地，一直是辽国出兵伐宋的重要借口。于是，这一路也就成为辽宋攻防战的必争之地。

经过一年多的准备，咸平二年（999年）的九月，辽圣宗、萧太后到达辽国南京（幽州），以皇弟梁王耶律隆绪为先锋，统率大军20余万南伐。宋辽两国边境时常互相派遣间谍打探消息。辽国动作很大，也有秋天南下抄掠的习惯，自然瞒不过宋朝。

这是宋真宗即位以来辽国第一次大举入侵，若是宋方获胜，必能极大地鼓舞士气。宋真宗积极行动起来，调兵遣将，增修城防，尽量做好一切准备工作。

应该说，在开始的一段时间，战局对宋朝还算有利。

去年，辽国头号名将耶律休哥去世。本年，辽国大军刚离开南京，辽国二号名将耶律斜轸也死了。两个大英雄归天，让辽军心中多少有些阴影。

辽军前锋进入保州地界，保州知州杨嗣是太祖朝殿前都指挥使杨信的弟弟，为人骁勇善战。听闻辽兵犯境，杨嗣率领万余人主动迎击，同时派出使者前往定州向中路军主帅傅潜求援。双方展开激战，从白天打到晚上。可是，辽国的主力赶来，宋军援军却迟迟不见登场。眼看杨嗣军就要陷入重围中，幸亏留守保州的田绍斌倾城出动，两军内外夹击，斩杀2000名辽兵，缴获500匹战马，勉强扳回局面。

辽军见保州已经有了防备，没有继续纠缠，绕道进攻威虏军治所遂城。遂城是一个小城，不过有数千守军。听闻辽国主力即将到达，城内兵士无不恐惧。守城将领叫杨延朗。此人在民间赫赫有名，后来改名杨延昭，也就是杨家将中的杨六郎。杨延朗当时担任正七品保州缘边都巡检使，屯守遂城。杨延朗很冷静，他动员城中所有百姓，共同参与到备战工作中来。只是，遂城城墙低矮残破，根本无法抵御十数万大军的冲击。即便大家再怎么努力，也难以在敌军到来之前完成防御工事。杨延朗平时熟读兵法，想起了三国曹操一夜筑城的故事。当时已经是农历十月，天气寒冷。杨延昭吩咐百姓肩挑背扛，用水混合泥土筑城。第二天天亮时分，一个高大坚固的冰土城墙就出现了。辽军在萧太后的亲自指挥下多次攻城，怎奈遂城城墙坚固滑溜，根本攻不上去。萧太后深怕宋军主力来援，不敢在一地耽搁太久，丢下几千具尸体，攻打其他州县去了。

战后，宋真宗亲自接见了杨延朗，夸赞道:“延朗领兵护城有乃父之风，值得嘉奖!”此后，杨延朗的官职逐渐升迁，屡立战功。不过，他的官品毕竟不高，虽然取得了一些战绩，但对整个战局影响并不大。

辽军在保州、遂城连续遭遇挫败，宋军本应该集结兵马，给辽军致命一击。可是，宋军镇州、定州、高阳关行营都部属（中路军总指挥）傅潜就是按兵不动。

傅潜是一位老将了。他本是宋太宗藩邸时候的老部下，关系铁，年轻时也曾经很拼命。太平兴国四年宋军平定北汉时，傅潜被流箭射中伤势严重，依然带伤作战，很是剽悍。后来北伐辽国，傅潜作为先头部队在涿州和辽军前锋大战，斩杀辽兵数千，生擒500多人。战斗结束后，宋太宗亲临战场，看到满地辽兵尸体，他老人家很满意。皇帝一高兴，傅潜的好日子便开始了。10余年之后，傅潜就由普通侍卫升迁为禁军品阶最高的将领。

可惜，多数人的官职和胆量都成反比。咸平二年的傅潜，已经沦为一个贪恋富贵的胆小鬼。

辽国梁王耶律隆绪带着五六万人在各地游走，主力十五六万在萧太后的统率下跟进。辽军主力一路突进，前锋竟然深入到了宁边军、祁州、赵州一带，侦查骑兵甚至在刑州、洺州一带游弋，逼近大宋腹地。宋军中路军被拦腰截断，彼此不通信息达一个月之久。

定州城内，傅潜有8万禁军。这些兵士都是驻防北疆多年的老兵，战斗经验丰富。眼见宋方城寨一个个落入敌军手中，定州城内有8万雄兵却作壁上观，许多将领深感羞愧。大家抄着武器前往帅府，请求面见大帅。可是傅潜关起大门，拒不见客。将领们心中都憋着一股火，有人发牢骚，有人骂娘。可是，大军之中，军令如山。没有主帅将令，谁敢乱动？有人把傅潜不作为的情况秘密禀奏朝廷，宋真宗看后非常恼火，立刻派出使者前往催促出兵。

副帅张昭允和傅潜关系最好，他私下里劝说傅潜：此时出兵，乃是奉皇命行事，即便失败，皇帝也不好深究。若是坚持抗命，后果堪忧啊。傅潜却笑着说："如今敌军气焰嚣张，若是我贸然出兵与之争锋，必定会挫伤我军锐气。"按照傅潜的意思，想等其他部队把辽军的力量消耗得差不多，他再给致命一击，好抢个头功。

只是，傅潜的话在众位将领看来，不过是掩饰内心的胆怯罢了。有皇帝的圣旨撑腰，大家也就不怕了。大将范廷召带着许多将领冲入帅府，质问傅潜，何时出兵。傅潜还是推托。范廷召冷笑道："傅公如今的官位是变高了，可胆子怎么变得比女人还小！"众将听了，一片哄笑。傅潜大怒，很想把范廷召捆绑起来，治他一个藐视上级的罪名，可又怕激起众怒。傅潜沉思许久说："既然范将军坚持要出战，我就成全你。”傅潜派给范廷召8000骑兵、2000步兵前往瀛洲一带布防。范廷召不满，高阳关里不过一两万守军，即便加上这1万援军，又怎能对抗十数万辽军？

傅潜不容分说，将众人全部驱逐出府。他的目的很明白，谁敢挑衅他，谁就去当炮灰。

就在宋方局势越来越糟糕的时候，宋真宗下令亲征，终于改变了局面。

宋朝和辽国国情不同。辽人本就是马上民族，百姓习惯骑马射箭的生活。上马就是兵，下马就是民，兵民一体，调动兵力、补充兵源都非常迅速。辽国皇帝个个精通骑射，一年中大半时间在各地打猎，很少坐在皇宫中办公。辽国出兵，皇帝动辄亲征。

宋朝是农业大国，兵是兵，民是民。训练一个士兵，常常要三五年的时间。临时抽调上战场，就是去送死。于是宋朝实行士兵职业化。士兵有了军籍后就一辈子当兵。但如此一来，战场上死亡一个士兵，宋军就少了一个士兵。宋朝皇帝的情况也和辽国皇帝不同。宋太祖是武将出身，弓马娴熟，称帝之后也只有三次出征——征李筠，征李重进，征讨北汉。皇帝亲征有好处。那些骄兵悍将们表现得会积极一些，卖力一些；后勤补给，调兵遣将也会顺利许多。不过，皇帝亲征也有坏处。皇帝出行，动辄有数万人乃至十数万人随从。沿路的花费不必说，就是安保工作也累死人。若是朝中有野心家，趁着皇帝外出作乱，更是不得了的事情。即便后院安定，前方遭遇重创也不行。一旦前线崩溃，别说皇帝了，天王老子来了也不管用。

可以说，只有在战局较好、将士用命、百官齐心的时刻，亲征才是比较好的选择。

宋真宗自然是明白其中轻重。他派出近十万军队屯驻陕西一带，防备夏国的李继迁，同时将屯驻京城的十数万禁军中调出大半随驾出征。京城中由宰相李沆处理政务，老将张永德负责军政。

咸平二年的十一月，在一切处理妥当后，宋真宗的车驾从汴京出发。10余天后，大军到达大名府。

大名府大致处于汴京到边境地区中间的位置，既可以更快地做出应对，也没有太多的风险。昔日太宗也曾经在此处屯驻。宋真宗接见了不少前敌将领。众人纷纷控诉傅潜如何不听从皇帝旨意，坐视辽军残害百姓。原来，此前很多对傅潜不利的军报，都被枢密使王显拦截了下来。王显也是宋太宗的藩邸旧臣，和傅潜乃是老朋友了。宋真宗大怒，将傅潜罢黜，流放房州。

宋真宗来到前线指挥作战，宋军士气大涨。辽军进攻多个地方，都无功而返。宋真宗亲自调度，既然辽军主力在中路徘徊，不妨让左右两路军队进入辽境，骚扰其后方。不久，右路军传来捷报，攻破辽军城寨，全歼当地驻军，获得牛羊万只。

转眼就到了咸平三年的正月。辽军将分散到各地抄掠的部队逐渐收拢起来，集中攻打瀛洲地区。瀛洲也称河间府。太宗年间，辽军曾在境内君子馆大败宋军。五六万宋军全军覆没。

宋将范廷召听闻辽军大举进入，非常兴奋。在他看来，建功立业的机会到了。范廷召竟然离开城寨，布下方阵，等待辽军。同时，他也派人向高阳关求援。高阳关都部署康保裔亲率万余精锐骑兵火速前往。双方约定在几天之后的清晨于瀛洲西南一带展开合战，两军前后夹击辽军。

可是，辽军不会坐等宋军准备。在康保裔到来之前，辽国梁王耶律隆绪就发动了冲击。在五六万骑兵的猛攻之下，宋军方阵被冲散。宋军本来人数就少，很快就被辽军分化围歼。范廷召奋力反击，射伤辽军大将，率领数千残部退回瀛洲。

康保裔如期而至，可是，到处都找不到范廷召的影子，反倒等来了辽军主力。天亮时分，10多万辽军将康保裔军队重重包围。部下好意劝说，希望康保裔能够换上普通士兵的装束，大家保护他冲出包围。康保裔很感动，他说："我身为大将，怎能临阵脱逃？今天正是我等报效国家的日子！"说完，康保裔一声令下，第一个冲入辽军。康保裔带来的都是高阳关精锐。他们以弩兵齐射压制敌军，在敌军退却时以骑兵冲击，弩兵乘机装箭，发动下一轮齐射。

辽军虽然人数占优，可是大宋的弩箭天下无双。在宋军的骑兵加弩兵连番反击下，辽军一时间也难以突破。若是有部队增援，宋军未必不能战胜。可惜，范廷召早就被打怕了，明知道康保裔在拼死抗战，依然龟缩在城内不敢出来。最后，康保裔所部1万余人血战而死，无一投降。

看到主帅迟迟未归，高阳关副帅张凝、李重贵倾城出动，援救康保裔。可惜，他们来得太晚了，不但没有救下康保裔，自己也陷入辽军包围中。二人奋力冲杀，勉强带着万余人回到高阳关。

大胜之后辽军在瀛洲、高阳关一带再也没有人敢阻拦。辽军径直冲入德州、棣州、淄州、齐州一带，肆意掠夺人口，抢劫民财。大军进过，宋朝州县一片废墟。

宋真宗听闻康保裔战死、宋军大败的消息，急忙调集附近军、州兵力进行拦截。萧太后这次出兵的主要是为了试探宋军实力，顺便抢些人口金银。看看目的差不多达到了，在宋军合围形成前，萧太后下令撤军。

进退之争

咸平二年的宋辽大战后，辽军虽然全部撤离，没有占据宋朝一座城池，可是，却对整个宋军造成重大创伤。宋朝禁军潜藏的许多问题被暴露出来。

宋朝北疆虽然也有20多万守军，可是却分布在10多个军、州之间。一个军、州屯驻的兵马少则五六千，多不过两三万。单独一座城，根本不是辽军的对手。杨嗣、田绍斌虽然守住了保州城，杨延朗守住了遂城，但也仅仅是守住了孤城而已。以他们那些兵力贸然出击，一旦遭遇辽军主力，必败无疑。于是，在辽军大举入侵时，放弃一些军州，屯兵一处，抱团作战就成为以后宋军的主要作战方式。

另外，宋朝禁军高层的无能成为影响宋军战斗力的重要原因。以傅潜为首的那些高级将领富贵已极，不思进取。虽然宋真宗处罚了一批，但又冒出一批。辽军撤退时，宋真宗命令贝州、冀州军区副帅王荣率领5000骑兵跟随在辽军背后。若是有小股辽军，即行歼灭。王荣接到命令之后，迟迟不出兵。一直等到辽军渡过黄河之后，他才远远跟在后头。有一支两三千人的辽国骑兵贪恋财货，与大部队脱离。王荣本可以将其击溃，可他根本不敢出战，而是退到黄河南岸，眼睁睁看着辽兵远去。

两军若是实力相差太多，选择退却不是怯懦，是明智。可是，己方实力远远高于对方，依然不敢上前，这就是怯懦无能。

当初抛弃康保裔的范廷召倒是还算有种。康保裔死后，宋真宗任命范廷召统领瀛洲、高阳关残余部队。在辽军一部数万人退到莫州地带时，范廷召提前设下埋伏，以逸待劳，大败辽兵，夺回不少百姓。宋真宗接到奏报，特意写了一首《喜捷诗》。一来，即便范廷召当初赴约，也无力改变战败的局面，只不过是在康保裔所部之外，又加上他的几千人马罢了。二来，范廷召在大战终了时献上捷报，也算给大宋朝廷多少挣回了一点脸面。范廷召被晋封为检校太傅，参战的大小将也领论功行赏。高阳关副将李重贵不禁慨叹:“高阳关大将（康保裔）战死，我等有保护主将不力之罪，有什么脸面接受朝廷的封赏?”

只是，像李重贵这样知耻的将领极少。大战结束后，朝廷奖功罚过，多数将领都刻意夸大军功，以换取封赏。数月间枢密院都吵嚷不休。多数将领虚报军功，贪求富贵。唯独呼延赞说："臣每个月有100贯铜钱，每个月只能花掉一半。对如今的我来说，已经足够用了。我总想着无法报答国家大恩，不敢奢望还能升迁。"这个呼延赞是个实诚人。当初宋太宗北征辽国，有人奉承说："夺取幽州，犹如热锅上翻饼一样简单。"满营众将都不说话，唯独呼延赞硬邦邦地捅了一句："这饼难翻。"搞得宋太宗也很尴尬。

有大臣提议，如今的禁军高层多是因为与先帝关系亲密（太宗藩邸旧臣）而出任要职，没有什么统率之才。应该重用像杨嗣、杨延朗、李重贵这样在一线征战多年、有胆有识的将领。宋真宗部分听从，将这些人提拔到一州、一军、一关主将的位置。但是，乱世重能力，治世重资历。这些人品阶尚低，若是骤然提拔到方面统帅的位置，根本不能服众。

咸平三年无事。

咸平四年，辽圣宗再次到达南京，南征宋朝。

这次出任镇州、定州、高阳关都部署的是王显。王显因为包庇傅潜被罢免枢密使职务。王显在诸位太宗藩邸旧臣当中，最有韬略，也最受宋太宗信任。为了挣回脸面，王显比较卖力。他从此前的宋军作战中吸取教训，找寻机会，主动出击，以优势兵力围歼部分辽军。

辽军从顺安军进入宋境，除了在长城口附近遭遇小股宋军，一路几乎没有遇上什么阻拦。王显预测辽军进行路线，当从高阳关附近进入莫州，然后从莫州攻取瀛洲。王显从各地调集了五六万人前往高阳关，加上莫州瀛洲原本驻军，宋军足有10多万人。王显从定州出发，亲自前往莫州前线指挥作战。数天后，辽军果然出现在宋军埋伏圈中。王显一声号令，宋军万箭齐发。辽军急忙射箭还击。只是，当时连续几天下雨，辽军的弓箭以兽皮制作，被雨水浸透很难拉满，射程不足。而宋军是木制弩箭，同样被雨水浸透，影响不大。无数辽军死在宋军弩箭之下。辽军统军铁林急忙撤退，王显下令骑兵冲击。一战下来，宋军大破辽军，斩首2万多人，抓获亲王、大将级别的将领15人，连辽军统军铁林也被擒获。辽军仓皇退出宋境。

莫州之战，宋军一洗此前的耻辱，获得空前大胜。宋真宗很高兴，下诏表彰有功将士。

咸平五年，辽国由宰相统军南下。这次出兵的主要目的是配合西夏李继迁攻取灵州。等到宋军主力赶到，辽军就撤退而去。

咸平六年，辽国统军使萧达兰、南府宰相耶律诺衮率领大军15万猛攻定州。这一年担任镇州、定州、高阳关都部署的是刚从西线调来的王超。王超和傅潜、王显一样，都是宋太宗藩邸旧臣，都参加过太宗年间的历次大战，都迅速崛起为禁军高级统帅。王超效仿王显，主动出击。他安排1500名步兵在距离定州城数十里外的望都县埋伏，以弓弩射杀辽军。这支部队的任务是拖延时间，引诱敌军进入埋伏圈。之后则由行营副部署王继忠、镇州副部署李福、副将王升等人负责合围聚歼。

辽军到达后，1500名步兵的阻截任务完成得非常出色，半天时间就射杀敌军数千人。中午时分，宋军援军到达。三股生力军加入，几乎就要全歼辽国前锋部队。不久，辽军主力军赶到。本来，以宋军的兵力，以及刚刚获胜的士气，足可以与之一战。可是，宋军将领李福、王升见到辽军源源不断到来，吓得不敢作战。他们谎称绕道拦截辽军，抛下王继忠等人逃离战场。结果，只剩下王继忠一支部队和辽军血战。大战从下午打到深夜，辽军多次冲锋都被王继忠击退。等到天亮时分，辽军更多的部队赶到。辽军主帅萧达兰很聪明，他果断下令进攻宋军东面，阻断定州方向可能的援军。10多万大军将王继忠等人团团围住。王继忠奋勇拼杀，且占且退，到达白城附近，部下死伤殆尽。王继忠再也支撑不住，被辽人生擒。

王继忠被送往辽国都城，萧太后听说了王继忠的事迹，对他很欣赏，赐姓耶律。王继忠改名为耶律显忠。此人后来在澶渊之盟时发挥了重要作用，虽是叛将出身，却当上了辽国的楚王。

望都之战辽军虽然全歼王继忠部队，但死伤还在宋军之上。

可以说，咸平年间的4次宋辽大战，宋军越战越成熟。只是，连续几次的战败，也让辽人反思。萧太后决定，不再小打小闹。辽国南北分制，人口集中在南部。萧太后下令，南院辖区内15岁以上、50岁以下的所有百姓一律到官府报道。她要发动一场宋辽战争史上最为庞大的一场战役。

景德元年（1004年），萧太后、辽圣宗再次来到南京，亲自指挥作战。这次辽国究竟出动了多少军队？在史料中有明确记载的，由萧太后、辽圣宗亲自统率的兵力就在30万以上。加上负责从两翼骚扰的东、西路军兵力，参战总兵力在40万以上。

辽国这次可谓倾国而出。

宋军的兵力有多少呢？太宗、真宗朝的禁军数量一直在40万左右徘徊。咸平年间的4次大战，双方损失的兵力都在10万左右。咸平五年、六年，宋真宗一再颁布征兵诏令，补充兵源，加紧各种武器装备的制作。

征兵时，朝廷宣称新兵只是后备军，负责当地治安。可转过年来，朝廷一声令下，新兵全部开赴前线。大敌当前，宋真宗也的确没有法子。

就这样，宋军在镇州、定州、高阳关一带驻扎了20多万部队，在瀛洲、大名府（田雄军）等重要军州有三四万部队。加上东路和西路负责牵制骚扰的部队，宋朝出动的总兵力在40余万。不过，宋和辽不同，辽国的士兵不需要后勤补给，宋朝每个士兵所需必须由3个民夫才能完成补给。也就是说，加上负责粮草转运、后勤补给的百余万民夫。宋朝此战调动的总人数达一百五六十万之多。

宋真宗也已经是极尽所能，尽力一战了。

在商议应对策略时，宋真宗亲征的问题，是朝臣们讨论的焦点。

在百官之中，几乎都认为宋真宗应该亲征，尤其是一些文官，更认为只要宋真宗亲临前线，敌军必然望风而逃。事实当然不会那样轻松。

其实，景德元年的八月，辽军入侵之前，宋真宗就告诉宰执大臣，自己决意亲征。

宋真宗召集两府大臣议事。宋真宗说："这次大战事关天下。你们虽然是管理行政一摊子，如今也不必有什么嫌隙，对军政上有什么建议也尽管说。"

他又说："朕多次接到边关奏报，说辽国已经图谋南下。从情报上看，辽国此次作战，绝不会轻易撤退。国家重兵都屯驻在河北一带，朕将亲临前线指挥作战。不知道卿等认为什么时候出发合适？"宋真宗话中的意思很明确，是否亲征不是问题，这个不用讨论。可以讨论的，是什么时候亲征。

当时，李沆已经去世，现任宰相为毕士安与寇准，副相王钦若，枢密使王继英，枢密副使陈尧叟。

毕士安是首相，他第一个回答："陛下已经命令大将率军出战，将战争之责交托给他们就可以了。若是一定要亲征，可以在澶州驻扎。只是澶州城不大，恐怕时间久了无法维持大军所需。况且现在距离冬天还很远，亲征之事，希望还要慎重一些。"

毕士安为人谨慎，处事沉稳。在他看来，宋真宗本不必要亲征。即便要亲征，也可以等过一段时间在说。毕士安的考虑有道理，毕竟宋真宗一旦亲征，护卫京城的禁军多半就要随行。加上文武官员、各种杂役，队伍人数至少在10万以上。澶州城本就有从附近州县退避而来的数十百万百姓。如此，各种物资的补给将是一个天大的难题。

次相寇准意见不同，他说:“大军在外作战，正需要陛下早到澶州鼓舞士气。出发的日期宜速不宜缓。”寇准从鼓舞士气入手，也有些道理。

枢密使王继英说:“朝廷禁军大部分屯驻河北，陛下应该亲征，以壮我军威。如此一来，陛下可以一面督促各路进军，即便有突发事件，也能够第一时间处理。不过，陛下驻地不宜越过澶州。如此安排或许比较慎重。”王继英比较滑头，他只是说宋真宗应该亲征，至于是早走还是晚走，他没有明说。

最终，禁军大将王显的奏议让宋真宗拿定了主意。

王显先说，从太祖太宗时代以来，只要有战争，多任命禁军大将带兵出战。如今可以在文武大臣中挑选一些名位高的、通晓军务的出任统帅。因为名位高才能驾驭将士，通晓军务才能预先做好安排。如今正是两国大战之时，一些将领即便犯了过错，也可以适当宽恕，让他们戴罪立功。至于行军作战，则应该让前线将领有调兵权，有决定权。若是不同军州各自为政，那就不好了。

他又说，如今辽国大举入侵，我方只要将重兵屯驻在镇州、定州一带，辽军害怕被我军截断后路，必定不会深入。御驾亲征可以在澶州驻扎，然后下令镇州、定州方面出兵，会合河南军队，前后夹击。若是辽国军队还是南下，我们可以派精锐部队进攻他们后方。这样一来，在前线的辽军也必然畏惧。等到辽军撤退时，派遣数千步骑在黄河沿岸追击敌军，必定可以出其不意取得佳绩。

最终，宋真宗下令，由禁军品阶最高的大将王超继续担任镇州、定州、高阳关都部署，负责中路军调度。其他州县，由当地官员负责将百姓尽快迁移到几个重点城寨中。沿路州县一律坚壁清野，粮食、牛羊全部带走。不能带走的一律焚毁，坚决不给辽兵留下任何物资。

简单一点说，就是宋朝以镇州、定州，瀛洲、大名府，澶州等三个地方组合成一个庞大的倒三角。定州是兵力重心，肩负歼灭敌军主力的任务。瀛洲是侧翼，澶州是最后的底线。若是澶州被突破，辽军就可以渡过黄河，逼近开封了。

宋真宗一面调配各种军需物资到前线，尤其是澶州城；一面不断与前线各部队互通消息，做好指挥应对工作。

形势可喜

闰九月，各路大军基本准备就绪。宋真宗命令西路军州兵力在代州（雁门关）

集结，东路军州兵力在沧州集结。两路军队于边境选择险要之地设下埋伏，一旦时机允许，主动出击，以牵制辽军，缓解中路军压力。中路军主帅王超率领20万大军在唐河地区广树营寨，阻截辽军主力。

几天后，辽国萧太后、辽圣宗率领30万铁骑大举南下。辽军以萧达兰为统军使，率领前锋10万骑兵攻打威虏军、顺安军一带。萧达兰是辽国名将。当初在雁门关一战擒获杨业的，就是萧达兰。之后萧达兰东灭高丽，西讨党项，剿灭国内部族叛乱，立下了赫赫战功。如今，萧达兰爵为顺国王，官至统军使，正是志得意满、建功立业的大好时刻。只是，伐宋第一战，辽军就进行得很不顺利。

在宋朝边境地区，萧达兰的先锋部队遭遇宋将魏能、石普的猛烈反击。他们不但成功将辽军前锋击退，还将其先锋大将斩杀，夺取不少兵器辎重。萧达兰另一路部队进攻北平寨，又被宋将田敏击退。萧达兰转而向东进攻保州，保州守卫森严，辽军一时也攻不下来。萧达兰大怒，集结所部全部兵马猛攻遂城。遂城只有1万余兵马，寡不敌众，坚守数天之后最终陷落。宋将王先知被萧达兰擒获。

在拿下一城之后，萧达兰和萧太后、辽圣宗主力会合，大军30万奔向定州。辽军的意图本想一举拿下定州，可是还没到达定州，就看到王超率领20多万宋军在唐河严阵以待。王超手捧圣旨，激励兵士保卫国家。宋军喊声震天，气势如虹。辽军几次冲锋都被宋军击退。宋朝将领请求追击，王超拒绝。在他看来，守住了定州，宋辽这场大战就立于不败之地。宋军集结成阵，以弩箭防御，才可以发挥最大的战斗力。

萧太后见宋军如此，下令不必纠缠，绕道进军。定州防卫森严，强攻即便拿下，也要付出惨重代价。既然宋军将主力集结在定州，那正好夺取其他军州。若是能乘势攻下澶州，逼近开封，那定州守军将不战自乱。

辽军绕过定州，奔向东方。消息传到京城，引起一片骚动。

宋军的禁军半数集结在定州，本想靠王超牵制辽军主力，缓解附近州县压力。没想到王超死板，在辽军退却时也不追击，放任辽军东进。东路除了在沧州有数万兵力，多数军州人马早被抽调一空。朝廷紧急从定州、镇州、高阳关抽调四五万兵力前往东路军州布防。

辽军意外转向，让宋真宗也很意外。当时边关奏报雪片一般飞报朝廷。一个晚上都有5封告急文书传来。宰执大臣忧心忡忡，可是宰相寇准连看也不堪，喝酒谈笑，泰然自若。第二天，有人将寇准扣下边关急报的事情告诉宋真宗，宋真宗大吃一惊，质问寇准原因。寇准从容回答："若想解决这个难题，只要5天时间。"

那急报不看也知道内容，只要击退了辽军，边关问题自然迎刃而解。

见寇准如此笃定，宋真宗怒气消减，询问寇准有何良策。寇准回答："很简单，只要陛下您即刻起驾，五天之内赶到澶州，大事可成！"宋真宗询问其他人的意思，其他宰执都不做声。此前，按照毕士安等人的考虑，当在战局比较好的时候亲征，才算稳妥。按照他们的预测，辽军在受到阻截后，王超在定州再重创辽军，当战局稳定时，宋真宗就可以亲征。可如今辽军东进，王超按兵不动，形势很难预料。贸然亲征，皇帝很可能落入敌手。这个时候无论是支持还是反对，都有成为千古罪人的危险。有人乘机告假，想要离开。寇准拉着人家不让走，再次催促宋真宗早日亲征。

宋真宗面露难色，想要进入内宫，与后宫商量商量。寇准连忙高喊："陛下一旦进入内宫，那臣等今日就无法见到陛下，如此一来，大势去矣！"宋真宗有些动心，寇准再次强调："如今事情危急，请陛下早做决断，即刻出行！"

从预定亲征到现在已经过去一个多月。各项准备工作早就在有条不紊地进行。只是，最初的宰执会议上，多数大臣都觉得亲征之事应当缓行。如今寇准力排众议，要求提前出征，让其他宰执大臣很不满意。副相王钦若单独求见宋真宗。他认为如今辽军大举深入，前锋已经逼近澶州，此时前往澶州很不明智，倒不如驾幸金陵（今南京）。辽军即便再剽悍，也无法越过长江天险。枢密副使陈尧叟也秘密求见宋真宗，恳请宋真宗前往川蜀，以避辽军锋芒。在他们的游说下，宋真宗有点心动，单独召见寇准，询问他的意思。

宋真宗虽然没有明说谁提议到金陵、川蜀，寇准还是一下子就猜到了。寇准故意装糊涂，问道："是谁给陛下提出这两个方案的呢？说这种浑话的人应当被斩首！为什么呢？如今天子英明神武，将帅团结一心，我军必然获胜。只要御驾亲征，敌军必然溃逃。即便不前往澶州，留守汴京，我大宋也可以坚守城池拖垮敌军，以逸待劳最终获胜。可若是抛弃宗庙，逃到偏远的金陵、蜀地呢？"

寇准的一番话大义凛然，点出了宋军的优势，也说出了前往金陵、蜀地的隐患。唐朝安史之乱，若是唐玄宗在长安指挥作战，没有逃到蜀地，半壁江山未必失去。前往澶州，是进军；前往金陵、蜀地是逃离。一旦宋真宗撤退，无论是到哪里，都有可能引发前线将士的大溃败，最终不可收拾。甚至北宋提前结束，丧失所有中原领土。

寇准又说："江南人劝陛下前往江南，蜀地人劝陛下前往蜀地。这些人想的都是倚仗皇威，衣锦还乡，哪里考虑江山社稷？"寇准的话非常尖锐，王钦若是江南人，陈尧叟是蜀地人，他们都是有私心的。既然有私心，那都不可信。不但不可信，其心还可诛。

王钦若和陈尧叟听到寇准如此说，都很生气。只是，寇准的话占到了一个理字，他们无法反驳。王钦若很明智，你寇准不是说他有私心吗？我就无私一个给你看看。当时抵御辽军的东路军州中，大名府最为重要。辽军必然会派主力进攻。此前，朝廷正商议派遣一位大臣前往镇守，指挥作战。可是大家都不愿意拿自己的性命冒险，几天下来，还没有落实人选。王钦若主动找到宋真宗，请求前往大名府。宋真宗起初还不同意。王钦若是他一手提拔的得力干将，真宗离不开他。可是，王钦若再三恳请，宋真宗只好答应。

见到王钦若如此识趣，寇准也不好多说。

不过，寇准的态度虽然强硬，但并没有得到多数宰执大臣的支持。尤其是首相毕士安、枢密使王继英，两人始终沉默。最终，宋真宗下令加紧筹备工作，至于亲征，看看战局变化再说。

九月中旬，王钦若到达大名府（天雄军），与大将孙全照一起，积极展开备战工作，迎接辽军主力的进攻。

十月，宋军西路军传来捷报。辽军数万骑兵攻击宋军草川城，岢岚军守将贾宗成功将其击退。这部分辽军在城外数十里处安营扎寨，等待援军。

接到消息，西路军主帅高继勋马上带着数万大军前往草川城。当天黄昏，高继勋赶到。将帅一起登上高地，观察草川城形势。高继勋说："如今敌军人数虽多，但看队伍并不整齐，可见其统军大将才略不足。我军虽然兵少，但若是提前在城外山下埋伏，等到辽军攻城疲惫想要退却时，我军伏兵尽出，里外夹击，当可大败敌军。"贾宗听从。高继勋率领精锐骑兵前往城外埋伏，留下步兵守城。

第二天中午时分，辽军援军到达。近10万大军猛攻草川城。战斗从中午到黄昏，城内宋军奋力还击，辽军死伤很重。眼看夜色渐浓，辽军将领下令撤军，想绕过草川城攻打其他州县。正在撤兵时，高继勋率领上万骑兵突然出击，城内守军见到信号，也追杀而出。在宋军内外夹击之下，辽军大败，死伤万余人。辽军携带的战马、牛羊更大部分落入宋军手中。

差不多同一时候，西路军麟州、府州指挥官率领军队突入辽国朔州境内，大败当地驻军，夺取城池。消息传开，进攻草川的辽军立刻撤军。

宋军西路军两次大败辽军，使得辽军再也不敢轻易西进。宋军西线情况一片大好。宋真宗闻讯大喜，嘉奖有功将士。

不久，中路军主帅王超禀奏朝廷，希望西路军继续进攻深入辽国境内，使得辽军腹背受敌，以缓解中路、东路的压力。

几天后，辽国主力在萧太后的指挥下，来到瀛洲城下。

瀛洲知州李延渥为太祖朝侍卫司步军都指挥使李进卿之子，可谓名将之后。此前的五六年，李延渥一直在北疆各地负责防卫工作，经验丰富。到任之后，李延渥早早就把瀛洲辖区内的百姓组织起来，进行训练。身体强壮的，上城楼御敌；其他老弱，还有妇人，一律负责运输、后勤工作。整个瀛洲虽然只有3万左右兵力，可城内还有10万百姓。大家团结一致，共同抗敌。

辽军进攻非常猛烈，日夜不停。辽军一面让剽悍的奚族人背着木板拿着火把攀爬云梯，想要攻上城楼，一面让后勤部队砍伐附近树林，制作各种攻城器械。李延渥号令部下，将滚木巨石砸下。一波又一波的辽兵不断被砸下。

辽军的进攻持续了10多天。萧太后看久攻不下，非常恼怒，亲自上阵擂响战鼓。辽军再次攻城。可是，即便如此，瀛洲的防卫也丝毫不可撼动。辽军近30万大军攻城10多天，竟然还不能攻破瀛洲。

最终，萧太后选择了撤退。瀛洲一战，辽军战死者足有3万多人，至于负伤的兵士更多。李延渥后来检查城防，发现城墙外部悬挂的木板，短短数寸的地方，尽然被射了200多支箭。此战中宋军缴获的辽军箭支、铠甲足有百万之多。

瀛洲大败大大挫伤了萧太后的信心。表面看来，辽军进军速度很快，不到两个月的时间，主力军就突进边境数百里。可是，辽军此次的收获却不多。宋军早早就发出布告，施行坚壁清野政策。辽军进攻多个州城，无一例外受到猛烈还击。除了遂城一战，辽军以绝对优势兵力歼灭宋军上万外，辽军此行，几乎就没有拿得出手的战绩。

何况，定州的王超那20多万部队始终在辽军背后徘徊。一旦辽军露出败相，王超所部必定会全力出击。

怎么办？萧太后、辽圣宗等人召开军前会议，最终，辽军高层决定，调转方向，全力进攻澶州。若是能够突破澶州，渡过黄河，那一切还大有可为。若是不能，就只好撤军了。

萧太后做了两手准备。一面，她派遣统军萧达兰率领精锐部队在前方扫除障碍；一面，她交代投降的宋将王继忠，写信给宋方大将石普，让他转告宋帝，辽军有意议和。

萧达兰也知道事情关乎辽国国运，很卖力。10多天之后，辽军攻下祁州，直奔贝州、冀州、大名府而去。

瀛洲大胜的消息传来，宋真宗很兴奋。差不多的时候，朝廷再次接到了西路军的捷报，就连东路军也进入到了辽国内地。经过这两个月的大战，辽军死伤总数已经在10万左右。虽然还有20多万兵力，但宋军的赢面已经明显：此时，可以开始亲征了。

宋真宗任命雍王赵元份为东京留守，宰相毕士安总理政务，以勇而知耻的李重贵负责大内防务，率领文武百官，离开汴京，前往澶州。

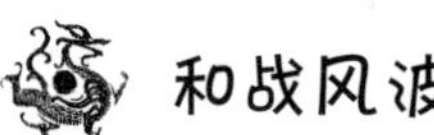

和战风波

在景德元年的宋辽大战中，王继忠的作用不容小视。

当初，王继忠虽然投降了，可也算力尽而降，不可苛责。萧太后也是一代英主，对杀了许多辽兵的王继忠不但不责罚，反倒提拔其为户部使，委以重任。王继忠感念萧太后的知遇之恩，对宋朝的安危也常记在心。于是，王继忠就禀奏萧太后，自古以来，兵者凶器也。杀敌一千，自伤八百。如非必要，尽量不要动刀兵。咸平年间的4次大战，宋辽双方死伤都在10万左右。不如罢战修好，对于两国百姓都是好事。

对于王继忠的话，一开始，萧太后并没有放在心上。在她看来，辽国兵强马壮，虽然死伤了一些人，但是辽军每次出击，都可以掳掠回许多人口、金银。相比而言，充当战场的宋朝损失要大许多。宋朝10万部队作战，就需要30万民工运输粮草，耗费巨大。可是，辽国军队根本不需要什么粮草补给。大家一路杀来，一路抢来。

不过，萧太后还是批准了王继忠的提案。她没有走正规路线，派出使者与宋朝官方交接，而是让王继忠以个人身份写信给宋朝大将石普，让石普将辽国高层的和谈意愿透点风声给宋朝君臣。

王继忠很高兴，也很感动。他立刻写了一封热情洋溢的信给宋真宗，信中说：“臣每每想起当年离开京城时，陛下对臣的谆谆教诲。陛下您总是说，若是能够给百姓休息，两国停止交战，那就太好了。如今我身在北朝，也听到北朝帝王说起类似意思。但愿两国能够重修旧好（太祖朝时，宋辽盟好），如此，万民幸甚！”

闰九月，石普收到了王继忠的信，听说让转交皇帝，石普不敢耽搁，立刻派人送往京城。

看完信后，朝廷大臣多数都很高兴，若这真是辽国皇帝的意思，那两国这场大战就可以早早结束了。

宋真宗很冷静，他说:“我想起当初太祖太宗朝全盛之时，也常常想与辽国盟好。朕初登大宝，吕端也曾经提议，趁着先帝驾崩，派遣使者前往辽国通告消息。后来，何承矩也曾经表达类似请求。只是，朕认为，两国之间的盟好，无法强求!辽国作为北方一个大国，一直觊觎我中原沃土。我大宋若不能在军事上重创敌国，以他们那野蛮粗犷的脾性，即便签署盟约，又怎么能够遵守?”

宋真宗的话说得太对了。自古以来，弱国无外交。太祖朝为什么能够和辽国盟好？因为太祖朝国力强盛，对外作战几乎从无败绩。即便是宋太祖攻打辽国的附属国北汉，辽国也没有和宋朝撕破脸。就算是在太平兴国四年，宋太宗发兵灭掉了北汉，辽国也照旧派出使者到军前请安问候。两国真正开战，是在宋太宗贸然攻打辽国遭遇大败之后。

太宗朝也曾经秘密派出使者前往辽国求和，可都被辽国拒绝。谁让宋太宗雍熙三年北伐再度失败呢?

在宋真宗看来，信中传达的求和之意，极有可能是萧太后使出的一个烟幕弹。这个奸猾的女人故意一边求和示好，让宋朝放松警惕；一边加紧进攻宋朝，攻城略地。王继恩的信，完全可以忽略。

宰相毕士安比较乐观，他说:“辽国南下以来，多次被我军击溃。或许他们羞于主动退兵，于是让王继忠写信示好。估计不会尽是虚妄。”

宋真宗看毕士安有侥幸心理，他再次解释说:“卿等只知道其一，不知道其二。辽国若是没有诚意却请求盟好，一旦签署时，必定会再三索取，提出许多无理要求。朕一身系天下安危，万民福祉，若能对百姓有利，朕受些屈辱，给他们一些钱财，那也是可以接受的。只是，关南一带曾经被辽国占领，若他们坚持索要关南土地，那朕绝不和谈!”

宋真宗对和谈的事情看得很透。辽国多次南征，都打着夺回关南“故地”的旗号，也就是说，人家是收服失地，不是搞侵略。若他们的和谈以此为基准，那双方也不可能谈下去。

宋真宗亲手写了一道圣旨，让石普转交王继忠。他说:“朕继承大统，抚育万民，总是想着平息战事让百姓得以安宁。朕岂是那穷兵黩武之人?现在朕已经看了你的奏章，明白了你的忠心。你接到朕的诏令后，可以秘密向辽国皇帝转达朕的心意。若是他们确实有和谈之意，再让石普转告。”

宋真宗在诏书中没有透露出一点怀疑的意思。他在而立之年即位，如今登基已经8年，早就是一个成熟的政治家。他知道怎么做对大宋最有利。

王继忠接到宋真宗的圣旨很高兴，立刻让石普转达，恳请大宋朝廷派出使者前往辽国和谈。宋真宗一口拒绝。两国大战还在继续，谁先派出使者，谁就等于认输！

十月，就在萧太后亲自指挥大军猛攻瀛洲的同时，王继忠再次让石普转交信件。王继忠说："辽国已经领兵包围瀛洲，因为他们说关南一直就是他们的领土。臣担心瀛洲很难守住，恳请陛下早早派出使者前往和谈。"

宋真宗看到奏章有些生气，这个王继忠真傻还是假傻，竟然帮着辽国威胁母国。单从兵力看，瀛洲确实少了太多。可是，瀛洲乃是宋朝北疆重镇，将士训练有素。此前王显就曾经在瀛洲、莫州交界处大败辽军。战后宋真宗特意拨款，增修瀛洲城防。

宋真宗安抚百官说："瀛洲向来就有准备，不用太过担忧。当然我方派遣一个人前往敌营，也未尝不可。"不过，正式使节是绝对不能派的。枢密使王继英挑选了一个能说会道叫李斌的侍卫，拿着信件前往辽营。等到有辽营有确切消息后，再派出正式使者。

不久，宋军李延渥部果然在瀛洲大败辽军主力。在这种情况下，辽圣宗不得不亲笔写下求和诏书，让人送往开封。宋真宗让枢密院挑选合适人选，出任议和使者。不久，王继英回报，殿前侍卫小队长曹利用主动找到他，要求代表朝廷，前往辽营谈判。

宋真宗对这个曹利用也有些印象。此人的父亲曾经担任崇仪使，主管御马(类似弼马温，从七品)。曹利用从小就伶牙俐齿，很会说话。父亲早死，他凭着父亲的恩荫，在宫内当了一个普通侍卫。曹利用为人豪爽，胸怀大志，很快就脱颖而出，当上了小队长。不过，按照他的家世，即便再用心，再有才，一辈子也很难有什么大发展。此时枢密院征求使者，虽然此行很危险，但危险与机会并存。一旦和谈成功，那他曹利用青云直上指日可待。

既然曹利用有心，宋真宗也不吝啬官爵。曹利用被提拔为代理崇仪副使，手捧着辽圣宗的求和诏书前往辽营议和。

随即，宋真宗御驾亲征，前往澶州。

可是，曹利用到达大名府（天雄军）的时候，被王钦若留住。辽军主力眼看就要到达大名府，此时议和是什么意思？若是宋军将士听说朝廷派人求和，势必军心动摇。一旦影响士气，那损失可就大了！

曹利用一听有理，就在大名府住了下来。

王钦若召集众将抽签决定守卫哪个城门。若是抽到守北门，差不多就等于为国捐躯了。主将孙全照很大气，他说："王公，全照请求不参加抽签。诸将你们自行挑选，最后大家都不愿意守的地方由我孙全照来把守！"果然，大家都不挑北门，就由孙全照来把守了。

王钦若提出，不如就由他来守卫南门。他王钦若既然是主动请命来到第一线，自然不能躲在大帅府中，再怎么也要到城楼上亮亮相。

孙全照却说："这样不行。参政大人乃是我军主帅，负责全面工作。南北二门相距足有20里。各门讯息沟通不便。若是等到消息回复，必定会延误战机。王公您还是在帅府居中调度，如此或许最好。"孙全照说得在理，王钦若也就听从。

王钦若在孙全照的陪同下，到城楼上检阅部队。所有弩手全部拿着宋朝最先进的朱漆弩，射程远，力量大。即便是数百米外的辽国铁甲骑兵，也可以连人带马一起射穿。

几天后，辽国大军果然来到大名府城下。孙全照全然不惧，大开北门，放下吊桥，率军在护城河北端等待辽军。辽军久闻孙全照大名，没有人敢从北门进攻。辽军猛攻东门。几个小时过去，东门的防守也非常坚固，辽军调转方向攻打大名府老城门，可依然占不到半点便宜。

萧太后一看，大名府估计是拿不下来了。她下令将领约束兵士，趁着夜色偷偷离开大名府，想绕道城南，进攻附近的德清军。

王钦若听说辽军南下，急忙派人追击。不想萧太后早就做出了安排，辽将率领万余精骑在半路上拦截。宋军本想抄辽军的后路，反倒被辽军打了一个措手不及。宋军数千精锐被辽军团团围住。

消息传到大名府，王钦若连连叹息，后悔不已。主将孙全照说："那些人都是我天雄军的精英，若是这些人马阵亡，我天雄军也很难保全。全照请求领兵前往救援。"王钦若答应。孙全照带领麾下数千骑兵快速追击，前后数次冲入敌阵，将辽军那支伏兵几乎全部歼灭。不过，天雄军精锐也只剩下十分之三四。

德清军只有数千兵马，哪里是辽军主力的对手？宋军守将全部为国战死。

听到辽军主力已经越过大名府，攻下德清军（今河南清丰县）。当时宋真宗一行人已经走到韦城（今河南滑县），距离辽军主力不过150里路程。若非有黄河天险阻隔，宋军又早就控制了两岸船只，即便随驾有近10万禁军，局面也将不可收拾。此时，有随行官员又说，不如前往金陵，暂避辽军锋芒。宋真宗有些犹豫。

宋真宗召见寇准，询问对策。寇准将要进入行营殿阁，就听到里面有妃子对宋真宗说："不知道百官要把官家带到哪里去呢？陛下您为什么不快点回京师？"

寇准毫不犹豫，也顾不上让人通传，就进入殿阁。妃子匆忙离开。

宋真宗问："卿家，不知道你觉得南巡可以吗？"寇准回答："群臣怯懦无知，和那些乡下女人一样没见识。如今敌军就在眼前，天下动荡。陛下您只可以前进，不可以后退。河北那些军队日夜盼望陛下您早日到达。一旦御驾到达澶州，士气必然百倍增加。若是陛下此刻回头，恐怕所有军队都会顷刻瓦解。那时候敌人再乘势追击，恐怕就是想去金陵也去不成了。"寇准本就是个大嗓门，此时感情激荡，更是声如洪钟。

可是，宋真宗还是下不了决心。要继续前进，前往更加危险的澶州城吗？可惜一贯稳重有谋的毕士安留在京城，不然他定能有更加稳妥的意见。

寇准出门后看到了太尉、殿前都指挥使高琼。寇准早就知道高琼是个主战派。只是，高琼一贯标榜皇帝说什么他就做什么，很少拿什么主意。寇准故意激他："太尉您蒙受国家大恩，如今拿什么来回报国家呢？"高琼一听，立刻激动起来，他说："我高琼一个军人，最渴望的就是为国捐躯。"寇准一听大喜，高琼愿意出战，就等于为皇帝护驾的10万禁军愿意出战。寇准立刻回头求见真宗，高琼也跟在背后，站在台阶下面等候宋真宗传唤。

寇准说："陛下您觉得我的理由还不够充分，您不如问问高琼吧。"宋真宗让高琼进来回话。高琼进入下跪叩头，仰脸回答："寇准说的对啊。"他又说："如今随驾军士的妻子儿女都在京城，他们必定不愿意前往金陵。一旦御驾掉头，许多人很可能半路逃走，那样陛下怎么能够到达江南？希望陛下您尽快赶到澶州，臣等必定会拼死效民，敌军不难击破！"

宋真宗还有些担心，他转头问一旁的侍卫王应昌。王应昌说："陛下您是尊奉上天的旨意讨伐逆贼，必然能够战无不胜。若是迟疑不进，恐怕敌军的气焰会更加嚣张。陛下你或许可以在黄河南站停留，下诏催促王超等人加紧进攻敌军。敌军当很快退却。"

见到朝廷将相，包括普通侍卫都赞同快速前往澶州，宋真宗不再犹豫，决意继续前进。

第二天大清早，天气非常寒冷。宦官拿出貂裘锦帽给宋真宗，宋真宗不戴。他叹息着说："三军将士都在寒风当中作战，朕怎么能够独自享受温暖？"

辽国那边，王继忠还在苦苦等待宋朝使者。后来听说曹利用待在大名府，无法前行，王继忠请求宋真宗再派使者。宋真宗派使者张皓前往大名府，督促曹利用出行。只要两国盟好有一线希望，宋真宗就不愿意放弃。

当然，宋真宗也让张皓转告曹利用和王钦若，皇帝即日前往澶州指挥作战。若辽人不知好歹，谈判时提出过分要求，那就放弃谈判，死战到底。

宋辽定盟

就在宋真宗前往澶州的路上，前线局势再度发生巨变。

辽军主力在拿下德清军后，当天就转西南而下，到达澶州城北。20多万辽军将澶州城东北西三面团团围住，发动猛攻。宋军澶州城防务由李继隆、石保吉（石守信之子）负责。李继隆将数万弩兵排成方阵，在护城河下严阵以待。辽军多次冲锋，都被宋军狂涛一般的弩箭射退。

统军萧达兰见前锋不利，下令暂停进攻。他带着几十个骑兵来到阵前山头，观看地势，准备做一些调整。萧达兰对宋军的朱漆弩非常熟悉，那种弩一般为单人发射，射程在三五百米之间，比寻常弓箭已经远了许多。可是，萧达兰万万没有想到，在澶州城中宋军还准备了当时最为先进的秘密武器——床子弩。

床子弩发射时需要几十人一起转动轴轮，射程可以达到1500米。每支弩箭都有成人胳膊般粗细。若是被射中，别说是人，就是城墙，也会被轰然崩出一个大洞。

宋军虎威军军头张瑰见到敌营中有人竟然走到床子弩的射程范围内，也不管对方是谁，一声令下，弩箭齐发。萧达兰为首的10多人眨眼间就倒下。辽兵见主帅被射中，冲出100多人把萧达兰抢回阵营，又有几十个人死在弩箭下。随军御医及时抢救，只是弩箭正射到萧达兰的头部，哪里还能活命。当天晚上，萧达兰死去。辽军上下亲眼目睹宋军超强的武器，更见到大帅也死在对方箭下，士气极为低落。

在这个时候，辽国萧太后开始真正考虑和谈事宜。

不过，辽军的消息封锁得很死，宋军只知道辽军冲锋多次被击退，并不知道辽军统军已经死去。

宋真宗一行人到达澶州。澶州城很大，南城在黄河南岸，其他三个城门在黄河北岸。宋真宗到底在哪里住下呢?

大将李继隆说，北城狭隘，无法驻扎大部队，恳请宋真宗就在南城休息。

寇准坚持请求宋真宗前往北城，他说："陛下您若是不过黄河，那么军心必然动摇，那就无法克敌制胜了。如今各地军队都在快速向澶州方向集结，陛下您何必迟疑不进呢？"

寇准的话有水分，宋真宗到达澶州的途中已经传令给附近军州将领。既然辽国已经将全部兵力集结在澶州，那宋军也当集中兵力应对。可是，各地虽然有一些部队在赶来，可是，统率20来万宋军主力的王超，却迟迟不见动静。澶州城中不过三五万守军，即便加上为宋真宗护驾的近10万人（其中小半是文官、宫人、杂役），总兵力也在辽军之下。

不过，寇准的话大义凛然，很有道理。见宋真宗还在犹豫，殿前都指挥使高琼说："陛下若是不驾临北城，百姓将如丧父母。"说话间，高琼上前就要拉扯宋真宗。一旁的枢密副使冯拯大声呵斥高琼，不得对皇帝无礼。高琼生气地说："冯公凭着几笔文章当了宰执大臣，如今敌寇在前，你为什么不写几篇诗赋击退敌军呢？"

宋真宗听后，让二人不必争执，下令起驾前往北城。

宋真宗到达黄河河岸，河面搭着浮桥，御辇（轿子）经过有点不便，辇夫就停了下来。宦官让人上前去看看浮桥能否承受御辇。高琼上前，一鞭子打在辇夫背上说："为什么还不快走？如今都到了这里了，还在犹豫什么呢？"宋真宗听了，有点生气。此次出征他老人家乘坐的是轻便型御辇，但依然需要12人抬，光辇就有四五百斤重呢。宋真宗也不好多说，下令不必等回禀，直接过河。

宋真宗到达北城，登上城楼，打出皇帝专用的黄龙旗。宋真宗要告诉宋军将士和辽人，我大宋皇帝已经赶到澶州了！宋军上下10多万人齐声高呼："万岁，万岁，万万岁！"声音传出数十里，整个宋军士气高涨。辽人看到都很担心。

宋真宗巡查完城楼工事后，又深入一线士兵营房视察，士兵们都很感动。之后，宋真宗召见李继隆、石保吉等将领，分别抚慰一番，赏赐金银。

差不多同时，曹利用赶到了辽军大营，拜见了辽圣宗和萧太后。萧太后派遣飞龙使（也是管马的官）韩杞拿着辽圣宗的亲笔诏书，与曹利用一起前往澶州，拜见宋真宗，商谈盟好的具体条款。

辽国使者韩杞到达澶州后，果然向宋方提出，索取关南土地。宋真宗回复说："朕守护祖宗基业，不敢失去寸土，你所说归还土地一事毫无道理。若是你方坚持，朕唯有决战。只是朕体谅河北百姓多被侵扰，生活艰辛，听说你们的军费经常不够，朕可以拿出一些金帛，如此也无伤国家体统。”

几天后，澶州知州何承矩禀告宋真宗，据从辽营中逃出的百姓传出消息，辽国统帅萧达兰中箭身亡。辽国大军一边在和我方谈判，一边已经开始撤军了。辽军上下军心动摇，连那些被掳掠的百姓也无人看管，因此他们趁乱逃了出来。宋朝君臣闻讯大喜，态度更加强硬。

辽国使臣看风向不对，就请求和曹利用前往辽营，若是辽国皇帝同意宋方条件，那就正式签署合约。

曹利用已经明白了宋真宗的意思，此行事关国家颜面，不可有丝毫马虎处。关南土地一事宁死也不能让步。至于给多少钱给辽国，还需要朝廷有明确指示。宋真宗说：“若是辽方实在不肯退让，即便是一年100万两白银也是可以的。”曹利用明白了。但他刚退出来，就被宰相寇准给截住了。寇准告诉曹利用：“虽然皇帝已经下了诏令，但若辽国索求超过一年30万两白银，你就不用回来见我。回来了我寇准也会杀了你！”曹利用听后，悚然一惊，将寇准的话牢牢记在心中。

一开始，辽圣宗、萧太后果然很不高兴。辽国官员说：“我大辽统兵南下，本就为了夺回关南故地。若是不能答应这个条件，我们有何颜面回去见辽国百姓？”曹利用慨然不惧，他说：“我如今是传达我大宋皇帝的旨意，若是你们坚持不肯退让，肆意提出要求，不但关南土地无法得到，估计这战争也轻易不能平定！”曹利用的话虽然没有挑明，但辽军一路走来，败多胜少，主帅萧达兰战死，更是大挫辽军士气。此前，宋辽实力相当，而此时，宋军已经占据绝对优势。

见曹利用如此说，萧太后点头，答应土地一事不再提，就每年宋朝给多少金帛再做商量。曹利用提出，关南土地贫瘠，百姓稀少，每年的收入不过一二十万两白银。我大宋愿意每年拿出银10万两、绢20万匹（1匹绢约合1两银子）给辽国。如此一来，辽国已经占了便宜。

萧太后也是精明人，想想如此算法辽国确实不吃亏。萧太后让王继忠转告曹利用说：“南北通好，实在是一件好事。如今我辽国皇帝年少，愿意以对待兄长的礼节对待南朝皇帝。”

辽方如此态度，已经很有诚意。从此之后，宋辽双方就互为兄弟之国，每年宋朝给辽国30万两银绢。

曹利用回到澶州，宋真宗正在吃饭，让曹利用在外面等候。宋真宗很着急，让宦官问曹利用，此行谈判，最后辽方索要多少银两。曹利用自然不会放弃亲自向宋真宗请功的机会，他说：“这是国家大事，怎能告诉一个中贵人呢。我将亲自面呈陛下。”宋朝官员尊称宦官为中贵人。那宦官进入殿阁转告真宗。宋真宗边吃边说：“嗯，他说得有理。你就让他说个大概，详细内容一会再说。”宦官出去再问。曹利用无奈，伸出3根手指晃了晃。宦官进入，学着曹利用伸出3根手指。宋真宗疑惑地说：“这是什么意思？”宦官说：“曹大人的意思莫非是300万两？”宋真宗一听大惊，说：“那也太多了！”好一会儿，宋真宗叹了口气说：“若是能够了了这场祸事，也算可以！”

宋真宗胡乱吃完饭，出来见曹利用。澶州行宫门墙粗陋，隔音效果很差，在外的曹利用把宦官和真宗的对话听得一清二楚。他心中狂喜，可是脸上却很沉痛。他再三叩头请罪说：“臣有罪，答应辽方太多银绢了”这下宋真宗更吃惊了，莫非比300万两还要多？曹利用缓缓回答：“臣答应每年30万两。”宋真宗听后狂喜，犹如白捡了270万两一样。从此之后，宋真宗对曹利用刮目相看。10多年后，曹利用登上枢密使高位，正是由此次谈判发迹。

随后，两国互递国书，合约正式签订。

合约签订的消息传开，宋军不少将领都觉得给辽国的钱太多了。毕竟当前形势对宋朝有利。赶来行营拜见宋真宗的宰相毕士安却不这么认为，他告诉百官：“若非如此，辽人也不会答应，两国盟好也未必能够持久。”其实，30万两对于宋真宗朝一年万万两的年收入来说，不过是千分之二三而已。何况两国盟好之后，在边境就可以开展贸易。以宋朝这个世界第一的超级经济强国的地位，贸易所得早就超过了30万两。

和谈对辽国有利，对宋朝更有利。

十二月中旬，辽军北撤。

辽军撤退时，宰相寇准单独求见宋真宗，请求在敌军北归时，派遣王超等人拦截辽军，给落魄归乡的辽国军队致命一击。寇准说：“如此一来，可保我大宋百年无事。不然，几十年后，估计敌人又会图谋不轨了。”当时，除了寇准，还有许多边关大将如杨延朗等都请求出战。毕竟辽军已经处于宋军的包围之中。可是，经过缜密地思考，宋真宗还是放弃了这个方案。

宋真宗说：“自古以来北方游牧民族就是中原王朝的心腹大患。为什么？因为敌军来往飘忽，很难消灭。你追他退，你退他扰。我军若此时出击，必然能够取得大胜。可是，从此之后也必然和辽人结下血海深仇。不出数年，辽人必定反攻。以后每年河北军民都将受到辽人侵扰。如今我军形势大好，在可以痛击辽人时，施以恩惠，辽人必定会感念我大宋恩德，谨守盟约。”

宋真宗又说:“至于说数十年后，辽人可能再起战端一事。朕想，数十年后，我大宋将更加强大，也当有能够抵御的人。我不忍心百姓被战事所困，眼下暂且就和辽人盟好吧。”

宋真宗说得非常有道理，寇准的提议并不明智。

首先辽国虽然在交战中处于下风，但主力尚在。以萧太后的英明，未必不会安排殿后部队。宋军贸然追击，极有可能重蹈当初大名府（天雄军）的覆辙。

何况，辽国人以骑兵为主，生活在宽广辽远的北方。宋太宗两次北伐，都因深入敌境，战线拉长，辽人凭借其骑兵的机动性，对宋军进行截杀。宋朝以步兵为主，防守才能够发挥最大的优势。

以当时宋朝的国情与国力，趁着两国交战略占上风，答应和谈，共定盟好，才是符合两国长久利益的事情。贸然出兵，会获得一时的胜利，却可能将换来数十年、上百年永无止境的彼此仇杀。

第6章

咸平之治是怎样炼成的

从景德元年，宋辽签订盟约之后，真宗一朝再也没发生大战，宋朝进入了高速发展时期。那些年，宋朝国内政治清明、经济繁荣、百姓富足，好一派国泰民安的景象，史家称之为“咸平之治”。

咸平之治并非仅限于咸平年间，而是对宋真宗执政的20余年的总括。宋朝皇帝不像前代，如唐朝不少皇帝一生仅用一两个年号。宋真宗先后使用了“咸平”“景德”“大中祥符”“天禧”“乾兴”五个年号，不便概括，史家便以政治最为清明的“咸平”年间作为代表，称真宗在位天下大治的局面为“咸平之治”。

咸平年间宋真宗的表现确实可圈可点。当时的宋朝，虽内忧外患接踵而至，但宋真宗勤于政务，虚心纳谏，重用贤臣，改革弊政，大力推行文官政治，使得宋朝在面对辽国频繁的入侵时，国家整体实力依然不断壮大。

咸平、景德年间，宋真宗一口气解决了长期困扰大宋王朝的多个难题，蜀地内乱被平定、西夏对宋称臣、辽国放弃侵扰与宋盟好，等等。宋朝之所以能够走出困境绝非偶然。这一切的取得，是当时君明臣贤的必然结果。

真宗贤明

所谓盛世，评价标准说千说万，核心一条，当是国泰民安，百姓生活富足。

若是在古代王朝中挑选百姓幸福指数最高的一个，那毫无疑问是宋朝。若是在宋朝挑选一个百姓最幸福的时期，那毫无疑问是宋真宗、宋仁宗两朝。

宋真宗咸平之治的出现，是历史的必然。

经过太祖、太宗两代帝王苦心经营，天下一统。虽然还有一些地方，比如川蜀地区，出现动乱，但大都是由个别官员盘剥百姓、欺凌下属造成的。大宋王朝的统治已然坚如磐石。崇文抑武、推行文官政治成为国家的主流。科举推行多年，“学成文武艺，卖与帝王家”成百姓共识。虽然宋初两朝战争不断，可是，朝廷大力督促民众开垦荒田，种桑养蚕，五代残破的经济局面已然不再。大宋王朝蒸蒸日上，生机勃发。

宋真宗即位后，励精图治、重用贤臣、虚心纳谏、善待百姓，使得大宋王朝国力更上一层楼，成功解决了宋太宗一朝留下的三大祸患，开启了盛世之途。

宋真宗是中国历史上少有的勤政皇帝，他的一天大致上是以下这样度过的。

早上三四点钟，宋真宗就起床了。洗漱已毕，穿戴整齐，前往文德殿接受百官朝拜。中书省、枢密院、三司、开封府等官员分别奏报军政要务。宋真宗及时做出批示。大约8点钟左右，宋真宗才回到后宫吃早饭。半个小时之后，宋真宗前往崇德殿（后改名紫宸殿）办公，或者和宰执大臣继续商议，或者传召大臣入宫议事。有时候宋真宗也会到皇城中各部门视察工作，或者到校场检阅军队。一直忙到中午，宋真宗才回到后宫吃饭。

下午，宋真宗把军政要务暂时放下，但是也没有闲着。宋真宗和其父太宗一样，一生酷爱读书。他广招朝廷博学之士，予以高官厚禄，让他们来给自己上课。这种制度为后世帝王效仿，称之为“经筵”。

宋真宗学得非常认真，虽然30多岁了，且贵为天子，可是上课经常做笔记，还时常写读书心得让侍讲学士评点。宋真宗的读书活动比较丰富，除了听讲外，还会组织不同派别的大儒辩论，君臣共写同题作文，参观藏书阁，等等。

读书活动大概从下午1点持续到5点。宋真宗每天花这么多时间来读书，除了个人爱好外，还有其政治意义。

宋真宗曾经写过一首《劝学篇》，流传天下，影响极大，其文如下：

当家不用买良田，书中自有千钟粟；

安居不用架高堂，书中自有黄金屋；

娶妻莫恨无良媒，书中自有颜如玉；

出门莫恨无人随，书中车马多如簇；

男儿欲遂平生志，五经勤向窗前读。

宋朝和此前的历代王朝都不一样。虽然说唐代就已经推行科举，可是门阀郡望依然是出仕的重要因素。除非乱世，一个平头百姓是根本没有机会出将入相的。可是，宋朝不一样。宋太宗一朝的宰相张齐贤、吕蒙正，真宗朝的宰相李沆、寇准、王钦若等人，祖上都是平民。他们凭借自身努力，考中了进士。短短一二十年间，这些人就从末流官员登上一人之下、万人之上的宰相高位。

大宋王朝用人不看出身，不看门第，看重的是真才实学。

宋真宗不但劝天下人读书，自己也以身作则率先垂范，使得太宗朝以来的崇文之风达到一个新的高峰。

吃了晚饭之后，宋真宗经常召见一些文官，询问政务得失，各地民情。君臣谈论气氛融洽，常常忘了时间，有时候甚至谈到深夜12点钟。后宫妃嫔再三提醒龙体要紧，宋真宗才回到后宫安歇。

这种满负荷的工作安排，宋真宗一干就是20多年。一直到最后几年身体不适，他才改为两天一次接见朝臣。

身为帝王，口含天宪，很容易养成刚愎自用的习惯，可是，宋真宗没有。咸平年间的宋真宗，无论是面对奉承，还是面对批评，都能够保持清醒，谦虚而恭谨地对待每一个人、每一件事。

宋真宗即位不久，寿州献上一只龟。这龟很奇特，龟壳上竟然长着绿毛，还有金色的纹路。饶是宋真宗见多识广，也觉得惊讶。他召集百官参观。百官议论纷纷，都说这是大吉之兆。最后，宰相吕端代表百官向宋真宗递上贺表。

吕端说，龟是长寿的象征，宋真宗在担任太子之前，爵拜寿王，绿毛龟出自寿春，不就预示真宗长寿、国家昌明吗？而且，龟生活在水里，属于阴。自古以来，汉族人就认为西北少数民族是秉承阴气而生。如今，坚硬的龟壳上竟然长着柔软的绿毛，或许正象征着桀骜不驯的北方辽国、西部党项将要臣服呢？

吕端总结:“希望陛下您体察天意，即便是受到上天赞许，也不要骄傲，一天比一天谨慎。如此一来，也不枉上天降下这祥瑞绿毛龟了。”

古人面对稀奇古怪的事情多从祥瑞、天意角度揣摩。当时宋真宗刚刚登基，国家还不太平。在吕端看来，绿毛龟的出现是上天对宋真宗继承皇位的认可，对大宋未来的肯定。吕端能够从一只绿毛龟中解释出如此深意，口才出众，用心也良苦。

可是，宋真宗不接受吕端的好意，他说:“卿等所陈诉的观点虽然很详细，但是朕并不认同。这不过就是一只龟而已，其中怎么会有什么天意呢？只要卿等尽心辅佐，朕就很满意了。”的确，要想平定西北，一只绿毛龟是靠不住的。

咸平元年，山东地区官员禀奏，当地有彗星出现。宋真宗召见宰臣，有些担忧地说:“彗星的出现很怪异，我们应该怎么办呢？”吕端宽慰说:“灾异现象出现在山东地面，陛下不用过于担心。”宋真宗说:“朕关心的是天下苍生，岂能因为京城地面没有出现彗星，就自我满足呢？”一旁的副相李至听说，不由慨叹:“陛下能够说出这种话，足够可以屏退妖星了。”

宋真宗并不满足，他鼓励百官进谏，指出朝政缺失。

咸平初年，京城庄稼大丰收。宋真宗带领宰执大臣前往北郊参观。京城的百姓、田间的农民看到皇帝的车驾，都欢呼雀跃高呼万岁。

当时吕端已经病逝，吕蒙正第三次出任宰相。宦海沉浮数十年的吕蒙正当然知道怎么侍候皇帝。他说:“陛下出游，百姓欢呼。民心如此，不可强求。只因陛下御宇五年，大力推行仁政，因此中外臣民无不感动。”所谓“千穿万穿，马屁不穿”，吕蒙正是一代贤相，可是及时拍马，拉近感情也还是必要的。

没想到宋真听后没有激动，更没有忘乎所以。他说:“只要朝廷官员不去骚扰百姓，百姓就很知足了。”宋真宗在提醒吕蒙正，不要拍马，要多说人话。

吕蒙正连忙说:“如今粮食丰收，国家太平。所谓时和岁丰，这就是最好的祥瑞啊。”吕蒙正说的是事实，但还是有些颂圣的味道。宋真宗平静地说:“朕因为边关不宁，只能让百姓多交钱粮，实在是没有办法。若是能够选择良将，训练精兵，驱除外敌，让他们再也不敢侵扰我大宋。那么，边疆的百姓也才可以获得安宁。到那个时候，天下才算得上是太平啊。”

后来，庆州地区发生地震，死了数万百姓。宋真宗忧心如焚，紧急调遣各种物资开展救援工作。司天监官员禀奏，如今地震，乃是上天示警。庆州在西疆，必然是因为党项李继迁作乱，才引发地震。司天监官员在给宋真宗吃宽心丸。枢密使王继英也说:“陛下不用担心，古人所谓‘妖不胜德’，邪必不能压正。”

宋真宗一叹说:“话虽如此，只是朕有什么德政可以倚仗?”

枢密副使陈尧叟换个角度说:“庆州地震确实是上天示警。不过，陛下常怀忧惧之心，以天下万民为念，灾难必然会很快过去。最近五六年来，黄河10多次发大水，可堤坝一次也没有崩溃，河南、河北一带连年获得丰收：这都是陛下圣德感动上天所致啊。”’陈尧佐的马屁拍得很好，比武将出身的王继英有分寸得多。

宋真宗一笑，回答说:“哪里，这是上天不想困扰百姓，怎么会是因为朕的德行呢?”宋真宗颇有自知之明。他还说:“如今黄河一带虽然太平，可是，荆湖一代灾害频繁，有关部门还要加紧安抚工作啊。”

贤相风采

宋真宗一朝名相众多。无论是太宗朝的老臣吕端、张齐贤、吕蒙正、寇准，还是宋真宗一手提拔的李沆、王旦，在宋朝乃至整个中国历史上，都堪称贤相。

吕端为人忠诚恭谨，处事凛然有节，深得太宗、真宗两代帝王信任。

太宗刚去世，吕端拥真宗登基。按照惯例，宋真宗几番推辞，表示没有才干，不配称帝。这时候李昌龄等人提出，国不可一日无君，不如让李太后临朝听政。百官之中，有不少人是李皇后、王继恩一党，闻言纷纷附和。一贯从容的吕端笑了，他说："如此一来，置新君于何地？"宋真宗即位时已经年过30岁，李太后根本就没有垂帘听政的名分。看到吕端态度如此鲜明，那些中间派顿时沉默下来。

对于吕端的定策之功，宋真宗铭记在心。每次宰执会议，吕端等人进来，宋真宗都会起身拱手作揖，称呼吕端为"吕公"，从不直呼其名。吕端等人再三请求宋真宗，不必如此客气。宋真宗说："吕公等人都是顾命元老，朕怎么敢和先帝相比，直呼公等名讳？"因为吕端晚年发福，身形肥大，皇宫大殿的台阶比较高比较窄，宋真宗特意让人加宽台阶。

宋真宗有一个乳母，当时已经50多岁了，卧病在床。临终前，乳母想讨一个封诰。宋真宗不敢做主，找到吕端，再三说乳母对他有养育大恩，如今生命垂危，只有这一个愿望，只是不知道晋封为夫人是否合乎礼制。吕端看到真宗一脸愁容，就说："汉代、唐代也曾经有过晋封乳母为国夫人的先例。其实，这类事情都是出自皇帝圣裁，并没有制度限定。"宋真宗这才放下心来。几天之后，晋封乳母刘氏为秦国保圣夫人。

对宋真宗的礼遇，吕端很感动。当时他已经年过60岁，到了人生的暮年。可是，每当朝廷宰执议事，吕端总是勉力上朝，很少缺席。后来，身体实在不行了，吕端才主动上表请求退休。

咸平元年的十月，宋真宗再三挽留无效，只能免去吕端宰相，晋封太子太保，特旨发给全额俸禄。

接替吕端出任宰相的是张齐贤和李沆。

张齐贤在太宗朝就已经出任宰相。此人在军事上颇有见识，在代州知州任上，曾经以少胜多大败辽军。担任宰相后，张齐贤对宋朝军政也提出了不少合理建议。咸平元年的下半年，辽国蠢蠢欲动，意图发动战争，西北的党项也多次侵扰边疆，朝廷亟须熟悉军务的宰执大臣。

身为宰相，最为重要的责任就是选任贤能，辅佐皇帝，处理好各项政务。张齐贤不负所托，提拔了一批有真才实学的将领前往边疆。在以他为首的宰执班子的领导下，宋军成功击退了次年辽国的入侵。

不过，人总是有私心的，尤其是对待一些得罪过自己的人，很难公平理性。张齐贤在担任户部尚书时，朝廷让他主持律法的修改工作。监察御史王济是张齐贤的下属。当时的律法规定，如果抢劫时手中拿着武器，那么不论是否抢到了赃物，都必须判处死刑。张齐贤提出，国家立法，以爱民为本。对于那些没有抢到财物的人，应该减一等，免除死刑。王济反对，他认为制定刑法的目的是为了扼制犯罪，自然要从严处理。如今规定只要抢劫就判处死刑，尚且还有人犯罪。若是没抢到就不用死了，那还不更多人去犯罪?

王济虽然是一个六七品的小官，可是在正二品的张齐贤面前毫不畏惧。朝会时，两人当廷辩论。王济言辞激烈，说得激动时大声斥责张齐贤刚愎自用、迂腐不堪。

宋真宗询问宰相吕端的意见，吕端说:“国家确立法度，崇尚宽仁。一旦严苛，弊端极多。不如采纳张齐贤的建议。”宋真宗还是有些不放心，就下诏百官公议。大家听说宰相吕端都表态了，纷纷认为王济态度嚣张，执法严酷，要联名弹劾王济。

讨论会还没有结束，朝廷下达了张齐贤升任宰相的诏令。大家都觉得王济这下要倒霉了，没想到张齐贤禀奏真宗说:“臣如今身为宰相，当为百官表率，恳请不要追究王济的责任。”宋真宗闻言很感动，再三褒奖张齐贤有容人之量。此后，律法中的抢劫条款就按照张齐贤的意思制定，抢劫罪行也并没有增多。

张齐贤不但有宰相气度，还有理政之才。这里说一个小故事。

京城开封各路权要众多，尤其是皇亲国戚最难伺候。外戚中有一家因为兄弟争夺财产，一直闹到皇帝那里，还在争论不休。宋真宗让他们去找管理皇族的宗正司处理。可是，宗正司改判了10多次，无论财产怎么分，都有一方不服。宋真宗很苦恼，找到张齐贤商量。张齐贤点点头说:“这类事情寻常官员很难处理。不过，若由臣来处理，必能让他们彼此满意。”

张齐贤确实有实力。他坐在中书省政事堂，召见涉案家属，问:“你是不是觉得你分的家产少，你兄弟的家产多呢?”两边人都说:“是。”张齐贤点点头，让人记下，交代两边家属签字画押。两边家属糊涂了，怎么问了一句话，就签字画押呢？案子就判好了吗?

张齐贤收好画押后的文书，开始宣判：既然双方都认为对方的财产多，自己的财产少，那么，哥哥就搬进弟弟家住，弟弟就搬到哥哥家住。所有财产一律不准动，把各种文书当庭交割。两兄弟一听，心中都觉得哪里不对劲。可是，张齐贤手上有两家的画押文书，他们再也没有理由闹下去。

一开始，宋真宗还有些担心，听完张齐贤汇报后，哈哈大笑说:“朕早就知道除了你，没有人能够断好这个案子啊。”

张齐贤断案看似简单，其实不简单。一般法官总是会在两家财产的多少上纠缠，可是，张齐贤跳出了这个圈子。多数财产纠纷，并非是财产本身多么重要，多么值钱，而是觉得不公平。张齐贤就是抓住两家都追求公平这个心理，一言定案，巧妙地突破了难题。

李沆为相和张齐贤风格不同。张齐贤慷慨豪迈，不拘小节；李沆虑事深远，谦恭谨慎。

相比张齐贤，李沆有着非常独特的执政理念。宋真宗询问李沆，若要治理好一个国家，先要做些什么。李沆回答:“不任用那些轻薄冒进、喜欢生事的人最为重要。”宋真宗追问，朝中哪些官员属于这种人呢？李沆丝毫没有回避，直接点名:“像梅询、曾致尧这种人就是。”在对待西夏李继迁的问题上，梅询、曾致尧是激烈的主战派，朝会时总是嚷着要寸步不让消灭李继迁。乍一看，他们的观点正气凛然，满是豪情，可是却脱离实际，并非大宋最好的选择。

起初，寇准和丁谓的关系不错。李沆拜相后，寇准几次向李沆推荐丁谓，可都被李沆驳回。寇准气呼呼地去询问原因，李沆说:“寇公您看丁谓这个人，是能够让他处于上位的人吗?”李沆言下之意说丁谓如今对寇准很谦恭，可一旦翅膀硬了，飞上枝头了，必然会成白眼狼。可寇准不相信，他反问李沆:“像丁谓这种人才，李相公您能够一直打压，不让他出头吗?”李沆看寇准如此强势，笑了:“好，那我依你。只是他日寇公后悔时，就会想到我今日的话了。”10余年后，寇准二度拜相。不久，寇准就被丁谓设计赶出了京城，最终被迫害致死。

李沆打压丁谓，不仅仅是因为丁谓人格比较低劣，还因为丁谓也是好生是非之人。数年后，正是王钦若、丁谓牵头，鼓动宋真宗大搞封禅。

李沆前后当了7年的宰相。别的宰相总是报喜不报忧，讨好皇帝。李沆恰恰相反，他总是报忧不报喜。

当时，王旦担任副相，因为西北两地用兵，军政要务极多，经常工作到很晚。有一天，王旦慨叹工作实在太辛苦:“不知道何时我们这些人才能够安享太平，过上几天清闲日子。”李沆很认真地说:“:“如今国家安定，稍稍有些忧患，可以让人保持警醒。”后来，宋军几次击败辽军，取得胜利。王旦又询问李沆怎么看。李沆回答:“不出一两年，国家必然太平。只是等到边患平息后，我担心皇帝渐渐就会产生奢侈懈怠之心呢。”

没有战事的日子，李沆就把各地发生的一些负面奏章，比如哪里发生水旱灾害，哪里有盗贼，哪里有冤案，等等提交给皇上。王旦提出，这些事情交给有关部门处理就可以了，为什么要去烦扰皇帝呢？李沆意味深长地说：“如今主上年少，我们要让他知道治国艰难、百姓疾苦。不然的话，主上血气方刚，必然会流连声色犬马，到那时候就会大兴土木，大搞祭祀，或者轻易发动战争了。”见王旦还是有些不信，李沆诚恳地说：“如今我年纪已经大了，看不到这些事情了。这些都是王参政你日后要担心的事情啊。”

数年之后，李沆的预言全部实现。王旦想起了李沆的远见卓识，不禁慨叹：“李文靖（李沆谥号文靖）真乃圣人也！”

景德元年的七月，李沆病逝，由毕士安和寇准继任。

能臣辈出

宋真宗一朝能臣辈出。张咏自不必说，此人在两宋300年间，堪称第一能臣。其他如李应机、李允则、王济都是一时名臣。

一般能臣都比较有脾气。李应机在政坛的第一次亮相，就比较出格。

当时李应机担任咸平县知县，咸平是都城开封府下辖的一个县。太宗末年，宋真宗赵恒以寿王身份出任开封尹。因为有一个通缉犯逃脱，赵恒就让贴身随从带着自己的亲笔书信前往辖区各县缉捕。有个随从狗仗人势，非常骄横。到了咸平县衙，许多官员都跑来迎接。随从嚣张的笑声，官员们谄媚逢迎的应和声，传遍整个官衙。知县李应机最后走出来，很生气地斥责那人：“你侍奉的是寿王，我侍奉的是寿王的父亲。我身为父亲的臣子，可以打儿子的臣子。你如今在我面前竟然敢如此无礼。”

李应机一声令下，几个衙役冲上来就把赵恒的随从按倒在地，狠狠打了二十大板。随从一开始发愣，搞不明白怎么回事。后来被打醒了，随从恶狠狠地告诉李应机：“好小子，你等着！”在场的诸多官员也都面面相觑。李应机的话虽然没错，可是，人有亲疏。李应机不过是大宋1万余官员中的普通一人，可人家却是寿王赵恒的贴身随从。这能相比吗？

那随从回到开封府，果然把自己被打的事情添油加醋地告诉赵恒，请他为自己做主。赵恒沉着脸没有回答，心中默默记下李应机的名字。

几年后，赵恒登基。

亲友们都为李应机担心。登基前，赵恒为了塑造一个宽仁贤明的储君形象，对李应机的挑衅才刻意包容。可如今赵恒成了皇帝，会不会重翻旧账呢？几月后，新的任命下来了，李应机被提拔为益州通判。不但如此，宋真宗赵恒还特旨宣召入宫，要当面交代几句。

亲友们都为李应机高兴，没想到一顿板子倒打出了威名，打出了前程。要知道益州可是超级大州，统管整个川蜀，通判更是州衙中的二把手。

宋真宗召见李应机，告诉他提拔的原因。身为官员，最重要的是秉公执法，不畏权贵。昔日李应机能够杖打他的随从，今日前往益州希望能够继续发扬这种好作风，为民请命，为民做主。宋真宗还交代："如今川蜀不宁，朕很担心，因此让你去担任通判。这还是刚刚开始，李卿家暂且前往，好好努力，将来朕还要把更重的担子交给你！若是有什么突发事件，朕允许你便宜行事，事后把情况密奏给朕就可以了。"

宋真宗对李应机非常欣赏，不但出言褒奖，还授予临机专断之权。

李应机到了益州后，果然雷厉风行，颇有一番作为。当时有一个皇宫侍卫也在益州当差，因为有事，要回宫复命。侍卫品阶不高，但那是皇帝身边的人。益州知州特意搞了一场盛大的饯行宴会，益州大小官员统统到场——唯独没有通判李应机。到场了，人家未必感恩；不到场，人家一定记仇。那侍卫果然就恨上了。

临到黄昏，酒宴都散了。李应机派了心腹前往，心腹告诉那侍卫说："我们李通判有一封密折，希望侍卫大人转交给陛下。不过奏折暂时没有写好，明天清晨我们大人会送到府上。"侍卫更加生气了，这李应机不但不来饯行，还让自己跑腿，根本没有把他放在眼里呢。

第二天清晨，侍卫派人通知李应机，说自己就要走了，有密折快点拿来。李应机让人转告："我李应机的密折不可以经第二人之手，请你亲自到我的通判府，我会把密折交给你。"侍卫一听，肺都要气炸了。不过，他还是强忍着。侍卫倒要看看，这个小小通判究竟会嚣张到何等程度。

侍卫到了通判府，拿了奏章回到了京城。宋真宗宣召侍卫入殿。侍卫边走边想着李应机在他面前跪地讨饶的丑态。刚入大殿，宋真宗就问："李应机最近过得还好吗？有他的奏章吗？"侍卫一听心里咯噔一下。他也是个聪明人，立刻意识到皇帝对李应机非常信任。侍卫躬身回答："有。"他从怀里拿出李应机的奏章呈上，一句话也不敢多说。宋真宗看后，再三赞叹。之后，真宗随口问侍卫："在你看来，李应机为官如何呢?”侍卫踌躇再三，最终开口说了一大堆李应机的好话。

最后，宋真宗说:“很好！你回去后告诉李应机，禀奏的几件事情都很好，朕即刻下令施行。若是还有别的建议，尽管上奏。等到川蜀平定，朕就会召他回京任职。”

侍卫看皇帝如此表态，对李应机的态度也恭敬起来。谁让人家有才呢?

李应机为人精明强干，有治民之才。地方有什么突发事件，李应机都能够妥善处理。这种人才，很难得。果然，短短数年之后，朝廷就将李应机召回京城，出任部院大臣。

不过，随着权力变大，李应机的贪欲也渐渐增加，最终堕落成一个大贪官。宋真宗了解到了这一变化，毫不客气地将李应机罢黜。身为一国之君，宋真宗可以容忍属下官员桀骜不驯，有点个性，但是绝不能容忍贪腐。一旦贪腐，官员就变成了百姓公敌、社稷公敌。

李允则是太祖朝名将李谦溥之子。李家和赵宋皇族是亲戚，李允则的姐姐是宋真宗的嫂子（皇兄赵元僖之妻）。不过，李允则的成名和外戚身份没有一点关系。

李允则当过很多年的供备库副使。因为工作勤勉，业绩出众，深得毕士安的欣赏。咸平三年，宋真宗提拔李允则出任潭州知州。临行前，宋真宗召见李允则，交代提拔的原因。他说:“朕还是在南衙（担任开封尹）时，就听毕士安提过你的名字。这几年来，朕看你表现不错，如今把湖南交托给你。望你不要辜负朕的重托。”

宋朝的州有大州小州之分。比如益州，管辖整个川蜀；潭州，管辖整个湖南；升州，管辖金陵一带。

李允则明白宋真宗的意思。此行责任重大!

李允则很有才。他刚到任，地方上就发生火灾，很多民房都被焚毁。当时正是冬天，灾民没有房屋可以御寒，一些身体弱些的竟然被活活冻死。李允则很难过。当时城外有不少竹子，李允则就让灾民砍伐竹子建成房屋御寒。有官员提醒说，那片竹林是朝廷所有。砍竹子可以，但是要给钱，不然朝廷追究起来，谁也承担不了。可是，灾民没钱啊。李允则宣布，所有竹钱由他先行垫付。来年春天，等灾民有了收入再偿还。此刻大灾之际，绝不能因为房屋问题，再冻死一个百姓。春天到了，所有灾民成群结队到官衙交钱，一分不少。

李允则时常走出官衙，走到民间。他亲眼目睹了百姓卖儿卖女，流离失所。其原因除了天灾，就是潭州一带赋税极其沉重。只要你有田可耕，就要上缴地税；

有屋可住，就要上缴屋税；百姓种田没牛，可以向官府借牛，上缴租牛税，万一牛死了，税还得继续交，改叫枯骨税；茶农种茶，官员收茶都按照大斤标准，开始1大斤是9斤，后来提高到35斤。

李允则大感震惊，立刻上奏朝廷，请求免去这种盘剥百姓的苛捐杂税。宋真宗全部听从，免去潭州的地税、屋税，朝廷收茶叶1大斤改为13斤。百姓听到朝廷诏令，无不欢天喜地，赞颂李允则。

第二年，潭州地区发生饥荒，李允则提议开官仓赈济百姓。转运使不同意，说没有朝廷的旨意，谁也不能擅开官仓。李允则说："若是等到朝廷回复，那百姓都要饿死了。"可是，朝廷有严格的仓库管理制度。李允则无奈地提出把自己的家产作为抵押，转运使这才答应开仓。这样，成千上万的百姓因为得到及时赈济而活了下来。

三年任满，李允则要走了。百姓写万民书送到安抚使处，肯请让李大人留任。安抚使把百姓的心意转告宋真宗，宋真宗大喜，下诏褒奖。

后来，宋辽大决战即将爆发，李允则被调任沧州。到任后，李允则巡视州境，督促百姓疏浚河道，大修官衙，增修城防，在城内挖了很多口井。连续半年多的时间，沧州各种徭役不断，百姓牢骚满腹。有人就把这些事情报告朝廷，说李允则奴役百姓。宋真宗有点怀疑，莫非李允则也蜕变了？

后来，辽国大军入侵，看到沧州河深城坚，就绕道走了。附近村庄百姓全都退入州城。沧州骤然多了10多万百姓，可是，无论是饮食还是住宿，一点骚乱没有发生。听到这个消息，宋真宗更加高兴，当众褒奖李允则："此前有人说李允则扰民，如今朕才知道李允则不但擅长守城，而且擅长治民。为官者，就当如李允则一般，深谋远虑啊。"因为立下大功，李允则又一次被越级提拔，出任镇州、定州、高阳关三路大军都监，为大宋镇守边关20多年。

治国有方

治理一个庞大的帝国，单靠几个宰相和十来个、几十个贤臣还不行。以法律、制度的形式将一些良好制度固定下来，延续下去，才是国家兴盛的根本。

太祖、太宗两代帝王打下了天下，可是各项制度还不够完善。许多为后世称道的制度，都是在宋真宗一朝制定施行的。

其一，设路，加强地方管理。

宋朝初建时，延续唐朝的制度，各州（军）由朝廷直接管辖。民间的说法是宋太祖一根杆棒打下400座军、州。这个说法有点依据，但不是很靠谱。

宋太祖登基时继承了原后周领土，共有110个州。之后南征北战，到太祖末年，扩展为297个州。宋太宗即位，陈洪进纳土，吴越钱俶归降，消灭北汉，又得了27个军州。于是，宋朝有了324个军州。

不过，因为辽国频繁入侵，之后李继迁崛起，在北疆和西疆地区，宋朝又增设了一些府、州、军、监。府，在宋朝相当于直辖市，地位重要，级别大于州，长官多由朝廷重臣出任，比如川蜀的成都府、北方的大名府。州不必细说，相当于如今的市。军是朝廷设置的军事要塞，如天雄军、威虏军，与州级别相同，实际地位略低。监是宋朝特有的行政区划，是为经济目的而设置的，地位比军更低，比如云阳监。

到宋真宗即位时，宋朝的疆域已然定型。总计全国的府、州、军、监数额将近400个，至于县，超过1400个。这个数字，是历代以来最多的。

州县的增多源自人口激增，经济繁荣。加上太宗末年、真宗初年，西北军务繁重，以中书省为首的中央部门深感不堪重负。于是，对长期以来的行政区划进行大规模改革就成为必然。

宋真宗至道三年（997年）十二月下诏：将全国分为15路，每路设置1名转运使，统领本路财政，负责纠察官员。

早在宋太祖年间，就已经设过转运使一职。比如在攻打南唐时，朝廷设立江南路转运使。南唐平定后，因安抚工作极多，于是把江南一分为二，设立江南西路转运使和江南东路转运使，分别管理。

太祖、太宗时期的转运使和宋真宗以后的转运使在权责方面都很不相同。太祖、太宗时期的转运使，主要负责地方财政，对州县政务无权干涉。真宗之后的转运使，则变成州县的上级领导部门，不但统管财政大权，也负责监督举荐，有了司法权和人事权。大宋王朝对地方的统治更加稳固了。

其二，设提刑使，加强司法管理。

古代的州县官员都是行政、司法一把抓，既是案件的审理者，又是案件的复核者，司法公正很难保证。若是有人不服，告到朝廷，惊动了皇帝，朝廷就临时委派一名官员担任提点刑狱官，代表朝廷处理案件。案件处理结束，权力也即交回。地方的司法纠察工作得不到保证。

宋真宗即位后，虽然军务繁忙，可是对于百姓疾苦依然很关注。史料中记载了这样一件事。有一天，宋真宗拿着一个小本子找到宰相王旦。小本子上记着6件事，都是百姓状告地方官胡乱断案，引发冤狱的事情。宋真宗说："州县官员直接和百姓接触，代表的就是朝廷的形象。朕即位以来，没有一天不在考虑选拔得力官员担任州县长官。如此，才可以体恤百姓，关心百姓。尤其是各地负责刑狱的官员，还有不少不够称职。只要一个人蒙受冤屈，背后就有一家人乃至一族人的痛苦。如今各地虽然设置了转运使，负责纠察官员。可是，转运使事务繁多，管辖地区也极大，力有不逮。先帝常常选拔朝廷大臣出任各路提点刑狱，如今我们可以正式设立这个职务。"王旦听后，连连称是。

宰相王旦立刻开始着手选拔第一批提点刑狱使。宋真宗考虑比较周到，他做出两点指示。其一，由中书省、枢密院所有宰执推荐合适人选。宋朝的官员举荐和前代不同，若是被举荐官员5年后、10年后犯了罪，举荐者依然要受到牵连。因此，每个握有选票的宰执大臣都非常谨慎，力求为国家也为自己，选出最佳人选。其二、河北、陕西一带是边关重地。这两个地方若是发生大规模冤狱，轻则官员丧命，重则祸及国家。宋真宗交代，这两个地方的提点刑狱使要选择那种性情平和、有坚定操守的官员。心情平和，才能宽厚爱人；操守坚定，才不会贪污受贿。

王旦尽心操办，不多时，将候选名单呈上，宋真宗一一审核，确认无误。这些提刑官要上任了，宋真宗召集他们集中训话。

宋真宗交代，提点刑狱使兼任转运副使，专门负责辖区内的司法诉讼工作。到任之时，不得和州县官员私下接触，更不能徇私舞弊。每10天审理一批囚犯，将审查结果上报朝廷，不得拖延。若有关在监狱多年的囚犯，应当先行处理。州县官员对案件判决失当，过轻或者过重的，要重新审理并追究初审官员责任。调查过程中，若是发现州县官员有贪污受贿、懈怠公务者要将官员名单奏报朝廷。

最后，宋真宗表示，但凡新任提点刑狱使，一律提高待遇。五品以下官员原本穿绿色官袍，此行可以穿绯衣。三品以下官员，此行可以穿紫衣。任期3年，俸禄待遇等同转运使。3年任满，由两府宰执直接负责品评政绩，优等者再次提拔。朝廷对提刑官待遇不可说不优厚。不过，若是发现提刑官有包庇罪恶、以权谋私或者消极怠工、敷衍塞责的现象，朝廷定当严惩，甚至削除官籍，永不录用。

其三，颁布《文武七条》，推行廉政，整顿吏治。

大中祥符二年（1009年），国家安定日久，官场中多少出现了一些贪腐之风。宋真宗结合前代治贪惩腐经验，推出了《文武七条》：

其一，清心。身为官员，要平心静气接人待物，切不可单凭个人好恶左右政务。

其二，奉公。公平执法，公平处事，才可以得人心，安天下。

其三，修德。官员手中握有权柄，但仅靠权力是无法管好一方的。唯应以德服人，切不可以势压人。

其四，务实。官员从政，务求实际，切不可贪图虚名，搞什么形象工程。

其五，明察。无论是对待手下官员，还是处理百姓案情，都当体察民情，了解真相。

其六，勤课。官员当勤于政务，切不可消极怠工。地方官员要把督促百姓推广农桑，提高生产当成第一要务。

其七，革弊。地方或朝廷部门若有弊政，当努力革除，一切以民为本，以国为重。

国家治贪，不能没有严谨的律法、周全的考核制度。不过，在宋真宗看来，推行廉政，整顿吏治，不能等同于严刑峻法。若是整个官场风气都变坏了，那么，即便法律再严苛，也无法阻止贪腐。唯有从提高官员道德修养、培养良好的官场风气入手，让百官真正认识到廉政的必要，才是治本之法。

为了保证廉政，宋真宗做了两方面的工作。

一方面，提高官员待遇，高薪养廉。

宋朝官员待遇之丰厚，堪称历史之最。有学者考证，宋仁宗朝名臣包拯年薪过千万（人民币）。虽然有些夸张，但宋朝官员工资远远高于历代，则是不争的事实。如宋初最低的从九品年俸50两，最高的正一品年俸1000两。明朝万历年间，从九品年俸60石米，正一品1044石米。而宋真宗大中祥符年间，1石米不过是300文钱，也就是说，宋朝官员的年俸约为明朝官员的3倍。

不过，宋朝的官员收入分成很多部分，朝廷发给的俸禄（工资）仅仅是一部分。官员的职田所得，比俸禄收入还要高。

所谓“职田”就是国家掌控的土地。官员在地方任职期间，朝廷将部分官田的收入充作俸禄。职田不得买卖，官员卸任，职田收入即暂停。

此前，因为地方官员比较清苦，部分朝廷大臣外放时经常挑三拣四。为了安定人心，咸平二年，宰相张齐贤提议，宋真宗批准，通过了给地方官员增加职田收入的方案。

按照规定，出任知府，可以享受职田40顷的收入；出任知州，按照州的大小，在20顷到30顷之间；出任知县，按照县的大小，在7顷到10顷之间。宋朝水稻大量普及，已经成为百姓的主食。其产量也从以往的亩产100斤，跃至亩产200百斤左右。但即便以亩产100斤（1石）论，正一品官员也可以增加4000石的收入。

另一方面，建立一整套举荐、考核、监察官员制度。

宋朝官员获得升迁的方式比较多。上级举荐，是其中一种。更为常见的，是参加吏部的考核。只要在考核中得到中等以上评价，任期满后，就可以到京城候选。朝廷也会针对一些职位进行考试。在职官员若考中，可以越级提拔。但是，一旦有官员犯了贪污罪，朝廷将从重从严处理。宋朝虽然号称不杀士大夫，但是，处置官员贪腐力度却极大：轻则记载在案，终生不得升迁，从此之后，上级领导不得举荐。若是有调动或者升迁，该官员必须向吏部主动申报贪污罪行。重则削除官籍，流放劳改。宋代经常大赦天下，可是，因贪污被抓的官员不在赦免之列。如此一来，贪腐官员很难获得生存空间。

朝廷在地方设立转运使、提点刑狱使，在京城设立登闻鼓院接受天下百姓的上访，对官员贪腐的监督、纠察可谓严格。真宗一朝拒绝贪腐成为潮流。

其四，建立谏院，严格言官选拔制度。

宋朝延续唐朝做法设立御史台，由御史中丞领衔，负责对朝廷百官的纠察与弹劾。不过，在太祖、太宗时期，国家的主要任务是一统天下，御史的职能并没有完全得到体现。像太祖朝名臣刘温叟，担任御史中丞10多年，可是对朝臣与太祖提出的建议屈指可数。为了笼络将领，宋太祖不得不在执法力度上做出一些让步。在选拔御史中丞和御史时，多选择那种品行敦厚、素有操守之人，做做百官表率即可。

不过，到了太宗末年，随着国家日渐稳定，官场中的滥用职权、徇私舞弊之风渐渐抬头。像川蜀的几次大乱，都和朝廷有关部门不能够及时纠察那些贪官酷吏有关。

宋真宗即位之后，即下诏天下官员皆可直接上书，此后又连续多次下诏求言。一开始，百官还畏首畏尾，不敢提意见。当时有一个叫田锡的官员，在奏章中痛陈时弊，将大宋局势描绘的混乱不堪，对宋真宗的种种言行也多有不满，差不多就是指着鼻子在训斥宋真宗。田锡上书后，跪在大殿前等候皇帝发落。大家都为田锡捏一把汗。可是，宋真宗不但不生气，反而在朝会时公开宣读田锡的上书，肯定田锡的一片忠心。不久，宋真宗就任命田锡为御史台长官，总领整个纪检工作。

在田锡的感召下，更多的人参与到进言的行列中。后来，宋真宗每天都要收到几百份言事奏章。这些奏章或者说国家政务还有哪些弊端，或者说宋真宗本人还有哪些不足，几乎涉及朝政的方方面面。宋真宗让宰执大臣共同阅读奏章，尽快予以处理。

景德二年（1005年），宋真宗感到朝廷仅仅有御史还不够。御史是中书省的属官，对宰相负责。若是百官有错，御史弹劾起来，还比较卖力。一旦宰相有错，御史就不敢捋虎须了。若是皇帝犯错，更少有人敢逆龙鳞。宋真宗决定增设一个机构，类似御史台，但纠察对象不是百官，而是宰相，甚至皇帝。这个机构叫谏院，其成员叫谏官。

此后，朝廷就有了两大纪检机构，御史台对宰相负责，纠察百官；谏院对皇帝负责，纠察宰相乃至皇帝、妃嫔。朝廷由中书省主管行政，由枢密院主管军政，由御史台和谏院主管纪检。三个体系都直接对皇帝负责。一个宋朝模式的“三权分立”就此形成。

宋真宗一朝还推行了许多好政策、好制度。

比如，虽然没有大战发生，可各种作战物资，尤其是战马，都没有懈怠。宋真宗增设群牧司，主管全国马政。

景德、大中祥符年间，连年丰收。宋真宗下令在全国每一个州县都设立常平仓，储备粮食。等到灾年，朝廷或者无偿赈济，或者低价卖出。从此之后，灾年饿死的百姓大大减少。

其他如发展农业，鼓励经商，大开国门与外国通商，免除全国范围内所有拖欠赋税……许多好政策都是在宋真宗一朝开始施行。

《宋史》中称赞:“宋至真宗之世，号为盛治。”宋真宗在位期间，虽然没有开疆拓土，虽然没有赫赫军功，但是外击强敌，内安黎庶，国内人口、国家赋税收入大大增加。如贞观之治20年间，唐朝人口增加了100多万，平均每年5万余。之后的唐玄宗开元盛世，平均每年增长速度也在四五万之间。而宋真宗咸平之治25年间，人口增加416万，平均每年增加16万余。这个数字不但远远超过此前历代王朝，也把之后的元、明、清三代甩在后头。宋真宗天禧年间一年的商业税就高达2600余万贯（两），而唐玄宗开元盛世时仅仅200余万贯。真宗朝的商业税收是玄宗朝的13倍。真宗朝一年的国家总收入常常在万万贯之上，最高达到1.6亿贯。元朝与明朝不必说，即便是康乾盛世时，清朝经过百年的和平与发展，其国家收入也不过是从2500万贯升到4800万贯。

宋朝的经济之繁盛，国民之富庶，当之无愧是中国古代第一。而宋朝历代中，又属真宗朝增长最快。单从经济能力来说，宋真宗是当之无愧的千古一帝。

第7章

寇准罢相与新时代开启

景德元年年末，宋辽盟好，永罢刀兵。消息传开，举国欢腾。宋真宗论功行赏。宋人认为，当时若无寇准，则宋分为南北矣。宋真宗除了给寇准加官晋爵外，更把寇准视为挽救大宋社稷的功臣，极为礼遇。可是，景德三年的二月，一封诏令传遍天下，宰相寇准罢去相位，外放为陕州知州。

到底是什么原因让寇准罢相？后人多认为，是“奸臣”王钦若在皇帝面前诋毁寇准，寇准才被罢相。事情真的就这么简单吗？其实，寇准罢相乃是一种必然。其中既有寇准个人原因，也有整体大环境变化的原因。

早有先例

寇准罢相的经过大抵是这样的。

“奸臣”王钦若因为宋真宗对寇准非常好，很忌妒。有一天散朝时，首相寇准率先离开，宋真宗竟然起身目送寇准远去。王钦若看在眼中，恨在心上。之后，王钦若单独求见宋真宗，就谈到寇准。他说：“陛下您如此敬畏寇准，是因为寇准对大宋社稷有功勋吗？”宋真宗一愣，说：“是啊。”寇准挽救了大宋，这不是人尽皆知的事情吗？

王钦若却一脸悲愤地说：“臣没有想到陛下竟然说出这样的话。澶渊之战，陛下不但不当成耻辱，反倒觉得寇准是社稷功臣，这实在没道理啊！”宋真宗傻了，说：“这话从何说起？”王钦若说：“澶渊之盟乃是城下之盟。即便是春秋时期那些小国，也把被迫签订条约视为羞耻。如今，以陛下万乘至尊的身份，也签订盟约，还有什么比这种事情更丢脸呢？”宋真宗闻言，久久说不出话来。

王钦若又说起两年前的一件小事。当时，朝廷对宋真宗何时亲征还没有定论，有人问寇准怎么看，寇准回答:“我宁可血溅五步，也要劝主上亲征!”本来，寇准一片赤诚，忠心为国。可是，王钦若却提出:“如此寇准，毫无爱君之心!”

为什么这么说呢？王钦若给宋真宗上了一堂国学课，解释什么叫做“孤注一掷”。世上有一种赌徒，明明局面不利，输了很多钱，但很不甘心。于是将剩下的全部资产一把投下。若是成功，则大翻盘；若是失败，则输个精光。王钦若说：“像陛下您，那就是寇准的孤注。如今，寇准是侥幸获得了成功。万一当年亲征澶州失利，陛下您不是非常危险吗?”

据说，宋真宗听了这些话后，就对寇准不再像过去一样信任了。不久，宋真宗将寇准罢相。

事情仅仅是如此吗？绝非如此！

寇准这个人，犹如一把利剑，用好了，可以杀敌；用不好，就会伤己。其实，宋真宗早就想罢黜寇准，甚至可以说，当初用寇准只是情非得已。至于寇准，本身也毛病太多。此人可以共患难，难以共富贵。

回顾一下太宗末年，寇准被罢黜副相职务时候的经历，就会发现，他两次被罢黜，表面原因虽然不同，骨子里却是一致。

当年寇准因为力荐皇三子为太子，立下大功。宋太宗有心重用寇准，提拔其为参知政事。寇准风头很锐，又立下大功，一时为百官所敬畏。当时吕蒙正是宰相，吕端出任第一副相。吕端主动找到宋太宗，以寇准曾任枢密副使，资历在他之上为由，请求上朝的班列在寇准之后。宋太宗以吕端年长为由拒绝，寇准就成了第二副相。

其实，宋太宗对寇准是又恨又爱。恨其跋扈，爱其才干。寇准30岁出头就出任枢密副使，是大宋开国以来最年轻的宰执大臣。可他因为揽权用事，打压同僚，激起了众怒，被宋太宗罢黜。这次召回寇准，宋太宗故意让稳重的吕端压寇准一头。

可惜，宋太宗还是失算了。吕蒙正年纪大了，虽然是宰相，但基本不管事。吕端又奉行“难得糊涂”的为官原则。于是，中书省就成了第二副相寇准的天下。后来，吕蒙正年老请辞，吕端升任宰相。寇准对德高望重的吕蒙正还有所顾忌，对庸碌懦弱的吕端则丝毫不放在眼里。吕端很知趣，时常称病，不与寇准争锋。

那一年，朝廷将要举行祭天仪式。按照惯例，朝廷举行大型祭祀，都会颁下恩旨，给天下官员加官一等。不想就在这普天同庆的时刻，寇准却大大激怒了宋太宗。宋太宗下诏，将寇准罢黜出京，外放邓州。

事情的起因，和一个叫冯拯的官员有关。

冯拯有背景，人也机灵。他父亲是赵普的管家，凭着这层关系，冯拯仕途之门大开。赵普病逝后，冯拯又靠上了吕蒙正这个码头。当初在大殿前恳请太宗立开封尹赵元僖为皇太子的几个官员中，有一个正是冯拯。请愿失败后，冯拯被贬为端州知州。端州（今广东肇庆）位在岭南，远离朝局，到那里担任知州，就是流放。冯拯没有气馁，在端州那些年，他主动上书，提出多项改革措施。宋太宗大喜，告诉宰执大臣，冯拯才堪大用，想要召回京城，委以重任。

多数宰臣都没有出声，唯独寇准强烈反对。他说，此前陛下明诏贬斥冯拯，如今不过两三年，就要提拔冯拯出任宰执。如此朝令夕改，天下人必会看轻皇命。寇准的建议完全是站在皇帝角度考虑。宋太宗无奈，只能把冯拯提拔到鼎州、广州任职。这一去就是许多年。

听闻消息，冯拯大怒，自然恨上了寇准。可是，寇准深得太宗宠爱，其威权根本不是小小冯拯能够抗衡的。不过，冯拯是个有心机的人，他一直在找寻机会。

也该当寇准倒霉。寇准在主持官员评定工作时，大搞朋党：凡是和寇准关系好的，就被提拔到御史台、馆阁等清贵的部门任职；凡是和寇准关系差的，只按照官阶自然升迁。当时冯拯担任广州左通判，彭惟节担任广州右通判。同样是通判，冯拯的官阶略高一等。寇准讨厌冯拯，就任命冯拯为虞部员外郎，彭惟节为屯田员外郎。同是员外郎，可按官阶次序，彭惟节却跑到了冯拯的前面。

彭惟节本是冯拯下属，忽然级别变高了，很是惶恐。州县官员书写谢恩表章的时候，彭惟节一再谦让，冯拯就按照往常，把名字写在彭惟节的前面。

寇准接到奏章之后，大怒，下中书札子（宰相批条）给广州官员。寇准痛斥冯拯违背官制、藐视朝廷。他下令将冯拯停职，等待朝廷处分。冯拯不忿，说："皇上日理万机，怎么会注意这等（书写名字的先后）小事？必定是寇准弄权陷害我！"

只是，愤怒归愤怒，要想扳倒寇准却并不容易。

年近40岁的冯拯已经不是当年请愿时的愣头青，贸然出手只会误事。要想扳倒寇准，不但要抓住寇准徇私舞弊的证据，还必须从宋太宗下手，让皇帝彻底斩断对寇准的信任。冯拯苦苦思索对策，最后目光落到了寇准亲笔签发的中书札子上。

冯拯做了大量的调查联络工作。一个多月之后，一份数万字的详细调查报告放到了宋太宗御案前。报告详细列举了此次祭天大典后岭南地区所有官员的晋封情况。谁越级提拔，谁勉强晋升，这些人又和寇准关系如何，冯拯一一备注说明。

同时，冯拯又把寇准亲笔拟写的中书札子密封呈送给宋太宗。冯拯告诉宋太宗："唐朝中书省并无使用中书札子的制度。五代时期，那些权臣为了架空皇帝，才不经过皇帝直接用中书札子任免官员。"冯拯还提出，在宋太祖朝，赵普担任宰相的时候，宋太祖就已经明诏废除中书札子。可如今寇准依然使用，明摆着是藐视皇权，专权乱政!

冯拯这一招狠辣非常，一举击中寇准要害！寇准徇私舞弊已经是大罪，染指皇权更让宋太宗无法容忍。

同样受到寇准排挤的岭南转运使康戬也上书太宗。他愤愤不平地说："现在的宰执大臣如吕端、李昌龄等人都是由寇准推荐得以上位。吕端感激寇准，李昌龄怯懦无能，都不敢反对寇准。如今的朝廷，已经是寇准一人的天下!"

宋太宗怒不可遏，拍案而起，恨不得把所有宰执班子一锅端。他立刻下诏传唤宰执大臣入宫。

听闻皇帝宣召，吕端等人急忙入宫，寇准根本不知道大变发生。大殿前，宦官将寇准阻拦下来，说皇帝不想见寇公。吕端、李昌龄等人立刻明白有大事发生。面对太宗训斥，吕端主动表示，他们是由皇帝提拔，官居宰执和寇准并无关系。至于写中书札子、不经过皇帝同意就任免官员等等事情，只是寇准个人行为。

听了吕端一番话，宋太宗冷静了一些。吕端等人还是忠诚的，如今先罢黜寇准再说。

殿外的寇准依然在高呼冤枉，希望皇帝能够给个机会，当面解释清楚。宋太宗打定主意贬斥寇准，让宦官传话说："就算是麻雀、老鼠遇上人都知道及时躲避，何况你是人呢?"宋太宗在责骂寇准不知进退，徒然让人生厌。

几天后，寇准被罢黜参知政事，外放邓州。

跋扈君子

有句俗话叫"一俊遮百丑"，人们常常因为某些原因，有意无意地忽略了部分事实。

寇准有才，有治国之大才。在平定西北与安定内乱方面，寇准颇有决断。可是，寇准以个人好恶行事，欺凌同僚，打压下属，揽权专政也是事实。

宋真宗即位之后，为了报答当年举荐之恩，将寇准调回京城，出任开封府尹。

寇准在担任开封府尹期间，做了不少实事。

宋都汴京是拥有100多万人口的世界头号大都市。人烟稠密，各种问题也随之增多。虽然汴京城早在后周初建时就已经做出了规划，安排了下水管道。可是，当时的总设计师王朴不会想到，短短40余年后，汴京的人口会翻上数倍。景德年间，河南雨水充沛。一旦下雨，京城地面就出现不少积水，严重影响百姓生活。

寇准想百姓所想，急百姓所急，上奏真宗，请求将宣化门外的一条古河道重新疏通。如此，便可以将京城大多数的积水引入汴河，还给百姓一个干爽的汴京。宋真宗下诏由寇准领衔，会同工部官员妥善处置。

开封府事务繁杂，不但要管理京城治安，面对大小官员，还要处理管辖的10多个县的各种事务。前任开封府尹，就是因为政务缠身而请求离职。但寇准不怕烦，不怕累。

不过，一个好的领导，不一定要事事亲力亲为，提拔有能力的下属为自己所用，才是明智者所为。

开封府最重要的属官就是判官、推官了。寇准上任不久，判官出缺。寇准主动上奏朝廷，要求从曾经担任州府判官、三司衙门或者主簿、县尉等官员当中，挑选才干特别出众的人，出任开封府判官。有经验、有能力者才能真正为朝廷办好差事，为百姓谋求福祉。至于那些凭借封荫的官二代们，一律靠边站。出任京府判官非常辛苦，寇准请求朝廷要给足待遇，三年任满参加吏部选拔，当有优先权。

宋真宗采纳。

寇准出任开封府尹的时间很短，前后仅一年。

咸平六年，宰相李沆病体沉重，放眼整个宰执班子，没有一个是擅长军政的。随着宋辽战局日渐紧张，朝野上下对寇准拜相的呼声也越来越高。

太宗朝名士王禹偁的儿子叫王嘉祐，年纪不过20来岁，平时看起来有些呆呆傻傻。可寇准很器重王嘉祐，经常单独把他召来，两人交谈甚欢，成忘年之交。有一天，寇准就问王嘉祐："嘉祐，不知道外间对我有什么议论呢？"王嘉祐说："外面的人都说世伯您早晚之间就要拜相。"寇准闻言很高兴，得意地询问："不知嘉祐你觉得此事我该怎么做呢？"王嘉祐毫不迟疑地说："若是按照小侄的看法，世伯您不必当什么宰相。一旦您当了宰相，您的名望就要被损害了。"寇准奇怪了，天下官员哪个人不希望升迁，不指望进入宰执呢？

王嘉祐有自己的看法，他说:“自古以来，那些贤相之所以能够成就大功，安邦济民，无一不是因为君臣彼此信任，关系融洽，犹如鱼与水的关系。唯有言听计从，信任不疑，才能够既拥有生前功名，又拥有死后美名。如今，确实可以说是明君在上，但是世伯您和皇帝之间能像鱼和水一样亲密无间吗？这就是嘉祐的浅薄之见了。”

寇准如同被泼了一瓢冷水，火热的心冷了许多。寇准拉着王嘉祐的手说:“元之老弟（王禹偁的字）的诗文虽然天下闻名，但若论及见识深远，恐怕还比不上世侄你啊。”

王嘉祐官职不高，不过是八品的小小光禄寺丞。可是，以他的见识，对朝中各大佬之间的斗争，对皇帝对各大臣的亲疏好恶，了解得一清二楚。朝会时，宋真宗虽然也公开肯定寇准的才干，但寇准如此有才，真宗却迟迟没有恢复他的宰执身份。当年，寇准是最年轻的宰执，而至咸平六年也已经年过40岁，不再年轻了。

不知道谁把王嘉祐的一番话传了开去，宋真宗听说后大怒。他以王嘉祐交友不慎，品行不检点为名，将其贬到天长县收税去了。

其实，王嘉祐获罪的真正原因，并非交友不慎，而是大嘴巴。宋辽大战在即，宋真宗苦心营造将帅齐心、百官团结的和谐局面。王嘉祐却大唱反调，说宋真宗与寇准不和，这还了得?

为了遮掩众人之口，宋真宗提拔寇准出任三司使。三司使是宋朝最高财政长官，距离宰执只有一步之遥。

咸平六年九月，三度拜相的吕蒙正因为中风，不得不请辞相位。景德元年的七月，独相10个月的李沆又因病去世。朝中相位虚空，由谁来继任宰相呢?

宋真宗想到了寇准。寇准的跋扈他早有耳闻。无论寇准在地方还是在京城，即位之后的宋真宗都收到了不少弹劾寇准的奏章。像寇准担任同州知州的时候，就和二把手刘拯关系搞得极差。刘拯被羞辱不过，就到转运使那里告了一状，状纸层层上交，一直打到宋真宗那里。宋真宗知道寇准一贯孤傲，看不起庸官俗吏，做事情经常不按规则，只是此人的德行和才干都很不错。最终，宋真宗谁也没有处罚，只是把寇准调到其他地方任职了。

朝中有位枢密直学士杨徽之，早年曾经和寇准一起共事。此人性情淳朴，为官清廉，谨遵法度，崇尚礼教。杨徽之年轻的时候，就很受尊重，时人认为他是有德君子。他评价寇准和真宗初年另一位副相温仲舒说:“温仲舒和寇准都把攻击他人、排除异己当作上位的手段。如此一来，朝廷风气难免败坏，后辈官员也将效尤。”

基于如此原因，宋真宗虽然知道，唯有寇准可以在宋辽大战爆发时担起挽救时局的重担，可是，他依然没有让寇准出任首相，而是让毕士安当了首相。

按照惯例，当由枢密使或者参知政事升任宰相。可毕士安当时不过是翰林侍读学士、兵部侍郎，朝中比他官阶高的人还不少。唯一的原因是毕士安年高有德，并且是宋真宗藩邸时候的老部下，关系铁。

宋真宗下诏，升毕士安为参知政事。毕士安急忙入宫谢恩。宋真宗笑笑说：“不忙，朕还将要拜毕卿家为相。只是不知道你觉得谁可以和你共事呢？”寇准难相处，人所共知。若是毕士安另有人选，还真不好办。不过，毕士安为人宽厚，最是顾全大局，他说：“陛下，寇准天性忠义，能断大事。这点是臣远远不如的。”寇准刚毅果决，认定的事情就会排除万难一做到底。越是面对危难，寇准的可贵越能彰显。

宋真宗有些迟疑，不知道毕士安是否真心。他说：“朕早就听说寇准脾气刚直，任性使气，不好相处啊。”毕士安说：“那是因为寇准心念国家，秉持正道，疾恶如仇，因此才会被流俗所厌恶。如今天下虽然安定，但北方跳梁小丑还没有臣服，朝廷正需要像寇准一样懂得军政的人才啊。”

毕士安说到了要害上。太宗朝寇准为何两度进入宰执？就因为朝廷有危难发生。如今辽国即将大举入侵，正是唯才是举、不拘一格的非常时刻。

景德元年的八月，宋真宗任命毕士安为首相，寇准为次相，共同掌管中书省。

忠奸之别

景德元年之前，寇准和王钦若就如同两条平行线。虽然在各自的轨道上大放异彩，但彼此并无交集，更无嫌隙。

就如同宋太祖宠信赵普、宋太宗宠信寇准一样，王钦若乃是真宗朝第一宠臣。

王钦若得到宠信绝非偶然。他也有才，也是大才。

王钦若没什么可以倚仗的家底，虽说祖父曾经当过州县级别的官员，可父亲一代只是布衣。王钦若出生不久，祖父、父亲先后死去，他早早做了孤儿。在没有家庭、宗族可以扶持的情况下，王钦若自力更生，硬是凭借自己的能力，打出了一片天地。

太平兴国四年，宋太宗征讨北汉。年仅18岁的王钦若不远千里，从湖北汉阳前往山西太原。他来到行宫，拿出揣摩多时的《平晋赋论》献给宋太宗。宋太宗很高兴，有意提拔王钦若。可惜，王钦若命不好。短短一两个月之后，宋军大败而回。宋太宗忙于应付辽国反扑，就把王钦若抛在脑后了。

王钦若没有灰心，他苦读多年，一举成名，以进士甲科（前三名）的身份进入仕途。吏部选官，王钦若被派往亳州出任判官。就在亳州判官任上，王钦若干了两件漂亮事，引得太宗、真宗两代帝王刮目相看。

王钦若负责管理亳州的粮仓。那一年，到了交皇粮的时间，百姓们从十里八乡肩挑背扛把粮食送到官仓。可是，不少百姓等了好几天，县衙的人也不肯收粮。不少百姓就求到王钦若府上。王钦若询问怎么回事。原来，那一年亳州大雨，百姓的粮食或者没有晒干，或者半道上被雨水打湿。小吏以谷子湿了为由，拒绝入库。王钦若听后立刻下令，百姓缴粮辛苦，只要足够斤两，一律收入仓库。百姓闻讯大喜，纷纷说王钦若是个爱民的好官。

可是，潮湿的粮食收入仓库，不多久就会发芽，腐烂，到时候要怎么向朝廷交差呢?

王钦若很快就想到了解决方法。他上表太宗，每年国家都会从地方仓库拨出许多粮食，充作当地驻军、官员的俸禄。以往都是先发陈粮，请求今年先把受潮的粮食发掉。如此，国家不会受损失，士兵、官员也可以得到新粮，可谓两便。宋太宗大喜，亲手拟写诏令褒奖王钦若不但有爱民之心，更有治政之才。

至道年间，开封府一带大旱，开封府尹赵恒下令减免辖区内百姓的赋税。这本是一件大好事。可是，有人把这件事情掐头去尾、添油加醋地密奏宋太宗——史书上虽然没明说是谁，但八成就是王继恩一伙人——说开封地界其实没有什么灾情，开封尹如此行径，纯属邀买人心。宋太宗本就对设立皇太子一事有些后悔，听到这类话更加忌惮。

宋太宗下令，从外地选派忠诚能干的官员，前往开封府核查灾情。太宗亲自点名，让远在亳州的王钦若来到京城，参加调查组。

不少官员来到京城就上蹿下跳，打探朝廷风向，揣摩皇帝心思。王钦若到京之后，立刻前往分管的咸平、太康两个县展开调查。王钦若拒绝请吃，亲自到田间地头了解民情，掌握了大量第一手资料。

当时，调查组的多数官员都说开封府灾情并不严重，开封府减免租税过多，还要求朝廷把开封府发放的赈灾物资全部召回。王钦若则交给宋太宗一份厚厚的调查报告，并且表示，咸平、太康二县，灾情严重。开封府只是减免了七成的赋税，还不够，请求朝廷减免当年全部赋税。

最终，宋太宗相信了王钦若，下令免除开封府辖区所有县的全年赋税。

这件事情绝非小事。不但是关乎开封受灾百姓能否得到足够赈济，还关乎开封尹赵恒的太子之位。一年后，宋真宗称帝，下诏提拔王钦若。宰臣询问理由，宋真宗说起了这件事。真宗尤有余悸，他说："在那一个来月，就算是朕，心中也非常害怕。王钦若当时不过是个小官，却能够力排众议，为百姓请命，这乃是朝廷大臣才有的风范啊。"宋时所谓"大臣"，不仅仅指此人官品很高，更是说此人具有高风亮节，堪为士大夫表率。

宋真宗即位后，国家急需大量钱粮，以供军费开支。三司衙门禀奏，不少州县存在拖欠朝廷赋税的情况。赋税交不齐，三司衙门也没钱。宋真宗很着急，就调派王钦若出任三司都催欠凭由司长官，即中央讨债组组长。

王钦若召开班子会议，商量如何催讨欠款。会开到很晚，多数人都在磨洋工，拿不出什么解决方案。后来，有个叫毋宾古的官员说："天下各州县拖欠赋税太常见了，有的地方还要从五代时期算起，四五十年来旧账烂账一大堆。若真要全部催讨缴清，老百姓必然要遭殃。等以后有机会，我一定要向朝廷禀奏此事，恳请将拖欠的赋税一律免除。"那毋宾古曾任三司衙门的度支判官，对朝廷各项收入、支出最是了解，他说欠款是一笔烂账，那必然就是烂账。毋宾古的观点让王钦若怦然心动，脸上却不动声色。

班子会议结束，毋宾古和一帮官员都下班回家了。王钦若转身就召集属下吏员，整晚不停赶工，把全国各州县拖欠赋税账目全部整理清楚。第二天早朝，王钦若把厚厚的卷宗呈上，禀奏真宗：数十年来，各州县拖欠赋税乃是一个天文数字。若是要强行催讨，百姓必定遭殃。如今明君在上，国家富足，不如就将这些陈年旧账全部赦免。国家财政虽然一时会受到些影响，可是天下百姓必然赞颂陛下的仁德。

宋真宗看到账目数字巨大，拖欠人数繁多，大吃一惊。他说："莫非先帝就不知道这件事情吗？"话一说出口，宋真宗就有些后悔。这不是在责备先帝吗？王钦若是极聪明的人，自然听出了其中含义。他略一沉吟，缓缓说："先帝早就知道这件事情了。之所以没有处理，估计是留给陛下来做，以收取天下民心吧。"经过王钦若这么一解释，宋真宗又变得充满慈爱、光辉伟大了。

宋真宗很高兴，立即下诏施行，免除天下各州县拖欠多年的全部赋税，总计金额高达1000万贯。消息传开，举国欢腾。宋真宗自然被奉为圣君，王钦若也声名鹊起，成为朝中新贵。

王钦若升任大理寺长官。王钦若是个聪明人，皇帝喜欢什么他就搞什么。到任不久，王钦若上表章，称颂真宗德政。他说，昔日汉文帝一年要处置400个死刑犯，唐太宗放390个死囚回家过年，都被记载到史书上。如今，真宗皇帝在位，大理寺竟然连续一个月连一件大案都没有发生。国家太平到如此地步！不久，他又说，因为大理寺公务太少，请求减去一些不必要的编制。结果12个判官，减去1/3，剩下8个。

咸平三年，王钦若以翰林学士身份出任西川安抚使。几个月后，王钦若回到京城向宋真宗述职。

西川叛乱之后，个别将领贪功，将不少无辜百姓抓捕入狱。王钦若一一审明，他遵循宋真宗的招抚政策，善待百姓。除了确实担任过王均伪政府高官的，一律赦免，不予追究。无数百姓因此免除一死。之后，王钦若提交了一份名单，详细列举了川蜀官场哪些将领横行不法，哪些官员贪污受贿，恳请朝廷尽快处置。最后，王钦若又提出，据他观察，川蜀连番出现变乱，原因很多。一个原因是川蜀地盘太大，官府管理不力。王钦若提议，只要是5000户以上的县，当设立县尉、主簿，以加强当地的治安防卫力量。东川百姓经常因为江水泛滥而流离失所，也当赦免当地百姓赋税，组织人员疏通河道。

看到王钦若提出这些惠民善政，宋真宗非常高兴。当天，宋真宗就下诏将王钦若所奏一一执行。第二天朝会，真宗宣布，提拔王钦若为参知政事。

虚岁40的王钦若，在短短五六年间，就从一个六七品的芝麻小官迅速升迁为正二品副相，可谓火箭速度。

王钦若此人有才，若是处理民政，他的才干绝不在寇准之下。那么，他和寇准的不同在哪里呢?

寇准很少（也非从不）揣摩圣意。在他的字典当中，没有谄媚二字。寇准不但是蔑视同僚，即便是对皇帝，也没有怎么放在眼里，犯颜直谏是常有的事情。宋朝从赵普时代就崇尚士大夫的独立精神，对那些敢于逆龙鳞的官员尤其推崇。寇准虽然品行有失，但那都是小过，在君臣大节上，在关乎士大夫体统上，寇准始终坚守。

王钦若则不然。从少年时期他主动献诗开始，走的就是媚上一条路。他有治民之才，但骨子里想的，都是迎合皇帝需求。王钦若是遇上了宋真宗这样一个宽仁有度的皇帝，他虽然无行，可依然做了不少对百姓有利的事情。

对寇准，宋真宗敬畏；对王钦若，宋真宗亲近。在国家面临危难时，宋真宗会理性地选择寇准。当然，面对王钦若的劝说，他也曾经动摇，但最终还是做出了正确的选择。只是，当危难过去，面对歌舞升平的新时代，桀骜不驯、锋芒毕露的寇准已经显得不合时宜了。

党争风起

寇准与王钦若的交恶，直接原因是寇准公开宣称提议南巡者可杀，根本原因则是党争。

宋真宗初年，对辽国频繁入侵，朝廷官员中有左、中、右三派势力。

寇准、温仲舒等人是左派。在他们看来，汉夷不两立。既然辽国多次入侵，那大宋就应该全力出击，反抗到底。并且，这还远远不够，他们的终极目标是收回燕云十六州所有土地，将辽国远远驱逐，恢复大汉民族、中原天子的荣光。这派的观点，在宋军将领和百姓当中有着相当大的号召力。多数人都觉得他们代表了民意，代表了宋朝的方向。

张齐贤、李沆、毕士安是中间派。中间派绝非骑墙派，而是说他们的主张相对和缓。仗是一定要打的，只是，以当时的国际环境，收复燕云基本是个梦。辽国对幽云之地苦心经营，已经占有了近百年，攻取绝非易事。加上最近的10多年，西夏李继迁崛起，手握十数万雄兵。若是宋朝真的和辽国死磕，搞不好让西夏捡了便宜。三国制衡局面的出现，已经使得这部分人认识到一味抗战没有结果。最好的局面就是以战求和，争取双赢。

王钦若、陈尧叟是右派。右派也并非投降派。面对强大的辽国，他们觉得宋朝取胜的机会比较小，对宋军的战斗力自信不足。最为重要的，这些人没有把大宋的江山社稷、万千黎民放在第一位。他们是把自己的富贵和皇帝的安危放在第一位。于是，从景德元年宋辽大战一开始，王钦若和陈尧叟就分别秘密入宫，邀请南巡金陵、川蜀。他们也知道影响不好，不敢见光，于是晚上秘密行动。寇准一番话把王钦若、陈尧叟拉到了聚光灯下，成为百官唾弃与鄙视的对象。

对于这三派，宋真宗最终选择了中间派，也就是稳健派。战是一定要战的。正如宋真宗面对辽国和议的一番话，以辽国的强大与自负，在没有见识到宋军的真正实力前，是绝不会甘心放弃中原的花花世界的。只有通过战争，让他们意识到宋朝是完全可以和他们并存的强大存在，战争才有可能结束。不过，从最开始，和谈就是宋真宗心中所愿。

战争是手段，不是目的。

应该说，宋真宗的选择是最符合当时宋朝国情，符合百姓利益的，是正确的。

面对王钦若、陈尧叟等人的进言，宋真宗有过犹豫、有过徘徊，毕竟古时候交通不便，讯息不及时。京城中，官场中，各种流言肆虐。国人从来都是听信坏消息而怀疑好消息。面对辽军猛攻，作为肩负千万百姓安危的宋真宗压力山大。不过，最终宋真宗做出了明智而理性的选择——继续亲征澶州，冒着生命危险前往第一线。

当初宋真宗到达澶州，澶州主帅李继隆以北城狭隘为由，请宋真宗驻扎南城。李继隆乃是坚定的主战派，提出的理由也很充分。可是寇准硬是要宋真宗前往北城，并且说若是不过河，那天下都保不住了。殿前都指挥使高琼也再三催促。二人的言行举止对宋真宗都缺乏必要的尊重。宋真宗当时是听进去了，可事后想起，心中肯定不是滋味。

此后一年，毕士安名位首相，但基本被寇准架空。中书省就是寇准一个人的天下。

战争结束后，宋朝的政务中心已经由对外战争转变为富国利民。可是，寇准没有意识到这一点，依然还在处处摆他战争英雄的谱。

寇准为人豪放，不拘小节，经常把好事办成坏事。就像任命官员，若有权门子弟请托，他一概拒绝，反而大力提拔那些寒门子弟。御史出缺，他专门挑那种敢说真话的官员出任。这都很好。可是，在提拔这些官员的时候，他从来不和同事们商量，大搞一言堂。其他宰执很生气，暗里吩咐随从拿着官员考核档案给寇准，意思说，某某已经为官多年，考核优秀，应该升迁了。可寇准根本不看。他说:“身为宰相就应当让有才干的人上，没本事的人下。若是拘泥规矩，一味按照资历选拔官员，那就不符合宰相‘选贤退不肖’的工作宗旨了。”寇准话说得不错。只是，凭什么你寇准看中的人就是贤才，经过宰执公议、吏部考核的人就是庸才呢?

宋真宗对寇准也越来越难忍受。有人密奏真宗，说寇准经常擅自做主，甚至公然违背皇帝的诏命。宋真宗召见寇准，询问原因。寇准不但不认错，反而很强势地说:“若是让臣全部遵循陛下诏命，那些事情怎能快速办好呢?”仿佛宋真宗拖了他后腿似的。宋真宗脸上笑着，可心中憋屈。

王钦若回朝之后，他有击退辽军的大功，宋真宗本想恢复他的宰执地位。寇准以王钦若曾经主张逃跑为名，反对任命。宋真宗没有法子，改任王钦若为资政殿学士。寇准交代有关部门，资政殿学士和翰林学士地位本来相等，可是，王钦若是被罢黜的宰执大臣。既然被罢黜，那就是有罪在身，上朝班列应当在翰林学士之后。

王钦若很愤怒，可寇准人气正旺，明争争不过。但他王钦若，从不缺鬼点子。

此后每一天上朝，王钦若都故意躲在前排翰林学士的身体后面，每次宋真宗询问大臣意见，都闭口不言。几天下来，宋真宗就觉得有点不对劲，就点名问："王钦若呢，王钦若没有来上朝吗？"听到皇帝问话，王钦若故意装出一脸愧疚的神色站了出来。宋真宗看后愣了愣问："你怎么站在那个位置。"王钦若看了看寇准，沉默不语。宋真宗立刻明白，让王钦若回到班列，处理其他事务。

散朝后，宋真宗单独留下王钦若。王钦若立刻变得满脸都是委屈，他说："微臣当初乃是主动请求前往大名府抗敌，可寇相却说臣因过失而罢相，班列当低翰林学士一等。"宋真宗很生气。他又一次亲眼见证了寇准的跋扈。

第二天，宋真宗下诏，王钦若抗敌有功，晋封为"资政殿大学士"，班列在翰林学士之上。王钦若很高兴，扳倒寇准的信心也加了几分。

随着时间的过去，王钦若发现，不但是自己要扳倒寇准，就连朝廷百官中，也有不少人对寇准越来越反感。

那一年，朝廷让各地官员举荐贤才，抚州人晏殊是其中之一。宋真宗亲自主持考试。考题发下后，14岁的晏殊站起身来，禀奏说："这道试题臣以往做过，恳请陛下换过其他试题。"宋真宗闻言大喜，小孩子竟然如此坦诚。他亲自拟题，让晏殊做来。结果，晏殊交上来一篇花团锦簇的美文。宋真宗大加赞赏，就要赏赐晏殊进士及第的身份（晏殊参加的不是科举考试）。

一旁的宰相寇准看了，立刻站出来反对。他的口气很坚决："晏殊乃是江南人。太祖以来就有'不用南人为相'的规矩，对江南人使用必须要慎重！"北宋所谓的"南人"，指的是长江以南所有地区民众。

寇准话一出口，宋真宗就发现，不但是晏殊、王钦若一脸煞白，满朝官员中半数人都眼含愤怒。

江南文风鼎盛，远胜中原。经过这四五十年的发展，朝中各部门有大半都是江南人。不过，他们的官职大都比较低微，进入宰执的有一两个，比如王钦若，但官拜宰相、统领百官的一个也没有。

宋真宗说:“朝廷取士，当唯才是举。如今四海一家，和太祖朝已经不同!”宋真宗不但赐晏殊进士出身，还授予晏殊秘书省正字的官职。宋真宗的话说得没错。大宋一统天下这么多年了，若用人还分南北，半数百姓都要对朝廷寒心。

宋真宗没有想到的是，他当众驳斥寇准，让王钦若成了最大受益人。

那些出身江南的官员以及被寇准打压的江北官员，自动聚集在王钦若的门下。这让王钦若的圈子越来越大，势力迅速膨胀，隐然可以操纵舆论，影响朝局。

景德三年二月，一股流言在京城官场流传：宰相寇准意图勾结安王赵元杰谋反。赵元杰确有夺嫡之心，最近一段时间也常和寇准有来往。消息传来，宋真宗很担心。如今的寇准在朝中、军中威望极高，若是不加以控制，后果很难想象。

恰恰就在此时，王钦若状告寇准，说他孤注一掷。宋真宗大怒，坚定了罢黜寇准的心意。

宋辽盟好是不能污蔑的大功德，罢黜寇准要另寻理由。

宋真宗召来翰林学士，让翰林学士依照口谕意思草拟圣旨。他说:“寇准一再为家人讨要封赏，有失大臣体统；不遵循制度，随意提拔官员以博取美名。如此行事，已经不能为百官表率。当罢去相位，或许可以保全他的名节。”

使者到寇准家中传召，寇准很不高兴，说了一些怪话。宋真宗忍着怒气，派人前往提醒寇准，此行务必谨言慎行，痛改前非。可是，寇准到了陕州知州任上后，每天大摆筵席，纵情享乐，完全看不到半点悔过迹象。甚至连州中的公务，寇准也撒手不管。消息传到朝廷，宋真宗很不高兴。

寇准这次出京，在外辗转多年，一直到8年后的大中祥符七年，才回到京城。

关于继任宰相的人选，朝廷不少官员都看好王钦若。大家都知道，他是皇帝面前第一红人。可诏令宣布，大家很惊讶。升任宰相的并非王钦若，而是参知政事王旦。

宋真宗办事还是很有分寸的。战争结束，积极主战的寇准已经不适合担任宰相。而王钦若虽然聪明，但名望尚低。尤其是从国家长治久安考虑，唯有延续吕端、毕士安、李沆一贯的稳健路线，才是和平时期宋朝最适合的道路。

咸平初年，当时的王旦还只是翰林学士。一次王旦禀奏事务结束，告退离去。宋真宗看着王旦的背影，轻声感叹:“为朕开创太平盛世的，必然就是此人啊!”

宋真宗为何如此看好王旦？寇准去后朝廷的党争又会有怎样的变化呢？

王旦执政与五鬼合流

景德三年，参知政事王旦入主中书，出任宰相。另一位参知政事冯拯也因倒寇有功，入主枢密院，与王钦若、陈尧叟三人并为枢密使。翰林学士赵安仁升任参知政事，枢密院都承旨马知节出任枢密副使。这两人一文一武，都是性情耿直、刚正不阿之人。宋真宗知道他们与寇准交厚，与王钦若不和。正因如此，宋真宗才将他们调入宰执，以保持政局平衡。于是，在稳健派王旦的带领下，新的宰执班子开始运作。

王钦若重回宰执后，迅速集结了一批心腹，诸如三司使丁谓、盐铁副使林特、知制诰陈彭年、皇城司刘承规等人纷纷加盟。真宗朝著名的“五鬼”开始合流。他们本都是一时才俊，却因贪求富贵，迷失了应有的节操。在他们的运作下，一场延续10余年、耗费巨大的封禅之旅开始了。

王旦主政

太平兴国五年的那一榜，是宋朝科举历史上公认的龙虎榜。那一年，一共录取了以苏易简为首的119名进士。李沆、向敏中、寇准、王旦4人先后拜相，苏易简、宋湜入宰执（约为副相）。宋真宗几次想让张咏拜相，可惜因为张咏生病，一直没有下诏。

张咏和寇准不但是同年，而且是同郡举荐的举子，数十年来关系极好。寇准罢相离京，刚巧张咏从成都回京述职。张咏为老友饯行。临别时，寇准笑笑说：“复之（张咏的字）兄，今日一别，不知道有何见教？”张咏沉吟很久，说：“《霍光传》不可不读。”寇准询问是什么意思，张咏再不肯说。

寇准不明白什么意思，路上就翻查《汉书·霍光传》，当看到书中说霍光“不学无术”时，寇准笑了:“这应该就是张公要告诉我的事情吧。”

寇准脾气本就桀骜不驯，这两年出任宰相更是连皇帝也不放在眼里。罢相出京，寇准一肚子的怨气。此时的张咏，即便是多年好友，也不便直言。张咏是说寇准不学无术吗？根本就不是。

霍光是什么人物？他是霍去病的弟弟，汉武帝临终的托孤重臣。汉昭帝、汉宣帝两朝，霍光权倾天下。史书上说，汉宣帝与霍光同坐一辆车，宣帝坐在前面，霍光坐在后面。宣帝觉得“若有芒刺在背”。霍光功高震主，把持朝政，最终被灭族。

张咏在提醒寇准，你之所以被贬，是如霍光一般，功高震主，希望寇准收敛锋芒。只是，这种话不好明说。把寇准比喻成霍光，把宋真宗比喻成汉宣帝，都不是一件让人开心的事。

寇准有没有明白张咏的深意呢？应该明白了。他虽不以学问见长，但聪慧过人，不可能不明白。只是，以寇准的脾气，即便明白了也不愿意去改。若他改了，倒不是寇准了。

寇准走了，宋真宗并不觉得可惜。相比而言，无论是才干还是人品，王旦都在寇准之上。

王旦的家世很好。他的父亲是太祖朝名臣王祜，岳父是太宗朝参知政事赵昌言。不过，他并非那种毫无底蕴的官二代。宋真宗看好王旦，理由很充分。

赵昌言出任参知政事的时候，王旦担任知制诰、虞部员外郎，是皇帝的侍从官。在岳父的庇护下，王旦本可以升迁更快。可是，王旦主动上奏，辞去知制诰职务。按照朝廷制度，宰执和知制诰之间并非直接的上下级官员，王旦不用辞官。可是他说，当年唐朝的某人，因为亲属执政，曾经避嫌辞职。奏疏呈上，宋太宗觉得很难得，免去王旦知制诰职务的同时，提升他为礼部郎中。后来，赵昌言离开宰执，太宗立刻恢复王旦的知制诰职务。

当时真宗已经是皇太子，对王旦的另类请辞自然一清二楚。

等到宋真宗即位后，大臣钱若水请求退休。钱若水是太宗朝名臣，品评人物公允无私。见挽留无效，宋真宗就让钱若水给推荐几个青年才俊。钱若水就说：“中书舍人王旦德行出众，可以担当大任。”宋真宗立刻想起了当年王旦请辞的事情，就说:“不错，此人确实合乎朕意。”

咸平二年，王显因为包庇傅潜被罢去枢密使职务，宋真宗启用王旦为枢密副使。43岁的王旦，进入了宰执行列。

王旦对军务所知不多，数年后，宋真宗将其调任参知政事，管理民政。李沆和王旦虽然是同年考中进士，可年纪比王旦大11岁。李沆的稳健之风，深深影响了王旦。王旦虚心求教，迅速成长起来。

景德元年，宋真宗亲征，留下最信任的弟弟雍王赵元份坐镇汴京，不想出行没几天，就传来赵元份重病缠身、无法理政的消息。

原来，一些百姓趁着人心浮动，治安不宁，夜间闯入民宅，杀人劫财。一段时间后，罪犯被抓捕。可是，人心浮动，监狱的看守也担心前线崩溃，根本无心看管。那罪犯趁机鼓动狱友，共同砸开牢门，杀死狱卒，闯入街市。开封府出动巡逻兵卒抓捕，勉强抓了几个头目。开封府判官请雍王赵元份亲自主持审讯。为了杀一儆百，判官喝令将首犯的腿打断。那犯人惨叫连连，竟然把赵元份吓出病来。

雍王病重，京城无人主政。宰相毕士安虽然在京城，只是他也是年老多病。

怎么办?

宋真宗想到了王旦。王旦毫不迟疑，一口答应。不过，在临行前，王旦提了一个要求，让寇准到场，有话要说明。寇准到了，王旦说:“若是10天之内，澶州没有捷报传来，将如何处置?”当时宋辽局势不明，前往澶州凶险万分。若10天没有捷报传来，身在澶州的皇帝就可能陷入了危局。若辽人以宋真宗威逼宋朝投降，情况堪忧。

宋真宗沉默许久说:“那就立皇太子。”当时真宗嫡长子赵佑尚在。有皇帝发话，宰相作证，王旦放心回京。

身处危难时的王旦考虑长远，早早做出最坏的打算。不过，他又不像寇准那样强硬。在王旦的暗示下，宋真宗主动提出在变故发生时，可以立皇太子。

到达京城后，王旦立即下令，封锁边关消息，任何人不得擅自传播。同时，加强巡查，京城治安迅速稳定下来。

景德二年到景德三年之间，有几件小事，颇能代表王旦的执政风格。

景德二年，朝廷举行科考。在所有举子中，最负盛名的是李迪和贾边二人。但是，在礼部最后公布名单时，李迪和贾边二人竟然双双落榜。二人很不服气，跑到中书省告状。事情惊动了宋真宗，宋真宗就让宰执大臣传阅二人的试卷，都来品评一二。

主考官提出，之所以没有选取二人，是因为两个人在试卷中都犯了一些不能原谅的错误。李迪的文章“落韵”，文章有几处该押韵的地方没有押韵；贾边则认为“当仁不让于师”中的“师”是众人的意思。从两汉时期，许多大师都为《论语》写过注疏，大家无一例外都认为，这个“师”，就是老师。即面对仁义之事，即便是老师，我们也不同他谦让。这句话犹如“吾爱吾师，吾更爱真理”。贾边的见解与注疏不同，因此也不及格。

宋真宗亲自看了二人的试卷，觉得文章写得都极好，很难取舍。这时候副相王旦说了一句话，改变了二人的命运。

王旦说：“李迪文章不错，落韵一事，是一时粗心，可以原谅。至于贾边，舍弃前代大师的注疏，标新立异，这种风气绝不可取。若是录用贾边，恐怕以后读书人就会任意发挥不遵守准则了。”

当时，有个叫李濬的官员精明强干，出任御史不过一年，宋真宗就下诏提拔此人为御史台长官。王旦反对，他说：“李濬虽然很有才华，可是，他出任言官时间很短，在公卿当中名望还不够。骤然提拔，恐怕不好。”宋真宗有点为难了：“卿说得也有道理，只是朕已经亲口答应他了。”最后，王旦还是同意了这个任命。

宋真宗对王旦的看法基本认同，但也会有一意孤行的时候。这时候，王旦就远不如李沆，更不如寇准坚定了。最后的结果，往往是王旦一边反对，一边顺从真宗的意思。

景德三年初，王旦拜相，执掌朝政12年。

王旦拜相之初，就推行了许多善政。宋真宗年间的各项改革措施，除了设置15路，多数措施，比如设置提点刑狱使、设立谏院完善言官制度、设立群牧司、设立常平仓，等等，都是在王旦手上推行的。

身为宰相，首重之才就是选贤任能。王旦在这方面可谓目光如炬，高人一等。

张咏二度担任益州知州任期满了，吏部请示派何人继任。王旦提名由任中正接任，其他宰执大臣多不同意。有人说，任中正此前已经在地方任职多年，不久刚刚从辽国出使回归，按其功绩，可以在京城留任。此时将人家派到偏远的蜀地，恐怕他心里不乐意。还有人干脆说，任中正为人庸碌，远不如张咏有手腕，能不能管好多事的益州，还是个问题。

见宰执各执己见，宋真宗也有些不放心，让王旦亲口询问任中正本人的意愿。任中正说：“益州乃是国家重地，朝廷既然派我前往，我怎敢不竭诚效命。”王旦如实回禀真宗。既然任中正自愿前往，那是最好的事情了。只是任中正能否胜任呢？从以往的考评来看，任中正常在中等。

王旦一语解惑，他说：“正因为任中正为人谨慎本分，他前往益州必定会遵照张咏定下的各项制度。若是派其他官员前往，他们多半会自恃聪明，改弦更张，为了所谓政绩乱搞一气。”听到王旦如此解释，宋真宗顿时明白，提拔任中正为枢密直学士，接管益州。

任中正在益州前后5年，果然如王旦预料，对张咏的各项措施无一改变，全部遵从，百姓觉得非常便利。

王旦不但有识人之明，更有应变之才。

因为父亲的去世，更因为强大的辽国与宋朝盟好，西夏国第二任国王李德明不得不上表称臣，尊奉宋朝。不过李德明并没有放弃反抗，他始终在找寻机会。

西夏的西面，是回鹘国。为了贸易，回鹘国多次派遣使者前往宋朝纳贡，可是，半途中常被西夏人劫杀。宋真宗几次下诏训诫，希望改正。景德四年，西夏地区大饥荒，边关大将提议加强边关贸易盘查，不让一粒粮食进入西夏。如此一来，西夏必定饿死许多百姓，内乱纷起，自顾不暇。

可是，宰相王旦不同意。在他的劝说下，宋真宗明诏边将，不得禁止与西夏的粮食贸易。只要他们拿出牛羊马匹来换，我们就提供粮食茶叶。为什么呢？因为大宋朝追求的是长远和平。西夏若是大饥荒，甚至内乱，必定攻掠宋朝边境地区。因此主和派领袖李德明的统治，对宋夏和好利大于弊。

后来，李德明提出，向宋朝借粮。他狮子大开口，一要就是数百万石（数亿斤）。宋真宗有些为难，把李德明的奏章给宰臣看。宰臣们看后都很生气，说："那李德明不过刚刚称臣，如今就开口要粮，贪得无厌如此。希望朝廷尽快下诏训斥！"

王旦则提出，此举不妥。西夏既然对宋称臣，作为宗主国，有义务帮助西夏。可是，数百万石数目实在巨大。该怎么办呢？王旦说："陛下让三司衙门在京城囤积数百万石粟米，然后派使者通知夏国，让他们自己来搬运。"宋真宗闻言大喜。

李德明接到宋朝的诏令，也傻了。宋朝已经囤积了粮食，让他随时去取，从道义讲，好不亏欠。要运回数百万石粮食没有几千人不行，可是，宋夏罢战不久，李德明怎敢带着几千人就前往开封呢？若是半路遭遇不测，死于途中，那就冤死了。

李德明无奈，只能叩拜谢恩，感叹说："朝廷有能人啊！"要粮的事情也就不了了之。

大才丁谓

随着时间的过去，宰相王旦在朝野之间的名望越来越高。不过，枢密使王钦若的力量也更加强大。尤其是三司使丁谓的加盟，使得王钦若拥有了足可以与王旦抗衡的力量。

丁谓堪称是真宗朝首屈一指的全才、天才式人物。此人博闻强识，读书过目不忘，于琴棋书画、星象占卜、诗词音律无所不通。年轻时，他和好友孙何（太宗朝状元）一同去拜会长洲县知县王禹偁。王禹偁的官职虽然不高，却是天下闻名的文坛泰斗；几番上书宋太宗，直言进谏，更赢得士大夫尊敬。一贯狂狷的王禹偁看了二人的文章后，对孙何只是略一表扬，对丁谓则赞不绝口。在他看来，丁谓的文章是继唐朝韩愈、柳宗元之后，两百年间第一人。

丁谓不但文才好，其治民手腕更是一流，即便是当时名臣如寇准，对丁谓也欣赏不已。

淳化三年（992年），丁谓参加科举，考中甲科，一举成名。不到10年工夫，丁谓就从一个微末小官升迁为统管一路的安抚使。

咸平二年（999年），为了预防川蜀叛将王均逃入南疆少数民族地区，朝廷宰执下令从边境一带部族中挑选精壮组成军队。可是，那些人见到蜀地大乱，不但不帮助朝廷，反而攻打州县，劫掠人口。当地官府出兵征讨，几番攻杀，可那些部落士兵藏匿在山林中，很难剿灭。在危急时刻，朝廷任命丁谓出任夔州路转运使，统管平叛事务。

途中，丁谓对变乱进行了详细的了解。朝廷早有交代，此次前行，当以安抚为主，武力镇压只会带来仇恨。只是，如何招抚，度的把握很重要。若是一味退让，反倒会让那些边疆蛮族轻视。

怎么办？

丁谓的做法非常高明。

到任后，丁谓下令所属州县军队一律退回城池。消息传开，少数民族部落惊疑不定，不知道新任转运使搞什么明堂。丁谓公开发榜，宣告百姓，朝廷以招抚为主，希望和边疆各族永保太平。同时，他将亲自前往少数民族部落谈判。州将要求派兵护送，丁谓勉强接受。不过，每经过一个渡口，丁谓就留下一半人马。等到达部落深处酋长驻地，丁谓身边只剩下两三个仆从。

当地少数民族非常意外。他们世世代代居住在那片土地上，千百年来，丁谓是第一个来到他们领地的朝廷大官。丁谓用他的行为，表达了朝廷的诚意。酋长田彦伊率领全体族人到城寨外迎接，杀牛煮酒招待丁谓。仆从小声提醒丁谓，小心酒菜有毒。当地部族极擅用毒，此前和宋军作战，大量使用毒箭，让宋军吃尽了苦头。丁谓让仆从不必多言。以他的了解，若非宋朝当地官员经常欺压少数民族部落，有怨气积压，人家必然不会造反。毕竟宋朝强大而边民弱小。双方大战之后，丁谓示之以恩信，边民必然感恩。

丁谓与部落首领们纵情饮酒，欢宴数天。席间，丁谓告诉他们，以往朝廷有苛待他们的地方，朝廷会予以补偿；前番交战，官兵有所死伤，皇帝已有恩旨，一律不予追究。田彦伊听后非常感动，当场表态，愿意世世代代向宋朝称臣纳贡，永为藩篱。

之后，丁谓邀请田彦伊等人前往夔州官衙，双方签署正式协定。田彦伊欣然前往，并且，每次经过渡口时，他也留下一半人马，以示对丁谓的尊重。到达州城后，双方签署协定，丁谓按照朝廷规制，赏赐给他银钱以及刺史级别的锦袍。田彦伊很满意。

几天后，田彦伊请求回去，丁谓再三挽留，好酒好菜招待。时间一久，田彦伊有点不放心了，就问丁谓的随从。随从按照丁谓的吩咐，悄悄告诉田彦伊："因为你们前番侵扰，夺走不少百姓。现在那些百姓家属和许多官员都在闹着把你们扣下。丁公再三表态，已经和你们有约，绝不做背弃约定的事情。只是，我们丁公也为难。若是你们能够主动提出归还俘虏，丁公必定高兴，你们也就能够回去了。"

所谓人在屋檐下，不得不低头。田彦伊虽然舍不得，但还得强作欢颜，禀告丁谓，说愿意交还当初掳走的百姓。丁谓大喜，连连夸赞田彦伊有情有义，表示朝廷绝不会亏待。他宣布，只要归还一人，朝廷就付给一匹绢作为回报。按照当时的价格，一匹丝绢买一个奴隶，绰绰有余。本来，就算是丁谓一文钱不出，田彦伊也会交出部分俘虏。现在丁谓如此大方，田彦伊感动万分。短短十来天，此前被掳走的汉人百姓被尽数释放，总数超过万人。夔州百姓悲喜交集，对丁谓感激不已。

既然百姓已经全部回归，双方的仇怨基本扫除，丁谓亲自出城，送田彦伊离开。此番前来，田彦伊不但收获了朝廷封荫，更收获了无数丝绢银钱，可谓名利双收，自然万分满意。这些部族在边境刻下石碑，发誓永不背叛。终北宋一朝，夔州一带再也没有发生叛乱。

之后，丁谓着手整顿民生。

为了防备蜀地叛乱以及边境部族侵扰，从夔州到湖南一代，宋朝驻扎了不少军队。只是，夔州道路险峻，转运粮草艰难，百姓负担沉重。怎么办？

丁谓观察问题非常敏锐，很快抓住了关键。

既然蜀地叛乱和境外侵扰问题都已经解决，大规模驻军已经没有必要。丁谓下令适度裁军，将正规军大部分调往州城屯驻。当然，安全问题要常抓不懈。他亲自到辖区各地探察地形，在险要之处设立城寨，一一登记各地精壮百姓。他与百姓相约，有事共同抵御，无事回家种田。朝廷只留下三五名军兵在城寨巡查，一旦有需要，州城官兵会迅速出动。如此一来，军粮所需大大减少，百姓缴税压力也大大缓解。

夔州境内，施州（今湖北恩施）最偏远，州内多山地，粮食产量很低。不过，上天很公平，给了施州上好的池盐。只是，施州道路险峻，百姓凭借个人的力量，很难把食盐大量送出。当地百姓守着值钱的食盐，却都吃不饱饭。

在当时那种条件下，大规模修路并不现实。怎么解决运输难题呢？丁谓想了一个妙招。他在施州到内地的路上，每隔30里就设置一个驿站，每个驿站安排30名士兵。由他们专门负责每天将食盐运往下一站，一直传递最后送到附近州县，再由附近州县带回粮食，一站一站传递运回。施州最缺粮食，丁谓规定，若是盐商以粮食交换的形式购买，只要付给食盐均价的一半即可。于是，各地粮食涌向施州，施州百姓的生活彻底改善了。

丁谓在夔州任上制定的政策还有很多，这些政策多数都沿用数百年，给当地百姓带来了很大实惠。

很快，丁谓三年任满。百姓再三挽留，朝廷让丁谓留任。等到任期再满，大家虽有心挽留，但也不好阻了丁谓的升迁之路，只能含泪送行。

丁谓回到京城不久，宋辽大决战就爆发了。宋真宗将丁谓派到郓州担任知州，兼任郓州、齐州、濮州三州最高军政长官。到任没多久，辽军大举南下。河北各州县百姓纷纷南逃。丁谓下令，各州县大小船只一律前往渡口运送百姓过黄河。务必在辽军到达前，让所有百姓进入州城避难。境内杨刘渡口一带的船夫动了歪心眼，趁着大乱抬高价格，结果在那一带拥堵了很多百姓。丁谓听到消息，非常生气。百姓若不能快速渡河，必然影响抗辽工作。

怎么办呢？把船夫抓来打一顿？百姓贪钱不算犯法啊。

丁谓有办法。他抓了一个死囚犯，宣称是胡乱抬高价格、违背朝廷诏令的船夫，在河边当着众船夫的面，将囚犯斩首。那些船夫见了，人人害怕，再也不敢坐地起价。一两天工夫，所有百姓顺利渡过黄河。

丁谓下令，所有船只一律在南岸停靠，沿河一代由官兵牵头，组织百姓日夜巡查。一旦发现有辽军靠近黄河北岸，就敲锣打鼓，沿河数百里官员民众一起出动。契丹大军到达郓州一带，见南岸宋军严阵以待，防御严密，只能前往别地。

景德二年，丁谓凭借御辽之功，被召回京城，出任右谏议大夫、代理三司使。

丁谓不但地方长官干得出色，担任中央领导也干的风生水起。

丁谓是三司使长官，可并不止步于催缴天下赋税。一个优秀的财政长官，不单能够合理支出钱财，更要能帮助天下百姓生财、帮助朝廷聚财。宋朝虽然经济繁荣，为历朝之最，不过，农业毕竟是立国之本。自从太祖建国，50年间朝廷颁布了不少扶助农业的法令。只是，各项法令或者有矛盾之处，或者一些细节不够明白透彻。丁谓将这些法令汇聚起来，整编成《景德农四敕》五卷。他将有冲突的修改，将不合理的删除，把含混的说清楚，在得到宋真宗的批准后，以雕版印刷的方式刊行天下。结果，“民间咸以为便”，各州县百姓人人以为便利。这项法令，遂成为宋朝200年间农业方面的根本大法。真宗朝农业的繁盛，丁谓功不可没。

景德三年，宋真宗和宰相王旦商议将常平仓制度推行到全国范围。具体要如何操作，才能让百姓与朝廷双赢呢？丁谓经过详细调查，最终决定各州县以本地户口数量作为基准，小的州县可留下钱1000贯，像江淮一带人口密集之地，每年可留下钱2万贯。留下的银钱由朝廷司农寺统管，各地转运使挑选一些清廉而能干的官员具体经办，三司衙门此后不得干预。负责官员在当地夏秋丰收、谷物价格低廉时，按照市价加钱购买粮食；等到来年冬季、春季百姓青黄不接时，按照市价减钱卖出粮食。如此一来，既可以避免谷贱伤农，又可以让多数百姓渡过饥荒。对于各地州县可以储备多少粮食，丁谓也有规定。他提出，1个大约1万户的县，常平仓可以储备1万石粮食（平均1户1百斤，足够撑过饥荒）。个别县人口超过1万户的，可以酌情增加储备，但不得超过5万石，以免粮食积压，给朝廷造成损失。若是连续3年粮价一直比较平均，不需要朝廷卖出粮食，那么，朝廷可将常平仓的旧粮充作俸禄，发放给官员军士，另外将新粮补充入常平仓。

完成了常平仓的工作之后，丁谓又开始清查全国人口、土地数目。

经历了五代十国的连年纷乱、太宗朝20余年的对外战争，宋朝境内大量土地荒芜。景德元年宋辽盟好，战争停止，大力发展农业，恢复经济，就成为宋朝的头号任务。丁谓上奏朝廷，唐朝曾经设立劝农判官，专门负责督促农桑、检查土地户口等工作。五代废止多年，如今本应该重新设立，但增加职位要耗费赋税，不如由各地州县长官兼任劝农使，转运使兼任本路劝农使，并请求朝廷把开垦荒地、恢复人口作为考核官员的重要标准。宋真宗召集宰臣商议后，下诏施行。

关于赋税的核定工作，丁谓也提出了自己的管理办法。从咸平六年到景德三年，短短3年间，全国新增加55万户，平均每年增加18万户之多，每年的赋税也增加了346万贯。国家经济日渐好转，不少大臣提议提高赋税标准，以充实国库。丁谓则认为，国家富庶自然要还利于民。景德三年是个丰收年，若以本年收入作为收税标准，以后一旦发生饥荒，百姓如何能完成赋税？何况，各地粮仓充盈，各种地震、旱灾足可以赈济。朝廷当以咸平六年缴纳赋税作为基准，如此，百姓也会盛世恩泽。宋真宗下诏施行。

封禅提议

在寇准的力荐下，丁谓回到了朝廷。宋辽战争结束之后，丁谓在不知不觉中，远离了寇准，投入到王钦若的阵营。

丁谓是个非常聪明的人，景德二年回到朝廷，他很快就发现了朝廷风向已悄悄转变。在丁谓看来，寇准的不拘小节或者说独断专行，已经引起宋真宗深深不满。此时再跟着寇准，只能给他陪葬。

除了三司使丁谓外，三司衙门盐铁副使林特、翰林学士陈彭年、皇城司刘承规也加入到王钦若的阵营。这五人便是《宋史》中臭名昭著的“五鬼”。

五鬼得名，源自宋仁宗天圣七年（1029年）和王曾的一次谈话。

三月的一天，宋仁宗慨叹:“王钦若出任宰执大臣很久了，朕观察他的言行，就是一个彻头彻尾的小人!”王曾回答:“王钦若和丁谓、林特、陈彭年、刘承规等人，当时就有人称之为‘五鬼’。他们一贯阴险狡诈，就如陛下所言一样。”

王钦若在天圣四年年末就已经病逝，林特、陈彭年、刘承规去世更早，唯独丁谓被贬海南，早已毫无杀伤力。宋仁宗为什么会说起王钦若呢？因为宋仁宗少年登基，之后10多年都是由章献太后刘娥垂帘听政。王钦若生前一贯尊奉刘太后，去世时，刘太后竟然亲临王家祭奠。其他四人也都是坚定的太后一党。贬低王钦若，正可以削弱太后的势力。至于王曾，本是真宗朝宰相王旦一手提拔的宰臣，和丁谓等人一贯不和，对刘太后执政也多有不满。于是，帝相二人一拍即合，王钦若、丁谓等人就成为所谓“五鬼”。

其实,“五鬼”中每个人都是宋朝乃至中国历史上罕见的能臣。之所以被定性为“五鬼”，与真宗朝的党争有着千丝万缕的关系。其中的对错是非，也远非民间流传那么简单。

王钦若与寇准之间的斗争，并非简单的“忠奸”斗争。

寇准是抗辽首功之臣，这点毫无疑问。不过，王钦若是否就是投降派呢？绝非如此。王钦若虽然反对宋真宗亲征，但在抗辽的问题上并无迟疑，并且他还以副相身份亲临第一线，指挥了大名府保卫战。王钦若也是抗辽功臣。在当时，他与寇准之间的斗争更多的是派系之间的斗争。

寇准是左派，王钦若是右派；寇准是江北派，王钦若是江南派。在寇准强势到对宋真宗都造成威压的时候，宋真宗就利用王钦若赶走寇准。等到王钦若上位后，真宗又用稳健派、江北派王旦牵制王钦若。

“五鬼”有两个共同特点：其一，他们都是江南人。王钦若是临江军新喻（江西新余）人，丁谓是苏州人，林特是福建顺昌人，陈彭年是江西南城人，宦官刘承规是楚州（江苏淮安）人。其二，他们共同促成了宋真宗的封禅行动。

事情的经过大致上是这样的。

自从景德三年寇准被罢相之后，宋真宗依然郁郁寡欢，王钦若所谓“城下之盟”的耻辱感始终在宋真宗心头萦绕。

其实，澶渊之盟中，宋朝并非吃亏的一方。在后人看来，宋朝在大胜之时，竟然还付给辽国岁币，当然是很丢脸的。其实，辽国此次出征，是带着扫平中原、收服失地（关南州县）的目的来的，可最后的结果是辽军损兵折将，连统军大帅萧达兰都战死了。最后土地没有收回，带回的只有每年30万钱绢的收获。

可是，王钦若煞有介事地宣称寇准“孤注一掷”，方才促成“城下之盟”，摧毁了宋真宗的自信心。

有一天，宋真宗召见王钦若，询问：“如今朕要如何才能洗刷城下之盟的耻辱？”王钦若说：“陛下若能够发兵夺回幽云地区，自然可以洗刷这份耻辱。”宋真宗一叹说：“河北百姓血战多年，刚得以恢复，朕怎么忍心又将他们驱之死地？王卿家再想想有什么别的办法。”王钦若故作沉思，说：“若陛下不想用兵，那就要建立一番大功业，才能够镇服四海，夸耀夷狄。”宋真宗很感兴趣，连忙问：“什么才是大功业呢？”王钦若说：“自然是封禅！”

所谓封禅，就是天子前往泰山，举行祭天大典。

宋真宗闻言怦然心动。可以说，作为官员，人人渴望出将入相；作为皇帝，自然无不希望前往泰山封禅。一旦完成封禅，宋真宗就将成为超越太祖太宗的盛世之主。只是，要想封禅，必须达到三个条件。首先是天下一统；其次是皇帝在位期间国泰民安，国富民强；其三是天降祥瑞，上天有所暗示。因此，自古以来，就只有秦始皇、汉武帝、汉光武帝、唐高宗、唐玄宗，以及本书中的宋真宗前往封禅。

唐太宗李世民一生三次想要封禅，可或者因为边关战争原因，或者因为地震、日食等原因，最终没有成行。宋太宗在世时也有不少大臣提议封禅，可是，对辽的两次大败，让宋太宗也没有脸面前往封禅。

想到这里，宋真宗有些苦恼。

宋真宗时代，与辽大胜后盟好，西夏对宋称臣，第一个条件勉强够格；宋真宗即位后大力发展农业、商业，国家经济突飞猛进，已然超越前代任何一个王朝，国富民强这一项完全达标。只是，天降祥瑞这一项不好弄。所谓“天意难测”，祥瑞乃是可遇而不可求的事情。

怎么办呢？

王钦若一语解惑。他说：“前代所谓祥瑞，依臣愚见，多半是人力所为。若是君王深信不疑且崇奉有加，晓谕天下，那么和真正的祥瑞有什么不同呢？陛下您想，前人所谓的‘河图’‘洛书’就一定是真事吗？这不过都是前代圣人用尊奉神灵以便于统治万民罢了。”

宋真宗听后沉默许久。他渴望洗刷耻辱，但是通过这种制造谎言、自欺欺人的方式，多少有些心里没底。

几天后，宋真宗前往皇家图书馆，想翻查下资料，证实王钦若所言。当时，在图书馆当值的是朝中大儒杜镐。宋真宗把他叫来，询问：“杜卿家博览群书，不知道前人所谓‘河图’‘洛书’是否真有其事呢？”杜镐并不清楚宋真宗为何有此一问，就按照自己的理解回答：“这些不过是前代圣人以尊奉神灵的方式来便于统治罢了。”宋真宗一听大喜，这杜镐所言和王钦若相差无几。看来，古人所谓祥瑞，也不过是如此。

只是，要想开启封禅大典，没有宰相王旦的支持不行。但王旦执政一贯延续李沆的稳健之风，最反对这种无事生非、虚耗钱财的事情。

宋真宗和王钦若说起自己的担心，王钦若连拍胸脯，表示：“请让微臣去劝说王公，应该可以成功。”

散朝后，王钦若亲自前往王旦府邸。王旦虽然不喜欢王钦若，可人家毕竟也是当朝枢密使，现任最高军政长官。两人见面，一番客套之后，王钦若说起自己的来意。王钦若说得很隐晦，他说起寇准罢相的经过，又扯了下宋太宗很早之前就想要封禅的事，再问王旦对封禅一事怎么看。乍看起来，王钦若好像在东拉西扯，不过，王旦立刻就明白了他的意思。

整个会面，王旦神色淡然，看不出任何喜怒。可他心中，却掀起滔天大浪。

寇准为何罢相，表面上是因为王钦若排挤，根本原因是挑战皇权，引起真宗不满。如今真宗要效法先帝，封禅泰山，可是担心王旦反对。王旦若是反对，那就是在走寇准的老路，就有可能被当成绊脚石被清除。

几天后，王钦若告诉真宗，意思已经传达。为了确保王旦紧跟皇帝步伐，王钦若请求由真宗出面，宴请王旦。宋真宗心领神会。

当天散朝后，宋真宗让王旦留下，在皇城摆下酒宴。君臣畅饮，其乐融融。临别时，宋真宗让人抬出一坛美酒，说："这御酒珍藏多年，口感上佳，送与王公，可与妻儿共享。"王旦回家后，喜滋滋地叫来妻儿。开启酒封后，他吃惊地发现，酒坛中不是美酒，而是一整坛子珍珠。

王旦再也无法淡定了。

自古"君为臣纲"，"君叫臣死，臣不得不死"，虽说北宋时礼教纲常远不如南宋之后严苛，可君臣之别还是如同云泥。堂堂天子，竟要通过送礼行贿的方式让宰相让步。这对王旦来说，可是个极为危险的信号。

王旦再三叮嘱家人，皇帝送珍珠的事情谁也不准外传。一旦传出去，王家就可能有灭门之祸。王旦可不想世人误会真宗是傀儡皇帝，而他是操纵皇帝的权奸。

那么，要怎么对待真宗封禅一事呢？

王旦一生奉行中庸之道。所谓中庸，并非简单地持两端，走中间路线。而是凡事，有经有权。有的事情，要寸步不让，有的事情，不妨放弃。若王旦依然反对封禅，用不了多久肯定就会被罢相。一旦罢相，宰相之位，就会落入王钦若之手。王钦若有才，可是，此人事事迎合，丝毫不敢违逆皇帝。时间一久，真宗必起骄奢淫逸之心，随之而来的，必然是言路拥堵，朝政废弛，百姓受苦。

于是，退一步，支持宋真宗封禅以保全相位，以制衡王钦若，才是王旦最应该走的道路。

景德四年的十一月，殿中侍御史赵湘上书，大谈特谈宋朝国泰民安局面，恳请朝廷封禅泰山。中书省把赵湘的上书呈交给真宗，王旦领衔，恭请真宗同意举办封禅大典。宋真宗起身作揖，故意不答话。王旦说："封禅大典，已经荒废200余年。若非圣朝达到太平，又岂能举办封禅大典？"宋真宗说："朕德行不足，怎敢随便议论封禅之事。"

宋真宗嘴上如此说，可他通过王钦若传言，已经在暗中布置各项行动。

转过年来，宋真宗改元大中祥符。一场持续十数年，耗费亿万贯银钱的封禅之旅，掀开了帷幕。

第9章

天书奇谈与封禅之旅

景德四年，宋真宗和王旦、王钦若等人就开始筹备封禅。只是，封禅必须天降祥瑞。依靠上天，多少有些虚妄。于是，宋真宗亲自上阵，自编自导了一场天书降世的闹剧。在天书事件中，朝廷大员绞尽脑汁、共同努力，共同编排了一部热闹非凡、耗资亿万的超级大片。从大中祥符元年开始，宋真宗东封泰山，西祀汾阴，建造玉清昭应宫，建造景灵宫，祭奠黄帝、赵氏祖先，崇奉道教，前后持续了近10年。

宋真宗热衷封禅很好理解。封禅成功，宋真宗就成为中国历史上屈指可数的盛世天子之一。皇帝至高无上的威权得以恢复，不仅仅可以示威于外邦，更可以加强对朝臣乃至天下万民的统治。王钦若和丁谓等新晋大臣热衷封禅也很好理解。通过封禅，这些人党同伐异、排除异己。在讨好与献媚中，这些人官位一路飙升，享尽富贵荣华。

和后世人们的理解不同。对于封禅，当时的百姓不但没有痛恨与批判，反倒热情欢迎宋真宗的种种封禅行动。史书记载："帝自东封还，群臣献贺功德，举国若狂。"当然，历史上从来不缺乏清醒者。就在全国上下热衷于封禅行动中时，也有个别人对封禅提出了这样那样批评，有的批评还相当尖锐。

天书降世

景德五年的正月初三，京城百官齐聚崇政殿，朝拜君王。就在等候皇帝驾临时，不知道有谁先说："大家看承天门南面屋顶鸱吻之上，仿佛有什么东西？"大家顺着指点看去，发现承天门屋顶上果然飘着一块长长的黄丝带。百官议论纷纷，究竟是谁这么大胆，把黄丝带放到承天门屋顶上呢？马上有人反驳说，要想把黄丝带放到承天门屋顶，绝不可能。要知道那承天门乃是宋朝皇宫正殿大门，若非大型朝会、祭祀，寻常时间都是大门紧闭，闲杂人等根本无法靠近。何况，承天门高达10丈（30米），若不借助工具，根本无法攀爬到屋顶。

不知道是谁说了一句："莫非这承天门上的黄丝带是神灵显圣，有所诏谕？"很快，"天书降世"这一说法在百官当中流传开来。

宋真宗在第一时间接到了奏报，他下令皇城使刘承规前往查看。

宋真宗的即位，刘承规立下了大功。因此，真宗对刘承规非常倚重。刘承规不但继续负责整个皇城安保工作，还参与朝政，独当一面。咸平年间宋朝与辽国多次交战，刘承规多次担任监军，督察将帅。刘承规为人公正无私，在评定战功的问题上毫无偏袒，赢得将士尊重。宋辽盟好之后，刘承规又奉命入驻三司衙门，和丁谓一起改革茶税、盐税，核定地方缴纳赋税。刘承规精明强干，工作兢兢业业，大才如丁谓也对刘承规佩服不已。因为刘承规在政务、军务上的种种功劳，景德四年时，他除了担任皇城使，又统管大内事务，且兼任昭州团练使（军分区司令），可谓风光无限。

在正史中，刘承规虽然是宦官，却是一位颇有建树的能臣、忠臣。只是，因为阿附真宗，促成封禅，也被王曾列入"五鬼"之一。

在促成封禅行动中，刘承规责任重大，不可或缺。真宗深居大内，不能轻易出宫。一些秘密决定，大都是通过刘承规告知宰相王旦、枢密使王钦若等两府宰执大臣。

这"天书降世"的具体操作者，很明显就是负责大宋皇城安保工作的刘承规。

刘承规领命而去。他亲自登上长梯仔细观看。那承天门南面屋角上果然有一块长长的黄色丝帛。丝帛当中系着一个卷轴，卷轴封口处隐隐有文字。刘承规没有取下卷轴，而是命人在四周严加看管，同时立刻回禀宋真宗。

宋真宗立刻前往崇政殿。

看到皇帝驾临，百官肃然，礼官引导百官行礼叩拜。宋真宗宣布免礼平身，之后他没有急着宣布天书降世的消息，而是说起了几个月前自己的一个梦。

宋真宗说："诸位卿家，你们都知道，朕生活一贯俭朴，寝殿当中的帷幕都是用青色丝绸裁减而成，早晚时分如果不点蜡烛，连颜色也分不清楚。去年十一月二十七日，大约子夜时分，朕刚准备就寝，忽然整个卧室一片通明。朕非常吃惊，连忙起身观看。朕亲眼见到一个带着星冠，穿着红袍的神仙忽然出现。这位神仙告诉朕，当在皇城正殿建立道场，来年正月，将有天书降临。天书为《大中祥符》三篇。朕本有心找两府宰执商议此事，可是，那位神仙再三叮嘱，切勿泄露天机。

当时朕还想追问，可那神仙倏忽之间已然不见。朕当即命令起居舍人记下此事。从去年十二月起，朕就开始斋戒，在朝元殿建立道场，建立神坛，准备恭迎天书。刚刚皇城司奏报，在承天门南面屋顶，发现有天书降世。朕立刻命皇城使前往。朕思前想后，这黄色丝帛所系书卷，应当就是那神仙所说的天书啊。”

作为皇帝，金口玉牙。平时多是大臣奏报，宋真宗或者点头，或者摇头。偶然点评一二，已经很难得了。像今天这样一口气说这么多话，非常难得。

宋真宗的话信息量挺大。在这番话中，宋真宗告诉百官三点重要信息。其一，天书降世事出有因。神仙早就在一个多月前就已经告知，自己也早就做好了准备工作。其二，之所以百官不知，是因为神仙早有交代。天书降世，事关国运，因此，不但是百官事先不知，就连两府宰臣也统统不知。其三，经过大宋皇帝宋真宗亲自确认，今天百官所见书卷，就是天书。

能够站在大殿的官员，个个都是人精，自然明白宋真宗话中含义。

宰相王旦首先表态:“陛下以至诚之心侍奉天地，以仁孝之心侍奉祖宗，恭谨持身，关爱待人，日夜操劳，以求国家太平。如今我大宋外无战乱，内无纷争，五谷丰登，百姓安泰。这一切那都是陛下兢兢业业，小心治国才获得的。臣等也曾经慨叹天道不远，陛下诚心必定能够让上天有所感应。如今神灵事先提示，天书果然降世，这一切都是因为上天要表彰陛下您爱民之德呢。”

王旦领头，百官随之山呼:“万岁，万岁，万万岁。”

宋真宗很激动，挥手示意，百官平身。

皇城司刘承规禀奏:“开启天书时，不知道是否应当屏退左右?”宋真宗毫不迟疑地说:“不必如此。上天即便是要告诫朕治国之失，朕也当警戒自身，与卿等共同改过。朕岂能隐瞒天书内容，不让众人知晓?”

说完，宋真宗起身，带领王旦、王钦若等一干大臣，步行前往承天门恭迎天书。远远望见时，宋真宗就焚香叩拜。之后，刘承规让内侍押班周怀政和皇甫继明同时登上梯子，同时捧着那黄色丝帛缠绕的卷轴缓缓下来。两人走到宰相王旦面前，王旦带领百官下跪，接受卷轴。王旦再跪着将卷轴进献给宋真宗。宋真宗下拜行礼，接受卷轴后恭敬地放在銮驾中。

宋真宗步行走在最前列，亲自充当向导。之后是数十位轿夫，抬着放着天书卷轴的銮驾。再后面是王旦、王钦若等一干朝廷大臣。到了道场，由枢密使陈尧叟开启封条。黄色丝帛上面歪歪扭扭写着许多古老的文字。陈尧叟仔细辨认后宣读:“赵受命，兴于宋，付于讳，居其器，守于正。世七百，九九定。”宋真宗不算很贪心，在他看来，赵宋当传九九八十一代，一共700年江山。

解下黄色丝帛后，那卷轴中有3幅文字，类似《尚书》《道德经》，大概的意思是宋真宗能够以仁孝之心对待君父，以清静简约的理念来治理万民，因此，天帝予以表彰，等等。

宣读天书完毕，宋真宗让人将天书放入金盒。在朝元殿北面的小殿上，王旦等宰臣祝贺真宗得到天帝肯定。当晚，王旦留在皇城住宿，斋戒沐浴。晚上，宋真宗与王旦共同在道场守护天书。

第二天，天书降世的消息已经在京城哄传开来。在京城的数千名官员全部到崇政殿恭贺。宋真宗大摆筵席，请百官吃饭。只是，为了表示诚心，这顿饭全部都是素菜。当天，宋真宗派遣吏部尚书张齐贤前往天坛、地坛祭拜，把天书降世这件大喜事告诉赵氏先祖，告诉天下万民。

几天后，宋真宗大赦天下，改元大中祥符。

各种祭祀仪式一直忙活到正月快要结束，才勉强告一段落。

宰相王旦等人再三禀奏真宗，要爱惜龙体，切莫操劳过度。可是，宋真宗乐此不疲，几乎每次祭祀，都要比宰相王旦早些赶到。

天书降世只是第一步。有了天书，那就意味着有了祥瑞，有了天意，有了封禅的前提。

要想封禅，还必须合乎民意。

中国自古以来，对所谓民意都比较看重。所谓“民为贵，社稷次之，君为轻”，仿佛皇帝真的属于靠边站的角色。自古又说“水能载舟，亦能覆舟”，仿佛百姓的力量真的很强大似的。自古还说“得民心者得天下”，仿佛民心才是决定王朝兴衰的唯一决定因素。

其实，民心比较缥渺，很容易被权势左右。

大中祥符元年的三月，一位叫吕良的老人带领1287人，不远千里，从兖州赶往汴京。这些人在皇城外叩拜不已，恳请宋真宗前往泰山封禅。在宋辽盟好后，曹利用升迁为引进使，主管各地向朝廷进献礼物事宜。曹利用将吕良等人的意愿禀奏宋真宗。宋真宗让曹利用好言安抚吕良等人，并且告诉他们，封禅乃是历代罕见的大事情，皇帝不能同意他们的请求。吕良叩头谢恩，却说：“我大宋受命于天已经50年，天下太平，国家富强。如今更天降祥瑞，陛下本就应当前往泰山封禅，以回报天地。”

这吕良当然不是一个普通的乡间老人，当是王钦若、王旦精心挑选出来的百姓代表。

曹利用回禀。宋真宗让他再传话:“封禅乃大事，不可轻议啊。”宋真宗的意思已经有所松动。他本就有心封禅，只是封禅牵涉人员太多，必然耗费亿万钱财。若随便答应，就显得皇帝不够体恤百姓了。

吕良马上说:“如今五谷丰登，华夏安泰，陛下又何必担心？但愿陛下早早成就盛典，告拜天地。”

宋真宗闻言，不再说话，让曹利用重重赏赐吕良等人，由官府出面，护送他们返乡。不过，封禅的提议，宋真宗还是没有同意。

几天之后，是朝廷举行科举的大日子。天下各州县上万名举子齐聚京城。兖州进士孔谓牵头，发动了进士、举子一共846人前往皇城请求宋真宗封禅。这孔谓是孔子后人，在兖州（山东）一代颇有名望。他这次请愿，不但是代表了兖州士子的意愿，更代表了天下士林对封禅的认可。

宋真宗很满意，不过，依然没有答应。

四月份，请求封禅的行动再次升级。宰相王旦率领文武百官、诸军将士、各州县官员、僧道、全国70岁以上老人一共24370人，前往皇城，上表请求宋真宗封禅。宋真宗谦让，表示自己没有才德，不配封禅。王旦等人二度上表，宋真宗再次拒绝。如是五次。

接到第五道请愿表章后，宋真宗下诏，在本年的十月，将前往泰山封禅。

精心筹备

封禅泰山，是一场非常繁杂，堪称浩大的工程。宰相王旦虽然领衔请愿，但对于封禅，多少还是有些保留意见。宋真宗心知肚明，于是，他任命枢密使王钦若和参知政事赵安仁共同担任封禅经度制置（封禅工作组组长、副组长），三司使丁谓主管经费调度。

在后世看来，宋真宗封禅劳民伤财，必然惹得民怨沸腾。其实不然。

宋真宗的准备工作做得很充分，并且颇为注意保护百姓利益。

宋真宗首先找到三司使丁谓，询问国库存储是否能够满足封禅工程开支。丁谓回答:“国家近年五谷丰登，府库充盈。我仔细核算，当绰绰有余。”丁谓并非虚言，此后很多年，一直到宋真宗去世，宋朝一直没有增加百姓赋税。反倒是每逢国家祭祀，必然大赦天下，减免各地百姓钱粮。

那么，宋真宗大搞封禅以及后来的各种祭祀，钱从哪里来呢？

宋朝每年的赋税收入都会放入国库，由三司衙门统一调拨，比如军费开支、官员俸禄、各地赈灾款项等。宋真宗即位之后，前后8年连番大战，军费开支浩大，但是，宋真宗没有盘剥百姓。他推行的种种善政，使得大宋人口激增，百姓生活普遍提高，自然，国家府库也变得充实。三司衙门核算财政，每年都有盈余。

有人说，宋真宗虽没有盘剥百姓，但是把宋太祖早年平定天下时积攒的无数钱财耗费一空。以至于仁宗庆历年间和西夏打仗时军费吃紧，事情真的是这样吗？

太祖初建，为了满足皇家日常需求，设立了内库。皇子、公主、后宫妃嫔，乃至皇帝本身，按照规定，每个月都可以领取俸禄。比如按照规定，皇帝每个月有1200缗（贯）铜钱。宋朝初建时，皇族人口不多，但到了神宗、徽宗朝，皇家宗室在籍的就有数万之多。每个月的开支，也是一笔不小的数额。

内库的钱从哪里来呢？

一个是太祖时设立的左藏库。

宋太祖为了收回燕云十六州，将后蜀、后唐等国财富储存其中，准备在合适的时机以金钱换土地。这部分的金银一直都在。太宗朝时，因为屡次发动大战，曾经从左藏库中调拨了一部分银钱。但是，还留存很多。大中祥符八年，荣王赵元俨家发生火灾。大火绵延，把临近的左藏库也给烧着了。事后，宋真宗慨叹：“祖宗所积，朕不敢妄费，一朝殆尽，诚可惜也！”宋真宗曾想从重责罚八弟，可宰相王旦劝阻。王旦说：“陛下您富有天下，财货那些损失不值得担忧！”王旦主要是希望宋真宗维系皇室安宁，不过，也可以看出，宋真宗一朝国库充盈。左藏库虽然尽毁，但依然不影响国家正常运转。

一个是太宗时设立的右藏库。

宋太宗初年，国家比较安定。在国库有盈余时，宋太宗将多余部分存入右藏库中。等到国家大型节庆，需要给官员发放赏赐、补贴，或临时出现灾情，或国库调度不灵时，可从右藏库中拨款。不过，太宗朝中后期和辽国、西夏频繁交战，国内也动荡不安，财政经常入不敷出。宋太宗不得不保留一些从五代时期就开始的苛捐杂税，以维持国家运转。

到真宗时期，国家财政情况大大好转，国家平均年赋税收入万万缗（贯）铜钱，右藏库的积蓄急剧增多。

当然，内库还有一个重要收入，就是各地皇庄的赋税收入，皇家把持的一些矿场、盐场的专卖收入，以及皇家土地转让收入。

宋真宗的封禅支出，有一部分是从国库中拨款，也有一部分是从内库中拨款。

赵安仁派遣曹利用核查道路，逢山开道，遇水搭桥。当时从汴京到泰山虽然有官道，但是，皇帝出巡，必须要乘坐玉辂（御辇，就是马车）。宋真宗为了出行方便，特意下诏，做了个比唐玄宗用的小一号玉辂，但封禅大典的规格摆在那里，宋真宗也不能太寒酸。于是，玉辂依然有7米高，4米宽，行动时，足足需要8匹马拉，64个卫士护驾。一旦遇上什么坎儿，卫士就负责推玉辂。

沿途不少州县城门也没有4米宽，更不要说许多的桥梁了。赵安仁禀奏真宗，请求下诏，将沿途州县那些狭窄的城门一律拆建，狭窄的桥梁一律增修。宋真宗接到禀奏，立刻找来赵安仁，叮嘱他千万不要如此。一旦朝廷下达类似诏令，必定有无数百姓受到牵连。下面那些骄横的衙役公差，还不趁机敲诈勒索？宋真宗让曹利用上交详细地图，与赵安仁一处一处核查，哪里必须扩建，哪里不妨绕过。

宋真宗特意交代："但凡州县城门狭窄不能通行，玉辂一律从城外绕过。沿途需要扩建道路，务必注意保护百姓坟墓。若在路线中，可修改路线，绕道而过。"

丁谓下令封禅沿途州县，本年赋税不必上缴国库，等待朝廷大军通过时，做好安保工作，接送工作即可。各地不得以任何名义额外征收赋税。所有护驾将士、随行官员的饮食，行宫的花销，都由三司衙门统一调配。山东附近州县，将钱粮汇聚到兖州（泰山）。丁谓的工作做得相当充分。很快，兖州知州就把收到的钱粮数目上报朝廷。宋真宗看到账目后，放心了。他交代丁谓："兖州上报钱粮数目远远超过预算，主要是因为当地官员不知道护驾人员总数，于是大量筹备。如此一来，难免有扰民之处。"宋真宗让丁谓把此次出行人员一一核实，将总数告知兖州知州以及沿途官府，务必使得接待工作合乎实际，避免造成不必要的浪费。丁谓本来请求对个别没有及时将钱粮运送到兖州的地方官员进行处分。宋真宗交代，既然筹备工作基本完成，就不必处罚。剩余物资，在封禅大典前准备好就行。

泰山险峻，虽然有前代帝王封禅曾经开凿石阶，建造凉亭，但是年代久远，多已经损坏。宋真宗下令，从即日起到今年十月，严禁在泰山砍柴。道路修建工程，由枢密使冯拯、陈尧叟负责。工程开工时，不得征发当地百姓，由兖州、郓州的军队负责泰山道路修建工作。从州城到泰山脚下的道路也大都需要扩建。宋真宗特意交代丁谓，拨给兖州官衙20万贯拆迁专款，让他们做好安抚、善后工作。宋真宗会在泰山脚下停留，因此必须修建行宫。宋真宗交代，行宫不得侵占百姓田产。随从军士若有人践踏禾苗庄稼，御史当提出弹劾，朝廷将予以严惩。兖州的百姓只要做好封禅的接待工作，今年其他所有的徭役、赋税都可以免除。

在开展道路修建工程的同时，朝廷那些官员也在商议封禅的各种礼仪。朝廷那些翰林学士，太常礼院的礼官们因为一些仪式问题吵得不可开交。宋真宗认真听取每一个意见，力求做到尽善尽美。只是，封禅仪式荒废太久，究竟孰是孰非呢？宋真宗有办法。

五月，宋真宗又开始做梦。他告诉王钦若，上次那个神仙又出现了，说在下个月的上旬，会在泰山降下天书。王钦若会意，悄悄去准备。六月初，宋真宗接到奏报，木匠董祚在维修醴泉亭时，发现亭子上面挂着一块黄色丝绸，上面写了许多文字。董祚不认识那歪歪扭扭的古字，就把事情告诉给了相关官员。官员仔细辨认，认出黄色丝绸上竟然写有皇帝的名讳，急忙禀告枢密使王钦若。从四月份起，王钦若就兼任兖州知州，经常兖州、京城两地跑。王钦若亲自前往查看，认定就是那神仙所说的天书。

天书详细记载了封禅的种种仪式，应该在哪里修建道场，各处供奉哪些神仙，对很多争议性的问题做出了回答。

王钦若带着这份“天书”回到京城，宰相王旦出京城迎接，宋真宗在皇城迎接。据说，天书到达京城之前，连续下雨很多天。可是天书到达之时，忽然雨停，天空明净。皇宫当中还出现五色云气。枢密使陈尧叟宣读天书的时候，还出现一股黄气萦绕大殿。百官纷纷赞颂说是天降祥瑞。宋真宗很高兴，当即封木匠董祚为八作副都头（负责全国修缮工作的副长官）。工匠摇身一变，成了朝廷命官。

宋真宗的这个举动给天下人的刺激很大。看来，只要讨好皇帝，不用科举，不用辛苦读书也可以轻松得到功名。很快，各种祥瑞蜂拥而至。

最懂得皇帝心意的，当然是王钦若。他来到京城，献上灵芝8139棵。副相赵安仁不敢落后，趁着入京汇报工作，也献上五色金丹1壶以及紫色灵芝8710棵，比王钦若还要多些。王钦若听到消息，四处搜罗，下次回京时，献上灵芝38250棵。

丁谓最聪明，他这个人不走寻常路。他让人秘密训练了14只仙鹤。等到宋真宗迎接天书之时，随从将仙鹤放出。顿时，14只仙鹤翩然飞起，飞过供奉着天书的御辇。百官看了无不惊诧，许多人都在传言，又是天降祥瑞。丁谓恭贺真宗，他说：“仙鹤在供奉天书的御辇旁，飞舞良久，实属罕见。”宋真宗很高兴。回到宫中，宋真宗把此事告诉妃嫔。妃嫔说：“妾听说仙鹤仅仅是飞度御辇，并未飞舞良久啊。”宋真宗一想，果然如此。宋真宗还是一个很谨慎的人，不想养成百官阿谀奉承、颠倒是非之风。第二天上朝，宋真宗特意留下丁谓，交代说：“昨天你禀奏仙鹤‘飞舞良久’，确实很有文采，只是有些不合实际。希望你去和起居舍人（负责记载皇帝起居的官员）说明此事。”宋真宗虽然没有批评丁谓，但一般人听到真宗如此说，必然会感到羞愧。可丁谓没有。丁谓立刻叩头，说：“陛下以至诚侍奉上天，以不欺之心对待万物，皇帝的仁德莫过于此。臣希望将陛下嘱咐微臣的这件事情也告诉中书省的宰臣们，以便史官记载。”宋真宗大喜，让丁谓去办。

随着时间的过去，各项筹备工作基本上都结束了。十月的封禅大典即将展开。就在举国上下把封禅当成头等大事的时候，远在陕州的寇准也递上表章，恳请随同真宗前往泰山封禅。宋真宗很高兴。连爱和皇帝唱反调的寇准都认同封禅了，宋真宗怎能不高兴呢？

封禅大典

大中祥符元年九月，宋真宗到太庙祭拜先祖，禀告即将前往泰山封禅一事。宋真宗一边流泪，一边完成了祭祀仪式。真宗之所以能够“有资格”前往封禅，正因太祖、太宗两朝积淀。祭拜时，再度出现了14只仙鹤飞过太庙的神奇场景。这一次，仙鹤果然在太庙上空徘徊许久才远远飞去——丁谓下了不少工夫。

从月初开始，宋真宗就带领王旦等一班文武大臣在崇德殿进行封禅排练。一日复一日，非常辛苦。礼官请求宋真宗注意龙体。自古以来，就没有皇帝亲自参加排练的规矩。像举行封禅这种大型祭祀，自然有相关官员（太常礼院官员）负责召集百官，进行演练。宋真宗却说：“朕以恭谨之心侍奉上天，怎会觉得辛苦？”宋真宗不但坚持参加排练，还与大臣商讨各种仪式问题，务必完美。

一个人，无论身处什么位置，都需要得到他人的肯定。宋真宗贵为帝王，可以轻松得到臣民的赞颂。只是，这赞颂声中，有多少出自真心，有多少是冲着他的权势，很难说清。于是，宋真宗更为渴望得到“上天”的认可，即便这个上天，多少有些虚无缥缈。

十月初四日，宋真宗头戴通天冠，身穿绛纱袍，乘坐玉辂离开京城，前往泰山。前前后后成千上万的扈从队伍，各种仪仗绵延十数里。宋真宗给枢密副使马知节、殿前都指挥使刘谦下达严令，此行若有军士懈怠，影响到封禅，一律从重处罚。皇命层层下达，将士人人自律。一路走来，到十月二十日到达泰山脚下的乾封县奉高宫。

当天，有一个大食国（阿拉伯帝国）的客商，听闻宋真宗封禅泰山，从广州不远数千里赶到。听闻有大食国使者进献物品，宋真宗特意下诏接见。这位客商非常来事，他禀奏真宗，他的五世祖在印度得到了一块玉圭，长达一尺二寸，非常精美。先祖在去世的时候留下遗言，说等到中国的皇帝举行封禅大典的时候，让子孙务必将玉圭献上。宋真宗对这种话当然不会全信。不过，自己耗费心血举办封禅，不正是要威慑番邦，夸耀四夷吗？如今，有大食国人主动献上玉圭，正可以应景。宋真宗接受了玉圭，赏赐大食商人许多财富，并赐予他官职，让此人负责宋朝与大食的贸易工作。

其他国家的使者也早早在路边跪拜等候，比如占城（越南）、大理、吐蕃等等，各自献上本国土特产。作为天朝上国，无所不有，自然不在乎使者们进献的一点礼物。于是，宋真宗的回赠往往是藩国使者的数倍乃至十数倍。各国使者都满载而归。

二十一日，宋真宗斋戒沐浴，礼官护送天书先行登上泰山。王钦若下令扈从军士提前上山戒备。从奉高宫到泰山山顶，每隔三米，就有一个军士。沿途还搭建了许多凉亭，稍微危险的地方就安装上了护栏。沿途各色彩带飘拂，远远看去，十月的泰山美丽异常。

二十三日，宋真宗离开奉高宫，正式登山。到达山脚，宋真宗下令，将随行的那些沉重的仪仗，包括玉辂都放在山下。若是道路平坦，宋真宗就乘坐小辇。若是道路崎岖，宋真宗就下辇步行。到了山腰，就只能步行。皇六弟宁王赵元偓、皇七弟舒王赵元偁陪伴前行。两位王爷的身体本来也不错，可那都是养在深宫的天潢贵胄，出门不是坐车就是坐轿。结果还没有走几步路，两人就累得气喘吁吁。再看宋真宗，精神头极好。遇到陡峭处，随侍的宦官周怀政急忙上前想要搀扶，宋真宗摇手拒绝。

一行人从上午的7点半开始登山，走到黄昏时分才到达山顶御帐。宋真宗兴致勃勃地带着两位弟弟前往观看泰山遗迹。宋真宗虽然是第一次登上泰山，可是王钦若、赵安仁等人早就把此行的各种信息详细汇报。宋真宗特意到唐高宗和唐玄宗封禅泰山后所立的石碑处观看，在弟弟们和百官的簇拥下，宋真宗很高兴。

据说，泰山顶上头一天还大风呼啸，几次吹裂了帐篷。可等到宋真宗就寝的那晚，不但没有怪风，连气温都上升了不少。

二十四日正式开始封禅典礼。仪式非常繁琐，这里只是简单地说几句。

宋真宗率领百官前往封禅台。封禅台正中供奉的是昊天上帝，宋太祖和宋太宗在一旁配享，礼官手捧天书站在上帝神像一侧。宋真宗头戴旒冕，身穿衮袍，一身大朝会的正装，对着昊天上帝，恭恭敬敬行三跪九叩大礼。代理中书侍郎宣读祭天文书，真宗饮下供奉上帝的福酒。一旁的宰相王旦下跪宣称："天帝赏赐皇帝太乙神册（天书），周而复始，必然能够永安天下百姓。"真宗首献后，宁王赵元偓亚献，舒王赵元偁终献。三献礼毕，王旦亲自捧着天书，放入玉匣中。

封禅祭天的仪式结束，宰相王旦带头三呼万岁，祝贺宋真宗完成封禅，成为中国历史上第5个、大宋第1个封禅的帝王。声音层层传递，最后整个泰山数万军士、山下数十万百姓齐声高呼："万岁、万岁、万万岁！"声音震动山谷，数百里外都能清楚地听到。

当天，宋真宗率领宰执大臣下山，当晚回到乾封县奉高宫。二十五日，宋真宗前往社首山祭祀地神。之后，宋真宗接受万民朝贺，宣布大赦天下，全国百姓欢庆3天。宋真宗端着酒杯，亲自走到百姓中间，为当地老人祝酒。

十月二十七日，宋真宗起驾回京，途中去文宣王庙祭拜了孔子，对孔子后人进行封赏。

十一月二十日，宋真宗的车驾回到京城。汴京城外汇聚了从全国各地蜂拥而来的数十万百姓。在数十万民众的叩拜与欢呼声中，宋真宗走入京城，走入皇城。

从出发到回归，一共47天。这47天虽然旅途奔波，来往数千里，但是宋真宗很兴奋，很满足。宋真宗下令，随行百官休息3天，宰执大臣休息1天。从二十三日开始，百官照常工作。只是，一切已经不同。一个崇奉神灵、崇奉道教的时代已经到来。

在封禅之行中，有几件小事引发百官议论。

从十月初三离开京城，宋真宗就告诉宰执大臣，封禅不比寻常，从即日起，他将不再吃荤腥。宰相王旦连忙劝阻说："如今已经是冬天，陛下您冒着严寒，不远千里前往封禅。若是不吃肉食，恐怕有伤龙体。况且，南郊祭天就犹如封禅，可从来都没有听说不能吃荤腥。陛下即便有心，也不妨在封禅大典的前后两天再进素食不迟啊。"宋真宗不同意。王旦一看宋真宗态度很坚决，也就不好多说什么。后来，在颁布出行规定时，封禅领导班子就把不吃荤腥作为规定颁布施行。

十月二十七日，封禅大典已经结束。宋真宗准备了一顿丰盛的宴席，招待宰执大臣。宋真宗说："诸位卿家最近都辛苦了，从今天开始，大家可以吃荤啦。"宰相王旦连忙叩头谢恩，其他宰执也纷纷下拜谢恩。宋真宗让诸位免礼，入席吃饭。枢密副使马知节却趴伏不起。宋真宗问怎么回事。马知节说："微臣有罪！启禀陛下，其实除了陛下一人一路上坚持吃素，臣等私下都曾经吃肉。"宋真宗听了，非常震惊，连忙问王旦、王钦若等人："马知节所说，都是事实吗？"王旦、王钦若非常尴尬，再次叩拜说："确如马知节所言，臣等有负陛下！"

宋真宗很郁闷，可是也不好多说什么。

宋真宗在泰山脚下接受万民朝拜，在奉高宫大摆宴席，宴请当地乡绅父老，与民同乐。听闻皇帝请吃饭，十数万百姓把偌大一个奉高宫挤得水泄不通。宋真宗想要前进一步也做不到。皇家侍卫再三呵斥，可当地百姓嘻嘻哈哈，根本不把那些侍卫当回事。怎么办呢？宋真宗询问丁谓。丁谓说："百姓亲近龙颜，他们害怕的，估计还是当地的官员衙役吧。"宋真宗让丁谓即刻去办。一会儿，一个身穿绿袍（宋代六、七品官服为绿袍）的年轻人纵马冲向百姓。百姓一看，一边大喊"官人来啦"，一边连忙避让。还没几分钟，年轻人就闯出一条道路。宋真宗听说了这件事情，哈哈大笑说："莫非朕就不是官人吗？"

自古以来，县官不如现管。不是因为县官的权力小，而是因为现管刁蛮。所谓"阎王好见，小鬼难缠"，百姓自然害怕小鬼，不怕阎王了。

宋真宗祭拜孔子之后，顺便逛了下名胜古迹。十来个当地小孩跑到宋真宗跟前，三呼万岁，叩头。宋真宗摸摸这个孩子的头，拍拍那个孩子的脸，一副"爱民如子"的样子。一行人走在山林间。忽然，宋真宗看到一个孩子的裙摆处有一只从没有见过的昆虫。那昆虫只有指甲盖大小，形状犹如乌龟，可竟然呈现金黄色。宋真宗问一旁的丁谓，这是什么？丁谓立刻认出那昆虫乃是"金龟子"的一种。这种昆虫分布极广，江南的夏秋两季在田间地头随处可见。宋真宗常年生活在宫中，对昆虫所知极为贫乏。

丁谓颇为小心地取下金龟子，献给宋真宗观赏，还说："陛下诚心侍奉上天，因此天降'金龟'，可喜可贺啊。"宋真宗很高兴，把这只金龟子装在玉盒中，传给百官观赏。百官中有不少人是农村出身，认得金龟子，可谁也不敢说破。他们对丁谓这种弄虚作假、一味媚上的行为颇为不齿。

大势难违

封禅归来，大宋朝廷的造神浪潮只是才刚刚开始。

大中祥符二年开始，宋真宗任命丁谓为玉清昭应宫使，主持修建工作。最初核算，预计要花费15年时间。丁谓日夜两班倒，终于在大中祥符八年，修成了玉清昭应宫。昭应宫中供奉的是昊天上帝，一共有2610间殿阁，总面积为32万平方米，耗费白银约1亿两（真宗朝一年总收入）。

大中祥符四年，宋真宗前往山西汾水之畔，祭祀后土神。大中祥符五年，筹备建立景灵宫，供奉赵氏先祖。4年后，景灵宫修成。之后，宋真宗又修建会灵观，供奉五岳神；修建太清宫，供奉太上老君；修建祥源观，供奉真武大帝；修建神御殿，供奉宋太祖。

宋真宗下诏，以每年的正月初三日为天庆节，万民共贺天书降世。后来，宋真宗干脆命令每个州县都必须建造一座天庆观。真宗一朝的造神工程，到此达到巅峰。

宋真宗力促封禅，最初的目的是为了宣扬国威，抬高皇帝的威权，从景德元年的国内形势来说，未为不可。在今人看来，邻国怎么可能会因为大宋进行了封禅，就畏惧大宋呢？实际情况却并非如此。历代以来，能够封禅都是国泰民安的标志。宋真宗能够封禅，意味着国内安定团结，外敌自然不敢小觑。

宋真宗本应当在封禅之后就此打住。可是，没有。一方面由于封禅给宋真宗带来了无与伦比的成就感，另一方面由于王钦若、丁谓等人千方百计的促成，于是，大宋的造神浪潮一浪高过一浪。

不知不觉中，造神运动成为宋真宗最主要的精神寄托。时间一久，宋真宗就从乐于纳谏变得老虎屁股摸不得。谁要是公开反对封禅、反对祭祀，必然惹得皇帝厌恶。

至于王钦若、丁谓等人，也利用封禅，博取皇帝欢心，乘机扩充势力、排除异己。因为王旦的坚持，王钦若虽然一直没有拜相，可是爵位品阶却一路升迁，稳稳地坐在两府宰执第二把交椅上。丁谓则从代理三司使成为参知政事、工部尚书，成为大宋宰执班子第三号人物；林特成为三司使、工部侍郎，进入宰执；陈彭年从最初的知制诰跃居翰林学士，最终升任参知政事，进入宰执；刘承规在大中祥符六年病逝，宋真宗悲痛万分，力排众议，破格追赠他为节度使。

可以说，经过大中祥符近10年的造神运动，“五鬼”势力极为强大。

最初，宋真宗还比较清醒。

大中祥符二年，封禅归来，群臣上表祝贺，种种肉麻的歌颂满天飞。有一个叫孙籍的进士到皇宫外求见。宋真宗召见。孙籍禀奏说：“封禅确实是帝王盛事，可是，微臣希望陛下能够保持进取之心，切不可骄傲自满。”孙籍比较会说话，先肯定封禅的意义，然后提出自己的意见。宋真宗听后连连表示赞同，表态自己必然不会辜负百官，不会辜负万民。随即，宋真宗让孙籍前往中书省参加考核，授予官职。

知制诰周起也进谏说：“天下时势，最应当避免的，就是因为安逸而自满，从此不知道忧虑。希望皇帝您不要因为功德圆满而故步自封。”周起的话也说的比较委婉，宋真宗听了表示赞同。

可是，也有不开眼的，因为说话耿直倒了大霉。

一个名叫林虎的百姓敲响了登闻鼓，提出有话禀奏皇帝。皇帝哪里是那么好见的。登闻鼓院官员让林虎老实交代，林虎说：“年初国家大旱，朝廷派遣官员到道观祈雨，皇帝的銮驾也遍及道宫佛寺。可是，上天依然没有下雨。为什么呢？因为皇帝没有抓住根本。若是陛下能够驱逐那些尸位素餐、邪恶奸佞的官员，任用那些心系苍生、正直敢言的官员，上天自然会降下甘霖。”

登闻鼓院官员把林虎的话如实汇报给宋真宗。宋真宗听了很不高兴。放眼朝廷宰执，哪一个是奸佞呢？他觉得都好。宋真宗让人转告林虎，若是觉得朝廷有奸佞，请指出姓名，朝廷必定不会姑息。若是觉得哪些官员贤德有才，也请指出姓名，朝廷必定会择优录用。

林虎听到这番话，傻了，嗫嚅着许久也不敢回答。

宋真宗听到后很生气，他告诉身边随从，这个林虎，有些奇怪。姓林名虎，林中猛虎——很像假名字。寻常百姓若非有天大冤情，谁会敲登闻鼓告御状呢？要知道从太祖年间就有规矩，敲响登闻鼓，无论有冤无冤，先要打三十大板。莫非这个林虎背后有别的势力支持？

宋真宗的猜测不无道理。

不过，林虎究竟是谁指使的呢？因为林虎不肯说出任何官员姓名，无从推测，此事也就不了了之。

林虎的出现并非偶然。其实，从景德四年，宋真宗亮出封禅开始，朝中就有不少正直的大臣非常不满。一个连燕云十六州都没有收复的王朝，有什么资格举行封禅呢？何况，封禅就意味着将用数以亿计的银钱来大兴土木，搞面子工程。这也是以天下为己任的宋朝士大夫所不能容忍的。

可是，寇准的被逐与王旦被封口，让朝廷上下都意识到了皇帝态度的坚决。于是，那些精明的朝廷大佬们，人人紧闭嘴巴。但不说不代表同意。虽然寇准主动上表请求前往泰山，参加封禅，虽然副相赵安仁还担任封禅小组组长，虽然宰相王旦经常挂着封禅使、昭应宫使等等头衔，但是他们的内心，对宋真宗的这些行为并不认可。

只是，草民可以品头论足抨击朝政，有了功名的进士可以直言进谏，末流官员可以婉转进言，唯独他们这些名位已盛的宰臣绝对不能公开表露出一丝一毫的对立。否则，不但是他们个人会被驱逐，甚至可能影响整个士林。

大中祥符二年，王钦若和丁谓二人奏请真宗，虽然封禅归来，可是，天书放在何处呢？既然是天帝所赐，放在皇宫中已经不再适合，不如再兴建一座宫殿，来供奉天帝。宋真宗让二人提交一个草案再交宰执大臣详细讨论。宋真宗交代，不必奢侈，在玉清宫的旧址上稍做扩建即可。谁想到丁谓提出的方案竟然有两三千座殿阁，规模之大，堪比内廷。宋真宗把方案交给殿前都虞侯张耆观看。张耆本是宋真宗的贴身小厮，从宋真宗幼年就相伴左右，两人关系极为亲密。可即便是张耆，明白宋真宗渴望修建的心情，依然回禀说，规模实在太大，奢侈过头，宰执大臣绝对不能答应。

怎么办呢？宋真宗把自己的疑虑告诉给丁谓。丁谓回复说："陛下您富有四海。如今只是建造一座宫殿来侍奉天帝，有何不可呢？何况，如今陛下还没有皇嗣，正可以此名义祈福。群臣若是有人妄图阻止陛下，您可以把这个意思告诉他们。"

宋真宗郭皇后本生有3个儿子，可是，在数年前相继去世。如今真宗膝下竟然一个儿女也无。没有皇嗣，可是皇家头等大事。谁要阻止修建昭应宫，那谁就是想着大宋江山断子绝孙呢。

宋真宗将方案交给宰执大臣讨论，王钦若、丁谓、林特等人自然是立刻投赞成票。副相赵安仁、枢密副使马知节怒目相视，坚决不同意。另外两位枢密使陈尧叟和冯拯则将目光投向宰相王旦。

整个讨论会，宰相王旦面无表情，既不点头也不摇头。散会后，王旦写了一封密折给宋真宗，说明修建宫殿虚耗国力。宋真宗立刻召见王旦，亲口告诉，修建昭应宫，是为了向天帝祈求早日降下皇嗣，以延续大宋帝统。王旦听了这话，不再多说。第二天，王旦就签署了公文。

消息一公布，百官议论纷纷。可是，背后议论的人多，敢于当面反对的人少。唯有知制诰王曾上表反对。

知制诰是皇帝的侍从官员，有向皇帝直言进谏的权力。且王曾咸平初年参加科考，解试、省试、殿试，连续三次考试都是第一名，乃是大宋开国以来，第一位"连中三元"的状元公。宋真宗对这位少年孤苦毫无背景的状元非常喜爱，短短数年间，王曾就被调到京城进入馆阁，出任知制诰。

朝会时，王曾大胆提出，修建昭应宫有五害。

其一，扰民。宋真宗早有交代，这种国家大型工程，不搞摊派，不能增加普通百姓的徭役，统一都由领取国家俸禄的军队来修。但是，王曾说，军人也是百姓。军人守卫边疆那是天职，让他们做苦工，难免有怨气。

其二，费钱。宋真宗也有交代，修建宫殿的钱取自内库，国库钱财一分也不能动。但是，王曾说，内库的钱也是前代积蓄，也是百姓税收，不是说内库的钱就可以随便浪费的。

其三，惹祸。修建玉清昭应宫，每天都有数万军兵服役。这些人多是为非作歹的底层民众。假如有人乘机逃脱，流落乡野，不免生出祸端。

其四，天热。大型工程建设，一定要顺应天时。如今正是三伏天，天气酷热，强行开工，军士很容易生病。众人聚在一处，搞出传染病就不好了。

其五，奢侈。如今，国家虽然富庶，但数十年的战争才刚刚平息，朝廷必须与民休息。在这种时刻，苛求雕刻的精美，宫殿的恢宏，频频穷尽物力，实在不合天意。

宋真宗收到奏章后，思考了很久，一度犹豫是不是要取消昭应宫的修建。可是，丁谓对王曾的意见有不同看法。

丁谓禀奏说，王曾所说其实正证明了皇帝的仁德爱民。王曾虽然反对修建宫殿，但也不得不承认，朝廷是让拿有俸禄的军兵服役，修建宫殿没有动用国库一分钱。况且，如今三国盟好，战争平息，军队若是没有事情可做，反倒会滋生懈怠懒惰之心。只要管理得法，聚众闹事那种事情根本不会发生。至于奢侈，皇帝陛下自律严苛，生活俭朴天下皆知。前不久，杜氏的事情王曾想必也知道。五点之中，唯独天热一条可取。

宋真宗早在即位之初就下令后宫妃嫔不得穿着金线编织的衣物。数月前，宋真宗封禅归来，郭皇后带领后宫妃嫔迎接。后宫杜美人竟然公开抗命，穿着金线编织的纱裙。那杜氏本是真宗奶奶杜太后一族，和真宗感情还不错。宋真宗见了，二话不说，让人将杜氏驱逐出宫当了女道士。这件事情给后宫妃嫔触动极大，从此之后，不但妃嫔，包括士大夫家的女眷，无人敢穿这种奢华衣物。

宋真宗下诏褒奖王曾，鼓励王曾以后要继续直言进谏，但是，修建昭应宫一事继续执行。哪天天气太热，放假休息即可。

马知节对王钦若、丁谓等人的媚上行径非常痛恨，只是，他是一个武人，于政务说不上话。

有一天，宋真宗在开封府衙举办宴会，招待封禅有功的官员。宴会后，宋真宗登上高楼，看到京城人烟稠密，店铺如林，一派繁华景象。宋真宗回头看着王旦、王钦若等人说:“京城如此繁华富丽，都是卿等辅佐有功啊,”王旦连忙鞠躬说:“臣等不敢当，都是陛下仁德，抚育万民。”一旁的枢密使马知节说:“陛下，您是不知道，那些衣衫破烂的，有辱市容的，都被驱逐到城外去了。”两府宰执大臣听了人人脸上变色，宋真宗也很尴尬。

宋真宗难道不知道吗?他当然知道。可是，很多事情可以做，却不能说，至少不能公开说破。

当时文官上朝，手里拿着笏，武官上朝，手里拿着梃。这两样东西也叫做手板，本来多是竹木所制，可以在上面做点笔记，回答皇帝提问时可以参考。后来多用象牙、美玉制作，就变成了一种装饰了。

一天，马知节上朝，手里拿着一个超大号的手板。宋真宗有点奇怪，就多看了一眼。马知节回答说:“臣看到本院长官大多欺瞒陛下。若非臣担心惊动了官家，惹恼了宰相，臣必将当场打死这些混蛋!”当时谁是枢密院最高长官呢?不就是王钦若吗?

从最开始，枢密副使马知节和王钦若、陈尧叟的关系就不怎么好。宋真宗早就知道，他要的，就是两派官员互相制衡。没想到时间一久，三人之间的矛盾渐渐变得不可调和。起因是王钦若的几次耍诈。

中书省和枢密院虽然并称“二府”，但论真实地位，枢密院要低于中书省。若在战时，枢密院自然显得重要。可是，宋辽盟好后国家久无战事，枢密院的地位也一落千丈。王钦若虽然官拜枢密使、同平章事，但他的心中始终觉得不满意。所谓同平章事，是权力等同宰相，但并非真的宰相。

王钦若整天盘算，如何扳倒王旦，让他来当真宰相。

王旦立身严谨，无丝毫过错。怎么办?说话说:“不怕贼偷，就怕贼惦记。”时间一久，王旦还真被王钦若钻了空子。

那一年冬天，京城下了一场大雪。宋真宗很高兴，所谓“瑞雪兆丰年”嘛!宰执会议时，宋真宗现场作了一首《喜雪诗》，让人抄写了，所有宰执大臣人手一份。若是觉得可以，来日朝会就昭告天下，也可以表示皇帝爱民之心。回到政事堂，大家一边喝茶暖身，一边欣赏宋真宗的诗。看着看着，王旦皱了眉头说:“官家这首诗有一处用韵有不妥。”经王旦一点，王钦若也立刻看到了。宋真宗果然用错了韵。王旦立刻起身，就想入宫禀奏真宗。王钦若哈哈一笑说:“这是皇帝写的诗，怎能当成礼部考试作文，用寻常韵律来校正呢?”王旦听了，觉得也说得有道理。皇帝做诗，不拘一格又有何不可呢?王旦就坐回椅子上，处理别的公务。

下班时间到了，王旦退朝回家。王钦若半路溜回皇城，单独求见真宗，告诉真宗《喜雪诗》用韵的错误。第二天，宋真宗派宦官到政事堂传话，所有宰执大臣一律弯腰听训。宋真宗说："昨日赐给诸公诗句，若非钦若提醒，朕几乎就成为天下人的笑柄！"王旦听了，只是说："是，是，微臣有错。"其他宰执大臣也多闭口不说。

宰执班子排名最低的枢密副使马知节忍不住了。他从政事堂一路跑着冲入紫宸殿，把自己昨天亲眼所见一一禀奏。宋真宗很震惊，事后却又像什么都没发生一样，既没有怪罪王钦若欺罔，也没有处罚马知节无礼。

宋真宗为何如此呢？

王钦若是真宗宠臣，即便知道王钦若要弄小聪明，也不大忍心处罚。而马知节闯殿，也是一片忠心。若要严格追究起来，王钦若只是滑头，马知节确是藐视君王，罪名更大了。

不过，宋真宗这种"不作为"让两人的矛盾更加尖锐了。

王钦若有一个习惯，每次上朝议事，怀中总会揣着好多份提案。最后看宋真宗的意思，提交皇帝最满意的一个。因此，宋真宗每次都觉得王钦若是知己。

有一天，皇帝召集宰执大臣商议新一批六部官员名单。众人发言前，都把准备好的名单呈交真宗。王钦若也交了一份。讨论到一半，王钦若揣摩真宗心意，从怀中拿出了另一份名单。众宰执都不齿王钦若这种谄媚行径。可都是人精，不想做这个恶人。又是马知节当大炮，他说："一份一份拿出来多误事？为何不把怀中许多份名单一次性拿出来呢？"众人听了，哈哈大笑。王钦若看看端坐在上的宋真宗，一脸尴尬。

百官中反对王钦若和丁谓最激烈的是张咏。在二度出任益州知州后，张咏又以礼部尚书的高位出任金陵、陈州知州。张咏曾经上表真宗。他说："陛下您不应当建造那些道观宫殿，耗尽天下之财，疲弊万民之命。这些事情，我想，都是贼子丁谓欺瞒陛下。恳请陛下您斩下丁谓的头颅高挂在国门前以谢天下。然后将我张咏的头颅斩下，悬在丁氏的门前以谢丁谓。如此，或可挽回民心！"

张咏当然知道，丁谓是替真宗背了黑锅。可是，皇帝至高无上，当然不能否定，于是，只能退而求其次，杀掉丁谓了。

宋真宗没有驱逐王钦若、丁谓，但也没有听从王钦若、丁谓的诽谤，贬斥马知节、张咏。宋真宗宠爱王钦若与丁谓，这两人可以帮助他做成其他人做不成的事情。但是，大宋朝廷若要稳步前进，就必须保持平衡。留下马知节、赵安仁、张咏，正可以牵制王钦若与丁谓。如此，他宋真宗才可以统管天下，宰相王旦也才可以比较顺利地推进种种惠民措施。

第10章

川妹子刘娥逆袭封后

大中祥符五年（1012年）的十二月，宋真宗下诏，册封德妃刘氏为皇后。刘氏叫刘娥，此人一生堪称传奇。她15岁和宋真宗相遇，彼此一见倾心。此后10多年飘零在外，30岁进入皇宫，45岁封后。经过漫长的30年的历练，一个来自川蜀的草根女子，终于登上了万凰之王的高位。

早在景德四年（1007年）原配郭皇后去世时，宋真宗就以郭后留有遗命为由，提议册封刘娥为后。可是，遭遇以参知政事赵安仁为首的士大夫集团的强烈反对。面对阻力，刘娥果断选择退让。当然，退让不是低头，更不是放弃。经过5年的精心布局，刘娥终于攒够了封后的本钱。

遭遇反对

景德四年，郭皇后薨逝。册封新后，就成了宋真宗和刘娥的当务之急。宋真宗信心满满，在朝会上当众宣布：郭皇后临终之际，留下遗命，将后宫刘美人晋封为皇后。景德四年的宋真宗，即位已经11年，朝中大臣多是他一手提拔起来的心腹。加上后宫妃嫔品级都被压得极低，刘娥虽然不过是四品美人，可已经是一人之下，万人之上。就是按照资历，刘娥顶班，也顺理成章。

在宋真宗看来，封后诏令只要一宣布，必然群臣赞同。不料，结果恰恰相反，以参知政事赵安仁为首的官员竟然抱团反对，态度十分强硬。

赵安仁不是外人，和宋真宗有着两代君臣情谊。赵安仁之父赵孚是宋太宗藩邸时期的老部下。当年宋太宗出任开封尹，赵孚任开封尉时，两家就联了宗。赵安仁文辞华美，官样文章做得极好。宋太宗曾经得到一张宝琴，下诏让群臣作文纪念。朝中大臣摩拳擦掌，纷纷献上精美文章。在数百份诗文中，宋太宗选中3篇文章。拆卷后，宋太宗告诉宰相："朝廷文化之盛，前代很难相比。朕再三观看百官文章，比较优劣，其中李宗谔、赵安仁、杨亿文理精通，有老成之风，堪称优秀。可将他们三人召到中书省，予以褒奖。"在太宗心中，赵安仁等人虽然年轻，可文章老道。观其文而知其人，日后必可大用。

果然，考中进士没几年，赵安仁被任命为太常寺丞、知制诰。王侯公卿慕名而来，赵安仁的名望越来越大，逐渐成为大宋新一代士林中的佼佼者。

景德元年（1004年），翰林学士梁灏奉命入见，君臣二人聊起当朝台阁人物。梁灏点名表扬数人，或者文章老道，或者处事敏捷。宋真宗听了之后默不作声，好一会儿才问："文章德行都很出众，像赵安仁一样，百官之中有几人呢？"梁灏听后，立刻说："赵安仁才能突出，见识不凡，臣看无人可以和他相比。"不久，宋真宗下诏，晋封赵安仁为正三品翰林学士。

赵安仁上任之后，果然不凡。当时，宋辽两国已经定下休战盟好的调子，辽国使者来到汴京，具体商讨盟约条款。赵安仁不是主和派，不过，和谈既然开始，就当努力在和谈中最大限度地维护宋朝的尊严和利益。

在寇准的大力推荐下，才学广博、熟知礼仪的赵安仁出任接伴使，代表大宋接待辽国使臣。辽国使臣韩杞自认为大辽兵强马壮，对宋朝颇有轻视之意。宴会上，韩杞拿起一个橙子，说："鄙人曾在高丽国见过这种果子。"数年前，辽国倾国出战，高丽被迫臣服。韩杞此语，有把宋朝比作高丽之意。赵安仁反驳说："橙子本产于我国吴楚一带。朝廷有关部门掌管天下图册，对周边各国的特产无所不知。不久前，我国给事中吕佑也曾出使高丽，却不曾听说他们有橙子。"赵安仁一语道出韩杞的谬误。韩杞以为橙子是高丽出产，或者是寡陋无知，或者是有心欺诈，但都不值一哂。韩杞听后大感惭愧。

后来，宋真宗赏赐韩杞一套宋人官服，韩杞拜受。按照礼节，辽国使臣韩杞应该在出席正式场合时，穿上宋朝衣冠，以示对宋廷的尊重。临别时，宋真宗亲自主持饯行宴会。韩杞依然穿着本国衣服进入皇宫。礼官拦住，询问原因。韩杞说，并非他不愿意穿，实在是宋朝皇帝赏赐的衣服太长，不合身。礼官手足无措，不知如何应付，就禀告赵安仁。赵安仁提醒说："韩大人即将登上大殿接受国书，天颜咫尺。若您不穿皇帝赏赐的衣冠，万一惹出什么祸端，那可就不好了！"赵安仁话语软中有硬，毕竟此次和谈是在辽国略输一筹的前提下，由辽方首先提起。若因使者个人原因惹恼宋朝君臣，不给国书，那将如何回国复命呢？韩杞连忙换了衣冠入见。

赵安仁不但在接待辽国使臣、签署盟约的重要工作中表现出色，其他方面也表现不俗。赵安仁负责科举考试工作，以公正廉明的作风，赢得举子的一致拥护。景德三年，宋真宗下诏，赵安仁以右谏议大夫身份出任参知政事，进入宰执班子。

按照官场规则，赵安仁应当对提拔自己的宋真宗感恩戴德，倾力回报。赵安仁却在宋真宗最需要支持的时候，公然唱反调。史称赵安仁“小心畏谨，处事精审”，他之所以能够短短数年迅速崛起，除了文才出众外，更主要的还是他明白官场规则：知道什么可以说，什么不可以说；什么可以做，什么不可以做；什么可以说而不可做，什么可以做而不可说。

那么，赵安仁究竟为了什么反对刘娥封后？

摆在桌面的理由是刘娥“家世寒微”。

那么，刘娥的出身是不是很寒微，很卑贱呢？

宋真宗在迎接刘娥入宫时，曾经向宗正司提供了一份刘娥的家世材料。据查，刘娥祖籍太原，其祖父在后晋、后汉时期出任右骁卫大将军，父亲刘通在宋太祖时期出任指挥使、嘉州刺史，生母乃是刘通正妻庞夫人。只是，在刘娥出生不久，父亲刘通就奉命出征，参加北伐，结果战死疆场。因为刘通无子，家道就此败落。庞氏只能带着还在襁褓中的幼女投奔娘家。庞家家境平平，刘娥从小不得不干活维持生计。十三四岁时，刘娥跟随兄长刘美来到京城。15岁时，刘娥遇上了还是郡王的宋真宗。

也就是说，刘家虽然败落，没有一人在朝为官，可是，也绝不能因此否定刘娥的贵族血统。

何况，宋朝建立以来，择后的重要标准，就是从“勋旧之门”选择。开宝初年，宋太祖迎娶宋氏为后时，宋后父亲已经去世，家道已然败落。宋太宗迎娶李后时，李处耘去世也已经多年。宋真宗迎娶第二任妻子郭氏时，岳父郭守文也已经去世，郭家同样败落。

宋太宗之所以要定下这个规矩，就是因为既要保证皇族血统高贵，又要防止外戚专权。若是从当朝权要门第中选择闺秀，皇帝可能大权旁落，甚至要沦为傀儡了。

按照这个标准评判，立刘娥为后，正符合祖宗家法。

那么，赵安仁还有什么不能搬到台面的理由吗？

原来，赵安仁根本不相信皇帝提供的刘娥家世资料。百官之中有些人很早就听说过刘娥。据他们说，刘娥就是一个来自四川的乡野女子，毫无贵族血统。并且，有官员曾经亲眼看到过刘娥年轻时在京城天桥附近摆摊卖艺打花鼓。甚至有人说，刘娥所谓兄长刘美，本名叫龚美。龚美根本不是刘娥的兄长，而是刘娥的前夫。这种女人充作后宫，已经是大宋皇室的耻辱，更不要妄想成为大宋国母了！

就算刘娥卑贱，就算刘娥已为人妇，为何一贯小心做人的赵安仁要勇当炮灰，冲锋在前呢？这就要说到另一个人物——寇准了。

赵安仁反对刘娥封后，表面上看来，是批评刘娥出身卑贱，背后其实是一场宋廷高层的权力之争。

赵安仁的崛起，有三个人曾经出力：一个是赵普，一个是沈伦，一个是寇准。三人之中，寇准出力最大。雍熙二年（985年），赵安仁考中进士，主考官正是寇准。寇准年纪比赵安仁小3岁，却早7年出道。为官7年来，寇准已经从地方知县，做到了殿中丞、右正言、直史馆了。寇准才能卓著，对朝廷内外局势，多有不俗见解。宋太宗对寇准非常倚重，甚至把自己的家务事也交托给寇准。像如何安置大皇子赵元佐，选立何人为太子，宋太宗都采纳了寇准的建议。

赵安仁对这位年轻的老师非常尊崇，寇准对赵安仁也倾心相交。两人大到和战之争，小到官员任免，许多观点惊人一致。正因为如此，寇准拜相不久，就力荐赵安仁出任翰林学士。罢相时，寇准又将赵安仁托付给王旦。于是，寇准虽然远离京城，他的弟子兼死党赵安仁却继承了他的地位，成为朝廷左派的领袖人物。

寇准为什么要反对刘娥封后呢？事情还要从太宗年间说起。

宋真宗15岁时遇上了同样15岁的刘娥。

当时宋真宗还叫赵元侃。赵元侃出阁时需要选拔宫人，充实王府。对于皇宫中那些宫女，赵元侃都看不上。他让贴身小厮张耆帮忙，在民间搜罗美女。赵元侃特别交代：人人都说川妹子很漂亮，张耆你就找一个四川女子吧。张耆四处打探，可怎么都找不到。当时银匠龚美正在王府打造银器。张耆为人豪爽，和下人们都相处得很不错。看到张耆长吁短叹，龚美询问原因。张耆把原委告诉了龚美。龚美回家就和老婆刘娥说起了选秀这件事。也不知道其中经历了怎样的波折，最终，龚美带着刘娥来到了张耆面前，让张耆帮忙引见。

赵元侃一见刘娥就惊为天人，从此就爱上了刘娥。赵元侃将刘娥接进王府，每日缠绵不已。当时正是大皇子、二皇子兄弟相争的时刻，赵元侃沉湎美色，正可避祸。

那一年，赵元侃也已十七八岁，到了成婚的年纪。有一天，赵元侃带着乳母入宫，向宋太宗请安。请安结束，宋太宗特别留下乳母，询问:“三皇子最近怎么了，朕看他比以前瘦了不少。”乳母迟疑了很久，说:“三大王沉湎美色……”宋太宗哈哈一笑说:“少年心性，难免如此，等成婚后也就会收敛些了。”本来，事情也就此打住。搞不好赵元侃下次禀奏，宋太宗还真的会同意这门婚事。

没想到一旁的寇准插嘴说:“皇子不同庶人，美色误国的道理，陛下应该懂吧?”宋太宗面色一沉，最后下令，将那个魅惑三皇子的妖姬驱逐出府。

接到诏令，赵元侃非常吃惊。很快，他就打探到，都是寇准多嘴惹的祸。刘娥没有哭泣。在宦官的监督下，她默默地收拾东西，离开了王府。

宋太宗没有想到，那个被逐出王府的一代妖姬并没有就此消失。

赵元侃不敢公开反抗父皇，但私下里将刘娥安排在心腹张耆的家中，由张耆老母、妻子照顾。此后10多年，两人秘密幽会，多有往来。空闲时光，刘娥把全部的精力都用于苦读经史。经过波折，刘娥明白了一个道理。身为女人，美貌很重要，但是青春易逝，美色难恃，唯有智慧，才可以陪伴一生。从那个时候开始，帮助赵元侃走出人生困局，谋取太子之位，就成了刘娥的主要功课。

经过10多年的等待与磨炼，刘娥仿佛化蛹成蝶，脱胎换骨，从一个妖娆的美女变成了一个精通权谋的女政治家。

在不少人看来，赵元侃能够称帝，完全是上天垂爱。退一步说，也是寇准力荐之功。可是，在赵元侃看来，将他扶上帝位的最大功臣，是一直在背后默默付出、不计较名分的刘娥。

刘娥有才，有大才。史籍记载,“帝朝退，阅天下封奏多至中夜，后皆预闻之。周谨恭密，益为帝所倚信焉”。刘娥不但是宋真宗的初恋情人、一生知己，更是宋真宗图谋嫡位、安邦定国的女张良。整个宋真宗时代，刘娥全程参与朝廷的多数决断，堪称宋代最有政治手腕的女强人。

开始，寇准不知道这一切。后来，二皇子赵元僖暴毙，寇准开始考虑下一任皇嗣人选。密切关注下，寇准有些意外。细观赵元侃种种言行，无论是孝顺父皇还是远离朝臣，都显得非常高明。赵元侃的背后必有高人指点！等到最后，寇准发现所谓高人就是当初被自己一句话逐出王府的妖姬刘娥!

这时候，寇准震惊了。

人生困局

寇准一生为官，经常不守成规。因此，惹怒了同僚，惹怒了皇帝。不过，寇准行事虽然有些“乖张”，但绝对有底线。他的底线，就是自古以来士大夫们所遵循的礼教纲常。

所谓“女子无才便是德”，对女性个体来说，多少有些不公平。但放眼历史，就可以发现，一旦女性尤其是后宫妃嫔具有所谓才学，往往便会贪图权势，干预朝政。男主外，女主内，千古以来皆如此。一旦牝鸡司晨，那天下可就要糟糕了。

于是，刘娥越是有才，越让寇准忌惮。

宋真宗称帝的第二天，就派张耆带着大队人马，迎接刘娥入宫。不想张耆刚出宫门，就遇上了宰相吕端。吕端拦住张耆，询问这么大排场出宫，有什么事情。张耆开始不说，最后逼得没法子才说:“是官家交代的家事。”吕端当即反驳说:“皇帝为何叫做‘官家’?”张耆说:“不知道。”吕端说:“所谓‘官家’，就是五帝官天下，三皇家天下。皇帝当以天下为家。因此，其家事也就是国事。”身为大宋宰相，朝廷无事不可干预。张耆无奈，只能说明。

吕端早就从寇准口中听说过刘娥。听闻要接刘娥入宫，吕端沉默。许久，他说:“皇帝虽然富有天下，但后宫之主乃是皇后。若无皇后诏命，任何人不得入宫。”张耆无奈，只能把吕端的话回禀宋真宗。

宋真宗想想，自己做的确实有些急躁。刚刚登基，千头万绪，有许多事情都需要依仗吕端去做。于是，迎接刘娥的事情就暂时搁在了一边。

其实，宋真宗心中一直没有忘记。只是，乳母和妻子郭氏，对刘娥成见极深。宋真宗的乳母可不是寻常人家的奶妈。能够有资格担任皇子乳母的，都是出身士大夫家门。《红楼梦》的作者曹雪芹，他祖先发迹，就因为曾祖母是康熙皇帝的乳母。真宗乳母看不起草根出身的刘娥。加上刘娥被逐，和她当初的进言有着莫大的关系。此后多年，宋真宗虽然没有批评乳母，但乳母心中却始终有着芥蒂。

至于真宗的第二任妻子郭氏，对刘娥自然没什么好感。从她来到王府开始，郭氏就看到自己的丈夫三天两头往那个女人身边跑。多年来，郭氏连续生下3个儿子，功劳可谓大矣。按照礼制，宋真宗晋封为王爵时，郭氏也可以晋封为妃。可是，郭氏谦逊，一直不肯接受，直到真宗即位，封号只是秦国夫人。

宋真宗即位第二天，就昭告天下，晋封太宗李后为皇太后。可是，一直过了许多天，宋真宗也迟迟没有举行册封皇后的仪式。

没有皇后的封诰，郭氏就只是国夫人，不得入宫。虽然郭氏什么都没有说，可是，不仅仅是她的家人、她的心腹们着急，她本人也有些莫名其妙。就算是政务再忙，可相比册封皇后，到底孰轻孰重呢？后来，乳母不知道从哪里打听到吕端拦截张耆的事情，告诉了郭氏。当真宗回到王府时，郭氏主动表态，愿意邀请刘娥入宫。

于是，在登基的两个月后，郭氏被迎接入宫，册封为皇后。不久，乳母被晋封为一品国夫人。随即，张耆捧着皇后的懿旨，迎接刘娥入宫。

不过，入宫的仪式非常简单，只不过是三五个仆从，一顶软轿而已。毕竟，当时的刘娥只不过是一个普通后宫，只是一个没有任何封号的后宫。

不久，宋真宗通知郭皇后，应当给刘娥一个封号。先不说刘娥有拥立大功，单单刘娥从15岁就跟随他，堪称资格最老的王府姬妾，就应当给人家一个名号。可是，郭皇后铁了心拒绝。皇后是一国之母，掌握宫中内命妇的升降，郭皇后不答应，真宗也无可奈何。

郭皇后态度强硬，刘娥却显得很顺从，甚至事事为郭皇后考虑。自从刘娥进宫，宋真宗因心怀愧疚，几乎夜夜专宠她。刘娥多次劝真宗去皇后或者其他后宫殿阁，不像寻常妇人那么忌妒。宋真宗非常感动，对刘娥又敬又爱，更加离不开了。

从至道三年（997年）开始，一直到景德元年（1004年），前后8年时间，刘娥无名无分。不过，刘娥虽然没有封号，却有着宋真宗的专宠。很多人都不明白，为什么宋真宗放着三千佳丽不管，单单宠爱刘娥这个年过30岁的半老徐娘。

原因只有一个，就是刘娥有眼光，有权谋，可以帮助宋真宗处理军政要务中出现的一个又一个难题。真宗即位之初，不仅仅要面对辽国和西夏的频繁入侵，即便是在朝堂，也充斥着种种争斗。大宋皇族不像汉朝，皇子除了极少的辅佐官员，几乎就没有什么机会接触朝廷大员。宋真宗称帝之初，放眼朝堂，都是陌生面孔。正因为如此，王继恩当年才敢悍然发动政变。

于是，最初的几年，宋真宗都在忙着将藩邸旧臣安插到各个重要岗位上。比如宰相李沆，那就是真宗的旧臣领袖。宋真宗之所以要打压寇准，一方面是因为寇准本人多少有些桀骜不驯，难以管束，更为重要的，是寇准所代表的那股势力，威胁到了宋真宗的皇权。

可是，寇准能量极大。论资历，真宗朝首任宰相吕端，也是寇准的晚辈；论交情，继任的宰相李沆、王旦、尚书张咏是寇准同年，真宗朝文坛领袖、翰林院掌院学士杨亿是寇准铁杆好友，副相赵安仁以及真宗晚年宰相李迪是寇准弟子。

寇准为人豪迈，交友遍天下。每当寇准还朝，必然引来大风雨。

于是，对抗寇准，打压寇准，使用寇准几乎就成了贯穿宋真宗一生的主要命题。而刘娥，正是宋真宗最得力的帮手。

此前的几年，郭皇后的长子和第三子都幼年夭折，连周岁都没过。次子赵佑长到了9岁，聪明伶俐，深得真宗喜爱。没想到咸平六年（1003年）年末，赵佑忽然感染风寒，从此一病不起。郭皇后心力交瘁，内心孤苦。

在很多人看来，赵佑染病，刘娥本应当高兴。可是，刘娥忧心如焚，甚至在寒冬腊月，光着脚，对月祈祷。宋真宗看后非常感动。

刘娥做的并非表面功夫。她是个极聪明的女人。郭皇后有礼法支持，要想得到封号，就必须得到郭皇后的认可。依仗真宗的宠爱，或许也可以逼迫郭皇后下旨。但是，那样只能让真宗与郭皇后两人的关系变得恶劣，使刘娥坐定妖女的恶名。

多年来，刘娥对郭后一直恭顺，人前背后，从无半点不敬。

景德元年（1004年）的正月，郭皇后终于点头，答应册封刘氏为贵妃。宋真宗大喜，让人拿着亲笔诏书前往中书省。按照礼制，三品以上妃嫔的册封，必须得到中书省（宰相）的同意。宰相李沆看到诏书，沉吟许久，当着宦官的面，把皇帝的手诏给烧了。宦官大惊，烧掉圣旨可是大不敬的罪行。李沆平静地说："请中贵人转告官家，臣李沆认为不可以。"

李沆为什么不同意晋封刘娥为贵妃呢？

李沆与寇准交情深厚，对刘娥早有耳闻。刘娥暗中为真宗出谋划策，干预朝政，"劣迹斑斑"。此前，刘娥没有名分，影响有限。而贵妃距离皇后不过是一步之遥，若刘娥有了贵妃封号，必定如虎添翼，更无忌惮。搞不好后宫干政、外戚专权的历史丑剧就会在大宋上演。

宋真宗无奈，只能晋封刘娥为四品美人。

不过，刘娥虽然只是四品美人，但已经是品阶最高的后宫妃嫔，仅次于郭皇后。王府姬妾出身的杨氏，年轻貌美，善解人意，也仅仅是五品才人。

本年七月，李沆去世，毕士安、寇准拜相。宋辽大战爆发。年末，宋辽盟好。景德二年，毕士安去世。景德三年，寇准被罢黜相位，副相王旦升为宰相，翰林学士赵安仁出任副相。

寇准虽然离开朝廷，可影响依然存在。作为寇准得意门生兼死党的赵安仁，平日里小心谨慎，可在大是大非上，却和寇准一样，态度坚决，寸步不让。

赵安仁对封刘娥为后的反对立场让宋真宗恼怒异常，美人刘娥却很是平静。当时朝中大臣分为三派：一派以前任宰相寇准为首，以副相赵安仁为骨干，极端仇视刘娥；一派是以枢密使王钦若为首，唯真宗之命是从，既然皇帝要封刘娥为后，那王钦若就一力促成；一派是以宰相王旦为首，处事稳健，徘徊在左右之间。可以说，赵安仁有一千条反对的理由，王钦若就可以提出一千零一条支持的理由。可是无论有多少理由，没有王旦的支持，即便可以封后，也是有名无实，而且将大大损伤刘娥的在朝中的威信。

政治需要权谋，但更需要德行，需要礼法道统的支持。为了将来，刘娥必须小心谨慎地收敛锋芒、积蓄力量、争取盟友，再图反击。

刘娥让人打探宰相王旦对自己封后的态度。来人回禀说：朝会时，两派大臣争吵不休，宰相王旦一言不发。

不说话就是不支持，不支持就是反对。刘娥找到宋真宗，宣称自己才德浅薄，不配封后，希望宋真宗再缓缓。宋真宗之前给刘娥打过包票，正发愁不知道如何面对心爱的女人。当看到刘娥如此通情达理，大为感动。宋真宗告诉群臣，封后一事暂时搁置。

可是，宋真宗心中却更加坚定了非刘娥不封后的信念。

瞒天过海

大中祥符元年（1008年），宋真宗为了回馈刘娥的谦让，晋封刘美人去世的父亲嘉州刺史刘通为防御使，刘美人的母亲庞氏为京兆郡君。刘娥提议，不仅仅是自己的先辈应该追封，比她低一级的杨才人的父母也应该相应的得到追封。宋真宗同意。

大中祥符二年的一月，宋真宗再次晋封刘娥，从正四品美人越级提拔为正二品修仪，由刘娥总理后宫事务。杨氏也由正五品才人相应提拔为正三品婕妤。

可以说，这一年的刘娥距离皇后的宝座已经越来越近了。可是，要想让百官心服口服，刘娥还必须建立更大的功勋。刘娥有夺嫡之功，有辅政之劳。真宗即位之后几乎所有的重大决策，背后都有刘娥的身影。可是，这些都不能摆上台面。作为一个女人，作为一个皇帝的妃嫔，最大也最有说服力的功劳，就是给皇帝生一个皇子。

可是，刘娥自从15岁追随宋真宗，20年来始终未孕。而宋真宗和其他妃嫔先后产下多个儿女，于是唯一的解释就是刘娥不会生育。如何让一个不会生育且年过40岁的女人生下龙种并且还保证是男孩呢?

唯一的办法，就是借腹生子。

正史中对这段历史讳莫如深，毕竟这牵涉到皇家隐秘。不过，还是有个别宋人笔记记载了相关故事。比如《默记》。

有一天，宋真宗前往刘娥的殿阁，"恰巧"刘娥不在。宋真宗散朝回来，想要洗手。李宫女就捧着金盆上前。"上悦其肤色玉耀"，估计宋真宗非常喜欢肤色洁白的女子。于是宋真宗一边洗手，一边和李氏闲聊。李宫女就说："昨天晚上我做了一个梦，梦到一个神仙光着脚从天上下来，说：'我来做你的儿子吧'。"当时，宋真宗还没有儿子，听到这件事情之后非常高兴，说："那我就成全你吧。"于是，那一晚就让李宫女侍寝，结果就怀上宋仁宗啦。

其实，稍稍推敲下以上记载，就可以发现许多疑点。而众多疑点，都指向一个人，就是修仪刘娥。

第一个疑点是，宋真宗来到刘娥宫中，为什么是李宫女给宋真宗端水。

在《红楼梦》中，有这样一个情节。有一次宝玉偶然回到怡红院，着急要洗手洗脸，可屋里一个大丫头也没有。有一个小丫头上前来帮忙，宝玉奇怪以前怎么不认识她，小丫头就和宝玉聊了起来。两个人说得正开心，晴雯从外面回来了，冲上去就给了小丫头一巴掌，让小丫头明白，不是谁都有资格给宝玉端茶递水的。

李宫女能够站到宋真宗面前，绝非偶然。皇宫的规矩比起贾府来说大得多。如果不是刘娥允许，哪个宫女敢出现在宋真宗面前?

并且，这位李宫女也很不凡。至于她的皮肤白净，长得不错，那不算是什么。宫中美女多了去了。美，只是吸引宋真宗眼球的敲门砖。要想宋真宗看上且愿意播种，就完全是另一回事了。

李宫女出色的言辞帮了大忙。可以猜想一下宋真宗和李宫女见面聊些什么呢?按照常理，不过是主子和仆人之间简单的问候，比如姓名啊，家人啊，在宫中生活好不好，等等。可是，李宫女说着说着，两人的关系渐渐变得亲密了。李宫女竟然汇报起昨晚做的一个梦了。这个梦非同小可，乃是天降龙种的异梦！李宫女在宫中数年，当然知道宋真宗当时没有儿子，当然知道宋真宗年过40岁渴望有儿子的心情。于是，一招出手，好事做成。

显然，这一切都是刘娥刻意安排的。刘娥按照宋真宗的喜好，找了一位皮肤白净、能言善辩、清纯可爱的宫女，并且教她说了这番异梦的话。春宵一度后，李宫女竟然怀孕了——连最佳受孕日期都计算好了。

《宋史》中称李氏“庄重寡言”，仔细想想颇有道理。李氏口才很好，却非那种搬弄是非、逞口舌之快的人。“庄重寡言”让李氏保全了许多秘密，也让李氏得以在钩心斗角的宫廷生存了下去。

那么，刘娥提出了什么条件，让李氏把孩子让给自己呢?

李氏本也是官宦人家的小姐，父亲曾经担任县令级别的官员。可是，她母亲生下弟弟的同时，难产死了。数年后，父亲也病故了。十二三岁的李氏孤苦伶仃，根本无法养活弟弟。无奈之下，李氏只能将自己卖入皇宫，充做宫女，把卖身钱交给族人，以照顾年幼的弟弟。宫门一入深似海，从此兄妹成路人。

等到数年后，李氏有机会出宫时，却发现昔日托付的那位族人拿着自己的钱跑了。年幼的弟弟在外飘零，已下落不明。

刘娥答应李氏，全力帮助找寻李氏的弟弟，并且，李氏完成任务之后，给李氏应有的待遇。

刘娥这个人，有权谋，也有德行，果然说到做到。在李氏生下皇子不久，刘娥就晋封李氏为崇阳县君。刘娥封后之后，李氏也被晋封为五品才人、二品婉仪，名位始终仅次于杨氏。刘娥也并没有禁止李氏和宋真宗继续往来。李氏后来再度怀孕，产下一个公主，可惜中途夭折。

刘娥交代手下，尽力帮忙找寻李氏的弟弟李用和。李氏当年入宫时，弟弟李用和只有7岁。为了他日相认，李氏用丝锦亲手编织了一个香囊。临别时，李氏再三交代弟弟，以后无论如何落魄，都不能丢掉这个香囊！李用和被族人抛弃后，被一个卖香烛的小商人收留。此后多年，李用和在香烛铺做小伙计，胸口天天挂着那个香囊，一天也没有离身。有一天，李用和得了痢疾，上吐下泻，眼看就不行了。香烛铺老板把李用和赶出店铺，扔在了大街上。有一个宦官出宫采买，看到李用和可怜，就把他接到家中养病。宦官请来医生治疗，李用和这才捡回一条小命。那宦官看到李用和全身衣服补丁连着补丁，一副穷酸样，可是胸口的锦绣香囊一看就很值钱，就问起李用和的身世。李用和就把当年如何与姐姐分离，姐姐如何交代他不能丢掉香囊的话全部说出。那宦官正是刘娥心腹江德明，曾经亲耳听李氏讲述与弟弟分离的场景。江德明立刻回禀刘娥。李氏万分激动，跟着刘娥去见李用和。刘娥非常谨慎，还详细地询问李用和的乳名、小时候的家庭琐事。

李用和都一一说明。李氏大喜，姐弟相认。刘娥把整件事情告诉真宗，真宗当即任命李用和为宫廷侍卫。等到宋仁宗亲政后，李用和恢复了正牌国舅爷的身份，富贵荣华终老。

其实，要想完成“借腹生子”，找到李氏这个替代品并不难，如何说服宋真宗才是关键。可惜，史料当中没有任何相关细节。

整个瞒天过海、借腹生子的行动中，宋真宗没有任何的不快，一直积极配合。李氏怀孕后，被秘密藏了起来。刘娥则怀揣了枕头到处走动。宫内宫外人人都说，修仪刘氏终于怀孕了！

大中祥符三年的四月十四日，开封府知府周起入宫禀奏政务。汇报工作刚开始，宋真宗就打断周起的话说：“周卿家，你知道朕今天有大喜事吗？”周起茫然不知。宋真宗说：“朕今天终于有皇子了！”说完，宋真宗亲自走入内殿，抓了一把金钱（1枚金钱当1000文铜钱）塞到周起怀里。宋真宗说：“你是第一个知道这个消息的外臣，朕的喜事自然要与你分享！”

周起出宫之后，立刻向中书省的几位宰相汇报了这个消息。王旦、王钦若等人立刻入宫，向宋真宗道喜。赵安仁一干人则心事重重。

赵安仁对所谓刘娥怀孕一事，多少有些怀疑，可是又找不到任何证据。一个事实就是，在整个真宗朝，只有极少数宰执大臣知道这个秘密，并且谁也不敢提起。一直到刘娥（章献太后）去世，宋仁宗得以亲政，仁宗生母并非刘娥，而是李氏的秘密才得以公开。

若刘娥凭借产下皇子一事，要求封后，赵安仁等人将何以立身？

没想到，后宫喧闹了几天随即恢复了平静——刘娥并没有提出封后。

朝廷的格局比几年之前并没有大的改变。虽然刘娥“产下”皇子，有了封后的资格，但是有资格并不等于会成功。唯有在朝廷中，扶植起支持自己的力量，封后一事才不会出现变数。

有宋一朝，对待外戚势力一向控制严格。刘娥娘家人已经死绝，就只剩下昔日的前夫、今日的兄长刘美在朝。刘美为人宽厚，朝野当中名声不错。本年，刘美的官职是洛苑副使，仅是一个知州级别的官员。以刘美的品级，对封后根本就起不到实质性作用。说得苛刻一些，他不给刘娥带来恶名，就很不错了。

于是，找寻盟友，在朝堂扩充势力，成为刘娥的下一个目标。

后党初成

大中祥符四年（1011年），刘娥被册封为正一品德妃，距离皇后只有一步之遥。以刘娥的名爵和功勋（产下皇子，且是真宗唯一在世的皇子），晋封为后，已经不是难事。刘娥希望封后万无一失，为此，必须要让反对派魁首赵安仁离开。

此前的许多年，刘娥都一直站在宋真宗的背后，默默出力。宋真宗的强大，那就是刘娥的成功。可是，在封后之后，一切就会发生变化。为了迎接这个变化，刘娥必须培植自己的人马。

多年来，宰相王旦不卑不亢，凭借其德行、才干，在宋真宗心中占据了极为崇高的位置。若是能够拉拢王旦，自然是上上之选。只是，以王旦的操守，没有如同赵安仁一样公开反对刘娥封后，已经是万幸。一旦对他露出一丝半点的笼络之意，估计王旦就会毫不犹豫地投出反对票。

对于王旦，最佳选择是敬而远之。

枢密使王钦若呢？身为宰执班子二把手的王钦若，在朝廷能量极大。多年来，刘娥在宋真宗面前，说过不少王钦若的好话。比如当初宋辽大战时，寇准提出，王钦若劝说皇帝南下，无异于叛国，应当被砍头。是刘娥告诉真宗，王钦若绝非胆小避祸之人，之所以提出南下，必然是出自爱护君王之心。大战结束，王钦若得胜归来却遭受寇准冷遇，也是刘娥提醒真宗，王钦若有功社稷，不可重罚。

只是，王钦若对后宫刘娥的态度一直不冷不热。他王钦若和后宫刘娥，可以说并驾齐驱，同为宋真宗的左膀右臂。王钦若可以直接攀附真宗，得到一切想要的富贵荣华，又何必退而求其次，拜入刘娥的门下呢？要想王钦若在封后的问题上出力，刘娥还必须给点甜头。

刘娥建议，王钦若担任枢密使已经多年，在“天书”“封禅”问题上更是功勋卓著，理应压压担子。大中祥符五年的九月，宋真宗下诏，提拔吏部尚书、知枢密院事王钦若为检校太傅、同平章事。王钦若遂成为宋朝第一位以枢密使身份兼任宰相的文官。有了同平章事这个职务，王钦若就可以名正言顺地对朝廷大政乃至后宫册封做出表决了。

王钦若得人恩惠，为人消灾。要想扳倒赵安仁，还是必须从赵安仁身上找寻破绽。

史书称，“安仁小心畏谨，处事精审，特留意于刑名，内外书诏关要切者，必归安仁裁损之”。自从景德年间，赵安仁公开反对刘娥封后以来，赵安仁就已经成为王钦若一派的眼中钉。在众多眼睛的关注下，赵安仁小心翼翼，如履薄冰，唯恐被人抓了把柄。所谓“特留意于刑名”，是说赵安仁对于国家大政，很少发表观点，而是把主要精力放在了审理地方呈报的一个个具体案件上。

最后的半句话很有意思。一般来说，皇帝下发的各项诏令，最后的决断权在宰相。宰相有权决定是执行，还是驳回。当时以王旦为宰相的中书省中，决定权竟然落入赵安仁手中。这是为什么呢？这就说明，赵安仁虽很少发言，虽不过是副相，却隐然成为中书省实际的领导人，威权竟在宰相王旦之上。

有一次，宋真宗留下王钦若单独议事。宋真宗假作从容，询问王钦若：“现在的宰执大臣中，谁的品行最值得赞许？”王钦若立刻回禀，说：“没有人比得上赵安仁。”宋真宗一愣。宋真宗不是怀疑赵安仁的品行，而是王钦若和赵安仁不和人所共知。王钦若称赞其他宰执也就罢了，竟然称赞赵安仁，实在有违常理。宋真宗询问原因。王钦若回答：“当初赵安仁深受前任宰相沈伦赏识，至今不忘沈伦的恩德，常常想着报答沈家的恩情。”宋真宗听后沉默了。

景德四年，赵安仁反对刘娥封后的同时，提出他们的候选人——故相沈伦的孙女沈才人。沈才人出身名门，血统高贵，堪为国母。沈才人入宫后，虽然她年轻貌美，宋真宗对她也并不讨厌，可是赵安仁等人越是坚持，反倒让宋真宗越不敢去碰她。沈才人背后代表的庞大的勋贵集团，让宋真宗望而却步。

此前，宋真宗虽然不满赵安仁反对刘娥，力挺沈才人，可是赵安仁摆出的乃是祖宗礼法，宋真宗无法驳斥。宋真宗对赵安仁又是埋怨又是敬重。可如今听王钦若一分析，原来赵安仁并非一心为公，而是打着维护礼法的旗帜，行一己之私。这摆明了是在玩弄他宋真宗嘛。

从这刻开始，宋真宗决心罢黜赵安仁。

有一次宰执议事，宋真宗特意留下王旦。王旦一看宋真宗脸色阴沉，知道必然有大事发生。宋真宗说：“听说赵安仁在中书省平常都不发表意见，每次奏对也一言不发。如此为官，应该罢免。”宋真宗看似在商量，其实就是在命令。他罢官的理由是“不作为”。

宋真宗对赵安仁的日常状态说得比较准确，可是，角度不同，结果也截然不同。宰相王旦为人宽厚，主动为赵安仁辩解。他说：“陛下所说确有其事，可只知其一，不知其二。赵安仁最顾全大体，两府议案都是在宰执公议后提交陛下。臣见每次议事，临时改变主张的人，那都是附和陛下、迎合陛下。赵安仁不说话、不表态，正是他处事有原则。”宋真宗脸色缓和了一些，说：“有这种事情？朕不知道啊。卿家可以找赵安仁谈谈，让他以后工作更主动一些吧。”

宋真宗没有完全否定王旦的话，但却也没有接受王旦的意见。从其对王旦的嘱托来看，明摆着对赵安仁还是不信任。

当王旦把宋真宗的原话转告赵安仁，赵安仁很伤心，说：“我蒙受皇帝大恩，错误地把我提拔到如今的位置，如今因为才能不够被贬斥，也是理所应当。若要想安仁在皇帝面前与人争辩，博取名誉，我不屑去做。”

王旦离开时不禁感叹：“我刚刚在陛下面前力保安仁，如今看来，我果然没有看错安仁啊。”

第二天，赵安仁“主动”提交辞呈。宋真宗没有任何挽留，直接批准。

其实，对于赵安仁的离开，王旦没有倾力挽留。赵安仁出任副相的几年，和其师寇准一样，锋芒毕露，凌驾在宰相之上。王旦心底深处，多少也有些不满。

赵安仁离开之后，参知政事（副相）的位置出现了一个空缺。由何人出任副相，至关重要。

王旦看中了翰林学士李宗谔。李宗谔是太宗朝宰相李昉之子，少有神童之名，真宗即位后点名出任翰林学士，其文采风流，为士林倾倒。无论是能力还是年资，李宗谔都完全有实力出任参知政事。

王钦若则看中了三司使丁谓。丁谓相比李宗谔，出身平平，可才气、能力远在李宗谔之上。丁谓处理地方政务政绩卓著，统领天下财政也举措有方。最近几年负责各种大小工程的兴建，每年要耗费大量钱财，可在丁谓的领导下，国家经济不但没有萎缩，反倒日益壮大。国库收入，一年比一年多。

大中祥符二年起，丁谓主持修建玉清昭应宫。工程规模庞大，要处理的问题有许多。其中最大的难题有三个：其一，修建昭应宫要许多泥土，可城中空地极少，取土要到郊外，耗费人力物力；其二，修建昭应宫需要大量的木材石料，古代运输主要走水路，可汴河距离宫殿遥远，运输是个大难题；其三，昭应宫拆建过程中出现很多破砖烂瓦，把垃圾清理出城，需要大量的人工。

工部官员想破了脑袋也想不出一个好方案。经过了实地考察、精密计算之后，丁谓提出了一个空前的构想。从昭应宫到汴河开挖几条河道，把挖出来的泥土送入昭应宫，可解决取土问题；河渠挖成后，引汴河水入昭应宫，如此可以顺利解决运输工程物资问题；等到所有工程全部结束之后，把破砖烂瓦全部填埋到河道中，把河道恢复成大街，如此可以解决垃圾清理问题。

史家高度评价丁谓此举——“一举而三役济”。

在最初的设想中，玉清昭应宫需要用15年时间才能修建完成，但在丁谓的努力经营下，仅仅用了7年时间就告竣工。一直到现在，丁谓造宫这件事也被许多学者视为工程理论统筹安排的经典范例。

丁谓凭借自己的聪明才智，一步步升迁到三司使的位置。应该说，以丁谓的年资和才干，出任参知政事也完全符合要求。

朝会时，宋真宗交代宰执大臣，每人推荐一个，由宋真宗做最后的裁决。

丁谓耳聪目明，很快就听到了风声，四处活动起来。

丁谓进入朝廷后，主动拜在王钦若门下。王钦若深受宋真宗宠爱，攀附王钦若，可以亲近宋真宗。但若要再进一步，仅仅有王钦若的支持还不够，丁谓的目光瞄准了德妃刘娥。

作为外臣，没有皇帝特旨，丁谓无法见到后宫妃嫔。但丁谓有丁谓的法子。

当初，宋真宗做主，为刘美（龚美）赐婚，娶了吴越钱王的女儿。刘家从草根一跃成为贵族，刘娥的面子也好看许多。钱家对这门婚事也比较满意。虽然钱俶归顺后，被封为淮南王，但是钱王去世之后，钱家也就败落了。钱俶的几个儿子，唯独幼子钱惟演还在朝廷为官，但也仅仅是司封郎中、知制诰。钱家与后宫刘娥联姻，等于是一场政治投资。

丁谓文章出众，和知制诰钱惟演多少有些交情。

丁谓夜间拜访钱惟演。丁谓表示，希望通过钱惟演，拜入德妃刘娥门下。只要自己有机会，必然力挺德妃封后。钱惟演大喜。一旦刘娥封后，钱家也会水涨船高，再度成为当代豪门。只是，钱惟演还只是一个中层官员，距离宰执还比较遥远，人微言轻，能量有限。可是，丁谓就不一样了。当初寇准可是直接由三司使出任宰相！何况，最近几年，丁谓因为力促封禅，修建宫殿，身边聚拢了一大批新晋官员。王钦若对丁谓也忌惮三分。若有丁谓相助，刘娥封后几乎就是铁板钉钉的事情。

两人一番密谈，交易达成。从此之后，丁谓与钱惟演便成为刘娥手下最得力的两员大将。丁谓和钱惟演也因为攀附刘娥，先后登上宰相高位。

第二天，钱惟演带上夫人和妹妹，入宫看望德妃。刘娥与两位嫂嫂寒暄一番后，单独留下钱惟演。钱惟演把丁谓投效的事情告诉了刘娥。刘娥很高兴，让钱惟演转告丁谓，在诸多朝臣中，皇帝对丁谓印象不错，对李宗谔印象也很好。钱惟演一听，明白了。

出宫之后，钱惟演把这个重大消息告诉丁谓，丁谓听后有喜有忧。喜的是自己投石问路果然奏效，德妃对自己印象不错；忧的是李宗谔乃是一个强大的对手，尤其是李宗谔出身名门，和宰相王旦关系密切。

第二天，丁谓拜会王钦若。王钦若告诉丁谓，宰相王旦提名李宗谔担任副相。这下怎么办呢？宋真宗对王钦若宠爱有加，可对王钦若是亲密，对王旦是尊重。真要抉择，宋真宗极有可能采纳王旦的建议。

从王府出来，丁谓苦思冥想，最终想到了对策。要想自己上位，只有搞臭李宗谔。如果能够抓住王旦和李宗谔的一些把柄，那就太好了。当初王钦若赶走赵安仁，不就用了这招吗？

丁谓记得多年前李宗谔嫁女儿，举办婚宴时曾经向三司衙门借贷。若李宗谔拖欠公款不还，就可借此告他一状。回到官衙，丁谓立刻翻查档案。很快，丁谓找到了那份记录。可是，记录表明，李宗谔在当年就已经归还了所有欠款。这是怎么回事？有还账的钱，为什么要借钱呢？丁谓叫来具体经办人员，询问原因。属下说，李学士确实没钱，听说是宰相王大人帮忙垫付的。

丁谓大喜，派出密探前往李宗谔家中打探详情。很快，丁谓得知，宰相王旦曾经借给李宗谔3000缗（约合100万元），李宗谔至今未归还。丁谓把这件事情告诉王钦若。王钦若立刻进宫，拜见宋真宗。

宋真宗询问王钦若，紧急求见有何要事？王钦若回禀："微臣从不愿背后说人闲话。可是事关朝廷法度，不得不冒死进言。"宋真宗看王钦若一脸凝重，就问到底有什么事情。王钦若说："昨日宰执议事，王相公举荐翰林学士李宗谔出任参知政事。微臣以为，王公此举不妥。"宋真宗说："李宗谔有才有能，王旦为国举才，有何不妥？"王钦若摇摇头，说："事实并非如此。几年前，王旦曾经借给李宗谔3000缗，可是，李宗谔家贫，始终没有偿还。为了讨回欠款，王相公才推荐李宗谔。宰执大臣俸禄优厚，如此一来，不但欠款可以归还，还可以得到一个得力助手。王公此举很高明啊。"

任凭王钦若再怎么说，宋真宗还是有几分不信。可若说完全不信，宋真宗又免不了有几分怀疑。

几天后朝会上，王旦果然提名李宗谔为参知政事。宋真宗脸色铁青，当堂询问王旦："听闻数年前，王公曾借钱3000缗给李宗谔，不知有无此事？"王旦一愣，好一会儿才说："臣确实给过李宗谔3000缗，可那不过是……"王旦本想说，3000

缗乃是他给李家的贺礼。可还没等王旦说完，宋真宗一摆手，说："王公不必多言，此事不必再议！"

接着，王钦若提名丁谓，将丁谓功绩一一列举。宋真宗连连点头，夸赞丁谓勤勉国事，堪为百官表率。

礼部官员奏请宋真宗前往玉清昭应宫视察。正好最近一些日子政务烦忧，宋真宗便欣然前往，乘机看看风景，散散心。一到昭应宫，宋真宗大开眼界。短短两三年间，昔日荒山变成了巍峨的殿阁。这些，都是丁谓的功劳啊！

宋真宗下诏，礼部侍郎、三司使丁谓改任为户部侍郎兼参知政事，仍旧负责玉清昭应宫修建事宜。

完美结局

数月功夫，朝廷格局大变，以赵安仁为首的反对派已经被清理出朝堂。此刻的宰执大臣，除了王旦，大都顺从宋真宗。但刘娥还是不放心。就算朝廷宰臣没有意见，若是皇族外戚有看法，那也会威胁到封后的进行。

刘娥告诉宋真宗，皇帝即位以来，对宗室虽然有所赏赐，可是宗室子弟中多有人才，限于身份却不能为官。不如陛下亲自举办一场比赛，无论是骑马射箭，还是吟诗作赋，只要表现突出，都予以赏赐。如此，也可以彰显皇恩浩荡。

宋真宗依从。

一日，宋真宗带领宗室贵戚前往相王府参加宴会。宋真宗强调，此次家宴，不行君臣大礼，只叙兄弟之情。宋真宗带着德妃刘娥，一一向宗室长辈敬酒。那些宗室大佬原本对出身卑微的刘娥多少有些鄙视，可是看到宋真宗如此放低身段，自然人人识趣。家宴后，宗室子弟各展所长。但凡出场的宗室子弟，人人都有赏赐。宋真宗还亲自题诗送给几个弟弟，弟弟们都很感动。

大中祥符五年的十二月，朝会时，副相丁谓提议，德妃刘氏出身名门，德行出众，孕育皇嗣，功在社稷，堪为国母。

宋真宗看看群臣，以王钦若为首的官员一起行礼，躬请册封德妃为后。宰相王旦原本还有些迟疑，但四顾群臣皆已经下拜，不得已，也只得下拜。

散朝回家之后，王旦彻夜难眠，竟然感染风寒。第二天，王旦让儿子早早到皇城请假。听闻宰相王旦告假，德妃刘娥告诉宋真宗，自己还不能当这个皇后。宋真宗很奇怪。刘娥就说："若无王相公认可，妾绝不为后。"宋真宗很感动。这个自己宠爱多年的女人，果然不是一个小肚鸡肠的女子。

宋真宗特命宦官把德妃刘娥的原话转告宰相王旦。王旦听到如此说，大吃一惊。在宋真宗看来，刘娥此举乃是谦恭有礼。在王旦看来，刘德妃却是把他王旦放到了火山口上。即便王旦是真的生病，可是在外人看来，却是装病。只要德妃刘娥稍微示意，就会有无数人站出来批判王旦，以告病威胁君王，邀取名誉。

王旦即刻入宫，抱病草拟奏章，率领中书省、枢密院所有宰执大臣，恭请册封德妃为后。

十二月丁亥日，朝廷举行盛大的皇后册封典礼。宰相王旦当众宣读诏书。在万千名官员的叩拜中，刘娥缓缓登上台阶。经历了30年的辛酸和挫折，一个卑微的卖艺女终于成为大宋国母。

第11章 贤相去后党争再起

王旦在史上的形象，远不如寇准那么高大。事实上，王旦无论是在才干还是器量，乃至贡献上，比之寇准，有过之而无不及。王旦执政的10多年，是大宋王朝最安定的时期，也是最为富庶的时期。如果说，赵普辅佐宋太祖、宋太宗创建了一个崭新的王朝，那么，王旦就让这个王朝迈上了巅峰。宋朝的许多善政，都是在王旦执政时期制定并流传下去。

不过，也有史家对王旦颇有非词，而所有的批评都集中在了封禅问题上。面对宋真宗的种种“倒行逆施”，王旦没有直言进谏，没有以死抗争，而是选择了屈从。宋真宗的封禅之旅大损国力，这点不可辩驳。但是，当一件事情成为滚滚洪流时，贸然站在对立面，只能被大浪冲毁。一个优秀的政治家，需要的不仅仅是一腔热血，更需要忍耐，需要顾虑长远。于是，政敌说王旦是本朝奸佞之首，堪比五代冯道，王旦忍了。友人说王旦揽权徇私、渎职懈怠、辜负皇恩，王旦也忍了。宋初宰相范质曾说:“人能鼻吸三斗醇醋，即可为宰相矣。”王旦深有感触。

幸亏，宋真宗明白王旦，欣赏王旦。于是，无论各股势力如何污蔑王旦，宋真宗都对他信之不疑。有王旦在一日，朝廷即安定一日。只是，宋真宗无奈地发现，自己的身体日渐衰颓，宰相王旦的健康也江河日下。万一王旦归去，大宋宰相将由何人出任呢?

宰相人选

在百官看来，最适合出任大宋宰相的人，自然是寇准。

寇准得享大名，有很多原因：其一，澶渊之盟有定国之功；其二，敢言人所不敢言，敢为人所不敢为；其三，交友广阔，朝野上下人脉极广。

寇准的功劳，前文已经说明。总之，他功劳是很大，但并没有传说中那么大。

至于敢说敢做这点，很难简单判断是非对错。“批龙鳞”，在古代是件非常荣耀的事情，一些言官甚至抬着棺材去皇宫。大宋士林对这类人非常推崇，甚至不问是非，盲目推崇。但有的事情应该以死抗争，有的事情也不妨遵循惯例。

在陕州知州任职数年，寇准升迁为天雄军（大名府）知军。那一年，契丹使者回国，途经府城。听闻寇准在大名府，使者主动拜访。

寒暄一番后，使者询问:“寇相公德高望重，为何不在中书省呢?”使者言辞间颇有嘲讽之意。寇准当然不能说自己是因为被贬于此，那多丢脸。他说:“主上贤明，朝廷无事。天雄军乃我大宋北方重镇，除了我，无人可当此重任。”寇准这番话既捧了皇帝，又给自己长了脸，挺好。

可是，在契丹使者离开时，寇准突发奇想，下令军队护送契丹使者离开天雄军辖地。将领提出，此前使者经过，从无宋军护送的规矩。寇准又发奇想，宣称只要军队护送，那就给护送将士发放奖金。将领大喜从命。看着契丹使者在宋军的押送中离开，寇准很快意。

护送军队回来，等候寇准发钱。寇准找到转运使申请拨款，转运使以不符合制度为由一口拒绝。寇准火了，直接打报告给中书省。很快，有人把这件事情汇报给宋真宗。宋真宗很恼火，他告诉宰执大臣:“以前朕就说过，寇准这人最喜欢收买人心，邀取名誉。卿等今天都见到了吧!”

不久，寇准接到了中书省公文。公文上说，寇准无事生非，款项应当由寇准个人承担。寇准很郁闷。

寇准有两个外号，一个叫做“拓枝癫”，一个叫做“无地起楼台相公”。

寇准非常喜欢跳舞，尤其喜欢跳一种“拓枝舞”。这拓枝舞源自西域，可以单人，也可以双人。舞者在响亮的大鼓声中摇摆起舞，风格健朗有力。

寇准在地方那些年，经常举办宴会。每逢宴会，寇准必定跳拓枝舞。每次跳舞，必定是一整天。于是，人们称寇准为“拓枝癫”。《梦溪笔谈》的作者沈括，于神宗年间在凤翔地区曾经见过一个老尼姑。据说她曾经是寇府中的舞姬。遥想当年寇相公矫健舞姿，老尼姑一边吟唱拓枝曲，一边流下眼泪，很是感慨。

寇准举办宴会的规格非常高，举国闻名。

据说寇准担任邓州知州的时候，每逢宴会都会把家中大门紧锁，把宾客马匹牵走——中途任何人不准离开，一定要宾主尽欢才行。宴会经常从上午持续到晚上，从晚上持续到天亮。

那个时代，百姓晚上七八点钟就睡觉了。一来，没有什么娱乐活动；二来，为了节省灯油。寇准家晚上从来不点油灯。油灯烟味重，会破坏了宴会气氛。寇准家中点的都是胳膊粗细的大蜡烛。不但是宴会大厅亮如白昼，即便是马厩中，厕所中，蜡烛也一直点到天亮。每每寇准卸任，继任者到达，都会看到厕所里，水沟中，有成堆成堆的蜡烛油。

寇准这点的不仅仅是蜡烛，还都是钱啊！

前文曾经提到一个厉害的官员名叫李允则，此人后来担任雄州知州。李允则也喜欢喝酒请客，他宴会的规模也搞得挺大。寇准有点不服气。

有一次，李允则路过大名府。寇准对他说："听说您在雄州设宴，规模宏大。不知道能否帮寇准搞一场小规模宴会呢？"寇准想亲眼见识下，比试下。李允则点头答应。大家有同好，当然要PK下。只是，朝廷宣召李允则入京，他不敢怠慢。两人就约定，等到李允则返回时，各自举办一场宴会，请同样的宾客参加，让大家评定高下。

几十天后，李允则回来了，随行的还有一支商队。

寇准设宴为李允则接风。无论是歌姬、舞姬，都是大名府第一流人物，甚至是乐器、杯盘，都务必华美精致，极尽奢华。寇准很得意，告诉李允则说："现在就看老弟你的了！"李允则连连说好，一脸平静。寇准看李允则气度沉稳，有点不放心，就交代属下："明天李大人设宴，若是需要我们的歌姬、舞姬，可以给他。各种陈设器物，他们提出需要时再给他们。今天的宴会上的百戏（类似杂耍）班子非常精彩，你去叮嘱他们，不准出现在明天的宴会上！"

第二天，寇准前往李允则处参加宴会。但见宴会场上的那些桌布、窗帘，都是蜀锦做成，床榻都涂着吴越出产的上好油漆。目力所及，所有的摆设都比他高一个档次。

寇准非常惊讶。

一开始，是歌舞环节。李允则让大名府那批人表演。寇准的心情稍稍平复了些。轮到百戏环节了，寇准暗地里高兴，准备看李允则的笑话。没想到李允则一拍手，从外面走进来100多个艺人。这些人有的表演吞剑，有的表演喷火，有的表演踏绳，技艺精湛远非大名府这种地方杂耍可比。

寇准大吃一惊，只能认输。他四下打听，终于知道李允则早有安排。到京城后，李允则四处搜罗，精心筹备这场比赛。跟随他的商队，就是这些艺人假扮的。

寇准很失落。

有人提醒李允则:"寇相公喜欢斗气，你为什么要赢他呢?"言下之意，小心寇准报复。李允则倒很洒脱，他说:"我并非想胜过寇公，只是向他展示下用兵的巧妙罢了。"自然，有人把李允则的话告诉了寇准。寇准听了，哈哈大笑，不但不生气，反倒向朝廷举荐李允则。

寇准喜欢奢华，喜欢讲排场，但为人很洒脱。

寇准的酒宴比拼并没有结束，而是上了一个台阶。很快，消息传到了宋真宗耳中。宋真宗很无奈。此前，老宰相张齐贤担任地方官时，整天就知道喝酒，不打理公务。现在寇准又是如此。前不久，宰执大臣向敏中被罢位，在地方非常勤勉。宋真宗很高兴，特意召集宰执大臣，公开表扬向敏中:"宰执大臣出任地方官员，难道不应当如向敏中一样吗?"

很快，皇帝表扬向敏中的事情传到了大名府。寇准不为所动，依然故我。

寇准如此奢华，不理政务，却被人称作"无地起楼台相公"，在民间口碑极好。这又是怎么回事呢?

"有官居鼎鼐，无地起楼台"，源自一首赠别诗，作者是魏野。

即便是一些喜欢宋史的人，绝大多数也没听过魏野。魏野是一名处士，也就是隐士。此人相貌丑陋，天性聪颖。宋真宗封禅泰山时，曾经在半山腰见过魏野的茅庐。真宗让人传唤魏野。本来，魏野一介草民，正可借此机会瞻仰龙颜，博取一个出身。可这魏野听说皇帝来找，立刻从后门溜走了。魏野拒绝征召的事情传扬开去，天下士林震动，人人都对魏处士的傲岸风骨敬佩三分。

相比失去，魏野得到的更多。

魏野和寇准感情极好。离开泰山后，魏野跟随寇准数年。寇准很敬重魏野，魏野也佩服寇准。两人惺惺相惜，于是，临别时，魏野就写了那首赠别诗。

据魏野说，寇准为官30年，当到宰相级别，可是，从不购买田宅。寇准卧室中使用的蚊帐，一用就是20年。有人提醒寇准，切莫学汉武帝朝宰相公孙弘。别的公卿大臣盖丝棉被，公孙弘却数十年如一日地盖棉花被。许多人都笑话公孙弘是个伪君子。寇准听后说:"公孙弘是虚伪，我是赤诚，我何必在乎他人看法呢?"

在魏野看来，寇准酒宴奢华，完全是公务需要——人家寇准可没有侵吞国家一文钱!

多年后，有一位叫夏竦的官员也学寇准，天天请客摆宴。可是，不但朝廷御史弹劾他，就连被请吃的那些官员，也对他毫不领情。夏竦很郁闷，就请教门客。门客就说:"当年寇公在地方为官，闲暇时经常和属下官员出外郊游，一起爬山，一起喝酒。席间，听到路边传来车马声，寇公必定让人询问。有一次，一位卸任县令经过，寇公也热情邀请入席，完全没有宰相的架子。可是夏公您呢？您把往来的官员分成三六九等来对待。对那些入京的官员，您比较客气。入京，就有可能升迁嘛。而对那些离京的官员，您却没什么好脸色。离京，多半是被贬嘛。时间一久，人们对您的评价自然和对寇公不同。”

在这位门客看来，寇准能礼贤下士，公平对人，故此虽然奢华，人们也不多批评！何况，寇准有救国大功，吃点喝点算什么呢？

只是，无论如何辩解，寇准生活奢华，大手大脚却是实。不过，宋代官员俸禄优厚，寇准也好，夏竦也好，完全有能力掏自己的腰包过上奢华的生活。

真正让宋真宗不满的，还是寇准太豪迈，太不拘小节，有时候甚至不把朝廷法度，不把他这个皇帝放在眼里。

有一年寇准过生日，自然少不了大摆宴席。这次设宴很另类。诸如门口挂多少灯笼，放多少礼炮，安排多少人跳舞助兴，等等，所有事情都依照皇帝过生日的标准操办。晚上，寇准还穿着黄袍隆重登场，在场左右宾客无不震惊。一些人吓得赶紧离席，可寇准毫不在意。他不但在酒宴上胡闹，还头上插着花，骑上高头大马在官道上行走，搞得整个州城的百姓议论纷纷。

地方官员心惊胆战，立刻禀奏朝廷。宋真宗吓了一跳，召集宰执大臣议事。宋真宗一句话定下调子："寇准莫非想造反吗！"一贯力挺寇准的炮筒子马知节也不敢出声。寇准这事情办的也太出格了！最后，还是老宰相王旦打破了沉默。

王旦看了看铁青着脸的宋真宗，又看了看正在偷笑的王钦若，笑着把举报信送还给宋真宗。王旦说："寇准许大年纪，尚骇耳。"王旦告诉宋真宗，寇准都50多岁了，还能折腾起什么风浪呢？造反，当皇帝？这不是扯淡吗？不过，要如何定义寇准这次的行为呢？"骇"，就是呆傻。寇准老糊涂了，陛下您不必计较。

接着，王旦又表示，自己会立刻发下公文，严厉训斥寇准，如此胡闹，有失大臣体统。看到最敬重的王旦如此笃定，宋真宗才怒气消解，放了寇准一马。

王旦为什么要甘冒奇险营救寇准呢？

寇准和赵安仁相继离开后，大宋王朝的党争看似平静了下去，其实，暗流汹涌。眼前的宰执班子，虽然有枢密副使马知节充当炮手，力战王钦若，但是马知节并非王钦若的对手。王旦和宋真宗一样，都希望朝廷当中继续有那么一股势力，可以牵制王钦若、丁谓。

权力制衡，永远是维持和平的最好方式。

寇准毛病不少，有的还是大毛病，但是寇准立朝刚毅，影响巨大。只要他在朝堂，必定能够震慑“群丑”。

㈣入宰执

很快，王旦找到了机会。

大中祥符七年（1014年）年初，边关奏报，大将王怀信等人平定蛮夷有功，恳请朝廷予以封赏。王钦若和陈尧叟都认为，按照以往惯例，给诸将提升一级即可。马知节是武将出身，深知太平时期带兵的艰难。他说：“很久没有立下军功的边关大将了，肯请对王怀信等人破格封赏，以激励众将。”王钦若对马知节怀恨在心，彼此仇视。所谓“敌人支持的，我们就反对”，结果争论了很久，方案都没有定下来。

朝会时，宋真宗当面催促枢密院三位长官做事干练一些，不要拖拖拉拉。马知节很生气，当即跳出来痛斥王钦若，说他只知拍马逢迎皇帝，不知将士守边辛苦。王钦若也气得脸发白。散朝后，马知节也不管王钦若、陈尧叟了，直接签发了封赏命令，让人快马送到边关，造成既定事实。

消息传入皇宫，宋真宗大怒，立刻把王旦召入宫中，说：“王钦若、马知节等人商议王怀信封赏问题，一开始拖延不办，后来擅自晋封，完全无视朝廷法度。若是宰执大臣都如此胡来，置朕于何地？”王旦俯首听命，一句话不说。宋真宗接着说：“王钦若和马知节向来不和，朕早就知道，只是没想到会闹到如此地步。这两人不管事情大小，非此即彼，动不动就吵架，实在有损大臣体统。马知节为将士请功虽然没错，但是把朝廷宰执说得毫无是处，如此刻薄，怎能留在朝廷？”

最终，宋真宗下诏，王钦若、陈尧叟、马知节三人统统离开枢密院。王钦若、陈尧叟以尚书职务留任京城，马知节则外调为颍州防御使。

枢密院正副三位长官同日罢免，一下出现了多个空缺，由哪些人来递补呢？

在王旦的强烈推荐下，寇准一跃而起，再度成为枢密使、同平章事，职务仅次于宰相王旦。算算寇准一生，这已经是第4次进入宰执班子了。

可是，寇准辜负了王旦的期望。他六月上任，第二年四月就被罢免。

8年过去，寇准桀骜不驯、不守规矩的老毛病不但没改，反而变本加厉。

王钦若是聪明人。寇准上台后，每逢朝会，王钦若一言不发，韬光养晦，以避锋芒。丁谓本就是寇准大力推荐上来的，此刻寇准还朝，丁谓再度投怀，成了寇准家中的常客。陈彭年则整天除忙于编书和起草诏令外，对朝政从不表态。而大宦官刘承规已奄奄待毙。五鬼之中，只有三司使林特还上蹿下跳，锐气十足。

因为各类祭祀活动，林特经常在朝会上进言。寇准发动手下，全力进攻林特。结果，林特提出的每一个方案都要被反驳。面对挑衅，林特每每退让，寇准则步步相逼，惹得宋真宗很不高兴。

要知道，表面上是林特站在前台，要求举办各种祭祀，骨子里都是迎合真宗的需求。寇准批判林特，就是在反对祭祀，反对造神，反对宋真宗。

封禅祭祀可是既定国策，任何人也不能否认。很快，宋真宗收到了不少官员的弹劾案，都是在说寇准如何跋扈，如何藐视君王。

宋真宗单独召见王旦，抱怨说："朕本以为寇准年过50岁，经历的事情够多了，必定会痛改前非。没想到他今天的跋扈行为比当初有过之而无不及。"王旦自然要帮同年好友说话。他说："寇准这个人毛病确实不少。他喜欢别人感激他，又喜欢别人畏惧他。一些事情，大家都千方百计躲着不去说，也不去做。可是，寇准却以此为己任。寇准这类毛病，若非是仁德宽厚之君，谁又能保全容忍呢?"王旦一面给寇准洗刷罪名——寇准挑刺，反对祭祀，都是为国为民省钱呢；另一方面，王旦给了宋真宗一顶天大的帽子——仁德宽厚之君，希望真宗不要计较。

真宗听后，叹了口气，弹劾案就此打住。

可是，王旦也没有想到，自己如此保全寇准，寇准却对王旦放冷箭。

寇准执掌枢密院时，有一次中书省送来的圣旨草稿格式不对，寇准立刻向真宗汇报。宋真宗叫来王旦，责备说："中书省做事都如此疏漏，如何做天下表率?"王旦连连道歉说："这确实是臣等的责任!"回到中书省，王旦下令，所有中书省官员统统予以责罚，包括他自己。不久，枢密院向中书省送来的圣旨草稿格式也错了。中书省官员看了非常高兴，喜滋滋地送给王旦，想着终于找到机会报当初一箭之仇了。大家都劝王旦，立刻入宫向皇帝汇报。可是，王旦淡淡地说："你把这份草稿送回枢密院，提醒他们改正后再送来。"中书省官员无奈，只能照做。寇准听说了这件事，非常惭愧。

惭愧归惭愧，但寇准并没有改。每次寇准单独求见，必定抨击王旦如何如何不行。宋真宗很为王旦不值，他告诉王旦："王公每次见朕，必定说寇准如何好。可是寇准每次见朕，必定说王公如何差。"王旦躬身行礼，竟然请罪说："臣在相位多年，犯下的缺失不知道有多少。寇准能够不讲情面毫无保留地告诉陛下，这正是臣看重寇准的原因啊。”宋真宗听后，对王旦更加敬重了。自然，对寇准也更加鄙视了。

这样的寇准，还能继续待在朝堂吗？寇准这把剑过于锋利，若是在宋太祖手中，自然无碍；在太宗手中，已经有些失控；真宗仁厚，虽然爱惜此剑，挥舞时却总被利剑划伤。

无奈之下，宋真宗决定再度罢黜寇准。

寇准耳朵很灵，听到了风声，派人到王旦府中传话，希望给他节度使兼宰相（使相）职务。王旦听了，大吃一惊说：“使相乃是武官最高职务，朝廷一向看重。如此职务怎能私下授予呢？”寇准听后，很是怨恨。第二天，宋真宗单独留下王旦，商讨如何安置寇准。王旦说：“寇准不到30岁就被先帝提拔到宰执高位，立朝以来第一人也！如今寇准出京，陛下不如给他使相身份，让他独当一面。如此也可以为陛下赢得爱才敬贤之美名。”宋真宗点头应允。

听闻诏令，寇准流着眼泪奔入皇宫谢恩。寇准非常感动，他说：“臣本有错，可陛下却如此厚待。若非陛下知臣，如何能够如此！”宋真宗摇头说：“这并非朕的意思，是王公建议朕如此。”寇准想起一天前自己对王旦的抱怨，想起数月来对王旦的刁难，非常惭愧。寇准慨叹：“王子明的器量见识，确实不是我寇准能够相比的！”

景德元年，寇准拜相，虽然跋扈却也立下救国大功。而此次再次进入宰执，却毫无建树，徒然留下揽权的恶名。

经过再三思量，宋真宗只能再度起用王钦若、陈尧叟，职务照旧。宋真宗提拔向敏中为宰相，陈彭年、王曾、张知白为参知政事，马知节升任枢密使，任中正、张耆为枢密副使。随即，陈尧叟以老病为由主动辞去枢密使职务，丁谓则以扫墓为由，主动请求外放。

虽然王钦若再度成为宰执班子第二号人物，不过，支持王钦若的陈尧叟和丁谓相继离开朝廷，反对王钦若的马知节被真宗召回朝庭，加上还有四位新人进入，在这个三相三参三枢密的新班子里，王钦若的影响力不是扩大了，而是缩小了。

短短数月间，朝廷又是一番气象。

贤相辅国

表面看来，王旦是个挺窝囊的人。

不但寇准敢于挑衅他，即便是他的家人，甚至仆人、管家，也时常试探他、戏弄他。

王旦吃饭的日常标准，是一荤一素一碗饭。一天，家里的晚辈比较调皮，故意在肉里面放了些墨粉，搞得肉黑乎乎的。王旦看了，一句话不说，就着青菜吃完了饭。家人问他为什么不吃肉，王旦说："我今天胃不舒服，不想吃肉。"没想到第二天吃饭，王旦吃惊地发现肉正常，青菜正常，可是饭里黑乎乎的，明显放了墨粉。王旦还是不露声色，说："我今天不想吃饭，给我盛一碗粥吧。"

王旦不想说穿，一旦深究的话，难免家宅不宁。

后来，他孙子跑来告诉他，厨师经常克扣钱粮，搞得他每天肉都吃不够。王旦说："你觉得你们每天能吃到多少肉，就满意呢？"孙子想了想，说："我们家的标准本来是每人每天一斤，大家都觉得可以。可厨师竟然私吞了半斤！"王旦还是不动声色说："是吗？一斤肉就可以吃饱？"孙子挠挠头说："应该没问题。"王旦说："好！我会交代管家，以后按照每人每天一斤半的标准拨给厨师。"

厨师听到王旦如此说，非常感动，再也不敢中饱私囊了。

王旦家大门外的柱子坏了，管家也没有禀告，自己做主把整个大门全部拆了重建。整个工期比较长，足足花了几个月时间。管家下令大门处禁止出入，在一旁开了一个小门。王旦一般都是骑马上朝。路过小门，身体必须紧贴着马背才能勉强通过。可是，王旦从来不过问修门的事情。后来，大门修好了，小门堵上了，王旦每天骑马从大门通过。可是，王旦还是没有问一句。

在王旦看来，这等小事，有管家负责即可。身为一国宰辅，岂能为这等小事操劳？

说到王旦不关心寻常事，还有一件事情流传很广。

王旦出门，天晴多骑马，下雨、刮风则坐马车。有一天，一个车夫找到王旦，躬身行礼，然后禀告说自己任期满了，要走了。言下之意，希望能够讨个封赏。王旦从成堆的公文中抬起头，狐疑地看着眼前这人，说："你给我赶马车多久了？"那人说："5年了。"王旦摇摇头说："不对吧，我不认得你。"那人听了，沉默，也不多说，转身就走。

王旦瞟了一眼那人的背影，猛然间想了起来。王旦极少和车夫面对面，可对车夫的背影实在熟悉。5年间，每次上马车，王旦都在低头想事情。偶然的时候，他也会感慨，这个车夫不错，竟然从不向自己请托，说人情。

王旦立刻叫住车夫说："你就是某某某吗？"王旦说出了车夫的名字，赏赐了很多财物。

朝会时，王旦很少发言，更不会像寇准一样面折廷争。他常常在大家退去后，单独求见宋真宗，陈诉自己对问题的解决之道。即便当众发言，他也是娓娓而谈，用的多是商量语气，丝毫没有一国首相常有的霸道。

大中祥符八年，玉清昭应宫终于建成。宋真宗非常高兴，亲临现场主持开幕式。修建第一功臣丁谓自然是喜不自禁。参加宴会的官员极多，丁谓让三司衙门和礼部准备流水席，大家随到随吃。结果出现不少只有两三人就开席的事情。那些到得比较晚的人，见到只剩下些残羹冷炙了自然不忿，就吵吵嚷嚷，闹到丁谓那里。丁谓也没有法子。谁让宰相王旦当初审批招待费的时候，狠狠地砍掉了大半呢?

宰相王旦在主会场上陪着宋真宗喝酒聊天。丁谓来到王旦身边，悄悄汇报，恳请现场批条。说了好几遍，王旦一言不发。丁谓也火了，说:“王相公为什么不回答?”王旦听了，冷冰冰地看了丁谓一眼说:“这个地方可不是谈论馒头大饼的地方!”丁谓一听，愣住了。抬头望去，宋真宗正笑嘻嘻地看着自己。丁谓急忙离开。暗想万一传到皇帝耳中，只会让人觉得自己无能。

王旦本不同意大摆宴席搞什么庆祝仪式，这些根本没有意义，徒费钱财而已。可是，谁让皇帝喜欢呢?于是，该糊涂时且糊涂。但一旦定下调子，王旦绝不会轻易更改。有多少钱，办多少事。丁谓本就应该按照预算来操办庆典，想着用国家的钱来给自己贴金，王旦可不同意。

不过，王旦没有直接批评丁谓。像丁谓这等聪明人，稍微点下就可以，过于直接只会闹僵。

有一天，官员王曾、李维、薛映三人共同到王旦家中拜见。王旦借口生病，让三人离去。刚巧王旦的女婿韩亿赶到。三人连忙向韩亿求情。韩亿好心，让三人在门口等候，进入府中，劝岳父大人见一见三人。王旦很严肃地看着女婿说:“韩郎，你做事还不能考虑周详呢。像那王曾、薛映都是老宰相李沆的女婿，李维是李沆的弟弟，三人一起前来，必定有所请托。若是事情可以办，我不见他们也无妨;若是事情不能办，我见了他们该怎么回答呢?”韩亿听后，立刻道歉说:“岳父顾虑周详，非小婿所知!”

像这类眼光独到、顾虑长远的事情还有很多。

陈彭年还担任翰林学士的时候，有一天特意跑到中书省要拜见王旦。王旦让人转告，今天没空。第二天，陈彭年又来了。这次他说，有重要政务禀奏。王旦让人转告，今天身体不舒服，有事情找另一位宰相向敏中汇报。几天后，向敏中把陈彭年呈交的报告拿出来给王旦。王旦闭上眼睛，把报告塞到一个档案袋中，密封了起来。向敏中疑惑："王公为何看也不看呢？"王旦说："不过就是兴建符瑞，迎合皇帝，换取官职罢了。有什么好看的呢？"

当然，在关系到原则问题上，宽容的王旦也有金刚怒目、寸步不让的时刻。

有一个官员叫边肃，景德元年辽国入侵时立下战功，被提拔为武昌节度副使。只是，辽军退去后，这个边肃利用职权，大肆贪污，最后被御史弹劾，贬官流放。后来，边肃上下活动，找到向敏中。向敏中思量很久，答应了下来。他觉得，王旦已老迈，而他正当壮年，王旦应该不至于驳他的面子。何况，边肃、王旦、向敏中乃是同榜进士，也算是老朋友了。

一天，向敏中假作闲聊说："王公，边同年已经被贬数年，不知道能否把他的位置挪一挪？"王旦面色一寒说："边肃曾任枢密直学士，乃皇帝近臣，本该为百官表率，如今却犯了贪污罪。这种人有什么资格够升迁呢？"向敏中又劝说了几句，王旦一拍桌子站了起来，他说："并非王某对同年无情，实在是不能通融。向公若要提拔他也可以，等到王某死后再说吧！"向敏中看王旦如此说，傻了。

大中祥符年间，宋真宗带领王旦等一班大臣，四处祭拜，忙于造神。在现代人看来，此举纯粹是浪费钱财，虚耗国力。可是，在当时，多少还是有些鼓舞人心、提高国际地位的作用。另外，让所有反对派都很诧异的是，自从改元大中祥符以来，宋朝的喜事就接连不断。先是辽国的萧太后与其姐争权，萧太后经过大肆屠戮，才勉强将叛乱镇压下去。随即，萧太后在抑郁中老病而死。辽国国力大损，再也不敢轻言南下。没过多久，西夏李德明处又出现危机。西夏不是改灵州为西平府，作为都城吗？不出两三年，吐蕃联合回鹘，大举反攻西夏。西夏连连败退，把西平府也给丢掉了。此后20多年，李德明都忙于和吐蕃交战，对大宋顺服得很。

只是，到了大中祥符八年，宋真宗的好运气似乎快用完了。

四月末的一个晚上，皇城荣王赵元俨的宫殿中忽然发生大火。大火出现的相当突然，等到救火队赶到，已经无法控制。大火一直绵延开去，最终把整个荣王宫全部烧毁。更严重的是，还把附近的左藏库也给烧毁了。

听闻消息，宋真宗捶胸顿足，悲痛万分。要知道左藏库中可是存放着三代帝王苦心搜罗的无尽财富啊。宋真宗想要大开杀戒，严惩所有相关人员。他把宰执大臣叫来，恨恨地说："祖宗积攒的无尽财富，朕从来不敢浪费一钱。没想到如今一个晚上烧个精光，实在太可惜了！"王旦立刻明白了宋真宗的意思，他上前一步说:“陛下富有天下，损失一些财物不值得您担忧。微臣觉得，陛下您要操心的，是赏罚是否失当。臣等作为宰辅大臣，有协调阴阳的责任。发生如此天灾，必定是因为臣等无能，恳请将臣等罢黜，以平息天怒。”宋真宗一听，愣了愣，很快也明白了王旦的意思。若是深究大火案，荣王赵元俨必定难逃罪责。可是，宋真宗对诸位兄弟一贯忍让，苦心经营才赢得孝悌美名。加上如今兄弟凋零，八弟已经是硕果仅存的兄弟了。如今真宗年纪也大了，皇族当中有一位弟弟坐镇，也可以防止小人窥伺。

宋真宗点点头。

王旦继续说:“臣听说左藏库官员拼死抢救国家财物，救火的诸班将士拼死向前。大家的表现都不错呢。”宋真宗平静了许多，说:“朕所担忧的就是军粮啊。若只是损毁钱帛，没有太大关系。即便是那些大典所需的赏赐，也可以慢慢积攒。军粮储备一旦不足，必定惹出变乱。”

宋真宗一面下令御史追查大火缘由，一面下罪己诏主动承担罪责。王旦看了，也非常满意。

调查的结果很快出来了，让所有人大吃一惊。之所以爆发大火，并非因为天灾，而是因为荣王赵元俨的一位姓韩的小妾，时常偷一些府中的金银首饰出去卖钱。偷的东西多了，韩氏担心被人发觉，干脆一把火把住所烧了，想来个死无对证。没想到天干物燥，大火无情，结果竟然不可收拾。

赵元俨羞愧万分，主动请死。王旦等人力劝。最终，宋真宗下令，将韩氏砍断手脚，示众三天后再凌迟处死。所有知情不报人员，一律斩首，剩下的也充军发配。荣王府、左藏库牵连的人员一共有数百人。像王钦若等宰执大臣或者事不关己，高高挂起，或者畏惧皇帝，不敢直言。朝会中，王旦一言不发。散朝后，王旦单独求见真宗，禀奏说:“大火刚发生时，陛下就下罪己诏布告天下，臣等宰执大臣也上表待罪。如今若是过多杀戮，恐怕和此前诏书的意思相违背啊。虽然调查结果显示是人为所致，但是，谁又知道这不是上天借助韩氏之手示警呢?”

王旦的话都很实在。真宗下罪己诏，就是要彰显一个勇于承担责任的明君形象，若大肆杀戮，就等于归罪于人。加上王旦没有当庭驳斥，而是私下求见，万分尊重宋真宗，宋真宗很满意。最后，几百人被赦免，只有数人受罚。

大中祥符九年，灾难再一次降临。

六月，天下大旱，黄河流域千里江山爆发蝗灾。宋真宗忧心忡忡。

宋真宗命令宰臣商议对策，派出官员奔赴受灾州县，对受灾最严重的兖州地区，又派入内副都知周怀政带上钱粮前往监督落实救灾工作。同时，宰相王旦率领百官前往玉清昭应宫、景灵宫向天帝祈祷。为表示诚意，宋真宗下诏，皇宫之内最近10天不宴乐。

一番劳碌之后，同平章事、枢密使王钦若奏报："官家诚意动天，京城地区蝗虫纷纷飞入河中，主动求死。"王钦若还从袖中拿出死蝗虫作证，请求宋真宗将这件喜事诏告天下，接受百官的拜贺。宋真宗很高兴。

王旦却说："蝗虫出现，本是天显灾异，警示百官。现在就算是灾难平息，也是上天庇佑，祖宗有灵，有什么值得庆贺的？"王旦为相多年，风格稳健，对于王钦若奏报蝗虫求死并不相信，可又不好当众戳破，只好委婉劝阻。宋真宗有些不高兴。不过王旦为相10多年，对真宗可谓鞠躬尽瘁，现在年近60岁，须发皆白，宋真宗也不好驳了老宰相的面子。最后，宋真宗只能依从。

第二天朝会，宋真宗召开朝会，议事之时，忽然蝗虫飞来，犹如黑云一般遮天蔽日。左右急忙关闭殿门，可还是有数千只蝗虫从门窗缝隙挤入，在高大巍峨、富丽堂皇的紫宸殿中飞翔。有的蝗虫飞到官员身上，钻入官袍，整齐严肃的班列顿时骚动起来，宦官们急忙扑打蝗虫。整整半个多小时，紫宸殿的骚乱才告平息。殿外的蝗虫群直闹腾了几个时辰才飞离皇城。再看皇宫内外，昔日葱郁的树林、娇艳的花草，都变成残枝败叶，一些小树甚至只剩下光秃秃的树干。宋真宗看着跪在地上的王钦若，脸色铁青。宋真宗说："若朕信你所言诏告天下，蝗虫主动求死，蝗灾已经过去，接受百官朝贺，岂非让天下人耻笑？这等荒唐的事情，亏你们做得出来！"诸位宰臣一齐下跪，说："首相王旦远见卓识，并非臣等能够相比。"

蝗灾从六月份在河北地区爆发，七月份波及京城开封府，之后更飞到长江淮河一带。一直到七月末、八月初天气转凉，北方普降寒霜，蝗虫才陆续死去。当蝗虫在京城盘桓的那些天，宋真宗心情沉重，人也消瘦了很多。

有一次，宋真宗正在殿阁中用膳，身边的人告诉真宗，蝗虫群又飞来了，大家忙着关闭门窗。宋真宗却让人打开大门，不顾众人劝阻，到庭院之中亲自观察蝗虫。宋真宗站在庭院中，仰脸向天，见蝗虫无边无际，不禁长叹。左右看宋真宗不高兴，也不敢多问，只是劝说宋真宗早些入殿用膳，不能因此伤身。宋真宗却摆摆手，让人撤下饭菜。

当晚，宋真宗摆下祭品，光着脚到太庙之中祈祷。夜深露重，地气湿寒，加上宋真宗心情郁结，竟然染上风寒，从此缠绵病榻，一病多年。

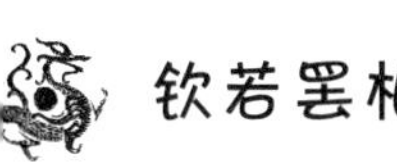

钦若罢相

天禧元年（1017年），宋真宗的身体一日不如一日，而宰相王旦也奄奄待毙。宋真宗很悲痛，他说："朕最近身体欠佳，本想把大事托付给你，没想到爱卿病情已经到了如此地步！这下可怎么办呢？这下可怎么办呢？"说着，宋真宗和王旦都流下了眼泪。

宋真宗把皇子赵受益叫了出来，让皇子代行拜见之礼，以感谢王旦多年来为国家作出的贡献。王旦连忙还礼说："皇子享有盛德，必定能担得起陛下交托的重任。"宋真宗让王旦举荐一些人，以辅佐皇子。王旦把自己考虑很久的奏折呈上，里面列举了10多个人的名字。这些人除了两个人早丧，最后都成为宰执大臣。

天禧元年八月，王旦因老病罢相。九月，王旦去世。这样，首相的职务，"自然"落到了王钦若头上。

王钦若很得意地告诉同僚："就是那王子明，让我迟了10年才当宰相。"

王旦有没有劝阻过真宗呢？有。景德三年寇准离开时，宋真宗考虑过让王钦若当宰相。王旦说："陛下对王钦若的恩宠，已经非常隆重。不如暂且让他待在枢密院，如此，东西两府的人员也比较平均。何况，臣见太祖、太宗朝从没有让南方人当宰相的先例。虽然说自古以来，求贤没有定规，但一定要是贤才才能破例。臣身为首相，不敢阻挡人才进用，实在是因为这也是朝廷公议的原因啊。"

王旦的话信息量挺大，他说了不用王钦若为相的三大理由：一是，宋真宗对王钦若过于偏爱，已经让很多人不满；二是，宋立朝以来，就有不用南人为相的规矩；三是，王钦若虽然有才，但品德不行，百官颇有怨言。

据说就是因为王旦的进言，宋真宗才没有让王钦若拜相。

其实，王钦若误会王旦了。10年来真正打压他的不是宰相王旦，而是最宠爱他的皇帝宋真宗。

为什么这么说呢？纵观整个真宗朝，除了最初的几年，真宗可以说大权独揽，在人事任免权上说一不二。朝廷党争的形成，可以说是宋真宗有意为之。一旦王钦若拜相（虽然他担任"同平章事"，但并非真的宰相，更不是首相），权力必然更大，党羽必然更多。宋真宗非常清楚臣子的才干和品性。同样都是政治高手，可王旦无私，王钦若有私。

史书记载，"当国岁久，上益倚信，所言无不听，事无大小，非旦言不决"。王钦若一直认为，他才是宋真宗最宠爱、最信任的大臣。其实，王旦才是。

现在，王旦死了，只剩下两个人可以和王钦若抢宰相位置。一个是远在地方的寇准，一个是现任宰相向敏中。前三年，宋真宗已经给过寇准机会了，但他没有珍惜，所以，寇准直接被排除。本来，向敏中由次相升任首相，也算顺理成章。不过，向敏中这个人是一个很好的副手，却并非一个出色的一把手。他做事情稳健有余，果决不足。

加上皇后刘娥力挺，最终，宋真宗选择了王钦若。可惜，仅仅过了两年，宋真宗就对王钦若失望透顶。

原因很简单，王钦若一朝拜相，成为宰执第一人，就犹如脱了缰绳的野马，肆无忌惮起来。加上他过人的手腕、狠毒的心肠，短短数年间，凡是反对他的宰执成员，无一例外被驱逐出去。

王钦若出任首相后，次相向敏中上表恳请外放，被宋真宗拒绝。向敏中一而再、再而三地上表，最后宋真宗都发火了，向敏中才罢手。向敏中了解王钦若的手腕，他可不想成为王钦若的对手，可惜皇帝不同意。这么一闹，王钦若倒也了解了向敏中的心意。既然人家那么识趣，就让向敏中暂且留下吧。

王钦若的第一个打击对象是王曾。

王曾是真宗朝状元出身，为人聪明，作风干练，处事风格却远不如王旦严谨、稳重。他对王钦若和王旦之间的争斗，也常常徘徊其中，立场不是很鲜明。前些年，会灵观建成，按照制度由副相出任会灵官使。副相丁谓的任期满后，应当由副相王曾继任。可王钦若看中了这个会灵观使的职务，派手下向王曾吹风。王曾收到消息，竟然主动向真宗推荐王钦若。宋真宗不同意，说“中书省正副长官按照制度都必须出任宫观使者，你为什么要让自己这么特殊呢?”

宋真宗的话里已经有了批评。王曾不当会灵观使，为什么？莫非对朝廷既定国策有什么意见？这个罪名挺大。没想到王曾还是坚决请辞。宋真宗郁闷了。

王曾也很苦恼。他对真宗没意见，可是担心王钦若陷害啊。他找宦官周怀政，让他转告自己的难处。宋真宗听说之后，不但没有原谅王曾，反而火更大了。敢于反对祭祀，还算是有大臣正直之风。像寇准，多年来就反对祭祀。宋真宗虽然讨厌寇准，但也很尊敬寇准。而王曾因为畏惧王钦若的权势才推辞职位，完全是谄媚阿谀，毫无大臣节操。

宋真宗很失望。

王钦若得偿所愿，出任会灵观使。他最会察言观色，很快就注意到宋真宗对王曾的态度有了那么几分变化。于是开始搜罗王曾的不法事迹，伺机扳倒王曾。

王曾做副相也有几年了，攒了一些钱财，就想换个能够配得上自己地位的豪宅。手下人回报，太祖皇帝原配贺皇后的娘家有座大宅出售，价格比较公道。王曾大喜，几次前往查看，很是满意。王曾命管家和贺家人签订了购房合同，约定日期交房。可没想到到了交房的日子，贺家竟然还有人没有搬出去。原来，贺家虽然落败，但人丁众多。贺家长子和王曾签订了卖房合同，众兄弟却因为分钱不公吵吵嚷嚷。

管家把贺家人不肯交房的事情告诉王曾，王曾大怒。你们如何分钱，是你们贺家的事情，大可以搬出去再分。贺皇后已经去世六七十年了，贺家早就落败了。一个落魄的前皇后家族，胆敢藐视现任副宰相，实在胆大包天。

王曾下令，家仆全部出动，挖来泥土，把贺家的大门给封堵起来。

贺家本来在内斗，但看到王曾如此霸道，就放下矛盾一致对外。贺家自从宋太宗夺位之后就颇受冷落，无法入宫面圣，于是到开封府告状。开封府尹不敢处理，将案件呈报中书省，让宰相们看着办。王钦若先拿到了卷宗，一看，大喜过望，急忙入宫找到宋真宗。贺家状告副相王曾，藐视皇亲。贺皇后虽然死去多年，却是太祖原配，在太庙中也享受祭祀。欺负贺家，那就是欺负大宋皇族。

原本宋真宗就对王曾有些失望，现在更加生气。王曾对当权的王钦若，何等软弱谄媚，对失势的贺家，何等蛮横跋扈。品行如此低劣，怎堪为相？宋真宗即日下令，罢黜王曾。

王钦若的第二个打击对象是三司使李士衡。

寇准罢相后，为了平衡朝局，林特也被罢去三司使职务，改任吏部侍郎。而和寇准交好的转运使李士衡则出任三司使。

李士衡上任之后，对朝廷财税提出许多改革意见。这些意见大都和王钦若相左。王钦若很是恼火。王钦若苦读李士衡诗文，终于抓住了他的一丝把柄。

一天，王钦若假意和宋真宗闲聊诗文，故意推荐几篇路振的文章，宋真宗听了连连说好。之后，王钦若翻到路振为李士衡父亲写的表文，读了起来。开始，王钦若大声诵读，可读到一半忽然停止不读了。宋真宗奇怪了，就问原因。王钦若说：“路振虽然诗文不错，可却有些不识大体。李士衡的父亲乃是先帝下令诛杀的朝廷罪臣，可这路振竟然吹嘘‘世有显人’，赞颂李父名望卓著，实在有失体统。”

宋真宗立刻明白王钦若的用意了。像李士衡这样有政治污点的人，怎么能够出任要职呢？本来宋真宗想过提拔李士衡出任副相，以挟制王钦若，但王钦若如果在朝会时搬出先帝，公开弹劾李士衡乃是罪人之子，那场面就尴尬了。

王钦若第三个打击对象是副相张知白。

之前，张知白担任御史中丞，多次带领御史弹劾王钦若。两人关系一向糟糕。如何扳倒张知白呢？

张知白是个务实派，进入宰执班子后，干劲很高。他分管军政。以往那些副相对具体政务根本不关心，张知白上任后，立刻让属下将京城军队人数以及粮草所需数目上报。很快，张知白就掌握了大量第一手资料。当张知白把调查报告交给宋真宗后，宋真宗挺感动。他拿着报告，告诉全体宰执大臣说："刚开始，朕以为张知白只是一时兴起，没想到调查工作做得这么细致。希望众位卿家以后，也要和张知白一样，敬业勤勉，为百官表率。一个国家，只有粮食储备充足，尤其是军粮储备充足，才能安定。"

说完，宋真宗看着宰执大臣。王钦若一脸平静，闭口不说。他可不想给张知白加分。次相向敏中说："臣记得开国之初，军队只有三年存粮，比比如今，可以看出国家是如何富庶了！"一听这话，王钦若立刻接嘴说："此皆陛下圣德！"

张知白很郁闷，可是能说什么呢？

后来，高邮呈交给中书省一份公文，说当地发生饥荒，有个叫荀怀玉的百姓，拿出自家的3000斛（30万斤）麦子救济灾民，恳请朝廷予以表彰。按照王钦若的意思，这种小事情，由地方政府口头表彰下就可以了，何必呈报中央呢？

张知白却以为不妥。他提出，自古以来，在非常时期，国家常常会标明价格，只要百姓缴纳多少钱粮，就可以获得相应的官职。像那种行为，只是交易，不值得提倡。但如今荀怀玉是主动拿出钱粮，无偿救济百姓。这种不图回报、心系百姓的精神，朝廷当予以褒奖。

宋真宗听后觉得张知白说得非常有道理，就下令破格赐予荀怀玉担任高邮军助教。虽然只是一个从九品官职，却是官员编制。

无形中，张知白严重挑战了王钦若的威权。以后，王钦若处处针对张知白。如今，眼见得向敏中沉默，王曾离开，一贯冲锋在前的枢密使马知节也因病去世，张知白很无奈。

天禧二年（1018年）的十二月，副相张知白主动请辞，离开了京城。

眼看着几个寄予厚望的副相相继离开，朝中竟然没有一位宰执大臣敢于对抗王钦若，宋真宗心里不是滋味。身为帝王，最不能容忍的就是大臣的威权凌驾于皇权之上——不论这个人是所谓忠臣，还是奸臣。

宋真宗开始盘算如何收拾王钦若。

机会终于来了。在天禧三年的六月，朝会时，御史台提出，接到匿名举报信，说宰相王钦若接受他人贿赂，卖官鬻爵。真宗大怒，立刻下令翰林学士草拟诏书，要直接罢黜王钦若。

在圣旨到达之前，王钦若已经知道消息。他赶紧跑到长春殿求见宋真宗。宋真宗不见。王钦若在殿外一遍又一遍地叩头，大声呼喊“冤枉”。可是，殿门紧闭，就是没人搭理他。王钦若呼喊，若自己真的有错，不妨让御史台组织调查。直接罢相，他王钦若不服！

可是，任凭王钦若喊破了嗓子，也没人搭理他。

看看闹得实在不像话，宋真宗让周怀政出去，转告王钦若：“朝廷设立御史台，难道是替人辨别真伪的吗？”御史台只负责纠察弹劾，可以风闻言事，不需要有真凭实据，就可以将官员罢黜。

王钦若一听就傻了，这才知道是皇帝要拿自己开刀。王钦若急忙入宫求见皇后，满心以为刘娥会支持自己。没想到皇后也闭门不见，还让人转告王钦若，不要到处奔走，好好在家闭门思过。

王钦若没辙了，只能回到家中。王钦若彻夜未眠，草拟奏章，痛陈最近一段时间跋扈蛮横的种种丑态，向宋真宗沉痛认错，且自动请求贬斥到边远地方。不过，王钦若也没忘记在奏折中大谈当年自己是如何追随宋真宗，和宋真宗共同经历一次又一次的危难。花了一晚上写完奏折，他派人递交上去。

王钦若本以为宋真宗会按照惯例挽留，没想到等到的是开封府的官差。

王钦若被传唤到开封府对质。府尹表示，在商州地面抓捕到一个妖道，在其身上搜到许多驱使鬼神、诅咒巫蛊的器具。据那个妖道交代，和王钦若多有往来。官府到妖道住处搜查，果然搜到王钦若写给妖道的书信。

往日，开封府尹见到王钦若，都是唯唯诺诺，今天却大义凛然，惊堂木拍得山响。王钦若立刻明白了。宋真宗根本不想挽留自己。既然皇帝、皇后都让他滚蛋，他只有选择认命。

天禧三年六月，王钦若被罢黜宰相之位，前往杭州。

第12章

寇准当国与周怀政逆谋

天禧三年的六月，王钦若仓皇离京的同时，寇准被任命为新一任宰相。虽然按照职务，向敏中排在他前面，但此时的向敏中已经卧病在床，无法理事，来年三月就去世了。因此，中书省虽有二相，但寇准形同独相。此时，曾经在澶渊之盟中大出风头的曹利用也终于登上前台，出任枢密使。远在江宁的丁谓，也被调回京城，出任副相，随即升任枢密使。李迪继续担任参知政事，任中正、周起继续担任枢密副使。

被宋真宗屡次罢黜的寇准为什么会返回京城，并且一举登上高位呢？其实，事情一点也不突然。早在本年年初，宋真宗就在苦心谋划。正因为已经找到了帮手，宋真宗才不走常规程序，态度极端强硬地罢黜了王钦若。

宋真宗要图谋的事情极大，大到影响朝局，甚至改变了大宋帝国的命运。本来，他的谋划堪称完美。只是，他所托非人。最终的结果，只能是丢车保帅。

帝后裂痕

宋真宗为何急忙忙地把王钦若赶走呢？当然不会是因为王钦若卖官鬻爵，也不仅仅是王钦若排除异己。王钦若是宋真宗一手提拔起来的，堪称左膀右臂。此人为宋真宗做了许多脏活，背了许多黑锅。若说揽权，王钦若再怎么也比不过寇准。

真正的原因，是因为后党势力过于强大。

大中祥符九年（1016年），因为蝗灾，宋真宗夜间祭祀，感染风寒。此后数月，宋真宗抑郁寡欢。常年辛勤祭祀，最终却换来连年天灾，宋真宗很苦闷，很失落。失落的宋真宗从此缠绵病榻。

之前，我们提到过，宋真宗是一个勤政皇帝，每天必定上朝，与宰执商议大事，处理各种政务。从本年下半年开始，宋真宗不得不改为两天上朝一次。可是，到了天禧年间，即便两天一次上朝，宋真宗的身体也无法承受了。

怎么办？此前的许多年，一旦有拿不准的政务，宋真宗都会找皇后刘娥商量。对于宋真宗来说，刘娥是他最为亲近的人，是同一阵线的战友。两人并肩作战，走过了无数的风风雨雨。经过慎重考虑，宋真宗宣布，在自己染病的日子，宰执大臣可与皇后商议政务。

只是，宋真宗万万没有想到，自己的这个命令，会使得自己和最爱的女人越走越远，最终成为敌人。

刘娥不是一个简单的女人，她有着强烈的政治野心，也有着精湛的政治权谋。她知道如何应对后宫妃嫔，知道如何对付大小臣僚，更懂得如何把握男人兼帝王的心。此前的30余年，她和宋真宗的利益一致。真宗的幸福，就是她的幸福，真宗的快乐，就是她的快乐。刘娥帮助真宗获得皇太子位置，帮助真宗处理王继恩变乱，陪同真宗共赴澶州，出谋划策扳倒寇准。

封后，是刘娥人生的转折点，是刘娥与真宗利益的分水岭。宋真宗同意借腹生子，扶持刘娥为后，让刘娥山鸡变凤凰，成为大宋国母。

但不能生孩子，是刘娥心底深处永远的痛。借腹生子，是可以轻易杀死刘娥的利器。因此，皇后刘娥必须更多地攫取权力。只有大权在握，才可以封堵悠悠众口，才可以扼杀真相，才可以让她在风刀霜剑中生存下去。

在封后前，刘娥就想过扩充势力。最好的扩张方式，是认亲戚。

有一位官员叫刘综，担任枢密直学士，在朝中颇有名望。刘娥了解到此人曾经在四川为官，就拜托真宗问问。一天，议事结束后，宋真宗特别留下刘综，假作随意地说："听闻卿家和后宫刘美人是同族？很好！朕准备给你压压担子。"本来，只要刘综不出声，升迁指日可待。可是，刘综当即就变了脸色，说："臣是河中府（山西临汾）人，并且出身孤寒，没有亲戚在皇宫！"人家刘综根本不承认有这门亲戚。

宋真宗很尴尬，刘娥很郁闷。几天后，刘综接到命令，堂堂正三品直学士被下放到庐州当知州去了。刘综也不多说，爽快地上任去了。

后来，刘娥看中了一个叫刘烨的官员，此人为人果敢，做事干练。刘烨曾经在四川为官，并且曾经欠了刘娥好大一个人情。那一年刘烨担任龙门县县令，当地有盗贼杀人。刘县令精心布局，将盗贼一网打尽。按照惯例，在县里初步审查后，需要把公文呈交，把犯人押解到府里进行复核。可那一年正是王均作乱的时候，蜀地不太平。刘烨担心盗贼半路逃走，再祸害百姓，干脆就在本县将盗贼全部斩首了。当地百姓人人称快。可是，事情呈报朝廷，御史弹劾刘烨斩杀盗贼不合规矩。刘烨被停职接受检查。宋真宗不知如何发落刘烨，一旁的刘娥说："乱世用重典，刘烨果敢有为！"宋真宗马上明白过来。若在平时，刘烨的做法当然不对。但是，特殊情况特殊处理，若是拘泥法规，那就损害一个贤才了。

不久，朝廷下令，龙门县县令刘烨，升迁为益州通判。

一晃多年过去了，刘烨出任龙图阁直学士、代理开封府尹。有一天散朝后，刘娥让宫女在大殿外等候，看到刘烨出门，宫女连忙叫住。在宫女的带领下，刘烨辗转来到一处庭院。走入殿阁，看到帘子后面坐着一个女人——德妃刘娥。

刘娥问问一些家常话，闲聊中把当初营救刘烨的事情说出。刘烨沉默。身处帘后，刘娥看不清刘烨的表情，还以为刘烨很感动呢。于是，她转入正题说："我知道刘大人乃世代名门，我很想看看你家家谱，恐怕您和我是同宗呢。"刘烨的父亲乃是太祖朝第一任御史中丞刘温叟，兄弟子侄在朝为官的很多。若能与刘烨联宗，刘娥的力量必定大涨。当时，宋真宗已经放出风去，准备立刘娥为皇后。只要刘烨认可，那就有拥立之功，日后富贵不可限量。

眼见得这是件双赢的事情，可是刘烨躬身行礼说："微臣不敢。"刘娥再启发，刘烨依然沉默。刘娥也恼了，两人就僵在那里。最后，刘烨急中生智，假装晕倒。宫女急忙将他扶了出去。刘烨很知趣，当天晚上就草拟奏章，恳请外放。宋真宗也不挽留，当即批准。

刘娥很恼火，可是没办法。任何一个时代，都是重门第，重圈子的。虽然刘娥如日中天，但是出身卑微，就是让人看不起。尤其是那些世家大族，关系盘根错节，即便是皇帝，也要礼让三分。

当然，刘综与刘烨这种人，永远都是少数。在原则与权势面前，在操守与富贵面前，有多少人能够坚持原则，坚持操守呢？

在刘娥成为皇后之后，铁杆心腹自然是哥哥刘美。刘美的官职一路飙升，在天禧元年已经成为侍卫马军都虞侯、龙神卫四厢都指挥使、皇城使。京城的半数兵权和整个皇城的安全，都在刘美的控制之下。不过，刘美做事非常低调，和朝廷大臣很少来往。在军界，刘美也以仁厚谦恭闻名。

通过刘美联姻，吴越钱氏一门成为后党中坚。因为拥立之功，官职多年徘徊不前的钱惟演，连升数级，成为正三品翰林学士，参与朝廷大政。钱惟演一心想攀附刘娥，以进入宰执，进而拜相，重现当初吴越钱氏的辉煌。

还有一个人，也是铁杆后党，那就是当初刘娥住在宫外时的房东张耆。张耆在宋辽大战时立下战功，快速升迁为殿前司都虞侯。天禧元年时，张耆已经是枢密副使，进入宰执行列。当然，张耆是宋真宗当年的贴身小厮，对真宗也忠心耿耿。当男女主人发生分歧时，张耆只好选择远离，主动申请外放。

成为皇后之后，刘娥主动笼络的，是王钦若和丁谓。

最初，刘娥以为王钦若难对付。毕竟，王钦若当时差不多已经登顶。在王旦在世的情况下，即便是刘娥，也帮不上什么忙。可丁谓，最初不过是三司使，只能列席宰执会议。依靠刘娥的推荐，他才勉强坐了中书省政事堂最末一把交椅。

最后的结果却让刘娥很意外。丁谓极端油滑，不但是在皇帝和皇后之间摇摆，即便是在王钦若与寇准的争斗中，也左右逢源，谁也不得罪。天禧元年，王钦若拜相后丁谓主动离开，就因为此前数月，他和寇准走得太近，于是退避保身。

反倒是王钦若，一旦意识到宋真宗病情严重，几乎难以痊愈，以后将是皇后的天下，立刻倒戈。议事时，王钦若言必称“中宫如何”。他之所以能将王曾、张知白等人挤走，正是和皇后的默许关系密切。

本来，是宋真宗亲手将皇后推向前台，让刘娥能够站稳脚跟，得到宰执大臣的认可，他应该高兴才对，又何必担心呢？其中原因，无法为外人道。细细探究起来，还是借腹生子问题。虽然大家都认为，皇后刘娥是皇子赵受益的亲生母亲，可宋真宗知道不是。另外，多年来，皇子和母后的关系一直紧张。

刘娥让杨淑妃抚养皇子，自己可以全力处理政务。对赵受益来说，生母刘娥极度严厉，动辄以礼法约束他，几乎每次见面都免不了呵斥他几句。真正给他母亲的温暖，让他倍感亲近的，是养母杨淑妃。

有这样一件事情。年少的赵受益有严重的“风痰病”，一旦发作，轻则眼花耳鸣，口吐白沫，重则直接晕厥，甚至可能死亡。对于这种病，最忌讳吃海鲜。刘娥于是下令，以后皇宫中不得购买虾蟹等海鲜。大家都不吃，以免皇子看到嘴馋。可是，养母杨淑妃有时候还是偷偷带一些虾蟹给赵受益，还说：“皇后虐待我儿到如此地步！”次数一多，在皇子年幼的心中，难免会觉得“生母”刘娥冷漠而可怕。只是，当病情发作、痛不欲生时，不知道赵受益当做何想？

眼看皇子与皇后感情比较疏远，皇后又一日比一日热衷权势，缠绵病榻的宋真宗不得不考虑托孤问题。

在朝局已经呈现一边倒的局势下，宋真宗再也无法容忍。他强打精神，和贴身宦官周怀政日夜谋划，终于想出了一个惊天奇谋。

天书重现

在古代，官场斗争波诡云谲，什么才能决定权力的最终走向？

军队？乱世时，自然是枪杆子里出政权。可是，太平时期，军权起到的更多是一种震慑作用。引而不发的效果才是最好的。一旦爆发宫廷兵变，引发的祸乱往往不可想象。

利益？没有永远的敌人，只有永远的利益。这一点，古今政坛通用。只是，利益不是万能的。在面对有些东西时，利益有时候不堪一击。就像刘综和刘烨拒绝和刘娥联宗一样。

太平时代，真正的决定力量是名分。

所谓“名”，就是君臣、父子、夫妻的关系；所谓“分”，就是君臣、父子、夫妻各自应当承担的义务。万事有名自然有分。做任何事，师出无名可不成！

宋真宗为什么能够拿下王钦若？因为王钦若有了犯罪事实，违背了宰相的职责，名分有亏。

宋真宗的谋划是什么呢？

让皇太子监国！

只要皇太子监国了，自然，皇后就不能再干预国政了。只是，从大中祥符九年来，三四年间，皇后刘娥处理国政井井有条，没有什么差错。宋真宗没有任何名分让刘娥退出。并且，以宋真宗与刘娥多年夫妻的情分，他也不方便直接出面，要求刘娥退出。

可是，太子年幼，若是监国，就等于要将权力交托给外廷的宰执大臣。若是王旦还在，他自然是最佳人选。可惜，王旦先真宗而去。退而求其次，刚直不羁却又忠心于国的寇准也是不错的。

只是，数年前寇准被罢黜地方。最近几年来，寇准也没有什么大功劳。有什么名分可以让寇准返回朝廷，并且在不引起皇后刘娥的猜忌下顺利接掌宰执大权呢？

那些天，宋真宗和周怀政两人日夜谋划。最终，宋真宗和周怀政想出一个“曲线救国”的办法。

周怀政，真宗朝宦官，在第一次天书降世时，周怀政曾经登场。此时，他已经担任入内副都知，成为大宋宦官的顶级人物之一。因为宋真宗的这个奇谋最终失败了，于是，宋朝官方的记载中周怀政也就变得面目模糊，时而忠诚，时而奸猾。其实，纵观其一生，堪称宋真宗的绝对忠仆，一如唐玄宗时代的高力士。

周怀政的任务，就是给寇准创造一个返回京城的机会。

周怀政秘密出京，直奔永兴军，找到了永兴军巡检（负责地方治安）朱能。

这个朱能，本是单州团练使门下，精通道术，颇有几分手段。因真宗热衷神仙之事，单州团练使将朱能推荐到京城，拜在周怀政的门下。周怀政又将朱能引荐给宋真宗。宋真宗亲眼验证一番，觉得朱能颇为了得，很是高兴，直接赐他刺史身份。虽然是个虚衔，但已经是天降富贵，让无数人眼红。朱能很会来事，很快和朝廷那些热衷符瑞的官员打成一片。大家合伙打造各种神迹，哄得真宗开心快意。大中祥符末年，宋真宗心灰意懒，念朱能多年劳苦，任命朱能为永兴军巡检，让他远远地离开京城了。

可以想见，朱能很失落。好日子为什么总是这么短暂呢？

周怀政与朱能一番密议。朱能心领神会。

永兴军的一把手就是寇准。寇准刚强好胜，就连宋真宗都觉得难对付。可朱能属于那种完全没节操的主。无论寇准如何羞辱，朱能始终笑嘻嘻地小心奉承。时间一久，朱能和寇准关系也挺不错。

朱能找到寇准，关起门来，也说了一番悄悄话。

天禧三年三月，永兴军节度使、同平章事寇准上奏朝廷：永兴军所在乾祐山中最近祥光缭绕，异象纷呈。经巡检朱能调查发现，乃天书降世！

奏章送到中书省，百官议论纷纷。太子右谕德鲁宗道、谏官孙奭立刻上书，痛陈朱能一贯奸邪，这次定然又是弄虚作假，欺瞒天下，恳请宋真宗将朱能捉拿法办。只是，当撒谎成为习惯的时候，众人早已经麻木。任凭二人如何呐喊，也无法撼动大局。

看到奏章，王钦若笑了。这个朱能又玩什么把戏呢？天书降世？已经过时了吧。只是，他有些奇怪，为什么不是朱能，而是寇准上奏天书降世事件呢？寇准不是一向最厌恶这种人造祥瑞吗？他把疑惑说出，同僚随口说：“那也正常，谁让天书出现在永兴军呢？若隐瞒不报，倒是寇公的责任了。”

听到消息，宋真宗强打精神，出席宰执会议。

宋真宗表示，既然天书降世，自然要派人前往迎接天书。可是由谁出任天书奉迎使呢？一般来说，这种差事只有宰相级别的高官才行。宋真宗把目光看向了王钦若。

王钦若忽然鬼迷心窍地说："最开始就不相信天书的，就是寇准。如今天书降临在寇准辖区，陛下您应当命令寇准充任奉迎使。如此一来，天下百姓必然更加信服！"按照王钦若的意思，寇准当然会拒绝这个差事，那时候正好抓住机会，给寇准狠狠一击。

众位宰执大臣立刻都猜出了王钦若的险恶用心，可是谁也没有说话。王钦若的话，冠冕堂皇，那是为了宋真宗的颜面考虑。谁要是反对，谁就是怀疑天书的真实性。

如王钦若所料，宋真宗爽快地答应了。只是，王钦若不会知道，他们走出大殿后，宋真宗苍白的脸上难得地浮现出了一抹笑容。

周怀政带着诏书，来到永兴军传达诏命。接到诏令，寇准立刻收拾行装，准备上路。

那些追随寇准的士大夫们赶紧来劝阻。有位门客说："寇公，如今陛下既然让您奉迎天书，君命难违。但是，一旦成行，寇公必成天下笑柄。我给您献上三策，可摆脱困局：离开永兴，走到河阳时，公可称病，坚持请求在外任职，这是上策；到达京城后，朝会时公开禀奏陛下，揭发天书乃朱能造假，还可以保全平生正直美名，这是中策；若您奉迎天书到达京城，还接受朝廷官爵，出任宰相，那一生清誉付之东流矣，此为下策！"

寇准听后，对这位门客一揖到地，深深地行了一个大礼。然后，寇准一句话不说，转身上马而去。

这位门客有大智慧，一下子就看出了寇准此行的机遇和风险。以寇准四入宰执的资历，以寇准挽救大宋的威望，只要他返回京城，那就可以拜相。这点，是毫无疑问的。可是，在众人心目中，寇准的形象为何异常伟岸？为何寇准生活奢华，百姓、百官——至少是士林舆论不但不认为不妥，反倒千方百计为寇准辩护呢？因为寇准有士大夫的操守，有傲岸的风骨！最典型的特征，那就是敢于逆龙鳞。即便皇帝做得不对，也敢于当众指出，更不要说王钦若、林特之流了。

但是，天下人当中，只有宋真宗和周怀政知道其中隐秘。

周怀政告诉朱能，制造天书降世可以换取富贵。朱能大喜。寇准是在无可奈何的情况下，才呈报中央。若是此番前来传旨的不是周怀政，寇准万万不会前往京城。可是，当他和周怀政密议一番后，他当即决定，入京！

入京，会被亲友弟子误会，可是，也将有辅佐太子，建立伟业的机会。尤其这次的诏命，是宋真宗诚心发出的邀请。身为臣子，身为一个将一生献给国家的士大夫，又怎能不从命？

捐躯赴国难，视死忽如归。如此诗句，或许可以描摹寇准当时的心情。

天禧三年四月，在众人的惋惜与不解中，寇准手捧诏书，来到了皇城。宋真宗比以往任何一次都要隆重，竟然亲自带着百官前往琼林苑迎接天书。天书供奉到真游大殿后，宋真宗又几次带领宰执大臣前往朝拜。

大家都明白，宋真宗越是隆重对待，天书奉迎使寇准的功劳就越大。傻子都知道寇准马上就要拜相了。

官场中人最是趋炎附势。自从寇准入京，府邸就彻夜通明，人潮如织。京城百官有大半都到寇准府中拜望。就在这时候，皇后刘娥敏锐地察觉到了什么。

朝会时，翰林学士钱惟演提出，保信军节度使丁谓在地方数年，政绩卓著。其一，独自绘制图纸，为天净宫（供奉老子）的建成作出贡献。其二，州中河道年久淤积，旱季无水可用，雨季泛滥成灾。丁谓亲自率领民夫疏浚河道，造福万民。其三，在江宁主持承天节道场，有甘霖降世。其四，陪同中使（宦官）雷允恭前往茅山，祭祀神灵，祈祷太平。

丁谓有如此大功，当然要提拔重用。天禧三年六月初，丁谓奉诏回到京城。

随即，王钦若贪污事发。一两天后，罢相诏书下达。王钦若担任首相两年，心腹自然不少，可是没有一个人站出来说情。只因，所有人都明白，王钦若已然被宋真宗厌弃。

数日后，寇准出任中书侍郎、兼吏部尚书、平章事，丁谓出任吏部尚书、参知政事——丁谓是正牌的吏部尚书，主管人事；寇准是宰相，不过，是兼管吏部事务。病中的向敏中继续担任首相，李迪继任参知政事，曹利用、任中正、周起继任枢密使、副使。

除了一去二来，整个朝廷似乎没什么变化。其实，山雨欲来风满楼。不变，正是大变的前兆。

不密失身

孔子有云："君不密则失臣，臣不密则失身。"身为君王，若处事不够缜密，就会失去部下的拥护。身为大臣，若处事不够缜密，就会失去官职甚至生命。这句话用来形容寇准，非常准确。

寇准还朝，肩负促成太子监国的重任。只是，这种事情一来积聚力量，促成舆论，二来需要找寻契机，清除隐患。事成须一击必中。一旦事情办砸了，后果即便是寇准，也无法承受。

此后的两三个月，寇准忙于应付各种祭祀活动。既然以奉迎天书还朝拜相，表面的工作自然要做好。天书活动基本告一段落后，群臣给宋真宗上尊号，宋真宗也给诸位宰执加官晋爵。首相向敏中因病没有参加祭祀，于是上表极力辞去封赏。宋真宗不听。不过，虽然向敏中担任左仆射（天禧四年三月病逝），寇准担任右仆射，但大家都明白，寇准才是中书省的带头大哥。

九月，皇太子赵受益在东宫设宴招待宰执大臣，以感谢诸位大佬对父皇工作的支持，对大宋江山的贡献。第二天朝会，参知政事兼太子宾客李迪禀奏说："昨天东宫赐宴，臣有幸陪侍。皇太子一举一动都符合礼仪，所有言辞都不随意出口。当时宴会上表演各种杂耍，可皇太子笑也没笑。其庄重稳健，让我等无不肃然起敬。"身为东宫殿高级属官的李迪首先站出来大赞皇太子。

皇太子本就是国之储君，当然有权监国。可关键问题是年纪太小。本年，赵受益不过9岁。9岁的皇太子自然没有什么卓越贡献，能够表现得沉稳一些，就已经是极为难得了。

宋真宗立刻说："不但是昨日，即便寻常日子，皇太子也从没有乱说一句话，举动有礼！"

寇准终于开口说："皇太子天赋仁德，严重温裕，复禀圣训，勤道力学，实邦家之庆也。"寇准除了延续李迪、宋真宗的观点，说赵受益虽然年幼但性情稳重外，又大赞赵受益勤奋学习，秉持先帝遗训。皇太子有如此品行，有如此学问，是大宋万民的福气！

既然皇太子这么了不起，自然也应该提拔提拔。

几天后，寇准带领宰执上表，提议以后朝会站班，皇太子位在宰相之上。

回顾一下历史：昔日赵普为相，位在开封尹赵光义之上。等到开宝六年赵普罢相后，赵光义封晋王，才位在宰相之上。赵光义即位后，下诏秦王赵廷美位在宰相之上。等到赵普还朝，赵廷美主动请求，位在宰相之下。宋真宗还是皇太子的时候，先是位在宰相之下，地位稳固后，才位在宰相之上。

也就是说，宋真宗、寇准正在一步一步地实施他们尊崇皇太子的计划。若是不出意外，下一步就是以皇帝多病为由，奉皇太子监国。

可惜，宰相寇准亲手把宋真宗苦心经营的大好局面给破坏了，最终，他自己也差点身陷囹圄。虽然他侥幸逃脱，但也从此漂泊天涯，沦落至死。

一日朝会，寇准上奏，请求从今以后，给事中、谏议大夫、中书舍人等朝廷两府、两制高级官员的母亲、妻子都可以晋封为郡君。宋真宗下诏批准。可是，诏令下达当天，就引来百官非议。原来，以往这类官员的母亲、妻子只能封为县君。寇准的女婿王曙担任给事中、枢密直学士，正在最新一批破格晋封行列。于是，许多官员就认定，寇准是为了私情而擅自改动国家制度。

当然，除了王曙的母亲得以提高封爵外，还有其他人也享受到新规定的好处。几天过去，议论也就稍稍平息了些。可是，不久之后的一件事情，再一次刺痛了大家的神经。

有一个官员叫李谘，此人乃是真宗初年探花郎，颇有才华，人品出众，此时担任户部员外郎、知制诰。可是，寇准非常讨厌李谘。明明李谘的文笔极好，可是，每次只要是李谘起草圣旨，寇准必定三番五次驳回。有时候，李谘一夜苦心写好的稿子，寇准看也不看直接扔掉。

有一次，李谘草拟的圣旨中用了“淑慎”两个字。寇准就说：“淑慎，那是用来形容妇人的吧。怎能用在圣旨上呢？重写！”李谘不服气地说：“《诗》云‘淑慎君子，其仪不忒’。这个词和妇人有什么关系？”要论文才，寇准还真不如李谘。可谁让人家是领导呢？寇准沉着脸，又从稿子中挑了其他几个地方。总之，无论李谘怎么说，稿子不合格就是不合格。

唐宋以来，就有一个规矩。知制诰草拟圣旨，若是出了差错，是要承担罪责的。基本上就是直接罢官。李谘受不了寇准的侮辱，就主动上表请求外放。宋真宗虽然很欣赏李谘，但谁让他得罪寇准呢？为了大局，宋真宗将李谘外调到潭州出任知州。为了安抚李谘，宋真宗还特意召见他，告诉他潭州地方大，责任重，外调潭州是朝廷重用。同时，将李谘的工资上调一级。李谘这才高高兴兴上任去了。

那么，寇准为什么讨厌李谘呢？原因只有一个，李谘是新喻人，正是王钦若的同乡。

李谘走了，可是，两制班子对寇准的怨气在增长。

在太祖朝有个“手搏状元”王嗣宗，此人不但打架出手又快又狠，当官也雷厉风行。他历任地方要员，做出不少政绩。大中祥符年间，王嗣宗被提拔为枢密副使。之后，因为年迈外放。宋代有规矩，年过70岁应当主动请求退休。王嗣宗年轻的时候曾经嘲笑别人，年过70岁还贪恋权位。等到他自己过了70岁，也不肯主动退休。寇准很讨厌王嗣宗这种言行不一致、贪得无厌的人。

天禧四年年初，王嗣宗上表请求入朝，并且说，只要再见皇帝一面，就告老还乡。宋真宗批准。后来遇上供奉天书，所有参与官员都可以升迁，王嗣宗也跟着沾了光。结果他不但不辞职，还主动请求到地方出任大州一把手。寇准很生气。当时朝中百官人人都要交一篇参与天书祭祀的心得体会，之后会把宰执级别的官员名单刻在石碑上，传之后世。寇准借口说王嗣宗写得心得不够深刻为由，不允许刻王嗣宗的名字。王嗣宗大怒，人前人后大骂寇准。寇准进谏真宗，强行要求王嗣宗滚蛋。宋真宗无奈，只能让王嗣宗退休。

王嗣宗很恼火。他是三朝元老，资历比寇准还老，可寇准竟然如此羞辱他。王嗣宗让儿子扶着入宫，找宋真宗诉苦。宋真宗接见王嗣宗，特许他不用下跪磕头，由儿子扶着回话。宋真宗再三强调王嗣宗为国作出的贡献，当面赏赐他数百万钱。看到皇帝如此，王嗣宗才带着眼泪离去。

王嗣宗感激真宗，却恨死了寇准。

当然，李、王二人一个是年青晚辈，一个是过气老人，都无法撼动寇准的地位。可是，寇准还得罪了两个不该得罪的人。

一个是丁谓。

大中祥符年间，丁谓攀附王钦若，谄媚宋真宗，后来又和后党不清不楚。但是，即便是在寇准罢黜地方的时候，丁谓对寇准都非常尊敬。于是，当寇、王相争时，丁谓中立。当王钦若清洗寇党时，丁谓退出。一来，是寇准对丁谓有举荐大恩；二来，是丁谓明白寇准的能量。

此刻，寇准五入宰执，二度拜相，权势熏天，丁谓自然趋奉。

有一天，寇准在府中设宴，招待百官。副相丁谓坐在寇准一旁。席间，寇准低头喝汤。古人都流行留胡须，寇准更是连鬓络腮大胡子。他低头喝汤，不小心胡须上也沾染到了一些。这多少有些有辱宰相的光辉形象。一旁的副相丁谓看了，急忙伸手，用袖子帮寇准擦拭胡须。丁谓本是拍马，没想到被马狠狠踢了一脚。寇准笑着说:“参政，国之大臣，乃为长官拂须耶?”你丁谓也是参知政事，国家宰执大臣。你这种身份，竟然还给领导溜须吗?

这就是成语“溜须拍马”的来源。

史书明确记载，正是因为这次羞辱，丁谓开始怨恨寇准。

丁谓是个有恩报恩、有仇报仇的人物。一旦被他盯上的人，他必定追寻到天涯海角，也要并想方设法弄死对方。寇准权大，也还不能一手遮天。朝廷还有一班宰执大臣。丁谓开始找寻盟友，共同倒寇。

丁谓找到了曹利用，两人一拍即合。

从大中祥符末年曹利用进入枢密院，一晃多年。他已经从一个最低级的宰执，混成了资历、官职仅次于向敏中、寇准的顶级大僚。曹利用为什么要倒寇准？

本来，曹利用对寇准是非常尊重的。当年，当曹利用还是一个末流官员的时候，寇准已经是当朝宰相。澶州之行前，寇准霸气侧漏地交代曹利用：与辽国谈判若超过30万两白银岁币，提头来见。此事让多年后的曹利用一直心有余悸。不过，此后的许多年，曹利用亲自统领大军追剿叛军，在死人堆中几进几出，早就不再是当初的愣头青了。加上担任宰执时间越来越久，耳边听惯了种种吹捧，在杀气之外，曹利用身上也有了股牛气。他是大宋军界最高领导。从职务上说，和宰相平起平坐，完全应该得到寇准足够的尊重。

可是，寇准还是用10多年前的老眼光看人，毫不掩饰地蔑视曹利用。每次宰执议事，即便是军务，寇准也说一不二。很多时候，曹利用都忍让再忍让。可是忍让换来的，是寇准更霸道、更直接地打压。

有一次议事，曹利用有不同意见。寇准就说："你不过是一介武夫，怎么会知道如何处理国家大事呢?"直接无视堂堂枢密使曹利用！从此之后，曹利用坚定地站到了寇准的对立面。

本来，局势已经越来越不利，可寇准却觉得天下形势一片大好，认为朝中宰执再也没有谁敢反对他的威权。在这个错误判断下，寇准正式提请太子监国！

鱼走网破

天禧四年的六月，经过和周怀政多次秘密会晤后，寇准提出单独面见宋真宗。按照唐宋制度，皇帝接见宰执大臣，应当有第三人在场，即负责记载皇帝日常工作的起居舍人。不过，因事关重大，宋真宗借故将起居舍人调开，以保证消息不至于泄露。

寇准禀奏说："皇太子乃是民心所向，希望陛下顾念宗庙社稷，将神器传给皇太子，以保我大宋江山万世基业。至于丁谓，乃是奸佞小人，万万不可以辅佐少主。希望陛下能够选择性情方正的大臣辅佐皇太子！"宋真宗闻言大喜，当即同意了寇准的建议。

由寇准来建议太子监国，选拔方正大臣（如寇准、李迪）充当辅政大臣，这是宋真宗一年多前就已经构思好的方案。如今，拖了一年，寇准终于开口，宋真宗自然高兴。只是，寇准不单单是提出太子监国，他还提出必须赶走丁谓。赶走丁谓，就意味着太子监国一事将要遇到宰执班子中二号、三号人物的强烈反对。这就注定了事情将凶险万分。

当然，请太子监国这种事情，最大的障碍本来是皇帝。太子监国，就意味着要将皇权交出。当初，宋沆、吕蒙正等人提议立皇太子时，都遭遇宋太宗强烈反对。若是请太子监国，那还了得？可是，眼下这件事情的幕后主使本就是宋真宗。只要寇准做事稍微小心一些，就不至于出事。

寇准出宫，找到了老朋友翰林学士杨亿。要想让太子监国一事顺当，就必须一切都符合程序。由翰林学士草拟圣旨，由宰相盖章，交由皇帝盖玉玺，然后公布天下。一环都不能少。

寇准把事情告诉杨亿，并且再三嘱咐千万保密。杨亿很激动。在王钦若执政的几年，他受尽委屈。如今，翻身的时候到了。寇准答应他，只要扳倒丁谓，杨亿就将取代丁谓，成为第一副相！

杨亿关起门来，屏退众人，亲自草拟表章。杨亿写得很用心，在表章中细数皇太子仁德以及丁谓等人奸佞之状。一直写到凌晨时分，灯芯打结了，杨亿本要习惯性地叫丫环来剪烛花，可想一想，还是自己起身去剪了。

清晨到了，杨亿亲自把表章交给寇准，回到家中，刚巧小舅子来到家中。小舅子为官多年，品级一直没有什么升迁。他本以为杨亿此刻返回朝廷，自己可以沾光。不料丁谓、曹利用等人百般阻挠，不批准提拔。今天，杨亿很兴奋，就告诉小舅子：“数日之后，朝廷定会出现新气象！”小舅子也是聪明人，感觉姐夫话里有话。再追问时，杨亿却什么也不肯说了，只是让小舅子耐心等待。

杨亿这边瞒得很紧，可最后竟然是最不应该出错的寇准出错了。

寇准接到杨亿草拟的表章，细细阅读，大喜。

真宗晚年多病，朝会改为两天一次。寇准虽然心急，但大事当前，还是稳妥为上。若是提前入宫，反倒容易引起不必要的麻烦。

当天，寇准和往日一样接待朝廷官员，晚间摆酒设宴，尽情舞蹈。

席间，身旁服侍的家仆敏锐地发现寇宰相今天气色特别好，就询问有什么喜事。寇准举起酒杯，一饮而尽，脸上笑意盈盈。这个家仆跟随他已经多年，寇准很放心。他轻声说：“除旧布新，就在明日！”

说完，寇准放下酒杯，走入会场，开始跳舞。

在百官一片喝彩声中，那位家仆却偷偷溜出府去。原来，早在半年前，这个家仆就已经被丁谓收买。家仆觉得寇准今天言辞有异，急忙跑去通知丁谓。

丁谓接到消息，略一沉吟，顿时大惊失色。自从寇准还朝，丁谓、钱惟演等人就觉得非常奇怪。一贯刚直的寇准为何会改变性情，亲自充当天书奉迎使呢？是寇准贪图相位？若是如此，寇准当初也不至于罢相了。眼下这“除旧布新”四字，必然蕴含着一个惊天大阴谋。

丁谓多么聪明，立刻就把寇准、周怀政的图谋猜测的八九不离十。

丁谓告诉那寇府家仆，即刻返回寇府，务必把寇准那封奏章拿到手。

之后是焦急的等待。几个小时后，寇府家仆果然带着那封奏章来了。

丁谓大喜！

丁谓知道，就如他在寇准家中有人一样，自己府上也有奸细。若是晚上乘坐官轿出门，必定打草惊蛇。丁谓想出了一个瞒天过海之计。

他告诉管家，小姐身体有恙，夫人将往探望，让把轿子抬入厅堂。他又告诉管家，今晚自己要在书房阅读公文，任何人不得打扰。

随即，丁谓和夫人一起坐上了轿子。管家将房门紧锁。别人只看到丁府抬出一个女人坐的轿子，再一打听，是丁小姐生病，也就没有多想。

丁谓出门，直奔翰林学士钱惟演府邸。为了巩固彼此的联盟，丁谓把女儿嫁给了钱惟演的儿子。就这么一算，丁谓也算和皇后刘娥攀上了亲戚。

丁谓把消息告诉钱惟演，钱惟演大惊。当时宫门早就下钥，外臣禁止入内。不过，这难不倒钱惟演。皇后刘娥最宠幸的宦官叫罗崇勋，此人在宫外也有住所。丁谓、钱惟演二人一同前往寻找，果然找到了罗崇勋。罗崇勋带着奏折，从皇宫小门入宫。

刘娥仔仔细细看了一遍奏章，当即做出决断，立刻前往皇帝寝殿。

刘娥拜见宋真宗，一番虚礼之后，把表章呈交宋真宗。刘娥什么也不说，只是一味地流泪。

宋真宗没想到表章竟然落入了皇后手中。宋真宗很尴尬。既然图谋被识破，就要付出代价。宋真宗当然不能承认是自己指使寇准排挤皇后。于是，放弃寇准就成了必然。

当天晚上，宋真宗宣召翰林学士入内起草诏令。皇后刘娥吩咐，让翰林学士钱惟演入内，宋真宗依从。

丁谓与钱惟演两人早就在皇城外等候，见到罗崇勋走出宫门，都非常高兴。罗崇勋示意丁谓大事已成，又告诉钱惟演即刻随自己入宫，草拟诏令。一路上，罗崇勋把帝后会面的事情简略地说了，并且递给钱惟演一个折子。

钱惟演喜不自禁。好不容易熬成了翰林学士，当然希望再进一步，登上宰执。此刻，正是建立功勋的大好时刻。

钱惟演进入殿阁，看到宋真宗垂头丧气地坐在御座上，皇后刘娥陪侍一旁，脸色阴沉。宋真宗吩咐钱惟演，草拟一份罢黜诏书，罢黜寇准平章事职务。钱惟演趁势发挥，大谈皇帝圣明，寇准执政如何霸道，如何专横，百官如何多有怨言，仿佛寇准不罢黜，大宋朝就要灭亡一样。

宋真宗皱着眉头听完，问："卿家以为寇准当改任何职？"钱惟演听后一愣，这种事情本该是宋真宗乾纲独断才对，何必询问自己呢？钱惟演偷偷瞄一眼皇后刘娥，明白了。宋真宗这句话其实不是问自己，而是询问他身边的皇后刘娥。既然是刘娥发现了寇准的"阴谋"，为了洗脱自己的嫌疑，证明自己依然信任皇后，宋真宗必须丢车保帅。这个"车"如何处置，当然要尊重皇后刘娥的意思。

皇后刘娥果然发话："请学士依照惯例处理即可。"钱惟演听后不禁大赞刘娥高明。皇后刘娥此刻不方便亮明态度，说重了，是干涉朝政，打击报复；说轻了，无法震慑朝臣，保位固身。钱惟演略一沉吟，说："陛下，不如依照前任宰相王钦若例，将寇准改任为太子太保，离开京城。"宋真宗说："任太子太傅吧。"沉思一会儿，宋真宗又说："还是再多一些优待吧。"，

钱惟演看看一旁的皇后，刘娥略一点头。钱惟演从袖子中拿出之前宦官交给的折子，打开呈交宋真宗。那张纸上列举了大大小小许多封国的名号——皇后早就料到宋真宗不忍心重责寇准，虽然同是罢相，王钦若是获罪被罢，寇准却是秉承他宋真宗的旨意，这点大家都清楚——宋朝宰相也有赐封国公的先例。

宋真宗从最低的序列中挑选了一个字，说："就封寇准为莱国公吧。"宋真宗也明白，若是封给大国，钱惟演——皇后必然会反对。

第二天凌晨，寇准酒醒。他穿戴整齐，来到书房打开抽屉，吃惊地发现奏章竟然不见了。家人慌乱地找了许久。寇准却立刻明白，要出大事了！只是，问题到底出现在哪里呢？

奋力一击

百官朝会，钱惟演当堂宣读诏书，罢去寇准宰相职务，升迁为太子太傅、莱国公。寇准听到这个任命，完全呆住了。

但看丁谓和钱惟演得意洋洋的样子，必定是皇后那里耍了什么手段。再看宋真宗，在帘幕后面一言不发，明显是太子监国的密议还没有施行就被皇后抢先下手了。

可是，既然被罢黜相位，就没有了叫板的权力，寇准只能无奈地接受诏命，回家等待朝廷进一步的处置。

寇准被罢黜相位，杨亿自然惶恐不安。杨亿做了一件事情，把自己那天晚上草拟的要求太子监国的底稿，用针线密密缝在一件袍服中。在杨亿看来，不久之后自己就会遭遇大难。若仅是自己一个人也就罢了，可是杨家上下百余人，以后还是要继续生活的。现在皇后虽然专权，可是，等到多年之后皇后去世，皇太子亲政，自己的忠心还有昭雪的一天。杨亿叫来儿子，嘱咐儿子无论何时务必要保全这件衣服。儿子记了下来。

后来，杨亿果然被治罪流放，杨家也完全败落。十五六年后，刘娥去世，宋仁宗亲政，得知刘娥并非自己亲生母亲，对被刘娥贬斥的大臣尽数赦免。杨亿的儿子把父亲的袍服献上。宋仁宗看到袍服中字迹模糊的表章草稿，感慨万分，下诏为杨亿恢复名爵，赐谥号为“文”。

有个人更加不安，就是周怀政。同为宰相的李迪捡了个便宜，继续当他的宰相。可寇准乃是周怀政召回京城的。皇后深知为政之道，其他人或许会同意放过，可是对周怀政绝对不能。周怀政不但是入内副都知，掌控大殿，更是东宫总管，权力太大。此人不除，必定会蛊惑皇帝，离间母子。

周怀政早已经被皇后下令隔离。他想尽办法找到机会再见一次宋真宗。见面后，周怀政拔出匕首对着自己的脖子，恳请真宗允许他继续执行当初的诏令。宋真宗对寇准被罢，心中非常恼恨。可是，这几年多病，宋真宗已经习惯了在刘娥的照管下生活。宋真宗希望保全皇太子，但是又不希望伤害到刘娥。宋真宗询问周怀政要怎么做，周怀政摇头不说，只是告诉宋真宗：若是事情成功，皇太子必然稳如泰山；若是事情不成功，怀政一人赴死即可。宋真宗答应。

周怀政有一个天大的计划，即杀掉丁谓，废掉皇后刘娥，然后请寇准重新拜相，执掌朝政。周怀政化装之后约寇准到僻静之处相会，把计划透露给寇准。寇准大惊。当初寇准的计划之所以会失败，一个重要的原因，就是宋真宗不愿意伤害刘娥。可眼下周怀政却想着废掉皇后——历来废后的最终结局，那只有死亡。周怀政这个计划宋真宗真的会支持吗？周怀政告诉寇准，只要装作什么都不知道，静观其变就好。一切，都交给他周怀政了。

周怀政找到负责宫廷安全的官员杨崇勋、杨怀吉、杨怀义三人，共同密谋，决定在七月的二十五日发动兵变，拥立太子赵祯（天禧二年九月，赵受益被册封为太子，改名赵祯）为帝，让宋真宗当太上皇，将皇后和丁谓一党全部斩杀。三人都是周怀政多年好友，得到周怀政许多的照顾，当着周怀政的面自然是一口答应。可当周怀政离开之后，三人开始打起了小算盘。若是在数月之前，朝中有寇准撑腰，那在宫中发动兵变或许还有取胜的可能。可现在寇准已经罢相，宋真宗又一直不肯公开表明立场，如今只剩下周怀政一人，此事如何能成？况且周怀政早就被皇后刘娥盯上，说不准周怀政找他们密谋的事情已经有人告诉了皇后刘娥。三人思前想后，还是觉得投靠皇后更加保险。

七月二十四日，起事日子的前一天，三人找到丁谓，要求丁谓给他们富贵，他们则交代整个计划。

随后，丁谓乘坐女人的软轿入宫，禀报皇后。周怀政立刻被宫廷卫士给抓了起来。皇后刘娥吩咐，就由杨崇勋负责审讯周怀政。听说周怀政被抓，刚刚苏醒的宋真宗很是悲伤，命人将自己抬到审讯犯人的御药院。看到宋真宗到场，本来垂首待死的周怀政又有了几分希望。可宋真宗面对周怀政只是叹息。周怀政就明白了，宋真宗到场的目的不过是提醒周怀政，千万不要乱说，更不能提到密谋乃是皇帝的主意。既然已经没有活路了，周怀政也不等杨崇勋逼供，就坦率地交代自己的罪行：自己想拥立太子登基，自己想废掉皇后刘娥。但是，其他所有的事情都是自己一个人的意思，不必追究他人。

宋真宗如此隐忍，不过就是希望不要激怒皇后刘娥。之前利用天书召回曾经强烈反对封后的寇准，刘娥已经很不高兴。后来寇准更密议太子监国收夺皇后处理政务之权，皇后虽然没有明言，但帝后关系明显出现了裂痕。万一皇后刘娥“发现”周怀政意图废黜皇后甚至杀掉皇后，乃是宋真宗主谋，很难想象皇后刘娥会怎么对待宋真宗父子。

寇准可以选择离开京城，周怀政也一死百了，唯独宋真宗不能真正舍弃皇后刘娥。因为他也明白，若皇太子没有了皇后这个强有力的大靠山，那么，无论朝中是丁谓执政也好，是李迪执政也好，甚至是寇准执政也罢，皇太子都会成为一个傀儡，一个摆设。于是，与其让小皇帝做宰相的傀儡，不如做皇太后的傀儡。毕竟，刘娥乃是小皇帝的嫡母。毕竟，刘娥无子，只能选择把江山交给唯一的后人赵祯。

自从周怀政死后，宋真宗每天都沉浸在悲伤之中。没想到一生对自己忠心耿耿的周怀政，将性命托付给自己的周怀政，最后却因为自己的无能而死。

天禧四年的七月，作为揭发周怀政逆谋的第一功臣，丁谓升任首相。宋真宗又提拔李迪出任次相，曹利用为枢密使、同平章事。在曹利用的举荐下，前任枢密副使冯拯升任枢密使、同平章事。朝中出现四位宰相级高官共同主事的现象。枢密副使任中正、吏部侍郎王曾升任参知政事，翰林学士钱惟演升任枢密副使，枢密副使周起外放地方。

在新一届班子中，丁谓虽然领衔，但是曹利用的力量大大加强。钱惟演虽然进入宰执，但是序列最低，而和丁谓关系不和的王曾也重新进入宰执。丁谓和曹利用此前虽然联手对付寇准，可是一旦寇准罢相，丁、曹二人其实就变成了竞争对手。李迪、王曾若是合理利用这一点，还能有所作为。何况，李迪最大的优势，是他还兼任太子宾客，深得皇太子的信任。

从这份宰执名单中，可以看出，宋真宗虽然多病，但依然在勉力维持朝廷的稳定，千方百计使权力的天平不至于向皇后一边倾斜。

拜相第一天，丁谓就和宰相李迪吵了起来。

那一天，两人一起到大殿去接受宋真宗诏命。宋真宗告诉两位宰相，今天主要是确定下寇准的安置问题。此前寇准虽然罢黜相位，可是朝廷并没有明文公布过错，寇准一直留在京城。可是，因为周怀政一案牵连到寇准，寇准再待在京城已经不可能。丁谓大谈寇准如何悖逆，藐视皇后，轻慢太子，必得严惩。李迪反驳，说寇准一片忠心，可鉴日月。两人争执许久，宋真宗最后拍板："将寇准贬斥小处军州。"

两人退出，到中书省草拟公文。李迪和寇准关系亲厚，不愿意写这样的文字，就让给丁谓写。丁谓写道："奉圣旨，寇准除（任命为）远小处知州。"丁谓写完，签名，然后让人交给李迪签名。李迪看了却不肯签名，拿着公文找到丁谓，批评丁谓说："你怎敢妄改圣意，此前圣旨并无'远'字。"宋真宗的意思，只是让寇准去小一点的州担任知州，丁谓却一心将寇准远远流放，赶到岭南地区。唐宋以来官员若是被贬岭南，十有八九会水土不服客死异乡。李迪因此非常恼怒。

丁谓却倒打一耙，说："之前我和李公共同接受皇帝的诏命，明明是你想擅自更改皇帝的旨意。莫非你是想包庇寇准吗？"两人争辩不休，一直闹到大殿。宋真宗本来就多病，因为周怀政去世内心伤痛，甚至偶尔晕厥。丁谓、李迪求见宋真宗时，皇后刘娥正在一旁给宋真宗喂汤药。

皇后问："有什么事情一定要此时禀奏，就不能让官家好好休息会？"丁谓一看皇后在侧，胆子更大了，抢先回禀，说："臣该死。此前陛下明明说将寇准贬斥远小处担任知州，可李迪硬说是小处担任知州。明显是李迪顾念与寇准私情，一心包庇寇准。"皇后问宋真宗到底谁在撒谎。宋真宗不想二人闹僵，就说："当时朕头痛难当，话语声音低了一些，估计李相公没有听清楚吧。"

宋真宗虽然表示李迪是无心之过，却等于承认了将寇准贬斥远小处担任知州。丁谓洋洋得意，李迪自然是叹息不已。

宋真宗告诉两位宰相："这次周怀政逆谋，太子难逃干系。不知道两位觉得对太子应当做如何处理?"丁谓、李迪听了都愣了一愣，不过很快明白了宋真宗的用意。周怀政是东宫总管，并且寇准、周怀政都是想要拥立太子。现在寇准和周怀政都已接受惩罚，作为"幕后主使"的皇太子，自然也应当有所惩处。但是，这很明显是皇后刘娥的意思。

丁谓沉默。在这样的非常时刻，沉默是最好的选择。李迪没有顾及那么多。李迪说："陛下，您有几个儿子？竟然想到惩处皇太子？"李迪本来就不快，听到要惩处皇太子心中更是义愤填膺，说话就有些冲。可是听到李迪这番话，皇后刘娥却轻轻叹息一声，说话了。帘幕之后的刘娥对宋真宗说："官家，李相公说得不错。太子聪慧仁孝，必定没有参与逆谋。既然没有参与，又何必定罪呢?"原来，李迪一番话让刘娥明白，世人之所以认可皇后的权势，根本原因是因为刘娥有皇太子。惩处太子就等于削弱刘娥，两人本是一体。

也因为这个原因，刘娥虽然对李迪不喜，却也多了几分包容。

至于寇准，八月时被贬斥为相州知州，即刻离京赴任。周怀政被斩首，一干党羽比如朱能等人，也被抓捕流放，抄家砍头。寇、周势力顷刻之间，风消云散。

第13章

堪比吕武的一代女杰

寇准第二次罢相不久，皇太子的老师李迪也被罢相，后党力量完全占据了上风。但是，奄奄一息的宋真宗依然没有放弃努力。他告诉宰执大臣：“今太子年德渐成，皇后贤明，临事平允，深可托付。欲令太子听政于外，皇后居中详处，卿等可议之。”宋真宗以尊崇皇后，明确其辅政身份为代价，基本实现了太子监国的初衷。此后的一年多，真宗多次晋封丁谓，钱惟演也升为枢密副使。同时，真宗对冯拯、曹利用等人多加赏赐，破格提拔太子的另一位老师张士逊进入宰执，提拔素来有忠诚谨慎美名的吕夷简出任开封府尹，更将忠正坚忍的王曾调回宰执，升任第一副相。这些，都使得后党势力不得不有所忌惮。

乾兴元年（1022年）的二月，宋真宗驾崩，皇太子赵祯即位，史称宋仁宗。因赵祯年幼，真宗遗命由皇太后刘娥垂帘听政。

刘娥是大宋开国以来第一位垂帘听政的太后，也是宋朝300年最接近帝位的女人。宋真宗对刘娥的担心与提防绝非空穴来风。

仁宗即位之初，大宋朝廷局势动荡，尤其是宰相丁谓，隐然有架空帝后，独掌朝纲的趋势。皇太后刘娥等待时机，突然出手，将丁谓集团一举剿除。从此之后，纷乱20多年的真宗党争也随之终结。一个新的时代终于到来。

恼人眼中钉

丁谓此人，有权谋，有野心，有功绩。凭着他对皇太后刘娥的拥立大功，本可以安享富贵。可惜，丁谓不知足。他不安心做托孤宰相，他要大权独揽，说一不二，甚至连皇太后也不放在眼里。

宋真宗临终前后，丁谓的种种表现就已经让刘娥有些厌恶，也让诸位宰执大臣心惊肉跳。

当时，宋真宗已经陷入深度昏迷，无法开口说话，是皇后刘娥口传先帝命令——以皇后刘娥为皇太后，淑妃杨氏为皇太妃，军国事兼权取皇太后处分。之后，宋真宗病逝，宰执纷纷哀哭。反倒是刘娥呵斥道：非常时刻，当以国事为重。于是，宰执大臣立刻退出大殿，到政事堂起草文告，明日将诏告天下。

副相王曾负责起草工作。他刚提起笔写了几行字，宰相丁谓就说："这个'军国事兼权取皇太后处分'不妥，不如去掉'权'字！"

大家一听丁谓如此说，全都呆住了。要知道诏令怎么写，大有文章。在古代，皇帝的圣旨那就是国家最高法典。按照宋真宗的意思，军国大事自然是由新君宋仁宗处置。只是，宋仁宗年幼，于是暂且（权）由母后刘娥一同（兼）打理。言下之意，等到宋仁宗成年，那刘娥就没有理由继续垂帘听政了。若是把"权"字去掉，就意味着刘娥可以在有生之年，一直把持朝政。

所有宰执大臣都选择了沉默，其中有次相冯拯，有枢密使曹利用、副使钱惟演，也有宋仁宗的老师张士逊。丁谓的话虽然大逆不道，但符合皇太后的利益，此刻谁要是挑头站出来反对，那以后就等着皇太后给你小鞋穿吧。

最终，还是副相王曾说话了。他小心地选择措辞说："政务出自闺门，已经是国家的大不幸。称权还勉强可以垂范后人。况且，先帝遗命言犹在耳，谁敢改动？"王曾搬出了礼法，搬出了先帝，丁谓也只好放弃。

写完了皇太后的事情，王曾准备些杨淑妃的事情。这时，又一件让众人吃惊的事情发生了。王曾竟然也提出，要修改先帝遗命："在此刻尊崇淑妃为皇太妃，过于仓促。是否不要把这件事情记载在诏令中？"

丁谓听后，想也没想，立刻反驳说："参政大人这是怎么了？莫非你想擅自修改先帝遗命吗？"丁谓很兴奋，此前，王曾说他擅自修改先帝遗诏，转眼王曾也想擅自修改。这怎么行呢？在场的诸位宰执也面面相觑。这还是一贯沉稳，忠于先帝的王曾吗？

王曾辩解说，自己提出修改，是有礼法依据的。杨淑妃不过是先帝妃嫔，虽然有抚育仁宗的大恩，但是骤然把她从淑妃的位置，提高到仅次于皇太后而高于皇后的皇太妃位置上，这不合乎太祖太宗确立的皇家礼法。

如同当初一样，在丁谓和王曾的论辩中，其他宰执一律选择了沉默。最终，王曾也只能放弃。

表面上看来，丁谓和王曾各自扳回一局，是平手局面。可是，《宋史》明确记载，“（丁谓）坐此忤太后意”，“始恶丁而嘉王之直”。皇太后刘娥从此之后开始厌恶丁谓，而欣赏王曾。

到底为什么呢？因为王曾正直，丁谓奸邪吗？那是表面原因。

若当天只是发生丁谓提议取消“权”字，刘娥必定感激丁谓，厌恶王曾，因为丁谓是在为她争取权益。可是，事情的后续发展让所有人都意想不到。唯一的结论，就是王曾貌似愚直，其实相当精明。真宗遗命很明显是让杨淑妃制衡刘娥。王曾罔顾先帝遗命，要求取消对杨淑妃的尊崇，其实是在拍刘娥的马屁。丁谓条件反射一般强烈反对，最终让刘娥认定，丁谓看似忠诚，其实只关心他自己的利益。王曾耿直，虽然有几分烦人，但终究是遵循礼义，刘娥也不得不敬重。

皇太后刘娥的推断果然没有错。

诏令公布天下后，皇太后刘娥让诸位宰执商议，以后垂帘听政的具体模式怎么操作。

一开始，宰相丁谓提出，皇帝在大殿听政，而皇太后在另外一座大殿听政。宰执大臣就辛苦一些，两边跑。

若用这个办法，皇帝和太后的感情将日渐疏远，而串联二宫的宰执大臣将掌握绝对权力。刘娥听了很生气。她让宦官雷允恭、张景宗转告：“皇帝年幼，太后自当早晚都在身边，又何必在别殿听政呢？”皇太后的意见也入情入理，丁谓无法反驳，只得让大家重新商量。

副相王曾提出，历代太后垂帘，以东汉礼制最详细，也最为后世推崇。我们如今不如参照东汉的制度，皇帝、太后每隔五天驾临一次承明殿。听政时，太后为母，坐在左面；皇帝为子，坐在后面。两人面前都垂下帘幕，共同理政。王曾的提议有礼法支持，也会避免一些不必要的误会。刘娥听后很满意，当即点头，就按照王曾的意见办理。

可是，等到翰林学士拟好圣旨，找宰执大臣签字时，丁谓翻脸了。丁谓提出，皇帝年幼体弱，经常听政难免影响身体，不如改为每个月初一、十五两天会见大臣。若是遇上大事，就由皇太后和皇帝召见宰执大臣商议；若没有大事，可让宦官雷允恭传递消息，宰执禀奏，太后在宫中盖上玉玺就可以了。

宰执大臣们除了王曾，再次选择了沉默。王曾反驳说：“皇帝和太后每个月就只能有两天会面，那么，权力将归于宦官。如此一来，极有可能埋下宦官专权的祸端。”王旦的话其实只说了一半。如此将帝后隔绝，在内，权力归于宦官雷允恭；在外，则权力归于丁谓。丁谓如此行事，无异于抛下一贯的顺从面具，公然和皇太后刘娥做对了。

丁谓不搭理王曾，坚持自己的观点。

本来，以皇太后刘娥的铁腕风格，会驳回方案并痛斥丁谓。可是，让所有宰执大臣大跌眼镜的是，刘娥竟然一个字没有更改，完全同意了丁谓的这个方案。

这是怎么回事呢？莫非皇太后如此软弱可欺？还是皇太后另有打算？宰执大臣们纷纷约束自己的亲友故旧，最近一段时间务必小心行事。

就在所有人都觉得暴风雨即将来临的时刻，丁谓却觉得风轻云淡，一切都那么顺心如意。在他的授意下，有关部门提议，新君即位，当加封宰执。丁谓遂以平章事（宰相）身份担任司徒。商议官爵时，副相王曾说："如今主上幼弱，母后临朝，君执掌朝政，却晋封自己为司徒，这有些不妥吧。"司徒是三公之首，在宋朝虽然是勋爵，没有实权，却是人臣极品。从开国元勋赵普之后，就再也没有出现以现任宰相兼任司徒的事情了。丁谓有哪点功勋可与赵普相比，竟封自己为司徒？此举必然引起百官非议。可是，丁谓不听。

寇准罢相后，李迪也被丁谓整倒。一开始，两人是外放地方，出任知州。宋仁宗即位不久，丁谓召集宰执，商讨再次贬斥寇准、李迪。

商讨方案时，多数人都默不作声，以丁谓马首是瞻。王曾提出，先帝在世时，对寇、李二人已经予以处罚。两人在地方数年，表现也还可以。此时若再行贬官，如何让百官心服？

丁谓有点恼火，当众恐吓王曾说："居停主人（房东）恐亦未免耳！"寇准勾结谋逆罪人周怀政，李迪则与寇准结党，这些罪名都是宰执公议、皇太后核准的事情。朝廷中那些与寇、李过往甚密的官员都已经被赶出京城。昔日寇准在回到京城后，一度暂住在王曾家中。若王曾再纠缠，丁谓就将弹劾王曾收留寇准之罪。

王曾大吃一惊，没想到丁谓连这等小事也知道得一清二楚。最终，宰执会议决定，将寇准贬为雷州司户参军，李迪贬为衡州团练副使。

雷州远在宋朝的最南端，再往前，就是茫茫大海。大宋开国以来，还从来没有宰执大臣被赶到如此偏远的地方。大家纷纷慨叹丁谓忘恩负义，心黑手狠。眼前这个丁谓，还是当初那个给寇准溜须的马屁精吗？

负责起草贬官诏令的是中书舍人宋绶。宋绶非常同情寇准，但也不敢公然表态，只好在措辞上写得委婉一些，含蓄一些。丁谓接到草稿，大怒，批评宋绶说："舍人莫非不会写文章吗？"明明是要将寇准贬官，可草稿中竟然没写什么寇准的罪行。丁谓提起笔来，亲自加了几句："当丑徒干纪之际，属先皇违豫之初。罹此震惊，遂至沉剧。”因刘太后早有交代，对寇准、周怀政图谋拥立太子监国、称帝的事情，绝对不能外泄。丁谓也不好挑明。他含含糊糊地说，在寇准等人作乱的时候，正是先帝刚有点不舒服的时候。听到寇准、周怀政等人作乱的消息，先帝大吃一惊，由此病情加重，直到驾崩。在丁谓拟定的贬官圣旨中，寇准遂成为害死宋真宗的头号罪人！

丁谓想要斩草除根，将寇准、李迪杀死。可是，皇太后刘娥坚决反对。丁谓就转动心思，试图逼迫二人自尽。

传旨钦差到达寇准贬官处，他按照丁谓的意思，高举黄布包裹的宝剑，一路喝道前进。官员百姓都认为，朝廷这是要杀掉寇大人了。没想到寇准胆子奇大，且精明异常。当初在澶州城头，辽军数十万大军围城，寇准也能开怀畅饮，呼呼酣睡。寇准告诉钦差：“如果朝廷真的赐我一死，请让我看看圣旨。”钦差没法子了，只好掏出贬官的圣旨。寇准接旨，即刻出行。第二年九月，寇准在雷州病逝。

李迪的胆子就小得多。传旨钦差到达州里，接见百官，但就是不搭理李迪。李迪认定朝廷是要赐死自己，就想要自杀。幸亏儿子李柬之抢过宝剑，之后让门客邓余日夜看守，李迪才没有死成。在前往衡州的路上，每天都有不少官员来拜访李迪。钦差也不阻止，但是将所有来访的名单一一记在。这一手吓退了无数人。按照规定，李迪还是朝廷命官。到达驿馆时，驿官必须提供与品级相对应的饭菜。钦差让李迪吃饭，但故意端来已经坏了的饭菜。李迪不堪羞辱，再次想要自杀。还是门客邓余剽悍，他找到钦差，怒喝说：“你这个小子是想要杀掉我家主公来讨好丁谓吗？天下人怕丁谓，我邓余不怕。你若是害死了我家主公，我必定杀掉你！”钦差早就听说过邓余的威名。此人跟随李迪多年，乃是中原一带有名的剑客。若邓余发狠，就算自己躲到天涯海角，估计也难逃追杀。最终，李迪也安全到达衡州。

钦差回到京城复命，丁谓还不死心。有人劝说：“李迪若在被贬处身亡，士林舆论必将对丁公不利！”丁谓哈哈一笑说：“书生之见何足道。多年之后史官不过记载李迪身亡，‘天下惜之’而已！”不过，丁谓还没有来得及再次出手，自己就被驱逐出京了。

允恭太雷人

丁谓倒台源自宦官雷允恭。

雷允恭本是宋真宗身边担任内殿殿头的小宦官，一个偶然的机会，雷允恭听到了周怀政和宋真宗的密谋。他把一切藏在心中，一直等到寇准罢相后，才把消息秘密禀奏皇后刘娥。刘娥大怒，迅速将周怀政监控起来。周怀政逆谋的覆灭，雷允恭有不小的功劳。因此，雷允恭连升数级，成为内侍省押班，接替周怀政主管大殿（皇帝）的日常工作。

雷允恭小人得志，就有些忘乎所以。他和丁谓二人狼狈为奸，做了不少蒙蔽刘娥、欺瞒宰执的事情。

寇准罢相后，丁谓和李迪同为宰相。丁谓找到雷允恭密议。一日，雷允恭来到中书省宣真宗口谕：前任三司使林特功勋卓著，当进入宰执，继续为国家服务。

李迪当然知道林特和丁谓是穿一条裤子的交情，自然不能放任丁谓势力坐大。可是，无论是功勋还是资历，林特都可以进入宰执，李迪凭什么反对呢？李迪说："国朝有惯例，任命宰执，必须由皇帝当面传达口谕。"言下之意，竟然认为雷允恭和丁谓伪造圣旨，欺瞒天下。

丁谓大怒。面对这种"污蔑"可不能沉默，他破口大骂李迪，李迪更是冲上去和他扭打起来。一旁的冯拯看看实在不像话，招呼大家一起上前，好一会儿，才把两位宰相分开。

第二天一大早，两位宰相你拉着我，我拉着你，一起去大殿找宋真宗说理。当时的宋真宗虽已经卧床不起，但听说二相纷争，心中明镜似的。提拔林特进入两府，确实不是宋真宗的意思。否则，他自然会按照祖制，宣两位宰相进入内殿，亲口交代，并由知制诰草拟诏令。那是雷允恭擅自矫诏吗？雷允恭再胆大，也不敢如此。必定是丁谓提议，雷允恭请示皇后刘娥，皇后点头，雷允恭才敢传旨。

两位宰相在帘幕外吵嚷不休，宋真宗气得把枕边一本书扔出去。随即，帘幕内宦官惊呼："官家晕厥过去了，快传御医！"

丁谓和李迪都愣住了。气坏了皇帝这可是大罪。两人急忙退在一旁。一会儿，皇后和御医先后赶到。好一会儿宋真宗才醒转过来。宋真宗传话：二相纷争，有损大臣体统，着令统统罢去，回家待罪。按宋真宗的想法，只要能够罢黜丁谓，就可以大大遏制后党势力。只要有合适的时机，自然可以把李迪再次召回。

没想到才第二天，情况就发生了变化。

雷允恭来到丁谓家中，传达真宗口谕："中书阙人，权且留下丁谓！"随即，在雷允恭的陪同下，丁谓大摇大摆地走进中书省。中书省官员人人惊诧。昨天皇上震怒，两位宰相同日罢黜。怎么今天丁谓还像没事人一样，到中书省办公呢？

第三天，丁谓走在诸位宰执前列，到大殿参加朝会。帘幕后面的宋真宗与皇后刘娥，互相对望了一眼，一句话也没说。宋真宗以为，是皇后刘娥假传诏命，留下了丁谓。皇后刘娥则以为，真宗必定是顾及她的颜面，才留下丁谓。其实，是丁谓和雷允恭利用帝后之间深深的芥蒂，打了一个擦边球。

雷允恭帮助丁谓复位，丁谓也投桃报李，力推雷允恭出任东宫都监，负责资善堂事务。等到宋真宗驾崩，雷允恭顺理成章成为新君宋仁宗身边的头号大宦官。

丁谓请求每月初一、十五皇帝、太后临朝听政，其余时间由他丁谓上奏，雷允恭传达。毫无疑问，这个方案使得两个人的权势再次扩张，隐然可以架空帝后。

丁谓的计划没太大破绽。在他看来，只要严格约束其他宰执，让他们没有机会单独见到皇帝和太后，那么，自己独掌朝纲的快乐就将持续很久。

如今的游戏圈，有一句话流传很广：不怕神一样的对手，就怕猪一样的队友。雷允恭就是那头猪，硬生生把丁谓给雷到了。

宋真宗驾崩后，宰相丁谓出任山陵使，负责皇陵修建工作。只是，宋帝皇陵都建在河南巩县，距离开封足有200多里。作为两府第一人的丁谓，根本没有办法兼顾。于是，皇陵修建工作其实是由大宦官张景宗领头。

雷允恭看到身边不少比自己品阶还低的宦官都跑去督建皇陵了，心中很不满。在他看来，跟在皇帝身边虽然威风，却没什么实际的油水，哪里能够和督建皇陵相比呢？一开始，雷允恭找到丁谓，他满以为只要自己开口，丁谓必然同意。没想到丁谓说了一大通待在皇帝身边如何如何重要，就是不肯答应推荐。雷允恭很恼火。如今的丁谓，每天家中宾客如云，家中那肯定是金山银山。自己吃肉，还不让人喝汤吗？

雷允恭找到太后，一边哭泣一边哀求说："臣自从得遇先帝赏识，无论何事都不敢落在人后。如今多少人都外放，唯独我不能够到先帝陵前效力。莫非是臣有什么罪过吗？"雷允恭强调自己功劳不少，如今皇太后垂帘听政，凭什么就不给他点甜头呢？皇太后刘娥说："吾并非对你特别吝啬。是因为你年纪太轻，而官品已高。你又没什么在外工作的经验，督建皇陵并非小事，万一出现什么差错，那反倒会害了你啊。"刘太后一番话说得入情入理，周边随从人人赞叹。可雷允恭还是哀求不已，刘太后于是点头同意。

随即，刘太后传下命令，让雷允恭协同张景宗共同管理皇陵修建工作。

雷允恭很兴奋。到达皇陵工地，他东瞧西看，对什么都指手画脚一番。

雷允恭一心想搞出大动作，就找到司天监负责人邢中和。邢中和一听大喜，他待在司天监这个清水衙门已经多年，早就想挪挪位子了。他告诉雷允恭："现今皇陵选定的地址不是很好，往上100步的地方才是真正的龙穴。若在那里修建皇陵，必定能保佑官家多子多孙。"雷允恭有些疑惑："既然如此，当初选址时他们为何不选那处？"邢中和说："他们也说那块地方更好，只是担心往下开挖会挖到石头或者地下水。那样的话，就会大大延误工期了。"雷允恭略一思量，慨然说："先帝唯独只有今上一根独苗，如果能够让先帝多子多孙，那可是件大好事。"谁都知道，要想成就大功，那就必须承受相当的风险。

邢中和自然也想试试，只是他还有些担心。修改皇陵地址事情太大，一旦延误工期，上面怪罪下来，那可是杀头大罪。雷允恭听了毫不在意，他交代邢中和可以先行开挖，他立刻回京请示皇太后。想必太后听到新地址能够保佑官家多子多孙，必定会答应迁址。

手下人无所适从，想请示张景宗。张景宗却躲了起来。

听了雷允恭的诉说，皇太后刘娥沉着脸，好一会儿才说："改变皇陵地址乃是大事，你怎可如此轻率？"雷允恭听出太后有责备的意思，连忙辩解说："如此能够让先帝子孙繁茂，为何不改变呢？"刘娥脸上阴晴不定，沉默很久说："这样吧，你出宫去请示下山陵使，看看丁相公的意见如何？"雷允恭把刘娥这话当成默认，喜滋滋地去找丁谓。

丁谓一听，心中大吃一惊，可是看雷允恭兴奋的样子，也不好当场反驳。丁谓支支吾吾，没有一句痛快话。雷允恭见丁谓如此，也很窝火。回到皇宫，雷允恭为了面子，没有如实回禀，而是说山陵使丁谓对改动地址没有异议。

皇太后刘娥略一点头，表示知道了，随即摆手让雷允恭退下。雷允恭躬身退下，高兴出宫。他丝毫没有察觉，背后的刘娥在一瞬间，目光变得阴冷。

不久，下面人汇报，在新地址下面果然发现了巨石。雷允恭下令挖掉石头，没想到石头下面竟然又是地下水。这下新地址彻底不能用了。一看时间，已经过去了一个多月。太祖太宗以节俭立国，早就传下规矩，皇陵必须在皇帝死后的七个月内修建完成。眼下只能放弃新地址重新开挖，算算时间，根本无法完成。

怎么办？大家都明白，雷允恭这下要倒大霉了。

雷允恭下令封锁消息，赶紧到京城找丁谓商量。具体负责修建的步军副都指挥使黄守忠担心自己受到牵连，与一班宦官连夜骑快马入京。他是三衙长官，可以直接面见皇太后。雷允恭掌权后嚣张跋扈，其他几个宦官早就心怀不满。眼看雷允恭已经命在旦夕，自然是落井下石，再踏上一脚。

听到消息，刘娥震怒。有了充足的证据，刘娥即刻下诏抓捕雷允恭，同时召集宰执议事，要严惩擅自改动皇陵地址的相关人员！

丁谓还想着保全雷允恭。他提出，雷允恭也是一番好意。如今出现变故，绝非雷允恭本意。不如派人前往查验，若真的无法赶上工期，再从重惩罚雷允恭不迟。皇太后刘娥听了会议结果，勉强同意，但点名要副相王曾前往调查。除了丁谓，其他宰执立刻附和。很明显，丁谓本人是山陵使，负有领导责任，自然不能充当调查专员。枢密副使钱惟演是丁谓亲家，自然也要避嫌。王曾一贯公正，正是最合适人选。

丁谓无奈，只能答应。不过，他提出，对雷允恭的判决不可匆促，一切等王曾回来再说。

几天后，王曾回来了。这几天时间，丁谓自然想尽办法拉拢王曾，可王曾最终还是宣布：雷允恭擅移皇陵地址，导致工期延误，罪在不赦！

几天后的朝会上，皇太后刘娥公布了雷允恭的罪状：其一，擅自改动皇陵地址。其二，盗用国库黄金3110两，银4630两，锦帛1800疋，珍珠43000颗，玉56两，皇家专用的犀带1条。另外，昔日太后曾经让雷允恭到内库取玉带赏赐宰执大臣，雷允恭顺手牵羊拿走3条。总之，雷允恭罪孽深重，被押往宋真宗皇陵前乱棍打死。司天监官员邢中和削除官籍，流放沙门岛。

刘娥一直很期待有大臣揭发丁谓。身为皇陵使的丁谓，当初可是拍板同意迁移皇陵。这个领导责任，丁谓无论如何也摆脱不了。可是，很奇怪，竟然没有一个大臣上奏弹劾。

原因很简单，大家亲眼目睹了丁谓是如何冷酷打压寇准、李迪，如何跋扈以至于欺凌帝、后。若是贸然出头，搞不好就死在丁谓手上。

最终，还是王曾站了出来。

政事堂议事结束后，王曾走到丁谓身边，脸带尴尬地说：“丁公，明天朝会我想单独拜见太后。”丁谓一惊，问怎么回事。王曾忙解释说：“丁公您也知道，我没有儿子，只有一个侄儿。可侄儿还是军籍，也没有功名。我想恳请太后施恩，撤去我侄儿的军籍，给他一个出身。”若王曾说出别的话，丁谓或许还会有些怀疑。听到王曾如此说，丁谓哈哈一笑，点头同意。

在丁谓看来，王曾毕竟也是人，为子侄求封荫，乃是人之常情。何况，在这个非常时刻，给他王曾一个面子，以后丁谓要做什么违规的事情，王曾也就不好再反驳了。

第二天朝会结束，王曾留了下来。丁谓临走前，还对王曾笑了笑。

王曾根本就没提给侄子讨封荫的事情。他一一禀奏丁谓出任宰相以来的种种劣迹，并且强调，雷允恭擅自移动皇陵地址，乃是得到丁谓同意。即便在民间，擅自移动坟墓地址也是件天大的事情，轻则影响子孙繁衍，重则断子绝孙。丁谓此举，明显包藏祸心！他们是故意要让先帝皇陵修建在“绝地”上！

皇太后刘娥大惊！——心中自然是大喜！

刘娥告诉王曾，即刻召集除丁谓外的所有宰执到别殿议事，商议罢黜丁谓事宜。王曾领命而去。

很快，有人把消息透露给了丁谓。丁谓大惊，连忙入宫求见皇太后。隔着帘幕，丁谓再三辩白，自己绝对没有包藏祸心。即便当初雷允恭提议改动地址，自己也根本没有答应。

丁谓很着急，一口气说了许久。可是，帘幕后迟迟不见动静。许久，一个小宦官挑起帘幕对丁谓说：“相公，您和谁说话呢？太后大驾早已入宫了！”丁谓这时才慌了神，知道太后打定主意要收拾他丁谓了。

丁谓很跋扈，很嚣张。可是，他没有兵权，掀不起太多风浪。平日看起来身边前呼后拥，一旦大难临头，众人立刻和他撇清关系。他忘记了，他之所以能够拥有无上权势，一来是有先帝遗命，礼法支持；二来是有太后撑腰，皇帝允许。一旦没有了这两样，丁谓便什么也不是。

几天后，宰执大臣开始讨论给丁谓定什么罪名。

帘幕后的皇太后刘娥先开口了：“丁谓身为宰相，竟然和宦官雷允恭勾结。”她先给定下丁谓有大罪的调子。之后，宫女们端出一些金银酒器以及文书。宫女介绍说，金银酒器是丁谓拜托雷允恭依照皇家标准打造的，文书是丁谓给雷允恭的私人信件，上面有二人相互勾结，伪造皇命的种种罪行。

听到如此说，宰执大臣愤怒起来。宰相冯拯带头说：“自从先帝驾崩，政务都被丁谓、雷允恭把持。雷允恭手捧圣旨，动辄说已经得到太后允许，臣等也无法分辨真假。”刘娥大怒说：“丁谓单独求见时，每次都说各项决议都是宰执公议。如此，我才同意下旨。”

大家你一言我一语，很快，丁谓就变成了一个欺上瞒下、矫诏欺君的大罪人。

第二天，圣旨下达，丁谓被罢去宰相职务，即刻离开京城，前往洛阳。丁谓还在路上，贬官的诏令连续下达。最终，丁谓比寇准还惨，走过雷州，渡过海峡，一直贬到崖州（海南岛）去了。

党争划句号

乾兴元年的二月，宋真宗驾崩。六月，雷允恭事发。随即，丁谓被罢，次相冯拯升任首相。副相王曾因倒丁有功，升任宰相，枢密使曹利用加节度使衔，枢密副使钱惟演也升任枢密使。

不过，钱惟演转正仅4个月，就被罢去枢密使职务。从此之后，一直到钱惟演终老，他都没有能够再回朝堂。

这次跳出来的人不是王曾，而是冯拯。

冯拯这个人颇有意思。在太宗年间，冯拯担任地方官时，风头十足，锐气十足，在地方干出了不少轰轰烈烈的政绩。可等到到朝廷任职，冯拯却像是变了一个人一样。他早在咸平年间就已经进入宰执，仅比王旦晚一年而已，远在王钦若、陈尧叟、丁谓之上。可是，一晃20年过去，冯拯就仿佛哑巴了一样，在朝廷消失了声音。唯一的一次发声，就是在寇准、高琼等人“胁迫”宋真宗加快速度前往澶州时。当时冯拯大怒，呵斥高琼不得对皇帝无礼。冯拯的表现虽然有些迂腐，但在真宗看来却是真心爱护君王。

可是，等到丁谓即将倒台，冯拯立刻就精神焕发了，表现可圈可点，说话掷地有声。

那一天，皇太后念及冯拯、王曾、钱惟演等宰执办公辛苦——其实是商讨给丁谓定什么罪——特意交代诸位宰执中午在资善堂用膳。自然，丁谓没有接到通知。他很担心，就跑到资善堂找亲家钱惟演。钱惟演讪讪地起身，说:“丁公放心，我一定尽力。你也不用太担心。”刚说完，钱惟演觉得气氛不对，一偏头，才发现坐在首席的冯拯正怒目而视。钱惟演一惊，手中的银筷子掉在了地上。此后议事，钱惟演紧闭嘴巴，一句好话也没帮丁谓说。

对钱惟演升任枢密使，冯拯是很不满意的。可丁谓倒台，人人有赏，没理由拉下钱惟演。

后来，有人提议，要在枢密院树一块石碑，上面刻上历任枢密直学士的名单。名单呈上，钱惟演却把寇准的名字给删掉了。冯拯有意见了，让人询问理由。钱惟演说:“寇准牵连谋逆，有什么资格名列其中?”冯拯大怒。

太宗朝时，冯拯就和寇准势不两立。如今钱惟演继续打压寇准，冯拯为什么要生气呢?冯拯可不是同情寇准。只是，冯拯是因为排挤丁谓才坐上了首相位置。

而钱惟演是丁谓一党，只要钱惟演在朝，丁谓就有机会返回。一旦丁谓返回，冯拯就会落到比寇准还要凄惨的地步。为防患未然，必须提前下手，赶走钱惟演。

一日朝会，冯拯公开建议，罢黜钱惟演宰执身份。理由冠冕堂皇——钱惟演的妹妹乃是国舅爷刘美的妻子，钱惟演是不折不扣的外戚。国朝有祖训，外戚不可干政！

诸位大臣见冯拯如此，面面相觑。一贯喜欢弹劾大臣的王曾，此刻却默不作声。冯拯只是貌似有理而已。宋朝建立以来，以外戚身份统领军队，参与国政者虽然不多，但也不少。比如镇守一方有不俗表现的石保吉是驸马，太宗朝名将李继隆是国舅。只要有真材实料，宋朝外戚其实一样可以充任实职。何况，人家钱惟演乃是考中进士，正宗科班出身。是在担任知制诰之后，才和刘美联姻。并且，这个主婚人，就是先帝宋真宗。

再者，钱惟演以外戚身份参与朝政已经10多年，出任宰执也已经数年。凭什么当初不罢黜，如今却要罢黜呢？

可就在大家为冯拯捏一把汗的时候，帘幕后的皇太后刘娥开口了："依卿所奏，着即免去钱惟演枢密使职务，外放保大节度使，即日出京。"大家全都呆住了。钱惟演追随皇太后10多年，忠心耿耿，为何如今太后会如此冷遇钱惟演呢？

其实，结合刘娥与史家对冯拯的不同态度，就可以发现其中玄机。

天圣元年（1023年）的正月，冯拯以真宗皇陵修建完工，请求辞去相位。刘娥不准。二月，冯拯提出，如今已年迈多病，无力理政。刘娥继续不准。六月，冯拯已经连上朝都要儿子扶持，刘娥还是不批准辞职。

史家对冯拯的评价不高，认为他在任期间除了清除丁谓一党，其他的事情都乏善可陈。比如，给真宗皇陵命名为永定陵，属于典型的不学无术。太祖、太宗的爷爷赵敬，他的陵墓就叫永定陵。丁谓倒台后，冯拯本想延续丁谓的方案，只在初一、十五向太后、皇帝汇报政务。王曾提醒他，不要干傻事。冯拯吓得立刻请求改用王曾当初的提议。从此之后，朝廷大政无一不由两宫决定——其实就是由皇太后刘娥决定。冯拯只是执行命令而已。

如此"庸碌"的冯拯，刘娥为什么还要多次挽留呢？

因为冯拯无党。

从真宗即位以来，朝廷就党争不断。党争的形成，主要是宋真宗、刘娥的放纵，借此来维系朝局平衡。如今，皇权大定，党争已经不再需要了。自然，无党无派的冯拯就成了刘娥满意的人选。

只是，眼看冯拯的身体一天天衰弱，选定下一任首相迫在眉睫。

可以出任首相的人选不少，不过大都被刘娥否决。寇准年迈，且一贯跋扈，又有宿怨，自然不予考虑。李迪稍稍好些，但也是个喜欢结党的人。次相王曾很好，不过，去年六月才升任宰相，资历不够，威望不足。

最终，刘娥圈定的首相人选是远在江宁府的王钦若。

刘娥知道，若是走正常程序，由宰执公议商讨人选，必定引发无数纷争。那时候，宋仁宗除了偶尔上朝，多数时间都在随老师读书写字。一天，刘娥在仁宗练字的时候来访，对仁宗的飞白赞赏有加。之后，刘娥假作随意地让宋仁宗写了“王钦若”三字，然后把这张纸带走了。刚巧王钦若有问候奏章呈上，刘娥很高兴，就让宦官带上一些精美佳肴，快马送到江宁赏给王钦若。当然，食盒中还有宋仁宗亲笔书写的“王钦若”三字。

王钦若接到食盒已经很感动，看到纸条更欣喜若狂。他做过一段时间的东宫辅导官，对宋仁宗的字体自然是非常熟悉。他细细询问宦官纸条的来历和太后交代时的表情。王钦若乃是刘娥身边第一号心腹，立刻就猜到了太后的心意。他也不等朝廷明诏，把公务交给通判，即日启程前往京城。等到王钦若已经进入开封，诸位宰执才听闻消息。眼看太后心意如此坚定，谁也不敢反驳。

九月，冯拯罢相，王钦若出任首相。

最开始，百官都很担心，以为王钦若复出，那就是新一轮党争的开始。谁料想，根本就没有那回事。

当时，王钦若任首相，王曾任次相，吕夷简和鲁宗道任参知政事（副相），曹利用任枢密使，张士逊、张知白、晏殊任枢密副使。在这个新班子中，王钦若虽然是一把手，可是下面却没有一个昔日心腹。放眼这个新宰执班子，其他人严格来说，都不属于寇准、李迪与王钦若、丁谓中的任何一派。

二度拜相，本是件极度荣耀的事情。只是，王钦若高兴没几天，心情就变得很郁闷。他无奈地发现，宰执会议时，几乎他的每一个议案，副相鲁宗道都要反对。不但是鲁宗道，包括其他小字辈如张士逊、张知白、晏殊，都敢跳出来说三道四。以往一家独大的局面再也找不到了。

有一次开会，王钦若被鲁宗道挤兑的实在受不了，不由慨叹：“昔日王子明（王旦，字子明）在两府时，宰执大臣可不会如此。”他在抱怨鲁宗道等人就知道拆台。鲁宗道立刻顶了回去：“王文正（王旦，谥号文正）乃先朝重德，行事公允无私，本来就不是其他人可以企及。若王公执政公平适当，我鲁宗道怎敢不服？”

一开始，王钦若找到皇太后刘娥诉苦，把宰执大臣种种的不配合一一说出。刘娥安静地听完，最后说："王相公，鲁宗道对其他宰执的议案，有没有提出过意见呢？"王钦若一愣，好一会儿才明白刘娥的意思。

鲁宗道其实并非针对王钦若，包括王曾、曹利用，还有其他宰执，但凡有觉得不妥的地方，鲁宗道那都要提出反驳。而宰执最后的决定，往往既不是王钦若个人的意见，也不是王曾或者鲁宗道个人的意见，而是几番讨论最后得到多数同意的意见。

到这时候，王钦若才明白了皇太后召自己回京的意思，也才从心中真正慨叹皇太后刘娥实在高明！

王钦若有才，有大才。不过，他一生追逐权势，属于那种近朱者赤，近墨者黑的人物。真宗好面子且喜欢神道，王钦若投其所好，力促封禅，大搞造神。如今皇太后刘娥力求公允，不搞党争，王钦若也恢复成为一个能臣。

王钦若学富五车，有过目不忘之才。各地州县呈报的奏章每天数以千计，只要他看过一遍，就能熟记于心。宋仁宗年少即位，对于政务还很不熟悉。史料中记载了仁宗的许多提问，大到典章制度，小到具体案件。只要仁宗问王钦若，王钦若无不张口便来，头头是道，分毫不差。

不仅如此。

天圣二年，边关传来奏报，说辽国皇帝宣称他们国家遭遇旱灾，水草不足，恳请将牛马赶到宋朝边境放牧。边关守将不敢做主，立刻禀奏朝廷。王曾、鲁宗道等人也拿不定主意。到底是答应不答应呢？若是答应，显得宋朝懦弱。若是不答应，两国号称兄弟之国，兄弟有难，不帮忙那就落人口实。

当时王钦若行动不便，卧病在床。皇太后刘娥下令用软轿将王钦若抬入大殿，亲自请教。王钦若强打精神，半撑身体，回答说："不答应，就是示弱。不如答应他们。"刘娥担心地说："那辽国乃是强盗一般的国家，怎能放他们越过边境？"王钦若笑笑说："辽国只不过是用虚言来吓唬我们罢了。他们若真的想打仗，难道还会先写信告诉我们吗？只要我们大方答应，他们必定不敢来。当然，太后可密诏大将曹玮整顿兵马，防备万一。"刘娥听从。辽国听到消息，慨叹宋朝仁厚，果然不再提放牧的事情。

天圣三年的十一月，王钦若病危。按照惯例，宋仁宗驾临王家，赏赐白银5000两。几天后，王钦若病逝。皇太后刘娥竟然亲自出席并主持葬礼。史书特别记载"皇太后临奠出涕"，这也是刘娥后半生唯一一次哭泣。王钦若被追封为太师、中书令，其子孙20多人得到封荫。

史官慨叹:“国朝以来，宰相恤恩，未有钦若比者!”王钦若何德何能，死后的礼遇竟然超过三次拜相、佐定天下的元辅赵普!

史料上说:“太后以先朝所宠异，故复用之。”这个说法不正确!刘娥是因为宋真宗宠信王钦若，因此也宠信王钦若?当然不是。王钦若其实很早就是后党核心人物。为了宋真宗，为了刘娥，他前后奔走二三十年。尤其是刘娥垂帘听政的几年，宰执大臣无论是丁谓，还是王曾、曹利用，多少有些欺负他们孤儿寡母。唯独王钦若，对刘娥是发至内心的尊崇!

几年后，皇太后刘娥下诏在茅山道观仙官大殿中增加王钦若的塑像。言官反对说:“王钦若昔日因贪赃罢相，考究他一生，有什么资格名列仙班?望太后明察!”可是，奏章呈上，刘娥置之不理。

第14章 皇太后的称帝之路

宋仁宗即位后，对刘娥的尊崇几乎到了无以复加的地步。最能体现这点的，是刘娥垂帘听政时期所使用的两个年号。

宋朝的年号都很有讲究。太祖刚刚建国时，渴望国家繁荣昌盛，故第一个年号为“建隆”。宋太宗刚刚登基时，标榜文治天下，与太祖不同，故年号“太平兴国”。宋真宗即位，内忧外患不断，故改元“咸平”，渴望一切都太平。宋仁宗即位时呢?

宋仁宗一生用了许多年号，在刘娥垂帘听政期间用了两个：天圣、明道。所谓“天圣”，就是“二人圣”，明明白白告诉天下人，如今的天下，是太后与皇帝共同的天下。所谓“明道”，就是日月之道。皇帝为日，太后为月，阴阳协调，光照天下。这两个年号，与其说是宋仁宗的年号，不如说是皇太后刘娥的专属年号。

刘娥不是一个寻常女子，她的心中一直有着一个梦，一个皇帝梦。若她能够和武则天一样长寿，宋朝的历史定将改写。

当然，历史没有如果。在刘娥有生之年，虽然有种种称帝迹象，但始终没有跨越关键一步。因此，史书称刘娥:“有吕武之才，无吕武之恶。”

 利用被谋反

王钦若死后，王曾升任首相，枢密副使张知白一跃而起成为次相。张知白虽然班列较低，但早在王钦若第一次拜相时，就进入宰执，算是老资格了。此人立身严谨，处事稳健。皇太后刘娥提拔张知白，正是看重他这个优点。

此后的三年间，大事没有，小矛盾不断。

那几年，宰相王曾和枢密使曹利用的关系有些紧张。按照宋朝制度，朝会班

列以宰相为首，亲王次之，使相第三，枢密使第四。枢密使即便兼任三师（太师、太傅、太保）、侍中、尚书令等极品勋爵，班列依然在宰相之下。开国大将、三朝元老曹彬以枢密使兼侍中的身份，朝会班列依然在宰相、户部侍郎李沆的后面。

从天禧初年到乾兴元年这五六年间，朝廷宰执变化频繁。王旦、王钦若、寇准、丁谓、冯拯、王曾先后出任宰相。曹利用则稳坐枢密院第一把交椅。丁谓罢相后，皇太后刘娥考虑到曹利用在几次大事件中表现尚可，特批枢密使曹利用班列在首相冯拯之下，次相王曾之上。不过，这个调整不合祖制，有推崇武官之嫌，引来许多文臣非议。

冯拯病逝，王曾出任首相。王曾以首相身份参加朝会的第一天，就和曹利用结下了梁子。

那天，皇太后刘娥和宋仁宗像往常一样，按时驾临承明殿，与百官议事。可到达承明殿时，却发现大殿上一个人都没有。这是怎么回事呢？按照惯例，宰相应带领两府、两制、六部、开封府等重要部门官员早早赶到承明殿等候。这种让皇帝干等的事情，大宋开国以来还是第一次。刘娥很生气，让内侍押班江德明即刻前往待漏院（官员等候上朝时的预备室）查看。江德明赶到待漏院，发现里面吵吵嚷嚷，闹成一团。

合门使负责整顿班列，此刻手足无措地劝说。可他官卑职小，他的话没人听。江德明叫来合门使一问，终于明白了事情原委。

原来，枢密使曹利用和上次朝会一样，站在王曾前面。王曾恼了，前天他还是次相，今天可是首相。王曾推开曹利用，站到了第一位。曹利用大怒，小小王曾竟然如此无礼！两人在待漏院推推搡搡，闹了起来。其他人或者挥胳膊挽袖子准备参战，或者三五成群准备看戏。副相吕夷简连忙劝阻，可是，二人谁也不肯退让。

江德明大喝：“太后有命，问百官为何还不上朝！”现场顿时安静下来，百官纷纷站到自己的位置上。按照惯例，百官进入大殿时，合门使要通禀一声。可眼下情形，怎么开口呢？

这时王曾瞪了一眼曹利用，喊了一嗓子：“请回禀——宰相王曾等告罪！”见到王曾主动承担起耽误朝会的罪责，曹利用有点羞愧，没好意思再争了。

朝会时，一贯严厉的皇太后竟然没批评王曾。散朝后，许多人慨叹，曹利用一时心软，从此之后都要低王曾一头。曹利用很憋闷。

皇太后刘娥特意找到枢密副使张士逊，让他开导开导曹利用。下一次朝会，刘娥宣布，朝会班列继续遵循前几年的惯例，曹利用班在王曾之后，但在次相张知白之前。可是，曹利用还是不满意，经常在朝会时说怪话，闹情绪。不久，刘娥提拔淮南节度使、同平章事张耆兼任枢密使。无论是资历还是功绩，张耆都在曹利用之上。曹利用担心刘太后想要召回张耆来代替自己，这才不再闹了。

一晃到了天圣六年末，宰相张知白病逝。皇太后刘娥让宰执大臣公议，各自推荐一人出任宰相（次相）。不过，和历来所谓的公议一样，民主的背后其实还是权力的较量。两府宰执分成两派，王曾举荐副相吕夷简，曹利用举荐枢密副使张士逊。看到这个结果，皇太后刘娥有点生气，也有点无奈。

讨论时，刘娥提出，张士逊比吕夷简早几年进入宰执，不如就用张士逊为宰相。王曾立刻反对，任用宰相当以才干为先，怎可单论资历？就在曹利用准备反驳时，吕夷简站了出来。他说："陛下位居东宫时，张公就已经跟随左右。论起藩邸旧臣，张公资格最老。况且，张公有纯懿之德，百官敬仰。夷简请先用张公！"刘太后点头，对吕夷简的谦让非常满意。

张士逊在枢密院多年，始终紧跟曹利用。出任宰相后，张士逊依然如故。只要曹利用开口，张士逊必然附和。

维持数年的两府平衡被打破了。

平衡一旦打破，必然出现专权。接着，必然出现弊政。

还在真宗天禧初年时，曹利用的女婿被任命为福建转运使。此人贪恋京城繁华，不愿意到偏远的福建任职，就拜托岳父说情，调任为京东转运使。言官陈执中不忿，上书弹劾。当时王钦若忙着挤走其他宰执，对中立的曹利用比较满意，没有搭理陈执中。没有上层的支持，小御史当然扳不倒曹利用。但曹利用一直耿耿于怀，等到张知白当了宰相，立刻将陈执中罢黜出京。

当然，陈执中根基还浅，对曹利用形成不了什么威胁。曹利用最不该得罪的，是皇宫中那些宦官。

宋朝的宦官相比其他朝代，素质普遍很高。他们大都接受了良好的教育，知书达理。宋朝宦官人数不多，太祖朝总共不过50人，徽宗朝时最多，但也不过三四百人。在两宋300年历史中，宦官中出了不少能臣干吏，自然也有巨奸大恶。宦官品阶普遍不高，如主管大殿的内侍押班，也不过从六品。其中能臣居多，忠良居多，也有个别奸猾小人。他们身居最高领导之旁，隐性权力极大。像昔日雷允恭狐假虎威，就做了不少坏事。

宦官乃刑余之人，士大夫天生就有种鄙视情绪。曹利用对宦官更是吹胡子瞪眼，从没有好脸色。一般宦官到家中传旨后，即便是宰执大臣，也都会口称"中贵人”，热情招呼人家喝茶，吃点心。曹利用呢，接旨后转身就走，直接把宦官晾在那里。久而久之，所有宦官对曹利用都没好感。

有一年，宦官罗崇勋犯了点错，皇太后刘娥交代曹利用出面训斥。罗崇勋乃太后身边红人，要是其他宰执也就走走过场，不疼不痒地说两句就算了。可曹利用大张旗鼓，把罗崇勋押到过道上，剥去官帽、官袍，狠狠训斥了一两个小时。两府官员来来往往，无数人在一旁指指点点，看罗崇勋的笑话。罗崇勋羞愤难当，发誓定要扳倒曹利用。

宰执议事时，曹利用偶尔会用手指敲打腰带，以示闲暇。罗崇勋指着帘幕外的曹利用，对刘太后说：“先帝在的时候，曹利用胆敢如此放肆吗？”刘娥脸一沉，没有说话。

刘娥掌权后，为笼络人心，大封宗室外戚。只是，宋朝封赏宗室外戚有着严格的规矩。除了为国家立下大功勋，那就必须遇上国家大型祭祀才有机会。若没有参与祭祀，那么，对不起，没有资格封赏。为了满足多数人的需求，刘娥不得不“内降”，即越过宰执直接从宫中下达圣旨。对这种不合规矩的行为，宰执大臣多睁一只眼闭一只眼，可曹利用坚持不签字。拖得时间一久，刘娥也就放弃了。

那些宗室外戚当然不满意，三番五次找到刘娥，请太后开恩。刘娥表示，不是她不同意，是曹侍中不签字，她也没辙。刘娥对曹利用非常尊敬。从垂帘听政开始，她就不直呼其名，始终称之为“曹侍中”。那些人就嚷嚷，曹利用擅权，藐视太后。刘娥严厉批评：“曹侍中刚直无视，不可胡说！”

见刘太后如此信任曹利用，大家傻眼了。但多数人都不死心，于是大家日夜聚在一起想对策。既然是曹利用阻拦，那么就从曹利用处下手。曹利用本人不收礼，可听说他老妈特爱钱。他们故意让一个人给曹利用老妈送了礼。结果，曹利用果然大笔一挥，签发了那人的任命书。

这下好了，宗室外戚们拿着任命书找到刘太后。大家你一言我一语，但刘娥一直沉默不语。侍立的内侍押班罗崇勋插了一句：“某人蒙受太后恩典，发出内降，被曹侍中拒绝。如今那人得到曹利用母亲的允诺，却得到了任命书。曹侍中貌似刚直，其实有私！”言下之意，堂堂大宋太后，竟然还比不上曹利用的老妈。

刘娥大怒。她可以容忍曹利用上班时的小动作，毕竟那只是个人习惯，也可以容忍曹利用拒绝内降，毕竟有礼法支持，但绝对无法容忍他藐视她的威权！

恰在此时，赵州百姓赵德崇来到京城，状告曹利用侄子曹汭谋逆。罗崇勋把赵崇德叫来，细细询问一番，大喜。

曹利用的侄子曹汭担任赵州兵马都监（约为市军分区司令）。他本有一妻一妾。由于妻子怨恨丈夫宠爱小妾，三天两头吵架闹事。曹汭没有法子，就把小妾卖给手下一位士兵赵崇德。妻子很高兴，以为丈夫懂事了。没想到曹汭玩的是偷梁换柱的把戏，私下里还经常和小妾往来。最开始，赵崇德忍了，毕竟一分钱没花，白得一便宜老婆。但凡事都是有代价的，天上掉馅饼的事情，现实中永远都不会有。渐渐的，街坊流言四起，战友们都嘲笑赵崇德带了绿帽子。他老婆——曹汭的小妾——觉得赵崇德不错，也想和他正经过日子。于是两人就开始盘算，如何摆脱曹汭。

一天，小妾送给曹汭一件浅黄色棉袄，曹汭很高兴，觉得小妾没有忘记他。小妾提出，几天后，赵崇德不在，让曹汭来找他。到了那天，曹汭穿上小妾送的浅黄色棉袄，喜滋滋地去了。两人正喝着小酒，聊得开心，赵崇德忽然带着十来个士兵冲了进来。赵崇德带头下跪，大家一起高喊："万岁，万岁，万万岁！"曹汭顿时大惊，酒杯都吓得掉在地上。

怎么回事？

与此同时，赵崇德的一位朋友跑到州衙禀告，说曹汭黄袍加身，意图谋逆！知州大吃一惊，急忙带兵前往查看。见到官兵来了，赵崇德等人一把拉住曹汭，向知州控诉曹汭是如何如何强行逼迫他们下跪，要挟他们一起造反。曹汭早就从酒醉中吓醒。可是，无论他如何解说，身穿黄袍，众人高呼万岁总是事实。知州下令抓捕曹汭，押入大牢等候朝廷处置。

罗崇勋把这件事情添油加醋地禀告给皇太后刘娥。刘娥震惊，如今天下安定数十年，竟然出现谋逆事件！她即刻命令由龙图阁待制王博文、监察御使崔暨与罗崇勋组成专案组，前往赵州摸清情况。

罗崇勋自然会暗中交代赵崇德，什么该说，什么不该说。最终，调查结果表明，赵州兵马都监曹汭确有身穿黄袍、士兵高呼万岁的事实。罗崇勋更提出，曹汭小小一个兵马都监，是谁给他撑腰，胆敢谋逆？自然是担任枢密使多年，三军高级将领半出门下的曹利用！

果然，皇太后刘娥立刻下旨，曹利用停职，王曾等宰执商议定罪。

王曾、吕夷简等宰执大臣大都沉默，唯独次相张士逊禀奏说："此事必定只是不肖子曹汭所为。曹利用乃国家宰辅大臣，远在京城，应该不知情。"刚进入宰执的夏竦立刻反驳。曹利用悖逆事实俱在，张士逊一清二楚。只因张士逊与曹利用同在枢密院10年，交情深厚。去年更因曹利用举荐而出任宰相，因此张士逊毫无原则地偏袒曹利用。

口子一开，就刹不住了。宰执大臣纷纷表态，与曹利用划清界限。散朝后，首相王曾单独求见皇太后。一见面，刘娥阴沉着脸说:“此前卿也说过曹利用专横跋扈，如今为何替他开脱?”王曾回答:“曹利用倚仗皇恩，向来傲慢，这是有的。但如今日所言，说他有谋逆大罪，这点臣就不清楚了。”

不过，王曾也只是私下里反对，明面上还是按照刘太后定下的调子议罪。最终，曹汭被判斩首，曹利用罢官流放，最终不堪宦官羞辱，在押送的途中自杀而死。张士逊罢相出京，吕夷简升任宰相。

《宋史》对于曹利用的被谋反，有一句简单的评价，叫做“利用之死，天下冤之”。也就是很多人都觉得曹利用有跋扈之罪，但绝不会谋反。这点王曾看得很清楚，天下人也明白。精明如刘太后怎么会不清楚曹利用其人其行呢?

既然清楚，为何还要将曹利用置之死地呢?

经过7年的经营，皇太后刘娥已经实现了对大宋朝廷的完全控制。此时，潜藏在她内心多年的梦想，早已经蠢蠢欲动。

可是，朝堂上还有个别刺头，打着维护礼法的名义，挑战她的威权。若出于公心，刘太后可以忍受；若怀有私心，则必除之而后快。

曹利用的死，根源就在这里。

火灾藏玄机

天圣七年（1029年），副相鲁宗道去世。

鲁宗道的去世，对皇太后刘娥来说，是一件大事。

鲁宗道这个人，忠诚正直还在王曾之上。只要事情不合乎礼法，不管违犯者是下级还是上级，甚至最高领袖皇太后，鲁宗道都会毫不客气地予以批评。百官送给他一个绰号，叫做“鱼头参政”。

在正史中，鲁宗道做出的谏诤很多，其中尤以打压皇太后刘娥势力为重。

那几年，天下权力尽在刘太后手中。一些人察言观色，上奏请求为刘氏设立七庙。自古以来，唯有皇帝可以为上七代设庙祭祀。刘太后询问宰执大臣，可不可以。王曾不敢回答。因为刘太后既然有此一问，潜台词就是想要设立七庙。唯独鲁宗道昂然发言:“万万不可!”刘太后一脸严肃，没有多说，退朝而去。

大家退殿，回到政事堂。王曾看着鲁宗道，点点头。鲁宗道则坦然说:“若是设立刘氏七庙，那么，我们以后将如何面对皇帝?”允许刘氏设立七庙，可以避免眼下的祸患，却会得罪皇帝，未来必会受到追究。

有一天，刘太后和宋仁宗共同摆驾慈孝寺。帝后出行，头等难题就是谁先走。礼官请教罗崇勋、江德明。二人交代，以皇太后的大安辇先行。如今皇太后垂帘听政，主宰天下，皇帝不过是备位（充数）而已。就在此时，鲁宗道听闻，立刻喝止。他痛斥礼官说:“自古以来，妇人有三从：在家从父，出嫁从夫，夫死从子。”既然天下女人都当遵守这“三从”，皇太后自然也不能例外!

罗崇勋二人把鲁宗道的话禀奏刘太后，刘太后略一沉吟，下令让皇帝御辇先行。刘太后一生经历了太多的风波。她之所以能够从草根崛起，秉持的一条基本原则，就是尽量遵循礼义，尊重舆论。权谋可以赢得权势，道德却可以赢得人心。

礼义、礼法这东西也并非牢不可破，毕竟是千百年前的东西，距离太过遥远。于是，如何解说就成了关键。就如同鲁宗道所言的妇女三从，貌似有理。但古代也有“百善孝为先”，宋仁宗即便贵为皇帝，对母亲还得行下跪大礼。刘太后守了礼，就意味着宋仁宗违背了礼。

其实，当时有鲁宗道跳出来为捍卫宋仁宗的权益，却没有人站出来维护刘太后的权益。罗崇勋、江德明二人有心但无力。他们这种人，有小聪明，无大才略。并且，鲁宗道身为参知政事，乃国家重臣，他反对，就意味着士林反对。刘太后不好公然对抗。

当时，宰执大臣的子弟多在馆阁读书。馆阁，本是宋朝管理图书、编修史书的地方，如崇文馆、昭文馆、天章阁、龙图阁。馆阁官员品阶虽低，但身份清贵，不少人是皇家子弟的老师，甚至有人干脆就是皇帝的老师。馆阁官员升迁极快，不少人10年就可以做到宰执高位。现任宰执让子侄在馆阁读书，不单单是因为馆阁书多，老师多，更因为那个地方藏龙卧虎。有没有读到书是次要的，积攒人脉，进入高层的游戏圈，那才是根本。

鲁宗道看不惯这种行为，他说:“馆阁乃国家重地，纨绔子弟有何资格进入?”有人嘲讽说，鲁宗道之所以反对，那是因为他儿孙还小，过几年他就不会这么说了！鲁宗道说:“我儿子年纪不小了，他已经考中科举，出任京官。我鲁家子孙绝对不会靠着国家封荫进入仕途!”

当时，开封府府尹程琳献上一幅《武后临朝图》。刘娥很心动。刘娥一生的经历和武则天极像。两人都是由后宫而皇后，因皇帝多病而走上前台。丈夫死后，两人都垂帘听政，把持政权。献上此图，无异于劝皇太后刘娥更进一步，废掉少帝，改朝换代。

宰执会议时，刘娥假作随意地询问众人，唐朝武后是个怎样的人。众宰执沉默。鲁宗道说：“武氏乃唐朝罪人，几乎葬送了大唐社稷！”看到鲁宗道态度如此强烈，刘娥沉默。

天圣七年二月，鲁宗道去世了。他的去世，意味着宰执大臣中再也没有人敢公开遏制刘娥的野心。

鲁宗道和曹利用不同，他心口如一。对待这样的部下，刘娥虽然有些不满，但更多的是敬重。宋仁宗按照惯例，在鲁宗道病危时前往探望，赏赐白银3000两。本来，副相去世，皇太后不必亲自驾临，可是，刘娥还是去了，并追封鲁宗道为兵部尚书衔。当然，那天她没有流泪。

天圣七年是一个多事之秋，是刘娥垂帘听政生涯中的一个转折点。这一年发生了许多事情。乍看是偶然，仔细品味就发现是必然。

这一年间，宰执班子变化很大。中书省由王曾、吕夷简领衔。因倒曹有功，枢密副使夏竦、代理三司使薛奎升任副相。在地方数年的同平章事、枢密使张耆还朝，主管枢密院。王钦若多年好战友陈尧叟的弟弟陈尧佐调任枢密副使。虽还有其他几位宰执，但多属于熬资历升迁的官场老油子，根本不敢发出自己的声音。

细看这个宰执班子，大都只知太后而不知皇帝。刘太后不放心的，只剩下首相王曾。

王曾这个人，比寇准，气魄不足；比王旦，稳健不足，但是他有胆气，有权谋，也有底线。面对丁谓，他敢站出来，但绝对不闹僵，而是待等到关键时刻，再给对方致命一击。之后的数年，坐上了首相位置后，王曾沉默了许多，经常还缩在曹利用的后面，让鲁宗道充当炮筒。不过，大家都明白，在大是大非如改朝换代问题上，王曾会毫不犹豫地站在宋仁宗一边。

于是，驱逐王曾，就成了刘娥的下一个目标。

六月的一晚，雷电交加，天降暴雨。就在皇太后刘娥就寝不久，有人来报，玉清昭应宫着火了。

火势极大，任凭雨水冲刷，可依然熊熊燃烧。大火一直烧到第二天的中午。刘娥登上高楼，放眼望去。偌大一个昭应宫除了一两间小殿，3610间殿阁尽数焚毁。

宰执会议时，刘娥不禁流下泪来。她说：“先帝花了大力气才修成这座玉清昭应宫，谁料想一个晚上就被烧光！”枢密副使范雍担心刘娥会重修宫殿，大声说："还不如把那剩余的小殿也烧光！”刘娥询问原因。范雍说："先帝耗尽天下财力修建此殿，如今被大火焚毁，必定是上天示警。若还要重修，百姓将无法忍受啊。”宰相王曾、吕夷简也说，切勿重修宫殿。

刘娥闻言，沉默。

其实，范雍根本就不了解刘娥。刘娥心疼昭应宫被毁，这个是真。毕竟那可是耗费了亿万两白银才修建的宋朝第一宫殿，烧掉了当然可惜。可刘娥说这话，想的是重修吗？

根本就不是。

宋真宗的陵墓完工后，吕夷简（也有史料说是王曾）密奏天书处置方案。随即，皇太后刘娥下诏："此前所降天书，都是先帝尊道奉天所致。此前，天书副本存于玉清昭应宫，真本存于大内。这天书祥瑞，乃专属先帝之物，不可以留在人间，当从葬永定陵！”

刘娥将天书放入皇陵，意味着亲手给宋真宗时代画上了句号。她刘娥掌权的时代，不再热衷祭祀，不再崇奉神道。

既然如此，刘娥就绝不会步真宗后尘，去修复什么玉清昭应宫。

那么，刘娥究竟为什么那么悲伤呢？

当天，太庙斋郎苏舜钦敲响登闻鼓上奏。在奏章中，苏舜钦提出，为何玉清昭应宫会被焚毁？那是上天示警。为何示警？因为太后执政无方。太后当下罪己诏，招揽贤才，驱逐奸佞，减免赋税，安抚百姓。只有这么做了，上天的愤怒才会平息，百姓的骚动才能安定。

苏舜钦是宋代大才子，他的奏章写得文采斐然，气势十足。“亲贤臣，远小人”是很好的观点，可惜是泛泛而谈，放在任何一个时期，任何一个朝代都可以。并且，这次昭应宫大火，根本就不像范雍、苏舜钦所言，是什么天灾。这场大火，是完完全全的人祸！

经过有关部门的调查，火灾起因已经查明。导致火灾的，正是玉清昭应宫的知官（宫殿负责人）李知损。李知损藐视法度，亵渎神灵，竟然在神圣的昭应宫喝酒吃肉。大醉之后，李知损推倒烛台，烛火点燃帷幔，最后整个昭应宫被焚毁。眼看大火烧起，李知损等人不但没有第一时间扑救，反而纷纷逃匿，并且四处散布天火焚烧宫殿的传言，以图掩盖罪行。

刘太后大怒。这把大火烧毁的可是上亿两白银呢，就算是把李知损等人抄家灭族也不过分。

御史中丞连忙上书，劝说刘娥，即便是李知损看守不谨慎导致火起，但若当天不是雷电交加，风雨大作，宫殿着火必然能够引起注意，宫殿也不会尽数被毁。希望太后还是要秉承上天好生之德，善待涉案官员。言官纷纷表态，希望不要深究，若是因为这件事情杀人，必然会再次惹怒上天。最终李知损被罢官流放，永不叙用。

处理完李知损等人之后，刘娥召集宰臣，当众表态：昭应宫被焚毁，李知损有直接责任。兼任玉清昭应宫使的宰相王曾则负有领导责任，若非王曾用人无方，核查不严，怎能发生大火焚宫的恶性事件?

月底，王曾被罢黜相位，出任兖州知州。次相吕夷简顺利升格成首相。

冠冕谒太庙

论起道德名声，吕夷简不如王曾；可论起权谋韬略，吕夷简远在王曾之上。作为首相，吕夷简对自己的定位非常准确。顺从太后，可以保全眼前的利益；顺从皇帝，可以保护长远的利益。在帝后之间，在眼下和长远之间找寻平衡，才是吕夷简的立身之道。

天圣七年的十一月，刘娥过60岁大寿时，更登上天安殿接受文武百官朝拜。天圣八年，刘娥61岁生日时，宋仁宗对宰臣说，等到祭天仪式结束，朕想要率领文武百官在大庆殿为皇太后祝寿。大庆殿是宋朝正殿，地位尊崇。即便是皇帝，也只有大朝会才能够进入。宋仁宗一开口，便遭到无数官员的反对，可是，宋仁宗坚决不听。刘娥对儿子的态度很满意，最终还是以寻常生日不宜开大庆殿为由推辞。宋仁宗顺从母亲，改在皇帝日常理政的崇德殿为皇太后举行庆典。宴会结束，宋仁宗带领宰臣为皇太后刘娥祝寿。

天圣九年，宋仁宗再次请求带领百官在大庆殿祝寿，这次刘娥没有推辞。

从天圣七年王曾罢相开始，朝中宰执中再也没有一人敢当面顶撞刘娥。各路、各州要员，大都已经拜服在刘娥的脚下。顺从太后则生，忤逆太后则死，已经成为天下官员的共识。不过，随着时间的过去，一个曾经不起眼的问题，变得异常严重，也让刘娥非常尴尬——宋仁宗的年纪越来越大了。

当初，宋真宗遗诏刘娥“军国事兼权取皇太后处分”。刘娥能够垂帘听政，一个最重要的前提是现任皇帝宋仁宗年幼。可是，一晃10年过去了，宋仁宗都已是

23岁的小伙子了，刘娥根本没有任何理由继续垂帘听政了。虽然百官震慑于刘娥的威权，可是，总是有一些不开眼的官员（诸如孔道辅、范仲淹），冒死上书，请求刘太后还政仁宗。宋仁宗年岁渐长，对母亲也由敬重变成了忌惮。他主动压下范仲淹的奏章，把范仲淹调离京城。这看似是对母亲刘太后很尊重，其实，却潜藏着深深的怨气。

怎么办？刘娥可不是一个庸庸碌碌的女子。她决定当机立断，快刀斩乱麻，以非常方式，结束这场持续了10年的幕后生涯！

天圣十年的八月，特大火灾再度降临。只是，这次着火的不是昭应宫，而是皇宫大内。大火很奇怪，是从宋仁宗日常办公的崇德殿燃起，然后迅速扩展到长春殿，甚至是皇帝的寝殿延庆殿。

大火烧起时，宋仁宗正在睡觉。殿外伺候的宦官竟然一个都不在，光顾自己逃跑了。最后，小黄门王守规冲入寝殿，叫醒宋仁宗，然后背起宋仁宗冲出烟火弥漫的大殿。出殿不久，延庆殿就倒塌了。当时已经夜深，所有宫殿大门都已经上锁。聚拢来的宦官宫女都茫然失措，因为擅开宫门乃是死罪。还是王守规当机立断，拔出刀来，一路砍开宫门，护卫宋仁宗躲到延福宫。延福宫虽然也在皇宫大内，但是距离主建筑群较远，相对独立，最为安全。

王守规确认宋仁宗安全后，立刻建议禀告太后。大灾发生，若是皇帝没有及时向太后请安，必然落人口实。宋仁宗同意。王守规再前往太后殿，将刘太后也接到延福宫。等到太后到达延福宫不到半小时，以崇德殿、延庆殿为中心的8座殿阁全部烧毁。

第二天早朝时间，宰臣到达皇宫，发现宫门紧锁，吕夷简等人才发现大内出现变故。吕夷简等人要求叩见皇帝，宋仁宗驾临拱宸门。百官在楼下纷纷下拜。可是，宰相吕夷简却巍然站立。宦官传话，宰相为何不拜。吕夷简说："宫廷有变，群臣愿一望清光。"如今宫廷发生变故，现在这个皇帝是不是宋仁宗呢？吕夷简要确认之后再下拜。

一听吕夷简这么说，宋仁宗很感动。宋仁宗召吕夷简到近前，自己亲自上前掀起帘子。吕夷简确认之后，才下拜山呼。

吕夷简不拜的事情传到刘娥耳中，刘娥又是高兴，又是失望。

刘娥有称帝之心，可是对于养子宋仁宗是非常有感情的。刘娥对宋仁宗很严厉。身为君王，肩负天下重任，从小不严加管教怎么行？看到宋仁宗如今这么有出息，得到宰臣如此尊崇，刘娥很高兴。可是，吕夷简非宋仁宗不拜，也就是说，在吕夷简心中，唯独认可宋仁宗一个皇帝。其他的宗室子弟做皇帝，吕夷简是不买账的。

吕夷简不同王曾，也不同此前的寇准、丁谓。吕夷简在任期间，恩威并施。支持皇帝的清流派也好，支持太后的“奸佞”党也好，对吕夷简都敬畏有加。吕夷简在帝后之间游刃有余。帝后两人对吕夷简都很满意，都离不开。现在吕夷简公开表态唯独认可宋仁宗，也就是反对刘娥称帝。

刘太后下诏严查大内火灾原因。不久，宦官回报，在大火最初燃烧的地方，发现了负责针线缝补的宫女使用的火斗（古代熨斗，在铁容器中装入木炭，熨烫衣物）。调查结果显示，大内火灾没有什么特别原因，就是宫女熨烫衣物之后没有把炭火及时浇灭，纯粹就是一意外事故，只要惩处相关宫女即可。

有御史提出，大火最初的起源，根本不是火斗所在地。当晚火势极大，火斗所在房屋中的其他铁器都被大火熔化，为何那个火斗保存完好？是不是有人在大火后故意留下火斗，误导调查，意图掩盖真相？

监察御史蒋堂更提出，大内火灾并非人祸，而是天意。既然是天意，就不能责罚无辜的人。

听到这样的声音，刘娥不满意了。什么叫天意呢？等下又会有官员牵扯上皇帝，牵扯上太后了。为了平息议论，刘太后下令，将涉案人员全部交给开封府调查，务必把案情调查清楚。

本来，皇宫大火，只要由皇城司和入内内侍省负责处理即可。开封府尹是曾经献《武后临朝图》的程琳。刘太后希望心腹程琳秉承她的意志，把这场大内火灾缘起确定下来，以免再惹风波。

程琳不但领悟了刘娥的深意，还超常发挥帮助刘娥摆脱了困境。几天之后，程琳上奏朝廷说，此次大火并非是宫女失误导致。程琳提出：“后宫人多，所居隘。其烟灶近壁，岁久燥而焚。此殆天意，不可以罪人。”后宫人多，房屋又窄，炉灶靠近墙壁，年深日久之后难免干燥，因此引发火灾。这样看来，大火并非宫女失误，而是客观原因造成。既然如此，就不必惩罚宫女，也不能责备太后。

听到这样的结果，刘太后、宋仁宗、吕夷简三方都感到很满意。

可是，又有几个不知轻重的“愤青”跳了出来，代表人物是范仲淹最铁的兄弟滕宗谅（滕宗谅字子京）。滕宗谅提出：“国家以火德王天下，火失其性，由政失其本。请太后还政。”宋朝乃是以火德而兴，可是最近几年来，却频繁发生火灾，根本原因就是朝廷大政上出了问题。那究竟是什么问题引起各种灾异呢？就因为太后临朝，就因为皇帝年长（23岁）还不能亲政！

滕宗谅的奏章，就如《皇帝的新装》中那个说真话的小孩，点破了无数人想说而不敢说的话。朝会时，宋仁宗拍案大怒，痛斥滕宗谅大逆不道，亲口传谕，将滕宗谅逐出朝廷。

这场大火真正的原因是什么呢？刘娥为何要求以宫女误用火斗结案呢？莫非刘娥才是整场宫廷大火的幕后主使？

宋仁宗对大火起因没有深究。原因其实不重要，关键是事情发生之后怎么做。

宋仁宗将滕宗谅贬斥地方，赢得了太后刘娥的欢心；对宫女不予重罚，赢得了御史的认可。宋仁宗让刘太后的那些心腹宦官升数级，提拔到一些有虚名却没有实权的职位上，把拼死保护自己的一干宦官提拔到掌管各宫巡查、保卫的重要岗位上。

一场大火，为宋仁宗赢得了朝廷内外的一片赞誉。

此前，王守规只是大殿中一个普通的小黄门。但是，王守规的哥哥王守忠却是个大人物。此人在真宗年间，是刘娥任命的大内都都知，也就是内侍省和入内内侍省的最高长官。这个职务就如同文官中的三师（太师、太傅、太保），非常设官职。即便是当年宋太祖、宋太宗身边第一红人王继恩，也不过是入内内侍省都知。王守忠为人忠诚谨慎，在史传中没有什么特别事迹流传。但从其官职可以看出，必定是刘娥绝对信任的人。正是这个王守忠的弟弟跑去带领宋仁宗脱困，并将太后引导到延庆殿。

大火以宋仁宗起居殿阁为中心，意图很明显。不过，刘娥并不想把宋仁宗烧死。这次火灾，极有可能是皇太后刘娥对百官，尤其是以吕夷简为首的宰执大臣态度的终极试探。

大火过后，刘娥的身体就一日不如一日。

刘娥发现，随着宋仁宗年纪越来越大，执政手腕越来越成熟，拥戴她的官员越来越少。即便是心腹程琳，也在帝后之间徘徊，其主张既顾及了太后的颜面，又再向仁宗表示，自己并不是一味听从太后。

火灾事件平定后，宋仁宗请求改元，刘娥同意。就在天圣十年十一月，改元明道，标榜日月同道。

改元本是天下同乐的大喜事，可皇太后刘娥却一病不起。宋仁宗忧心忡忡，大赦天下，并且派遣宦官前往天下寻访神医，就连高僧高道都请了不少。

可是，刘娥的病情还是日重一日。

宋仁宗前往太后殿探病，刘娥提了一个要求，希望在死前往太庙拜谒祖先。宋仁宗一口答应。

太庙是供奉宋朝历代皇帝的地方，以往，除了皇帝和宗室大长辈，无论是后宫妃嫔，还是文武百官，都不得进入太庙。此刻，刘娥竟然提出进入太庙，明白是挑战祖制。可是，宋仁宗还是依从。聪明善良的他对刘娥很尊敬。在他看来，刘娥做了许多女人所不能做的事情，当然，也确实有前代妃后所没有的功勋。尤其是多年来对他的保护，不遗余力。百官劝她进位时，刘娥一再推辞——虽然只是表面，但最终没有走出关键的一步。

何况，此时刘娥已经病重，即便违背祖制，也是最后一次。

宋仁宗让宰臣讨论，太后朝拜太庙要穿戴什么衣服，走什么程序。按照惯例，拜谒太庙的只能是君王，那自然是穿戴天子的冠冕，可是，如今是太后拜谒太庙，怎么办呢？一开始，刘太后告诉礼官，一切依照皇帝规格进行，穿戴皇帝服饰。礼官无奈，请来宰臣，大家当面确定。宋仁宗表态，一切遵从太后的意识。吕夷简沉默。副相薛奎反对说："太后必御此，见祖宗若何而拜？"薛奎的意思是，太后您若是一切穿戴如同皇帝，如何面对赵氏列祖列宗？刘太后只得点头，答应降低规格，减少一两件，以示区别。

最后礼官禀奏："皇太后宜准皇帝衮服减二章，衣去宗彝，裳去元藻。不佩剑。龙花十六株，前后垂珠翠各十二旒，以衮衣为名。"皇太后拜谒太庙所穿礼服和皇帝袍服冠冕基本一样，但是衣服上去掉一些图案，不配带宝剑。皇太后的帽子和皇帝的帽子一样，前后都是12串，但是皇太后改用女子常用的珍珠翡翠。礼官给这个特定的帽子取名为仪天冠，即规格等同天子的帽子。

明道二年的二月，筹备了两个月的庆典终于举行。整个仪式的规格极高，宰相吕夷简作为正使，次相张士逊作为副使，整个京城官员几乎全体出动。在文武百官的一片山呼中，刘娥身穿龙袍，头戴仪天冠，前往太庙举行祭祀。

祭拜之后，刘娥登文德殿接受百官朝拜，宰相吕夷简带领百官尊奉刘娥为"应天齐圣显功崇德慈仁保寿皇太后"。这个尊号是吕夷简等宰臣苦心揣摩后确定的，是对刘娥一生功绩，尤其是出任太后垂帘听政12年来功绩的认定。百官认为，刘太后是顺应上天、等同皇帝、拥有明显功勋、品德崇高、关爱儿子（仁宗）、必定能长命百岁的皇太后。

三月初，刘娥驾崩。

第15章

宋仁宗亲政与废后风波

明道二年三月，皇太后刘娥驾崩，史称章献明肃太后。随着刘太后的离去，朝廷上下风波顿起。养母杨太妃和皇叔赵元俨接连爆料：刘太后并非宋仁宗生母，且有毒害仁宗生母李宸妃的嫌疑。百官纷纷上书弹劾刘太后垂帘听政期间滥用奸佞，贬斥贤良，几乎一无是处。宋仁宗大怒，要将刘氏抄家灭门。可是，当打开李宸妃的棺椁之后，仁宗意外地发现，母亲是以皇后礼节安葬，且肤色如生，丝毫没有中毒迹象。宋仁宗羞愧万分，跪倒在刘太后灵前，哭泣道："大娘娘生平从此分明矣！"

不过，一朝天子一朝臣。宋仁宗可以向刘娥道歉，对把持朝政的太后一党却无法宽容。大清洗势在必行。宰执班子几乎被一锅端，诸多名臣如晏殊、夏竦都在被贬行列，仁宗朝第一重臣吕夷简也难逃一劫。当然，吕夷简并非常人，半年后就重回朝廷，并在废后一事当中扮演了一个重要角色。

这一年的大宋朝局峰回路转，高潮迭起。所有事件的根源，都在于宋仁宗急于走出刘太后的影子，树立亲政后的新形象。

生母风波

明道二年三月，执掌天下12年的皇太后刘娥驾崩。25岁的宋仁宗终于登上了前台，开始了亲政30年的生涯。

宋仁宗早在七八岁时，就颇有老成气象。称帝多年，虽然没有独立处置政务，但耳濡目染之下，早就是一个非常成熟的君王。他亲政后的第一次亮相，就显出非常高明的手腕。

皇太后刘娥临终之际，宋仁宗让所有宰执在皇仪殿等候，自己在太后殿卧榻前伺候。

不久，宋仁宗一路恸哭来到皇仪殿。宰执大臣一见皇帝如此，知道太后驾崩，大家集体下跪，哀哭一片。许久，宋仁宗止住悲声说:“皇太后归天前，因病重无法开口。她一再拉扯自己的衣服，仿佛还有什么话要交代。不知卿家以为，皇太后是要说什么呢?”

宰相吕夷简沉默，跪在后头的副相薛奎膝行半步说:“皇太后此举，必是因为身穿衮服、头戴旒冕的缘故！如此穿戴，皇太后将如何面对先帝呢?”宋仁宗“恍然大悟”说:“卿家所言极是，必定是因为如此。”随即，他命令礼官给刘娥换上皇后服色。

刘娥真这么想吗？也未必。刘娥一心称帝。本年二月，也就是她去世的前一个月，还要身穿皇帝服色到太庙拜谒，足见心底深处对帝位的渴望。

刘娥病危之时，特意命宫女为自己换上皇帝服色。她就是准备以这种装扮入殓。聪明如宋仁宗怎么可能不知道母亲的心意？只是，若刘娥以皇帝服色入殓，既不符合礼法传统，也有损他宋仁宗的颜面。于是，宋仁宗假借心腹薛奎之口，把母亲的衣服换了。

此前，刘娥曾经召见吕夷简等大臣，口述遗诏，然后交由翰林学士草拟。一切符合程序。此刻，百官齐聚皇仪殿，翰林学士宣读遗诏，其中有“以皇太妃为皇太后”,“皇帝与太后裁处军国大事”句样。

一直到死，刘娥都对皇太妃杨氏极为信任。刘娥曾经拉着杨太妃的手，亲口告诉她，将以她为皇太后。杨太妃很感激。自古以来，以嫡母为皇太后者比比皆是，以生母升格为皇太后者偶尔有之，以养母为皇太后者不说一个也无，至少也是相当罕见。刘娥还暗示杨太妃，将授予她垂帘听政权力。杨太妃激动不已。听闻百官在皇仪殿跪听遗诏，杨太妃（杨太后）早早来到内东门，等候百官前来。

遗诏宣读完毕，合门使催促百官前往拜贺新太后。吕夷简正想起身，御史中丞蔡齐走了进来，一脸严肃地说:“皇上春秋已盛，如今刚开始亲政，怎能又让太后垂帘呢?”吕夷简一愣。

吕夷简带着蔡齐即刻求见宋仁宗。蔡齐把刚才的话重复了一遍。宋仁宗看看吕夷简，吕夷简点点头。最终，宋仁宗决定，删掉遗诏中“皇帝与太后裁处军国大事”一句，其他不变。

内东门，杨太后焦急地等待。皇城使、入内都知早就率领一班宦官、宫女赶到，皇后郭氏也带着后宫妃嫔前来道贺，宰执大臣却迟迟未到。

按照规矩，太后若不称制，无权接受外臣朝拜祝贺。

还是宋仁宗抽空赶到内东门，以家礼拜见养母，委婉解释宰执大臣没来的原因。自然，所有的责任都被推到御史中丞蔡齐身上。杨太后强装笑脸，表示本就无心朝政，心中却恨上了蔡齐。此后多年，蔡齐本有机会拜相，杨太后一票否决。宋仁宗也只好顾全养母感受，丢车保帅了。

虽然被刘娥打压了许多年，但宋仁宗还是非常尊敬母亲。尤其是刘娥去世后，回想过去种种，宋仁宗越发感受到刘娥的不易。即位之初，孤儿寡母势单力薄。若非刘娥强势，皇权早就落入外臣手中。仁宗大婚后10年未孕，皇族宗室颇有非词，若非刘娥力挺，仁宗皇位不稳。仁宗少年任性，饮食起居多无节制。若非刘娥严格把关，宋仁宗也无法养成强健体魄。更重要的，朝臣多弹劾太后垂帘，若非太后仁慈，顾全社稷，这些人早就死无葬身之地。

像副相薛奎、御史中丞蔡齐，这些人之所以能够在短短10年间从地方小吏做到朝廷大员，根本原因还是皇太后刘娥宽容。因为她明白，这些大臣虽然弹劾她，对她有不满，却将是儿子仁宗未来的坚强助力。

跪在刘娥灵前，宋仁宗不吃不睡，悲恸不已。皇后、妃嫔连番劝说，皇帝务必爱惜龙体。最后，杨太后亲自到场劝说，仁宗依然不听。于是，杨太后爆了一个猛料:“太后并非官家生母。官家生母乃是宸妃李氏，如今灵柩停放在奉先寺。”宋仁宗一听，大吃一惊。

前文曾提过，刘娥借腹生子登上后位。宋真宗当时向宫人下达禁口令：任何人不得提起皇子身世，违者处死。俗话说，没有不透风的墙。当时知情的虽然不过是数人，可是，随着时间的过去，消息还是泄露了。可是，大家都没有开口，任这个秘密烂在心中。

刘娥活着的时候，擅自开口没有半点好处，还可能引来杀身大祸。

但刘娥死后就不一样了。

本来，最不应该讲出这个秘密的，就是杨太后。刘娥病危之际，为何将杨氏从太妃提拔为太后呢？信任是原因之一，更重要的，估计还是希望杨太后继续维持这个秘密。

谁料想，刘娥刚去世，好姐妹杨氏就翻脸了。

杨太后当然也有苦衷。她以养母身份继任皇太后，宫中、朝中有不少非议。尤其是御史中丞蔡齐，背后还有着强大的言官势力。于是，在刘娥去世后，她道出仁宗身世，以求建立大功，保全自己。

宋仁宗闻言大惊，追问还有何人知情。杨太后说:“大宗正赵元俨、宰相吕夷简都知道内情。” 这个赵元俨，是宋太宗的第八子，宋仁宗的八皇叔。宋仁宗马上宣召八皇叔与吕宰相入宫。

赵元俨再爆猛料：李宸妃不但是仁宗生母，而且是被皇太后刘娥给毒死的。

赵元俨告诉仁宗，先帝对宸妃李氏多有爱宠。生下官家后，李氏还曾生下一个公主，可惜早夭。等到先帝归天，刘太后就将李氏逐出宫廷，到永定陵看坟去了。刘太后如此，用意很明显，就是要让他们母子分离。10多年来，李氏数次请求见仁宗一面，都被刘太后无情拒绝。李氏先后诞下皇子、公主，于国有功，可品阶一直很低。直到去年二月，刘太后才晋封李氏为宸妃。

赵元俨说，不单单是他，皇族宗室中许多人都怀疑李宸妃极有可能是被刘太后毒死。要不然，为何在钦差宣读晋封命令的当晚，李宸妃就暴毙而亡呢?

宋仁宗大怒，一贯谦和的他立刻就要摆驾奉先寺，亲自看个究竟。一旁沉默许久的宰相吕夷简开口了:“陛下身份贵重，骤然前往奉先寺，必然引来朝野惊骇。不如让礼宾副使李用和前往查看。” 宋仁宗冷静了一些。亲政之初，万万不可急躁。李用和乃是李宸妃的弟弟，也就是宋仁宗的亲舅舅。若是由他前往查看，一来符合礼节，二来必会用心。

李用和战战兢兢地进入大殿，宋仁宗迈步上前，拉住他的手就流下泪来。好一会儿，李用和才从惊恐不安中回过神来。宋仁宗再三交代舅舅，务必要查明真相。李用和精神抖擞领命而去。为了防止消息泄露，刘氏一门干扰探查，宋仁宗命令侍卫司将刘美全家控制起来。

消息还是泄露了。整个京城骚乱了。各种流言满天飞。许多人都觉得，风光了10多年的刘氏一门就要大祸临头了，搞不好连皇太后刘娥都将不得好死呢。

薛奎、蔡齐等人邀请吕夷简一同前往见证这个非常时刻。吕夷简摆摆手，让他们自己去，自己仍端坐中书省，正常办公。其实，作为宸妃安葬事务的幕后操办者，吕夷简对所谓真相，一清二楚。

李用和与一班宰执大臣来到奉先寺。奉先寺后有一口深井，里面有一口寒泉。李宸妃的棺椁用四根铁链缠绕，存放在井底深处。

在千万双眼睛的注视下，士兵们一起发力，将四根铁链缓缓拉起。最后，李宸妃的棺椁出现在大家面前。这是一个精美的玉制棺椁。打开两层棺盖后，大家齐齐望去，不禁大吃一惊。

虽然已经整一年过去，可棺材中的中年女子肤色如生，洁白如玉。哪里有什么毒发身亡的迹象？并且，最让众人吃惊的是，这位宸妃李氏，竟然是穿戴皇后衣冠入殓！

一切已经分明。皇太后刘娥不但没有毒杀李宸妃，反倒破格优待，以皇后的礼节安葬李宸妃。原因那只有一个，就是因为李氏是宋仁宗生母。

消息传到皇宫，宋仁宗长舒一口气。真相果然如此！宋仁宗到刘娥灵前，焚香哭泣："自今大娘娘平生分明矣！"再也不会有人拿李宸妃的事情来污蔑刘娥了。

宋仁宗很内疚。至少有那么一刻，他是曾经怀疑刘娥的。

宋仁宗召来刘美，赏赐金银，好言安抚。经过这一场风波，刘太后的所有亲眷，诸如刘美一家、钱惟演一家都夹着尾巴，小心做人。表面看来，宋仁宗对这些亲戚还一样尊重，可大家都明白，好日子一去不返了。

八王用心

面对真相，最吃惊的人是八王赵元俨。他本想以此为契机，摆脱宗室不得干政的束缚，站到政治前台。没想到他甘冒奇险的奋力一击，换来的竟然是这样。

这位太宗第八子，真宗的八弟，多年来心中一直憋着一股气。在他看来，这大宋的皇位，本来当是他的。

赵元俨长相奇特，五六岁就不怒自威，有一股王者的霸气。他很聪明。宋太宗喜欢飞白体（一种书法字体），喜欢儒学。赵元俨投父皇所好，三五年下来，无论是二王体还是飞白体，都出类拔萃；即便是烦琐枯燥的儒家典籍，赵元俨也能够通晓其中奥义。10岁的小孩子竟然就能够和经筵主讲学士辩论。

有一年宋太宗生辰，皇子们各自献上苦心搜罗的奇珍异宝，唯独赵元俨献上一幅宋太宗的画像。随从禀奏太宗，这幅圣容是八皇子废寝忘食花了大半个月的时间才完成。宋太宗听了，非常感动。任何金银珠宝都比不上儿子的孝心贵重。

每次宫中举办宴会，宋太宗总将八皇子赵元俨带在身边。看着赵元俨和太宗笑语欢颜，几个哥哥心中都不是滋味。

后来，有官员提议，八皇子年岁渐长，应当和其他皇子一样设立属官，搬出皇宫生活。宋太宗断然拒绝，他告诉百官：八皇子20岁后再谈出阁事宜。消息一传开，百官哗然。千百年来，大内只允许有两个成年男子居住：一个是皇帝，一个是太子。如今太宗要将八皇子强行留在身边，这是何意？

宋太宗的这个举动一下子将赵元俨推到了风口浪尖。三皇子赵元侃（真宗）

和八皇子赵元俨的关系也变得微妙起来。

若是宋太宗长寿一点，北宋王朝的第三任君主究竟是谁，还真的说不清。可是，历史没有如果。就在赵元俨13岁的时候，宋太宗病危。为了确保大宋江山稳定，宋太宗立年过30岁的赵元侃为皇太子。立储数月之后，宋太宗去世，留下了孤孤单单的老八。

宋真宗即位后对八弟还算不错。他依照惯例晋封八弟为国公，也依照父皇的遗愿继续让老八在皇宫居住。不过，4年之后，也就是赵元俨17岁的时候，宋真宗最终按捺不住，下令赵元俨出阁。

按照管理，王府属官名单由中书省拟定。宋真宗看后全部驳回，亲自重写了一份名单。新名单中的官员清一色是那种性格谨慎、忠于礼法的儒学名士。宋真宗希望在这样的属官辅佐监督之下，赵元俨能够安安分分做一个亲王。

出阁之后，赵元俨表现还算平静，毕竟冲动不能解决问题。随着时间的过去，宋真宗的帝位越来越稳固，赵元俨的帝王梦也越来越遥远。赵元俨很失落，整天和一般皇室宗亲喝酒赌钱。

当时，节度使石保吉手下有一个歌伎姿色出众，技艺高超，石保吉非常宠爱。每次参加高官宴会，石保吉都要把那位歌伎带在身边，时不时炫耀一番。

有一次，宋真宗召集百官到北园聚会，石保吉依旧带了那歌伎前往。赵元俨看到了，很是垂涎，就上前搭话。那歌伎颇有几分骨气，没给赵元俨什么好脸色。赵元俨大怒，当场给人一个耳光。歌伎已经求饶，赵元俨还不依不饶抄起家伙要打人家。

石保吉大怒。别人怕他赵元俨，他可不怕。他本是北宋开国元勋石守信之子，又娶了太祖皇帝的女儿，乃是正牌的大宋驸马。看到心爱的歌伎受到如此侮辱，石保吉当即找到宋真宗告状。宋真宗匆匆赶到，上前喝止。赵元俨遭到训斥，不但不低头，反倒愤愤然拂袖而去。

宋真宗很恼火。若赵元俨是在私下里和石保吉起冲突也就罢了，如今是在他举办的筵席上公然闹事，这是根本就没把他这三哥、大宋皇帝放在眼里。

宋真宗找来宰相王旦，商议如何解决。宋真宗说:“先帝在位时，朕和几位兄弟侍奉宴会，谁敢如此？那个时候我们兄弟见面，也就是谈论谈论诗文。朕即位以来，每年不过搞两三次聚会，朕却担心几个弟弟脾气不好，聚在一起容易出事。”王旦说:“如今荣王（赵元俨当时封爵）有过错，可以召见记室参军崔昈。只要陛下交代崔昈，亲王喜怒也应当注意场合，臣想，荣王应当会改正吧。”一旁的右相向敏中也说：“陛下您关爱兄弟，亲近贤臣，即便是兄弟间稍微有什么过失，也必定能够用礼义来约束。时间一长，总能慢慢改变吧。”

崔昈接受诏命，把宋真宗的意思告诉赵元俨，赵元俨不得不收敛许多。

一晃，到了真宗晚年。宋真宗临终前的一番安排，让沉寂已久的赵元俨又开始野心萌动。

天禧五年，到了七月一日先天节，百官朝贺时，宋真宗下令，八弟赵元俨兼任太尉，管理军政。几天之后，宋真宗正式让皇太子赵祯走上朝堂，接受百官的朝贺。为了给皇太子赵祯在宗室中赢得更多的支持，宋真宗赏赐荆王赵元俨白银5000两，其他宗室多则1000两，少则800两，人人有份。同时，宋真宗又给宰相丁谓、冯拯，枢密使曹利用每人5000两，给殿前都指挥使5000两。宋真宗在病危之际，做了一回散财童子，希望以此来换取宗室、宰臣、将帅对皇太子的支持。

真宗晚年有意亲近赵元俨，加重赵元俨在朝中的影响。他本希望借重赵元俨皇族长辈的身份，对皇后刘娥形成一种制衡。赵元俨则每天都打着探病的名义出入皇宫，有时候竟然晚上都不出宫。消息传来，百官窃窃私语。莫非皇帝有意效仿太祖，兄终弟及传位给年长的弟弟？

皇后刘娥看在眼里，急在心头。作为坚定的后党，丁谓主动禀奏真宗，按照皇家礼制，亲王无皇帝宣召不得擅自入宫。希望真宗皇帝明诏阻止赵元俨入宫。可是，每当此时，宋真宗就假装昏睡过去，不予理睬。

怎么办？

一天，赵元俨又留在宫中不出。丁谓看到一个翰林院的小吏用金钵盂端着热水走过来。小吏低着头，走得太匆忙，差点就撞到丁谓。丁谓拦住询问，那小吏哆哆嗦嗦回禀：“这是八大王需要的。”赵元俨想草拟一份奏章。当时天冷，需要热水化开毛笔。丁谓绝顶聪明，立刻想到了一条妙计。他从怀中取出毛笔，蘸上墨汁，在金钵盂中搅拌几下。顿时，清水变成了黑水。丁谓交代，把这黑水端给赵元俨。小吏哪里敢多问，走了。

那段时间，赵元俨满心欢喜。在他看来，皇兄传位给他的意思极为明显。只要有皇兄的支持，皇后的势力再大也不足为惧。

当看到小吏端来一盂黑水，赵元俨大惊。这是什么意思呢？莫非刘后、丁谓等人不顾一切想要毒死他？赵元俨越想越怕，最后，翻身上马，逃出了皇宫。

赵元俨不在皇宫，一切就好操作了。刘娥假托真宗命令，派军士把守王府，禁止赵元俨出入。

几天后，宋真宗到了最后的时光。丁谓、王曾等宰相围在病榻前，宋真宗用手指点点胸口，展开五根手指，又再伸出三根手指。皇后和所有宰臣一看就明白了，宋真宗有心里话想和八弟说说。

宰执虽多半是皇后一党，但若真宗皇帝明明白白下达诏命，谁敢公开违抗？

刘娥见状，忙以皇帝需要静养为由，让宰臣先行退下。然后，刘娥让宦官追上宰臣，转告他们，刚刚宋真宗展开五指，又伸出三指，只是说自己三五天病就会好，没有别的意思。丁谓连忙附和说，官家必定是这个意思。其他人心知肚明，没有多说。

其实，宋真宗肯定不会传位给八弟，毕竟太宗朝有前车之鉴。一旦赵元俨称帝，那儿子赵祯必定小命难保。宋真宗希望的，是八弟赵元俨以皇叔身份出任顾命大臣，挟制刘娥，辅佐少主赵祯。

可是，人心隔肚皮，赵元俨可不是这么想的。

赵元俨在王府中日夜盼望宋真宗的诏命，可惜，等来的是宋真宗的死讯。当宦官来到王府宣布新君即位的消息，赵元俨心神俱伤。

宋仁宗即位，皇太后刘娥垂帘听政，临朝称制。此后的12年，刘太后威震天下，人人畏服。看到这种局面，赵元俨更加失落，闭门谢客，静待时机。

为了笼络雄心勃勃的小叔子，刘娥费尽心机。刘娥提升赵元俨为中书令兼尚书令，还允许赞拜不名、诏书不名。觐见时，礼官只能称呼赵元俨的官爵；皇帝下发圣旨时，不能直接书写赵元俨的名字。这些虽然都是虚礼，却给足了赵元俨颜面。赵元俨和刘娥的矛盾也稍稍缓和了些。

明道二年，皇太后刘娥去世。赵元俨觉得时机已到，这才曝出猛料。不料，一切不过是搬起石头砸自己的脚。不但没有伤害刘娥一分，反倒惹得宋仁宗厌弃。

恰在此时，宦官密奏，京城流言四起，说赵元俨自封为天下兵马都元帅，图谋以武力夺取皇位。宋仁宗大怒，急命侍卫司、皇城司抓捕嫌犯。案件提交三司会审，前后涉案被捕的有几百人。御史中丞蔡齐主管审理这桩逆谋大案。蔡齐非常谨慎，对每个案犯都再三核查。被捕的这些人多少和赵元俨有些关系，说图谋造反却查无实据。蔡齐将结果如实禀奏，宋仁宗很不满意，交代蔡齐再审，一定要查个水落石出。

那些天，汴京流言四起，百官都在猜测时局的走向。

赵元俨早在真宗末年，就图谋即位。仁宗登基后，赵元俨又想着让儿子赵允初夺宫。如今刘太后刚去世，宋仁宗亲政不久，朝局不安，正是抢班夺权的大好时机。另一边，宋仁宗对八皇叔赵元俨忌惮已久。莫非仁宗皇帝想借着流言，把八皇叔赵元俨一锅端？

作为主审，蔡齐觉得事情重大。蔡齐上书仁宗："所谓八大王谋变事宜，纯属小人无知谣传，官家无需深究。何况，八大王乃是太宗唯一在世的儿子，在皇族宗室中地位尊崇。此事唯有从轻发落，才能安定皇族，安定朝廷。"

宋仁宗不听。蔡齐再次上书。当天晚上，蔡齐连番呈递奏章，多次求见。最终，宋仁宗明白了，蔡齐的主张才是最稳妥的。

以当初刘太后的威势，完全可以铲除八王势力，可刘太后没有。让人害怕容易，让人心服却难。宋仁宗立志要做千古仁君，自然不能在亲政之初就屠戮亲族。

宋仁宗下令，所有被捕人员一律释放，制造流言的三五个人打一顿板子了事。

重新洗牌

宋仁宗恩威并施，此后10多年，赵元俨只能夹起尾巴做人。赵元俨是大宋皇族最为尊贵的长辈，他都敛手称臣，其他人哪里还敢叫板？

不过，仅仅有外戚和宗室的支持还不够，要想快速走出刘太后的阴影，整顿宰执班子才是重中之重。

宋仁宗不着急。越是关键时候，越是不能急躁。

宋仁宗宣布，所有宰执班子一律不动，大家安心工作。此后的10来天，他频频下诏，将两种人调回京城。

第一种人，是宋仁宗东宫时候的侍从官。比如以太子宾客身份登上宰相高位的李迪，以翰林学士身份担任宋仁宗经筵讲师的宋绶。第二种人，是在刘太后垂帘听政期间曾经上书反对垂帘，恳请太后还政的官员。

这两种人一种是久历宦海，经验丰富；一种是青年才俊，锐气十足。而他们的共同点，则是忠诚可信。权力正应该交给这样的一些人。

要想整顿外朝，先要整顿后宫。在副相薛奎的建议下，大宦官江德明被调任为西京左藏库使，离开皇城到洛阳看仓库去了；大宦官罗崇勋被调任为真定府都监，到边关监军去了。皇宫内那些亲附太后的大小宦官一个个被外派到地方，从此老死他乡，绝迹京城。

宫内肃清了，就不用担心消息泄露。

宋仁宗找到宰相吕夷简，商量调整宰执班子的事情。

宋仁宗提议：枢密使张耆并无功勋，仅仅是因为刘太后宠信，得居高位，可外放许州；枢密副使夏竦在曹利用问题上毫无原则地阿附太后，造成冤案，可外放襄州；参知政事陈尧佐，进入宰执以来毫无建树，居官庸碌，可外放永兴军。其他如枢密副使范雍、赵稹，参知政事晏殊，都有错误，不再适合留在宰执。

一开始，宋仁宗说一句，吕夷简记一句，态度恭谨。渐渐地，吕夷简的脸色变了。按照这个方案，现任宰执班子，除了他、张士逊、薛奎，几乎全都罢免。国朝建立以来，从来没有发生过这种事。

但吕夷简一声不吭，继续记着。

他们的心情都很复杂。现任班子中，确实有人毫无原则地阿附刘太后，比如夏竦。也有人保持中立，不搞是非，踏踏实实做事，比如吕夷简，副相陈尧佐、晏殊。也有人立场坚定，多次反驳刘太后的主张，比如枢密副使范雍、赵稹。在昭应宫被焚事件上，范雍就公开反对重修，惹得刘太后很不快。

宋仁宗没有提及宰相张士逊，这很好理解。人家是太子老师出身，因救助曹利用被驱逐。去年二月，张士逊回到京城，再度担任宰相。以二人交情，未来的宰执班子必定由此人掌舵。

至于吕夷简的去向，宋仁宗只字不提，吕夷简也一句不问，不能问。

第二天，就在吕夷简签发了罢黜诸位宰执的命令时，一个宦官进入中书省，宣读最新诏命："门下侍郎、兼吏部尚书、平章事吕夷简罢为武胜节度使、同平章事、判澶州。"吕夷简愣住了，手中的毛笔也掉落在桌案上。

传旨的是宋仁宗最为贴心的入内侍副都知阎文应。阎文应拉着吕夷简到了僻静处，说起事情原委。

据阎文应说，皇帝本对吕宰相无比信任。昨天晚间，仁宗从大殿离开，来到中宫殿。帝后闲聊间，皇帝讲到夏竦等人都阿附太后，和吕夷简商量，要将这些人全部罢黜。一旁的郭皇后冷冷地说："吕夷简难道就不阿附太后吗？只不过他为人机智，善于见风使舵，外人不得而知罢了。"皇帝大为疑惑，因此暂且将吕宰相调离。吕夷简虽外放知州，但享受节度使兼平章事（使相）的待遇，地位尊崇，如同往日。

吕夷简心中翻江倒海，难以平静。事情真的如此吗？郭皇后入宫多年，仗着皇太后的势力，确实有些跋扈。不过，从没有干政迹象。多年来，吕夷简对郭皇后一向尊敬，没有失礼的地方。郭皇后何必针对自己呢？

事情的真相恐怕还是要落在皇帝宋仁宗身上。

在现任班子中，无论是资历还是影响，吕夷简都是当之无愧第一人。早在乾兴元年，仁宗即位之初，吕夷简就以开封府知府身份兼任参知政事，进入宰执。天圣七年，王曾罢相，吕夷简升任宰相。此后三年，刘太后并没有按照规矩配备次相。一直到天圣十年（明道元年）二月，在仁宗的多次请求下，刘太后才将张士逊调回京城，出任次相。

原因或许就在于此。

这10来年，吕夷简身处太后、皇帝中间，一直小心谨慎，努力两边不得罪。他暗地里做了许多事情，只是外人不知道罢了。如刘太后将八大王赵元俨的儿子赵允初接入宫中，做预备皇子抚养。数年后，是吕夷简一再坚持，刘太后才将赵允初送出皇宫。宋仁宗生母李宸妃去世，刘太后的旨意是按照一品宸妃的规格安葬。吕夷简却严令罗崇勋等人，按照皇后的规格安葬。不少官员弹劾太后揽权，吕夷简却将奏章拦下。许多官员骂他是太后的走狗，他毫不介意。那些下层官员空有所谓风骨，坚持所谓礼法，却罔顾政治实际——一旦刘太后对宋仁宗心生嫌隙，大宋朝廷必将大乱。

仁宗亲政后，吕夷简苦思冥想许多天，亲手写了一道万言奏章，列举了自己对大宋朝政改革的8项建议：正朝纲、塞邪径、禁贿赂、辨佞壬、绝女谒、疏近习、罢力役、节冗费。这8点从刘太后垂帘12年的弊政出发，相当有针对性。宋仁宗接到奏章时喜形于色，和吕夷简一条一条商讨了很久。

没想到，最终宋仁宗还是放弃了吕夷简。

郭皇后的进言，只是表面原因，深层原因还是宋仁宗想要摆脱刘太后的影响，以全新的班子、全新的形象开启属于自己的仁宗时代！

明道二年四月，次相张士逊升任首相，重回京城的李迪出任次相。翰林学士王随任参知政事，三司使李谘、步军副都指挥使王德用并为枢密副使。加上留任的副相薛奎，一共是二相一参二枢密的格局。

相比此前，这个新班子人数精简了许多。按照常理，李迪的资历在张士逊之上。不过，李迪远离朝堂10年，人脉、影响已经远不如张士逊，故屈居次相。

王随也是最近几年宋仁宗的经筵讲师，博学儒雅，深得仁宗敬重，出任副相，在百官意料之中。

李谘多年前就出任枢密直学士，乃是个老军务。后来出任三司使，也表现出色。此人为官稳健，极少掺和党争，乃是个实干派。由三司使进入宰执，出任枢密副使，算是正常升迁。

那宋仁宗为何提拔王德用呢？

王德用本是真宗朝大将王超之子，弱冠年纪就已经带兵出征，有不俗表现。此后许多年，天下无事，王德用升迁缓慢。后来，在枢密使张耆的推荐下，王德用出任步军副都指挥使，算是进入军界高层。可是，王德用不识相。

刘太后几次发内降，提升一些军官职务，王德用扣下诏命，拒不执行。刘太后派人催促，王德用说："军队乃国家根本所在，军职当授予有功将士。若依仗关系就可以混入军队，那以后怎么带兵？怎么保家卫国？"听到王德用如此说，刘太后才放弃。

后来，兴国寺东面发生火灾。大火蔓延，眼看就要烧到附近的枢密使张耆府邸。张耆派人告诉王德用，调一只部队来帮他灭火，王德用还是不同意。

等到刘太后驾崩，有关部门请求按照皇帝去世的礼节，让卫士"坐甲"，即让军队沿途设置警卫。宋仁宗下诏，让王德用去办。王德用说："国朝以来从没有为太后坐甲的先例。"竟然又一次拒绝执行命令。

宋仁宗一开始很恼火，觉得王德用不听话。后来了解到王德用的其他经历，宋仁宗大喜。

这王德用也是坚定的帝党呢！

宋仁宗本想大用薛奎。可惜，从四月起，薛奎喘疾就越发严重了。一旦咳嗽，经常连话也说不好。薛奎几次辞官，宋仁宗不舍，让薛奎免去朝会参拜之礼，直接去中书省上班。到了五六月份，薛奎的病情越发严重，听说还咳出血来。眼看到这种地步，宋仁宗只好接受了薛奎的辞呈。

此前有上佳表现的御史中丞蔡齐升任三司使，青州知州范讽接任御史中丞。昔日昭应宫大火，范讽担任御史，曾经上书大火焚宫乃是上天示警，提醒刘太后要亲贤臣，远小人，于是被逐出朝廷。他担任青州知州期间，遭遇蝗灾。前任宰相王曾家就在青州，王家存储了许多粮食。范讽出面，用自己的官职作保，借了10万多斤粮食救济灾民。宋仁宗觉得这个范讽立场也很坚定，心中又有百姓，于是，提拔他为御史中丞。

宋绶还朝后，宋仁宗本想让他进入宰执。不想张士逊坚决反对，宋仁宗只好任命宋绶为翰林学士。

执意废后

明道二年十一月，百官刚从清洗太后一党的动荡中缓和过来，宋仁宗又抛出一个重磅炸弹：皇后郭氏为后9年，因无子主动请求出家为道。

什么主动请求出家，不过就是一个幌子。真相其实是以下这样的。

那一天，宋仁宗、郭皇后与一干妃嫔饮宴赏花。不久前，宋仁宗越过郭皇后，直接晋封宫女尚氏、杨氏为四品美人，让郭皇后非常生气。杨氏是杨太后远亲，姿色寻常，为人低调，也还罢了。尚氏不过是贫贱出身，仗着有几分姿色就狐媚君王。郭皇后心中早就憋着一股火。

一开始，赏花饮酒，气氛还算融洽。后来，尚美人起身端着酒杯公然上前，坐到仁宗怀中，请仁宗饮酒。郭皇后大怒，训斥尚美人不知自重。没想到尚美人丝毫不惧，反倒出言讥讽。她说什么民间媳妇嫁到夫家，若三年无子，就当休妻。如今郭皇后入宫9年，一儿半女也无，有什么脸面还坐在皇后的位子上?

郭皇后大怒。她本是将门虎女，此时更是大宋国母，身份贵重，哪里受过这种闲气？她站起身来，跃步上前，冲着尚美人抬手就是一巴掌。

本来，这巴掌应当打在尚美人的小脸蛋上。没想到宋仁宗听到尚美人如是说，觉得太过分，正准备批评两句。看到郭皇后冲过来，他急忙上前，拦在中间。这下好了，郭皇后一巴掌正扇到宋仁宗脸上。那郭皇后平日里还喜欢蓄指甲，结果指甲尖在宋仁宗脖子上留下一道长长的血痕。宋仁宗疼得大叫一声:“哎哟!”

就这一声，在场诸位全都傻了。宋仁宗大怒:“回宫!”入内都知阎文应立刻招呼从人，簇拥着仁宗前往福宁殿（寝殿）。尚美人、杨美人紧跟其后，郭皇后失魂落魄，后悔不迭。

很快，御医赶到，略微敷了点止血药，包扎了一下。其实，伤势很轻微。可是，伤势事小，颜面事大。毁伤龙体那可比欺君还要严重，即便是抄家灭门，也是合法的。

宋仁宗怒气冲冲，盘算如何处置郭皇后。一旁的尚美人、杨美人自然不会放过机会，出言挑拨，要求宋仁宗废掉郭皇后。好一会儿，宋仁宗让两位妃嫔退下，单独留下宦官阎文应。

宋仁宗说:“废后乃是大事。消息一旦传开，御史谏官必定上章弹劾。”阎文应察言观色，见仁宗开口就说“废后”，就知道仁宗已经打定主意了。他就说:“只要宰执大臣同意，事情当可办成。”是的，有了宰执大臣的支持，就等于有了绝大多数官员的支持。言官的批评若实在激烈，也可以让宰执出面去扛。

当时的宰相有两位，李迪和吕夷简。

从五六月间开始，黄河一代蝗灾遍地。身为首相的张士逊毫无作为，让宋仁宗很头疼。张士逊这个人，忠诚谨慎有余，才干见识不足。宋仁宗不禁又想起了吕夷简。吕夷简这个人，堪称仁宗朝第一能臣，无论是权谋手腕，还是执政才略，都是大宋朝第一流人物。四月份虽然罢相，不过，后来宋仁宗了解到李宸妃安葬的前因后果，被吕夷简的良苦用心深深感动。这个世上好官有许多种，帝王最欣赏的，就是吕夷简这等能干，听话，吃了亏还不吭声的。

只是，张士逊才升的首相，骤然罢黜，百官当嘲笑宋仁宗没有识人之明了。恰在此时，张士逊犯了一个不大不小的错误。

一天，山南东道节度使杨崇勋新得了一个园子，邀请宰相张士逊赏光。大家一起喝喝酒，赏赏花。杨崇勋就是那个告发周怀政逆谋的人，如今也做到了从二品节度使。张士逊不好拒绝。两人从中午喝到晚上。杨崇勋不断劝酒，张士逊大醉。一觉醒来，已是第二天中午。等到明白过来，张士逊大惊失色。

原来，太常寺、礼部早就做出安排，宰执大臣那天要在洪福院给死去的刘太后举行祭祀仪式。张士逊身为首相，乃是主持人。等到张士逊衣冠不整地赶到洪福院，发现次相李迪正带领百官举行仪式。礼官把张士逊拉到一边，告诉他，百官从清晨就已经到齐，一直在等候张相公到达。可是，几个时辰都过去了，张相公还未现身。宋仁宗大怒，传旨让李迪领衔主持祭祀，要张相公回家待罪。

果然，第二天朝会御史中丞范讽就弹劾首相张士逊，要求朝廷重重责罚。宋仁宗顾念旧情，给了张士逊一个左仆射的虚名，赶到河南洛阳为官去了。

于是，李迪升任首相，吕夷简还朝做了次相。

吕夷简虽然是次相，但是他的能量和手腕是李迪不能相比的。为了缓和矛盾，在吕夷简的建议上，宋仁宗将现任宰执个个官升一级。三司使蔡齐出任枢密副使，被张士逊打压的宋绶出任参知政事。之后，吕夷简全力主持灭蝗自救行动，赈灾物资顺利发放到灾民手上。灾区的生产恢复工作也有条不紊地展开。

废后一事，需要有宰执大臣支持。宰执大臣中，又需要有宰相的支持。宋仁宗交代阎文应，到中书省找吕相公前来议事。

这种事情，还是交给吕夷简来操办，比较让人放心。

吕夷简来了。

阎文应让吕夷简上前，他撩开帘子，以便吕夷简可以清晰地看到宋仁宗脖子上的伤痕。宋仁宗眼中含着泪水，一句话不说。阎文应则简略地把不久前皇后与妃嫔打斗、划伤龙颜的情形描述了一遍。

吕夷简沉默。他当然明白仁宗与阎文应此举的意思。只是，自宋朝立国以来，还没有出现废后这等事情。一旦诏命宣布，百官必然纷乱。大家不敢直接骂皇帝，于是，宰相就成了受气包。吕夷简在考虑，要不要为仁宗背这个黑锅。

阎文应走到吕夷简身边，悄悄说："相公别忘了，当初，就是郭皇后向官家进言……"

吕夷简当即表态，一旦宣布废后，必然引起言官弹劾。不如提前下令，禁止有关部门接受言官奏章。吕夷简没有说该不该废后，而是按照仁宗的意思，谈废后必须做的一些准备工作。

宋仁宗很满意。

朝会上，翰林学士宣读诏令：皇后郭氏因无子自愿入道，特封为净妃，法号冲妙仙师，从中宫柔仪殿迁往长宁宫居住。

消息传开，言官们大怒。在代理御史中丞孔道辅的率领下，范仲淹、蒋堂等言官商定一同上表，反对废后。

按照规矩，百官奏章当交由尚书省（下辖六部）初审，然后交由门下省复核。多数奏章批复下发，特别重要的由门下省呈交中书省，由宰相处置。宰相再挑选重要奏章，呈报皇帝御览。

孔道辅、范仲淹一共9人各自揣着表章来到尚书省，却见奏章呈送处大门紧闭——负责人竟然不在！9人直接找到尚书省长官，可对方板着脸交代，一切要按照程序办。既然呈送处人不在，那就再等等。

他们等啊等啊，在尚书省耗了一天，可那几位官员就是不见人影。到晚间，宫中传来消息，郭皇后——冲妙仙师已经迁出中宫殿。据说登上小辇时，仙师泪流满面。

孔道辅、范仲淹大怒。大家不在尚书省等了，直接跑到皇宫大闹。可是，闹腾了几天，什么也没有改变，孔、范诸人反倒被逐出京城，贬官外放。

宋仁宗向来爱惜名声，虚心纳谏，为何此次却坚决不听臣下意见呢?《宋史》中把废后一事归结为吕夷简狭私报复，其实不然。这种大事，最后拿主意的只可能是皇帝本人。

宋仁宗早就想要废后。妃后争宠，划伤龙颜，只是给了宋仁宗一个借口罢了。

事情还要从许多年前说起。

天圣元年，宋仁宗14岁，朝廷内外一片忙碌，筹备宋仁宗大婚事宜。当时有三大热门人选：一个是蜀地官员王蒙正的女儿王氏；一个是已经去世的骁骑卫上将军张美的曾孙女张氏；一个是平卢军节度使郭崇的孙女郭氏。三位候选人当中，宋仁宗最满意王氏。王氏的出身寒微，父亲只是一个微末小官，但是王氏却有一项其他两位根本无法相比的长处。史料记载："蜀人王氏女，姿色冠世。"宋仁宗毕竟还只是一个14岁的少年。他根本不关心什么门第出身，只关注长得是不是漂亮。何况王氏不是一般的美女，是"姿色冠世"，是倾国倾城的绝世美女啊。小伙子怎能不动心？

可是，主持选拔的皇太后刘娥却不这么看。执政之初，刘娥的阻力挺大。刘娥迫切需要找到一个能够在政治上支持自己的得力大臣作为亲家，在三家候选人当中，郭氏是最佳人选。张氏是从二品骁骑卫上将军张美的曾孙女，门第还行，可张美已去世多年。张氏祖父、父亲一辈官职平平，在朝中已经没有什么影响力了。王氏的父亲王蒙正更是微末小吏，哪里比得上郭氏一家？

郭氏的祖父郭崇早在后周时代就已经是节度使兼同平章事，做到武官最高官职"使相"！宋太祖赵匡胤对郭崇非常尊敬。宋朝初建，有人污蔑郭崇为后周日夜哭泣，可能会造反。宋太祖哈哈大笑说："朕向来知道郭崇将军是个重情义的人，他哭泣只是感念先朝的恩德，绝对没有其他意思！"李重进平定后，宋太祖把两淮要地全权交给郭崇管理。郭崇去世时，宋太祖震惊悲伤，追封郭崇为太师。宋代臣子极品勋爵为"三师"，其中又以太师最尊贵，可见宋太祖对郭崇的器重。

郭氏一门不但在军界、政界颇有影响力，在宗室外戚中关系也盘根错节，影响巨大。郭崇的儿子郭守璘娶的是太祖朝枢密使李处耘的女儿。李处耘的小女儿是太宗朝的明德李皇后。细细算来，郭皇后和宋仁宗还是远房的姨表兄妹。

可以说，得到郭家的支持，无论是主持国政的刘娥，还是小皇帝宋仁宗，未来的路途都会平顺很多。

但是，这番话是不能对人言的。就算是母子之间也不可以，刘娥不能让年幼的宋仁宗感到皇权的软弱无力。于是，刘娥告诉宋仁宗，王氏女"妖艳太甚，恐不利于少主"。年轻男人就知道迷恋美女，可是一旦沉迷，必然祸国殃民。做一国母后，还是端庄一点好。宋仁宗很憋屈，可是母后刘娥从来严厉，就算是父皇当年，对刘娥也畏惧三分。宋仁宗只能接受。

郭氏被立为皇后，可是宋仁宗并没有忘记王氏，经常偷跑去和王氏幽会。按照宫廷惯例，参加选秀的宫女，就算是不能被册封为皇后，也可以成为后宫嫔妃。就如张美的曾孙女张氏，就留了在宫中。可是刘娥做得很绝。她不允许任何人触犯自己的权威，即便是儿子宋仁宗。既然宋仁宗还要迷恋王氏，刘娥一不做二不休，让王氏出宫嫁人了。嫁给谁呢？谁家也不敢和皇帝抢女人啊。刘太后把王氏嫁给了外甥刘从德。

于是，宋仁宗眼睁睁地看着心爱的女人成了别人的妻子。他不敢反驳刘太后，就把账记在了郭皇后头上。偏偏郭皇后还没眼色。她本是千金小姐，又是刘太后钦定的皇后，哪里会把别人放在眼里。结果，宋仁宗只要对哪个宫女稍稍好些，那名宫女铁定会被郭皇后毒打。张氏留在后宫，也算是仁宗的小妾。可好几年过去了，郭皇后硬是不让宋仁宗去见张氏。好不容易张氏侍寝了，按照规矩要予以晋封，但郭皇后就是不答应。

那些年，仁宗心中苦闷，偶尔会到张氏住处饮酒闲聊。只要郭皇后听到消息，必定前去破坏。有一次还掀翻桌子，大哭大嚷，犹如泼妇一般，连刘太后都看不过去。一直到6年后，张氏病危，宋仁宗再三请求，刘太后都点头了，郭皇后才晋封张氏为五品才人。5天后，张才人就病逝了。

宋仁宗把这一切都记在心中。在他看来，郭皇后为何能够如此跋扈？门第出身是一方面，性情刁蛮是一方面，但根子上还是郭皇后是刘太后的人。

刘太后去世后，宋仁宗在朝堂上大刀阔斧地进行改革，顺风顺水。可是，在后宫中，宋仁宗依然觉得处处掣肘。虽然撤换了一批刘太后的心腹，可是，郭皇后的那些人马依然占据宫中高位。要想在后宫中也彻底变革，就必须把刘太后选立的郭皇后给废掉。如此，朝中那些太后一党，才算是斩断了根。

此后，迁居冷宫的郭皇后寂寞地生活了两年，在景佑二年十一月寂寞死去。

良相贤臣史不绝书

从明道二年（1033年）开始，大宋王朝正式进入了仁宗亲政时代。废黜郭后之后，杨太后选立曹后，仁宗的婚姻依然不幸。不过，这并没有妨碍他推行一系列爱民、惠民措施。大宋王朝在他的治理下蒸蒸日上，从真宗的经济繁华，上升到全面极盛。

此后的30余年，除了庆历年间西夏李元昊称帝，宋夏之间有那么几年战事外，基本上没有大规模战乱。因“四海雍熙，八荒平静，士农乐业，文武忠良”，故后世称这段时间为“仁宗盛治”。

盛世的出现绝非一人之功，为后世熟知的大半宋朝名人，都生活在仁宗一朝。

良相怀忠

仁宗朝良相辈出，但真正影响整个仁宗朝，并且将国家推向极盛的，是吕夷简。

吕夷简出身名门，他的堂叔是太宗朝名相吕蒙正。不过，吕夷简是靠着真本事考中进士，进入仕途的。

最开始，吕夷简担任绛州军事推官，负责司法诉讼。因断案明晰，精通律令，调任大理寺丞。当时，朝廷举办六科考试，吕夷简以现任官员的身份参加了其中的“材识兼茂明于体用科”。在试卷中，吕夷简对当时朝廷与地方存在的种种弊政一一点评，条理清晰且大胆尖锐，引起了宰相王旦的注意。

后来，朝廷调派吕夷简出任濠州通判。当时担任知州的，是名满天下的大才子梅询。此前，梅询担任知制诰，乃是皇帝侍从官，他自视很高。接到知州任命后，梅询很不高兴，找到宰相王旦诉苦。王旦笑着说:“这次还会派一个通判去濠州，陪伴梅先生读书。”梅询得知是吕夷简，他说：“哪里来了个吕夷简，他也会读书？”在梅询看来，能吟诗作赋，著书立说，那才算是会读书。王旦听了，端正脸色说：“梅先生当善待吕公。他日吕公和王公（王曾，当时已经是参知政事）同做宰相时，梅先生恐怕才能做到翰林学士呢。”梅询很不服气，一旁的王曾听了，也觉得王旦言过其实。

可事实是，短短数年间，吕夷简一路飙升，每个职务少则数月，长则一两年，到天圣七年时，吕夷简果与王曾并任宰相。在吕夷简的运作下，沉沦多年的梅询，才得以升迁为正三品翰林学士。

王曾凭什么断言吕夷简将会拜相呢？因为他在吕夷简的试卷中，看到的是一个胸怀天下、心系苍生的官员！

吕夷简这个人，从来不说大话，不说空话。他和宋朝大多数的儒臣不同，不喜欢说什么道德礼法。一个大政治家，应当是一个理想主义者，又不能仅仅是一个理想主义者。

在地方数年，吕夷简治理有方，万民称颂。他向朝廷提出过多项建议，件件都惠及万民。宋朝初建时，苛捐杂税极多。为了充实军费，一些弊政到真宗朝才废黜。铁器是国家专卖物品，许多地方购买铁制农具要另外交税。吕夷简上奏朝廷，宋朝以农业为本，鼓励百姓务农是国家重中之重。农具免税，不但能让天下农民减免一项开支，还能提高农民积极性，有效促进粮食生产。宋真宗听后大喜，立刻下诏施行。

很快，吕夷简被调到京城，出任礼部员外郎。当时是大中祥符末年，京城地区还有许多大型基建工程，每天都需要大量的木材。有些官员为了讨好真宗，严令江南地方按期运送木材到京城。一旦延误，伐木工人、运送船夫等等许多人就会被牵连下狱，甚至被毒打至死。吕夷简了解到这些，非常气愤。他上书真宗，恳请延长工期。吕夷简还提出：“严冬时节，河水干枯，要靠拉纤船只才能勉强前行。百姓苦不堪言。不如等到明年开春，河水稍涨，再让有关部门运送木材。”宋真宗看到奏章，很感动。真宗一生虽然热衷神道，但爱民之心从来没丢。他亲自召见吕夷简，说：“看了卿家奏章，朕深深体会到其中一颗为国爱民之心啊！”

随即，吕夷简升任刑部员外郎兼侍御史知杂事（御史台常务副长官）。当时寇准担任永兴军节度使，他将他辖区的罪犯刺字发配到湖南。途经京城，在刑部过堂时，囚犯们宣称：寇准想要造反。朝中一些人趁机要求将寇准罢官严办。吕夷简反对，他说：“寇准治理地方一向严厉。之所以流言四起，必然是有些人别有用心想要中伤寇准。此时，我们不但不应当追究寇准的责任，反而应当将罪犯发配到更远的地方。如此，才可以维护国家法度的尊严!”宋真宗听从。

后来，广州知州李应机禀奏，隐匿多年的川蜀叛乱匪首李顺在广州落网。消息传开，天下震动。宋真宗急命刑部派出专员，将李顺押赴京城，准备公开问斩，以号令天下。刑部、御史台、大理寺三司会审。当时的刑部尚书正是副相丁谓，他揣摩皇帝意思，提审犯人时敷衍了事，草草定案。吕夷简是御史台代表，迟迟不肯签字。丁谓警告他，不要太较真。杀一个罪犯，赢得皇帝和领导欢心，何乐而不为呢？吕夷简却说:“这种事情怎么能够欺瞒朝廷呢?”

经过吕夷简的细心调查，终于真相大白。所谓匪首李顺，其实是广州一个叫李延志的百姓。咸平初年，川蜀王均作乱时，李延志客居成都，在成都府副将崔麻胡家中做管家。从崔麻胡的口中，李延志听说了不少王小波、李顺、王均等人的事迹。王均叛乱平息后，李延志回到故乡广州居住。最近几年，李延志和广州怀勇军军官许秀关系不错，两人经常在一起喝酒。李延志喜欢吹牛，酒醉后谈起王小波的事情，说得活灵活现，如同亲身经历一般。王小波是朝廷钦定的匪首，他的事迹一般人根本不知道。起义失败后，相传李顺削发为僧，趁乱逃出了成都，一直没有落网。许秀怀疑，这个李延志就是李顺。

许秀把消息禀告知州李应机，李应机大喜。这个李应机早在真宗初年就出任方面大员，混迹20余年，依然是州郡长官。李应机认定自己升官的机会到了，于是将李延志逮捕，二话不说，屈打成招。

事情层层上报，多数官员都沿袭李应机的判决，不敢轻易翻案。吕夷简坚持依法办事，单独上表禀奏实情。真宗有些失望，不过还是赦免了李延志。

后来，两川发生饥荒，丁谓趁机将不听话的吕夷简外放，担任安抚使。赈灾工作不好做，尤其是灾民不好对付。可是，吕夷简赈济灾民，惩办贪官，赢得百姓称颂。天禧四年，宋真宗特旨提升吕夷简为开封府代理知府。首都长官这个官更难当，可吕夷简干得很出色，史称“治严办有声”。吕夷简治理开封，法纪严明，声名赫赫。宋真宗在屏风上亲手写下“吕夷简”三字，朝野上下疯传吕夷简即将大用。

果然，真宗临终前，将吕夷简调入宰执班子，出任参知政事。一般人进入宰执后，基本不再担任其他具体职务。可吕夷简太能干了，刘娥实在找不出更合适的人选。于是，吕夷简一边当着副相，一边还兼着开封府知府的重担。在首都市长任上，吕夷简一干就是10年，一直到天圣七年出任宰相。

刘太后垂帘听政的12年间，身为宰辅，最为重要的工作，就是协调帝后之间的关系。在这个方面，吕夷简无疑做得非常到位。修建真宗皇陵时，刘太后准备将许多奇珍异宝陪葬，吕夷简进谏说："这并非是报答先帝最好的方式。如今，天下的政务都在太后与皇帝掌握。唯有太后远离奸佞，褒奖忠臣，辅佐皇帝成为圣君，这才是报答先帝的最好方式啊。"和鲁宗道处处以礼法打压不同，吕夷简更多地兼顾刘太后和宋仁宗双方的利益。因为唯有如此，才能够长久地维系国家的稳定与安宁。

前文所述的吕夷简劝刘太后妥善处理李宸妃后事、大内火灾坚持亲眼见到仁宗安全等事都是其他宰辅绝口不敢提、绝对不敢做的事情。可是，吕夷简不但做了，并且做得很好。

正因为吕夷简的苦心经营，在刘太后听政的最后时光，朝局才得以平稳过渡。史书评价："自仁宗初立，太后临朝十余年，天下晏然，夷简之力为多！"即便是仁宗亲政一度出现了罢官风潮，不过，等吕夷简复相后，那些有才干、有德行的官员也都得以回归。

当然，吕夷简为相，也有不少非议。对他批评最多的，有两点。其一，因吕夷简无能，导致西夏李元昊称帝。两国交战，宋军多败绩。其二，吕夷简喜欢党同伐异，打压清流，比如贬斥范仲淹、韩琦。其实，仔细看当时历史，可以发现，真相并非如此。

宋军击败辽军，以武力签订盟约，大大震撼了西夏。在李德明时代，西夏对宋朝一直比较谦恭。不过，西夏放弃了东进，在南面和西北方向持续征战，领土拓展极大。李德明之子李元昊即位后，励精图治，改革弊政，拥有铁骑50万，称霸西戎，成为仅次于宋、辽之后的东亚第三大帝国。而宋朝近40年没有战事，无论是军队战斗力，还是武器装备，都大大落后。交战之初，宋军落败，乃是必然的事情。不过，在吕夷简的经营下，宋军几次击退西夏军队，最终站稳了脚跟，在疆域上没有损失分毫。最终，宋夏战争以西夏称臣结束。

至于党同伐异，打压排除异己，几乎可以说，是一个政治家常用的手腕。要想措施得到推行，就必须扫清阻碍。让人赞叹的是，吕夷简对待那些政治上的反对派，没有一棍子打死，而是给他们更合适的平台。史书称其"所斥士，旋复收用，亦不终废"。贬斥异己只是一时的手段，并非吕夷简最终的目的。就像范仲淹、韩琦，能够到陕西主持军务，那都是吕夷简的大力推荐。甚至范仲淹能够进入宰执，主持改革，都和吕夷简关系密切。

吕夷简有权谋，有识见，有原则，有分寸，堪称一代名相。他去世时，宋仁宗流泪哭泣说："安得忧公忘身如夷简者！"在宋仁宗看来，吕夷简做事公正无私，一心为公。这个"公"，是大宋社稷，也是他宋仁宗——吕相公其实给宋仁宗背了许多骂名！

多年后，王曾的家人请求给王曾立碑，宋仁宗赐名为"旌贤之碑"，认为王曾是个贤者。题写石碑时，宋仁宗想起了吕夷简，主动赐"怀忠之碑"。古代对臣子的最高评价是什么？不就是"忠"吗？

由此二事，可见仁宗对吕夷简是何等器重！

名将御边

仁宗一朝，有两大名将，一个是曹玮，一个是狄青。对于今人来说，或许狄青的名声更大一些。其实，在宋代，曹玮的影响要远远大于狄青。

宋理宗曾经设立昭勋阁，供奉两宋200余年名臣，其中武将仅5人，分别是曹彬、潘美、李继隆、曹玮、韩世忠。曹彬、潘美都有灭国大功，是开国名将。李继隆是太宗、真宗朝名将，多次击败辽军。曹玮则活跃在真宗、仁宗年间，在对阵西夏、吐蕃时，战绩卓著，影响深远。至于韩世忠，在今人心中，影响力自然不如岳飞。只是，岳飞得罪高宗被处死。于是，功名始终的韩世忠，就成了南宋唯一入选的名将了。

宋代史学大家吕中曾如此评价曹玮："若曹玮者，可谓良将矣。能知唃厮啰之必叛，策德明之可图，料元昊之必反，此其智岂徒决兵家之胜负而已哉？"这句话说到了曹玮一生三项过人之处：在李继迁去世时，建议突袭西夏，击败李德明；在李德明对宋称臣，宋夏和好时，料定其子李元昊将要叛乱；在吐蕃和宋朝关系尚好时，料定吐蕃首领唃厮啰会叛变。总之，曹玮的可贵，不单在于他能征惯战，而且在于他犹如高卧隆中的诸葛亮一般，在事情仅仅露出端倪时，就料定天下未来的走向。

曹玮出身名门，他的父亲就是大名鼎鼎的宋朝第一良将曹彬。太宗晚年，李继迁作乱，陕西急需调派良将坐镇。宋太宗询问曹彬有没有合适的人选。曹彬说："我两个儿子曹璨和曹玮才干器量都不错。若允许臣举荐，他们都可以为将。"宋太宗询问二人谁更优秀些，曹彬回答："曹璨不如曹玮。"——历史证明，果然是知子莫若父，曹玮的成就不但超越了兄长，并且超越了同时代的所有人，站到了真宗、仁宗二朝的巅峰。

曹玮19岁出任渭州知州，成为方面统帅。之后，他先后担任镇戎军知军、环庆路兵马都钤辖、真定路都钤辖、知秦州，兼泾、原仪、渭、镇戎缘边安抚使。从他的履历可以看出，他一生的足迹遍及宋朝的三大外患所在地。早期李继迁活跃，曹玮防御西夏。等到李德明称臣，西线稍稍和平，曹玮调任真定路，统管北方防务。等到吐蕃势力渐大，曹玮又被调到秦州，对付兴起的吐蕃大首领唃厮啰。

曹玮镇守西北多年，用兵有鬼神莫测之能，西北诸部无不畏惧。

有一次，西夏军来犯，曹玮率军迎击。西夏军远远逃开，丢下许多牛羊辎重。很明显，这是西夏人的诱敌之计。曹玮让部下收拢牛羊，拉上辎重，缓缓回归。大军当中到处都是牛羊乱窜，队伍很不整齐。部下有些担忧，劝曹玮丢掉牛羊，以免被敌军突袭。曹玮不听。他派出斥候骑兵到前方侦查，发现敌军果然回撤，两军现在不过10里开外。曹玮分毫不乱，驱赶牛羊，到达上风处，然后大军停下不动。西夏军策马狂奔，赶到近前。曹玮命人传言："你们一路奔袭，必然疲惫。我不想乘人之危，你们可以暂且休息，休息好了再决战。"西夏军队本来担心曹玮趁着他们奔波劳苦，突然袭击，没想到曹玮如此大度，都放下心来。

歇了小半个时辰，曹玮派人传言："如今歇得差不多了，我们决战吧。"于是，两军吹起号角，彼此攻杀。一战之下，西夏军大败，数千精锐几乎全军覆没。

宋军将领都觉得赢得莫名其妙，曹玮告诉诸将说："此前，我故意做出一副贪图小利的样子，吸引西夏军反击。他们前后奔驰将近100里，早就人马疲惫。不过，如果我当时就出击，他们锐气还盛，我军即便胜利，也会有较大死伤。这就如同一个人走了远路，正在走时还不觉得劳累，但休息了一段时间后，手脚必然酸麻。我故意装作宽容大度，让他们休息。等他们疲劳发作时，我军猛攻，敌军怎能不败?"

听了曹玮的解释，诸将无不赞叹，真绝了!

西夏李德明给出极高的赏格，招抚宋军将士：只要投降，必定升官发财。有一次，曹玮正和客人下棋，下属回禀："有三五个士兵忽然叛逃出城，恳请下令追击!"曹玮不听，照常下棋。等了一会儿，下属又回禀："叛变士兵已经出城10里，再不追击就赶不上了。"曹玮还是不做声。过了一会，那人第三次回禀。曹玮转过头来，对那人说："那几个士兵本就是我派出去的，你不要再说了!"听到这里，下属愣住了。

几天后，叛逃士兵见到了李德明。李德明二话不说，就把几个人全部杀了。

宋军听到这个消息，纷纷痛骂李德明狠辣，不顾信义。宋军从此再也没人叛变了。

其实，那几个叛变士兵根本就不是曹玮派出去的。曹玮料定，宋军中必定还有西夏间谍，于是故意那么说，借李德明的刀除掉叛徒。

大中祥符九年，吐蕃唃厮啰在宰相李立遵的催逼下，率领各部落3万多骑兵突然袭击宋朝州县。曹玮紧急调遣周边部队进行合战。他将步兵安排在秦州防守，由6000骑兵迎战。李立遵很狂妄，宣称将在秦州城下和曹玮决战，并且大军当天就可破城，在城内吃晚饭。

听闻前方军报，曹玮继续吃饭，没有丝毫慌乱。一直等到敌军已经到达秦州城外不远的三都谷附近，曹玮才放下碗筷，披上铠甲，率领骑兵出战。

敌军人多势众，曹玮有心挫挫敌军士气。当时敌军有一位将领正在阵前驰骋，呼喊口号。曹玮气定神闲，询问左右："我军谁的箭术最好？"大家都说李超箭术了得。曹玮唤李超出列，问："你需要多少随从可以射杀敌军那位将领？"李超仔细观察，回答："我需要15骑。"曹玮说："我给你100骑兵，务必射杀此将，否则提头来见！"

李超领命，100骑犹如一阵狂风卷向敌军。吐蕃军队还在奇怪，宋军派出这么一点人来干什么？忽然，100骑兵从中分开，李超冲出，抬手一箭射去。眨眼间，吐蕃那位指挥官咽喉中箭，倒地身亡。吐蕃军队大乱。就在此时，曹玮一声令下，三军号角齐鸣。曹玮身先士卒，带领6000骑兵从侧后方突入。吐蕃军大败。

三都谷一战，曹玮以6000骑兵大败吐蕃精锐3万多人，追击20多里，毙敌1000余人，缴获牛羊马匹3.3万多头。宋军受伤者160人，阵亡者仅仅六七十人。这一战，打出了宋军的威名，以至于以后吐蕃首领唃厮啰只要听到曹玮的名字，就会面向东方行礼。

曹玮不但在具体作战方面卓尔不凡，在战略全局的谋划方面也别具慧眼。他定下的那些规矩，后来推广到整个西北，成为主要的防御措施。

曹玮很擅长笼络边境地带的少数民族部落。一些将领动辄欺凌边民，以杀戮求取战功，而他善待边民，给土地，给待遇，招揽周围部落来到宋朝。对待那些归降的少数民族部落，曹玮亲自为他们选择险要地形，修建堡垒，指导他们在堡垒周边地带开垦农田，开挖沟渠。如此，既可以限制西夏骑兵突进，又可以最大限度地保全百姓安全。因为曹玮，10多个部落归顺宋朝，大大削弱了敌方的力量。

曹玮御下严明，军队战斗力很强。但是，曹玮很少打硬仗。毕竟杀敌一千，自伤八百。他最喜欢做的，是打间谍战。他训练了许多间谍，潜入敌后，刺探军情。敌军还未行动，曹玮就已经得到消息。等到敌军靠近，看到宋军早有防备，往往主动撤退。曹玮一生威名远播，可论起杀敌人数，并不是很出彩。因为人家防患未然，不战而屈人之兵。

曹玮认为，西夏、辽国、吐蕃多骑兵，宋军多步兵，而西北边境一带，多是高原，对宋军相当不利。他沿着古长城开挖深沟，沟宽5丈，深5丈，以此限制敌军骑兵突进。这条深沟后来成为保卫宋境的一道坚强屏障，让西夏军的多次进攻都止步于此。

当时镇守边关的主力是禁军。禁军虽然骁勇，但对边境地形不熟，影响战斗力发挥。西北一带民风彪悍，许多百姓弓马娴熟。曹玮就召集当地青壮年，时常举办箭术、马术比赛，给予优胜者两顷土地的赏赐。他将这些人组织起来，每300人一队，闲时操练，忙时务农。曹玮把百姓的小利和国家的大利捆绑在一起，大大增强了宋军防御力量。

当然，曹玮最为宋人佩服的，是他的三个预言。

真宗初年，李继迁病逝，其子李德明上表称臣。当时宋辽盟好，宋军气势正胜，曹玮上表真宗，认为当趁着“国危子弱”的机会，进攻西夏。若是错过时机，恐怕以后局面就很难控制了。宋真宗认为李德明已经称臣，并且，宋军只是险胜辽军，不宜轻易发动大战，没有接受曹玮的请求。

应该说，曹玮的请求合理，宋真宗的处置也正确。李德明初立，西夏确实不稳，可以突袭。但是，是否能够灭掉西夏呢？几率不大。首先，西夏和辽国互为唇齿，辽国不可能坐视西夏被灭国。一旦宋夏大战，辽国必然是那个最终得利的人。何况，宋军在与辽国大战时，就充分暴露出指挥调度不灵的缺点。大将王超竟然拥兵自重，不听真宗调遣。曹玮不过30岁出头，没有资格担任统帅，也没有能力驾驭那些成名夙将。还有，宋辽之战是防御战，于宋军有利。若宋夏开战，宋军主攻，则可能重蹈当日李继隆西征的覆辙，千里出击，却找寻不到西夏主力。耗费钱粮事小，折去了战略优势事大。

纵观李德明时代，西夏虽然和宋军有些小摩擦，但总体上还是臣服大宋。

曹玮又凭什么断定李元昊必反呢？

曹玮是从一件小事中，看出李元昊的野心（雄心）的。

宋夏盟好，宋朝向西夏贩卖茶叶、丝绸，西夏卖给宋朝马匹。许多年了，双方都觉得互惠互利，没有什么不好。可是，有一天，李元昊劝说父亲：茶叶、丝绸等物对西夏根本没用，只会让国人萎靡不振，贪恋享受。马匹却是最重要的军备物资。只要西夏组建起一支数十万人的骑兵，什么物资抢不来？何必再对宋朝屈辱称臣呢？李德明没有听从。一直到他去世，对宋朝都比较恭顺。

几经辗转，曹玮听到了李元昊这番话，曹玮大惊。当时，李元昊不过是10岁出头，竟然有这等见识。从对卖马的态度中就可以看出，李元昊绝不满足银钱茶绢等财物，他追求的，是与大宋并肩，与宋辽争雄！此人一旦掌权，西夏必然雄起！

曹玮多次设下圈套，引诱李元昊来宋境，可惜，李元昊一直没有中计。后来，曹玮让人画了一副李元昊的画像。看过后，曹玮慨叹："此子真英物也！不久之后必然成为我大宋祸患！"

当时有一位盐铁副使，叫王鬷，到前线公干。曹玮和王鬷一番交谈，觉得王鬷对军务颇有见识，未来很可能成为枢密使。曹玮慨叹："我如今年纪大了，估计李元昊叛乱时，正是王公执掌军政的时候，希望您要提前做好准备啊。"

20余年后，李元昊果然称帝，大举伐宋。王鬷恰巧就担任枢密使。可是，王鬷也好，当时的其他宰执也好，都疏于防范。宋夏之间从李元昊开始，战乱不息，一直到北宋灭亡。

在李继迁时代，吐蕃首领潘罗支和宋朝的关系一直很好。潘罗支死后，吐蕃新首领唃厮啰大对宋朝也很顺从。曹玮又从哪里判断出吐蕃会叛变，并及时做出防范呢？

国与国之间本来就无所谓忠诚，吐蕃和宋朝的关系也是如此。潘罗支时代，吐蕃部落林立，在李继迁的攻击下，纷纷溃灭。在不得已的情况下，大家对内联手对付西夏，对外向宋称臣。李继迁去世后，李德明用计除掉了潘罗支，吐蕃再度陷入内乱。

这时候，吐蕃一个部落领袖李立遵找到了吐蕃王族的后裔唃厮啰，他立唃厮啰为赞普，号令周边各部。如同曹操当日挟天子以令诸侯一般，李立遵凭借政治优势，迅速崛起，成为吐蕃新一代强者。

开始，李立遵自封为宰相。渐渐的，他不满足于这个头衔，请求宋朝也册封他为"赞普"。宋朝高层想要答应。曹玮上表反对。他认为："赞普乃是吐蕃可汗（皇帝）的称谓，若是李立遵一上表，朝廷就答应，那么，将要如何面对唃厮啰呢？若是李立遵再有别的奢求，朝廷又将如何处置？"

多数人只看到眼下的好处，却忽略了未来的危机。

随着时间的过去，吐蕃宰相李立遵和赞普唃厮啰之间的矛盾越发激烈。李立遵调唆吐蕃两大部落首领赏样丹与厮敦一同背叛宋朝。没想到曹玮早就把厮敦拉到宋方去了。厮敦告诉曹玮兵变的事情，曹玮解下腰带送给厮敦。厮敦很感动，他以侍奉父亲的礼节对待曹玮。他说:“我的父亲您要我干什么呢？就算是想要我的头颅，我也会砍了献给您!”曹玮交代厮敦，你的头颅他不要，找个机会把赏样丹的头颅带来吧。10来天后，厮敦果然把赏样丹的人头献上。同时，厮敦又把自己的所有领地献给宋朝。曹玮大喜，立刻在厮敦的地盘上修筑城池，上表封厮敦为顺州刺史。

正是从以上种种迹象中，曹玮断定，吐蕃唃厮啰——李立遵必反。厮敦的背叛，让李立遵大为恼火。当年他就纠集兵马，发动侵宋战争。结果，三都谷一战，吐蕃军大败。

此后数年，曹玮派出使者，找到唃厮啰谈判。唃厮啰早就不满李立遵。三都谷大战，使得唃厮啰终于有机会摆脱傀儡身份，走到前台。最后，唃厮啰宣布脱离李立遵，刚刚强大起来的吐蕃一分为二。在曹玮和唃厮啰双重打击下，李立遵部溃败。吐蕃元气大伤，只能臣服宋朝。宋神宗时期，王韶经营熙河地区，成功拓展疆土2000余里，这和当初曹玮重创吐蕃，关系密切。

谏官刚正

千百年来，老百姓都称呼包拯为“包青天”，对包青天断案神奇、不畏权贵赞赏不已。在民间传说中，包拯额头一轮弯月，是星宿转世，日审阳夜审阴，堪称中国历史第一神探。可惜，传说不是历史。正史上的包拯断案只能说公允，说不上是神探。不过，他的不畏权贵、刚正不阿，比传说中更胜一筹。北宋大学者沈括在《容斋随笔》之中，盛赞仁宗盛世有“四真”：真宰相、真翰林学士、真先生、真中丞。其中“真中丞”说的就是多年担任北宋帝国司法最高长官的包拯。

那么，在历史上包拯究竟断过什么案子？又扳倒了哪些权贵？为何后人会如此推崇包拯呢?

正史中，包拯断的案子只有两个。

先说包拯出任天长知县时处理的“割牛舌案”。事情是这样的，一天，有一个农户到县衙告状，说有人把他家牛的舌头割掉了，恳请包大人缉拿凶手。割掉舌头后，牛也不能吃草，过不了几天就会活活饿死。包拯交代牛主人，回去之后，可以把牛杀了卖掉。不过，包拯强调，他同意杀牛这件事情对任何人都不能说。在宋代，宰杀耕牛乃是大罪，轻则坐牢，重则处死。听到包大人允许杀牛，牛主人千恩万谢而去。几天之后，有人到县衙禀告，说邻家某某竟然私自宰杀耕牛，犯下大罪，恳请包大人惩处。包拯大怒，把告状者抓了起来，训斥说:“你为何割掉别人家的牛舌头，又到县衙告人家呢?”那人大吃一惊，最后低头认罪。

在“割牛舌案”中，包拯判断，割牛舌者必定和农户有矛盾。割牛舌不但可以害死农户一头牛，还可以让牛主人因私自宰杀耕牛而坐牢。包拯将计就计，不但抓获了真凶，还保全了农户的利益，可谓一箭双雕。

第二个案子是“冒认皇子案”。皇祐二年（1050年），钱明逸担任开封府府尹。有一天，衙役来报，说街头有一个青年男子，到处和人说他是仁宗皇帝的私生子。那人自称冷青，说母亲王氏本是皇宫宫女，因为大内火灾，被遣散出宫。可是，出宫的时候王氏已经怀有龙种。王氏嫁给了一个叫冷绪的普通人，婚后没过多久就生下了冷青。冷青还拿出一件兜肚，兜肚上有龙凤图纹。这兜肚无论是模样还是绣工都不像民间所有。短短几天，京城就传得沸沸扬扬。

开封府尹钱明逸大惊，急忙命人把那个自称皇子的家伙抓到开封府。冷青大摇大摆进入开封府大堂，一见面，就呵斥钱明逸:“钱明逸你见了我怎么敢不起身?”钱明逸吓了一跳，连忙站起来。想想又觉得不对，自己站起来不就等于承认了冷青皇子的身份吗？这可是惊天动地的大事情，当时宋仁宗还没有生下皇子呢。钱明逸坐了下去。一番审讯之后，钱明逸判决，认定冷青乃是一个疯子，满嘴胡说八道，将其打了一顿，流放到汝州（今河南汝州市）去了。

可是，开封府的推官（主管诉讼）韩绛提出，汝州靠近开封，若冷青还四处散布流言，还会极大影响朝廷的声誉。一些官员就提出，不如把冷青远远流放到江南。翰林学士赵概则认为，流放不是解决问题的好办法。他提出，若是冷青所说属实，那么不能流放；若是冷青冒认皇子，那就应该砍头。宋仁宗觉得赵概说得很有道理，下诏让知谏院包拯复查冷青一案。

“冒认皇子案”本身并不复杂，只要详细了解冷青的身世、行踪就可以辨明真伪。经过包拯的仔细调查后，包拯禀奏仁宗，冷青的母亲王氏确实曾在皇宫做过宫女，也确实是在皇宫大火之后被遣散出宫的。不过，她出宫时并未怀孕。王氏在嫁给冷绪之后数年生下一女，又过了数年才生下冷青。冷青所说皇宫大火前后王氏已经怀孕，不是事实。

那么，冷青为何胆敢冒认皇子呢？这个冷青家境贫寒，成年后在一家药铺做杂役，日子过得很艰辛。数年前，冷青漂泊到江西庐山。在庐山的寺庙里遇到了一个法号全大道的和尚。两人一番交谈后，全大道觉得冷青奇货可居，就教冷青编造自己的身世，意图谋取富贵。如今，全大道已经落网，冷青不得不招供。最后，二人被斩首示众，开封府府尹钱明逸也因为断案不明被罢黜。

如果说，“割牛舌案”可以体现包拯处事明敏，颇有见识，那么，“冒认皇子案”则体现了包拯处事认真，不偏不倚。开封府尹钱明逸和朝中许多大臣，其实对于“冒认皇子案”的真相并不关心。当时，后宫中张贵妃专宠，宋仁宗确实做过把怀孕宫女偷偷送出皇宫的事情。就连宋仁宗本人，也拿不准王氏当时有没有怀孕。于是，百官含含糊糊地主张把冷青驱逐出京，来讨好张贵妃，顾全宋仁宗的颜面。可是，包拯却一查到底，将真相公之于众。

在民间形象中，开封府尹成了包拯的专利，其实，包拯担任开封府尹的时间很短，仅一年多。且他任职期间，政绩平平，由此史传中一笔带过。

历史上包拯之所以出名，并非因为断案而是因为直谏。包拯为政能力平平，但性格刚正不阿，不畏权贵，敢说真话。他先后担任御史、谏官、御史中丞，在司法部门任职多年。在正史当中，被包拯弹劾落马的高官有30多位。其中最有名的，是包拯连续扳倒三任三司使。

第一位是张尧佐。张尧佐是仁宗朝张贵妃的伯父，仁宗皇帝禁不住张贵妃的枕头风，任命张尧佐为三司使。包拯强烈反对，认为张尧佐这样的人，连州县一级的官职都不配做，更何况是三司使这样重要的官职。包拯说话的时候越走越近，唾沫星子都喷到皇帝脸上了，皇帝很不高兴。不过，宋仁宗是一位宽厚仁德、顾全大局的好皇帝，最终还是同意了包拯的意见。

第二位是张方平。有一个商人因经营不善，欠下官府很多欠款，张方平就命令他卖掉店铺偿还欠款。但另一方面他却又用极低的价格收购了此人的店铺。这种利用职权、假公济私之事被包拯知道了，立即上书皇帝。皇帝很快就罢免了张方平。

第三位是宋祁。此人是标准的无行文人，生活奢靡，沉湎女色，每顿饭不少于36个菜，家里已经有了32个侍女了，还整天拈花惹草。包拯把宋祁的这些事情曝光，皇帝也罢免了宋祁。

包拯弹劾三位官员，看起来确实是不畏权贵，执法严明，可细细品味，并不是那回事。其中有合乎法律的，也有一些是强词夺理的。

先看张尧佐。历史上的张尧佐，一方面是张贵妃的亲戚，另一方面也是一位少见的能臣。在张贵妃还没有得宠，张尧佐还是州推官时，张尧佐就崭露头角，治理地方颇有成效。

当时，一位道士和商人在一起喝酒，后来，商人暴毙，道士慌忙逃走，中途被巡逻官兵擒拿。当地官员草草审案，牵连入狱的一共有上百人，成为轰动一时的巨案。上级让张尧佐重审案件，他很快发现疑点，查明冤情，让很多人得到解救。

后来，张尧佐调任为犀浦县令。犀浦地少人多，乡民因为田地疆界纠纷吵闹不息，甚至发生大规模械斗。张尧佐在进行详细调查后，重新界定田亩疆界，设立乡规，教化百姓，从此诉讼大为减少。相比古代那些空有德行却没有治民之才的官员，张尧佐关心民生，体察民情，非常难得。

那包拯为什么还要弹劾张尧佐？就是因为他是张贵妃的伯父。身为外戚，一方面让人艳羡，另一方面却会遭到清流的抨击。在包拯等人看来，即便张尧佐有些才华，也绝不能担任三司使这个要职，否则，便会导致外戚专政。

再看张方平。苏轼曾经评价张安平有三国孔融之德行，有诸葛孔明之才华，对张方平的人品和才略非常欣赏。在包拯看来，张方平身为三司使长官，不能以身作则，反倒以权谋私，这很不好。包拯批评的对，不过单凭这件小事，就罢了张方平的官，是不是太苛刻了？

罢黜宋祁更是如此。严格来说，宋祁没有触犯刑律，说破天不过就是道德作风问题。唐宋士大夫不得狎妓，可宋祁并非出入青楼，而是依法纳聘，将美女纳为姬妾。人家就是有几十个上百个小妾，可是没犯法啊。但在包拯看来，这种贪恋情色的官员也不配出任朝廷要职。

既然三任三司使其实没有大错，那包拯凭什么把三人拉下马？

一是包拯两袖清风，廉洁自律。青年时期，包拯因为孝顺母亲而名闻天下，在走上仕途之后，又铁面无私，从不收受贿赂。包拯曾任端州知州。端州旧习，官员们往往征收几倍的端砚，作为自己送给朝中权贵的礼物。包拯到任，不多收一块端砚。离任之时百姓悄悄藏了一块放在包拯船上，包拯看到之后，随即扔到河中。现在的端州，还有处沙洲，叫做“墨砚沙”，据说就是当初包拯扔掉砚台的地方。

二是包拯毫无私心，时刻以社稷为重。包拯曾经向仁宗建议从宗室子弟中选立太子。这个话题很敏感，宋仁宗听了有点生气，反问包拯：“你想让谁立为太子呢？”一般提出立太子的人，都和不同的利益集团有关联。包拯当然听出了皇帝的怀疑。包拯说:“我没什么才干却担任御史中丞，提出设立太子是为了国家社稷着想。陛下您问我想立谁，是在怀疑我。我都快70岁了，又没有儿子，我并非拥立太子邀取富贵的人!”仁宗皇帝听后改换脸色，对包拯更加信任。

正因如此，包拯在朝中拥有极高的威望，他的一言一行足以影响官场舆论。包拯刚正无私，进言从不回避，皇帝也对他敬畏三分。那次被喷唾沫之后，仁宗皇帝就斥责张贵妃:“你就知道跟我要三司使的官职，你就不知道包拯在朝中担任御史吗?”包拯气场之强大，可见一斑。

加上宋朝以儒立国，儒家极重个人操守品行。身正然后齐家，齐家然后平天下。汲汲求名之徒，掉在钱眼里的小人，贪图美色的登徒浪子——这样三种人怎么能管理好一个国家的财政呢？从道德观念来评判一个人，是中国历来的传统。因此中国历代有无数忠臣孝子、节妇烈妇，唯独少能臣。随便翻翻二十四史，所谓的好官，大都是一些仁德君子，治理地方最大的贡献就是清静无为。不去扰民，百姓就感恩戴德了。偶尔能够修建学官，就算是了不起了。至于修路建渠，或者为民众广开财源，办些实事的，几千年来寥寥可数。

在古代中国，道德问题虽不是法律问题，可道德往往高于法律。以道德来判定一个人的成败，正是千百年来的传统。

仁宗一朝的名臣还有很多，比如范仲淹、富弼、韩琦、文彦博、狄青，等等。不过，他们活跃的时期是在庆历新政之后，此不多述。

第17章

文采风流冠绝两宋

梁漱溟先生说，华夏文化造极于两宋。其实，两宋文化又浓缩于仁宗朝。比如“唐宋八大家”中的宋六家——欧阳修、苏洵、王安石、曾巩、苏轼、苏辙，他们都是在仁宗朝就名满天下。仁宗一朝，除了宋六家外，文化名人还有很多，并且都是大师级，重量级的。他们的成功，不但因为个人努力，也因为大时代的催发。真宗、仁宗两朝，尤其是仁宗盛治时期，不单是两宋，甚至可以说是整个中国古代历史上，最为宽容、最为民主的时期。在那样一个美好时代，出现一些文采风流冠绝天下的“尤物”，也在情理之中。

红杏尚书

欧阳修被视为宋代文坛领袖，主要是因为他几次主持科举考试，强力打压华而不实的“太学体”文风，大力推行汉唐古文。欧阳修不但本人文章出色，还培养了一大批文坛新秀。宋六家中其他五家，多少都受到欧阳修的影响。不过，欧阳修引领士风的时代，是仁宗嘉祐年间到英宗、神宗初年。

在仁宗初立到嘉祐年间之前的30年间，仁宗朝最为士林仰望的，是宋祁。

宋祁的文才，为时人所公认。

宋祁出生于宋真宗咸平元年。他的出生，颇有传奇色彩。

据说，母亲朱夫人在怀孕的时候，曾经做过一个奇怪的梦。她梦到一个身穿红色衣服的神仙从天而降，送给她一本《文选》。唐宋时代，流传最广的名家散文选集，是昭明太子萧统编订的《文选》。神人以《文选》相送，无异于在说，宋祁将引领大宋士林之风，成为最有才华的那个人。

事实也确实如此。

真宗年间的大宋文坛，以夏竦为尊。夏竦曾任安州知州，宋祁兄弟因父亲在外为官，在安州外婆家居住。夏竦为求升官，不择手段，为君子不齿。不过，在奖掖后进方面，夏竦却有大家之风，仁宗朝的不少高层人物，发迹前都受到夏竦的指点、推荐。

夏竦也是宋祁兄弟的第一个伯乐。

在安州任上，夏竦经常举办文会，指点安州学子。在诸多学子中，夏竦最欣赏宋祁兄弟。

有一次，夏竦让众人以落花为题，写诗一首。经过大家品评，以宋庠、宋祁兄弟的落花诗最为出众。宋庠有诗云："汉皋佩冷临江失，金谷楼空到地香。"宋祁有诗云："将飞更作回风舞，已落犹存半面妆。"兄弟二人谁优谁劣？大家莫衷一是。夏竦点评说："吟咏落花而全篇无一字写到落，却又无处不言落。大宋当状元及第，未来为大宋宰相。小宋比不上哥哥，但也可以成为皇帝侍从官。"众人将信将疑。多年以后，宋庠果然拜相，执掌天下权柄，宋祁则官至翰林学士都承旨，成为两制官员魁首。

夏竦的点评说出了一些理由，还有更多的没有明说。宋庠诗句用词典雅，端庄含蓄。身在官场，需要有锋芒，但更需要懂得藏拙。宋庠在地方为官时政绩卓著，一旦进入宰执仿佛无所作为。可是，官职不降反升，即便偶尔罢相，10多年来，也一直在权力最高层。宋祁诗词以美人喻花，构思别致，从艺术上说，远超乃兄。可是，宋祁诗词艳丽浮华，个性张扬。以诗论人，宋祁这种性格适合成为大儒、大诗人，并不适合当官。

宋祁能够成为从二品高官，悠游半生，笑傲朝堂，要感谢真宗、仁宗那个特别的时代。

宋祁在大宋政坛的第一次亮相非常精彩。

天圣二年，宋祁27岁，他和哥哥宋庠来到京城，第一次参加科举考试。每次大考之前，诸位考生都会自发组织笔会，大家同题作文，交流心得，品评高下。在上万名优秀举子中，二宋的名气最大，而宋祁的名声又在哥哥宋庠之上。许多人都认为宋祁就是本科状元无疑。

大考结束，礼部核定的结果和众人预料一模一样。宋祁的文章才气纵横，无人可比，结果自然是巍然高中，独占鳌头！哥哥宋庠第三名，也很了得。主考官将名单呈报皇太后刘娥。当时宋庠还叫宋郊，刘娥一看，这宋郊和宋祁名字相似，莫非有什么关系？主考官回答："宋郊是兄长，宋祁是弟弟。"刘娥说："弟弟怎好在兄长前头?”她老人家大笔一挥，把宋郊（宋庠）调到第一名，其他人依次前进，宋祁落到了第十名。

刘太后为何要这么改呢?

刘娥是两宋最有权谋的一代女杰，一方面她很强势，驱逐那些威胁到自己皇权的宰执大臣；另一方面她又很温柔，对礼法道统处处避让。也正因为如此，在两宋那个礼法森严的环境中，她才能杀出重围，成为宋朝第一个垂帘听政的太后。

文武百官都觉得太后这么做没什么不妥。虽然说对宋祁有点不公平，不过，肥水不流外人田，宋祁也没有很亏。

宋祁在诗词方面有许多名篇传世，其中最有名的，是《鹧鸪天》与《玉楼春》。

有一次，宋祁经过繁台街，路上见到一辆装饰精美的马车，路过时飘来香风阵阵。就在宋祁望去的时候，马车中一位女子掀开帘子，向外张望。那女子不过十七八岁年纪，姿容绝代。宋祁一看心动。那女子和宋祁四目相望，口中说:“快看啊，他就是小宋!”之后，马车中传来女子们打闹的声音，仿佛在嘲笑那女子。

一晃眼，马车走入皇宫，消失不见。那车中女子竟然是一位内人。是皇帝妃嫔，还是普通宫女？宋祁不得而知。他有点失落，回到家中，心潮澎湃，写下《鹧鸪天》:

画毂雕鞍狭路逢，一声肠断绣帘中。身无彩凤双飞翼，心有灵犀一点通。金作屋，玉为笼，车如流水马游龙。刘郎已恨蓬山远，更隔蓬山一万重。

这词虽然化用李商隐的名句，可是脱出窠臼，别有一番滋味。宦海浮沉多年，知音难觅，红粉知己就更难求了!

很快，这首词在京城广为传唱，最终惊动了宋仁宗。

在古代，后宫佳丽三千，那都是皇帝的女人。宋祁此词，明显对那车中女子有非分之想。深究起来，可说大逆不道。可是，宋仁宗听说此词，不但不介意，还亲手促成了这段姻缘。

宋仁宗找到了那位宫女，问:“你是怎么认识小宋呢?”宫女说:“之前曾经侍候御宴，官家身边的宦官都指点说，某某就是小宋。我因此得以认识。前不久出宫，偶然在马车上看到，顺口就说了出来。”宋仁宗随即召见宋祁，谈起了这件事情。宋祁吓得立刻趴伏在地，惊慌失措。宋仁宗哈哈大笑:“你词中说，更隔蓬山一万重，其实蓬山不远哦。”宋仁宗挥手招出那位宫女，当场赐婚。

世人盛赞仁宗宽仁，也羡慕宋祁，艳福不浅呢!

数年后，宋祁出任工部尚书。有一次，宋祁拜访张先，让人通禀:“尚书想要见‘云破月来花弄影’(张先代表作《天仙子》中名句）郎中。”张先闻报，立刻出来迎接，边走便笑:“莫非来人是‘红杏枝头春意闹’(宋祁代表作《玉楼春》中名句）尚书吗?”此事传开，从此世人都称宋祁为“红杏尚书”。

当然，宋祁一生最为重要的贡献，是主持编修了《新唐书》。如今通行的《二十四史》，把《新唐书》的作者题为欧阳修，其实不准确。整个《新唐书》一共修了17年。前10年，由宋祁主持编修，后7年，由欧阳修、宋祁共同主持编修。而具体落实到章节，最精彩的列传部分，都是宋祁所写。欧阳修写了十本纪和志、表的一部分。只是因为定稿时期，欧阳修官至参知政事，比宋祁高，于是名列宋祁之前。

对于宋祁的人品，后世却颇多争议。人们批评最多的，是宋祁好色而奢靡。

宋祁姬妾众多，这点在前文说包拯的时候已经提到了。后人对这点，还算看得比较开，不像包拯那样严苛——话说回来，包拯其实也是有小妾的。包拯曾经说自己70岁无子，其实不对，那小妾就帮他生了一个儿子。

说到奢靡，宋祁和真宗朝寇准有得一拼。

有一年元宵佳节，外面鼓乐喧天，宋庠在书房中安静地读《周易》。家人禀报，二爷家中灯火通明，坐拥美女正在喝酒宴客。宋庠很生气。他当时已经拜相，因为他的推荐，弟弟宋祁也终于从苦海中超拔出来，成为正三品翰林学士。不过，身为朝廷高官，一举一动都受到万民关注。宋庠平日小心谨慎，唯恐贻人口实，可弟弟就是这么不懂事，刚当上翰林学士，就如此张扬!

宋庠生了一夜的闷气。第二天大一早，管家前往告诉宋祁:“相爷转告，听说昨晚彻夜点灯宴客，极尽奢侈，不知道二爷还记不记得某年元宵节同在州学学堂吃咸菜的日子呢?”宋庠提醒弟弟，做人不可忘本！宋祁哈哈一笑说:“你帮我转告相爷，不知道当年我们兄弟吃咸菜是为了什么呢?”言下之意，当年吃苦，不就是为了今天享受吗?

此事传开，不少道学家对宋祁嗤之以鼻。

史料没有提及宋祁有贪污受贿的劣迹，毕竟，宋祁本身的俸禄就很优厚，加上修史有额外补贴，尽可以供他挥霍。

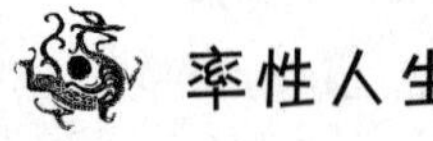

率性人生

不过，自古以来，士人求取功名，那都应当是为了“齐家治国平天下”，为了兼济苍生，匡扶社稷，怎能为了自己过好日子呢？许多事情，可以做而不可以说。

身为朝廷官员，更要注意影响。

唯独宋祁，嚣张跋扈，高调异常。

他晚年出任益州知州，更把所有政务推给通判，集中精力喝酒吟诗。每天，宋府宽大的厅堂宾客如云，厅堂外有帷幔遮蔽。一天到晚，胳膊粗的蜡烛持续燃烧，各种精彩的歌舞表演，一个接着一个。满座宾客纵情狂欢，一点不觉得疲劳。有人觉得夜晚时间有点长，掀开帷幔一看，发现已经天亮。宴会继续。等到众人意兴阑珊，实在闹腾不动了，掀开帘子一看，外面漆黑一片，已经是第三天了。

朋友们笑称宋府为“不晓天”。

歌听够了，舞跳够了，酒喝够了，宋祁终于开始写书了。

宋尚书大开内室之门，点亮两根巨烛，十多个美女环立四周，有的磨墨，有的铺纸。灯火摇曳，软玉温香，宋祁奋笔疾书。

官员百姓远远看到这番景象，都觉得宋祁如同神仙一般，生活实在逍遥。

冬天到了，天降大雪，宋祁增加帷幔，点亮烛火，在房屋中放上两个巨大的炉子。炉中烧的，都是最上等的无烟炭，整个房屋温暖如春。

宋祁写书一卷完毕，得意地问诸位姬妾：“你们也曾经在别人家中伺候，不知道你们的前任主人是否如此？”所有姬妾都说没有。

有个美女曾经在殿前都指挥使府中待过几年。宋祁问她：“不知你家太尉遇上这种天气，会如何做呢？”

那美女说：“他只懂得抱着火炉欣赏歌舞，有时候也看看杂耍，喝点小酒。他一个莽夫而已，懂得什么享受，怎能和尚书相比？”

宋祁哈哈一笑说：“也算不错了！”

以后，每当宴会，宋祁就会举出某殿帅的例子，作为笑谈。

宋祁奢靡，似乎已经是铁板钉钉的事情。

但今人不可用今天的标准去要求古人。宋朝官员俸禄优厚，是历代之最。宋祁花自己的钱提高生活质量，有何不可？宋祁的错误，是肆意张扬，是不知收敛。

可是，这正是宋祁。

宋祁这个人，很少顾及世俗的看法。他特立独行，一直坚守着文人的本色。明朝东林党魁首杨继盛有名句传世：铁肩担道义，辣手著文章。此二句也是宋祁的写照。

宋祁是天圣二年甲科进士，起点很高。可是，一晃10来年过去，宋祁的官职依然很低。为什么？因为宋祁不甘流俗，经常说一些大家不敢说、忌讳说的话。

宝元元年（1038年），宋祁几经辗转，出任工部员外郎（副司级）、同修起居注、代理三司度支判官。

宋代官职分为官、职、差遣三部分。官，就是工资待遇。宋祁每月领取的是从六品员外郎的俸禄。职，就是在馆阁系统中的职务。如此时宋祁职务是修起居注。不过这这两个官职都是虚的，宋祁的实际官职是最后一个，也就是差遣——代理三司度支判官。

三司度支判官是三司衙门三判官之一，负责天下钱粮的收支，品阶不高，权力很大。

当时西夏李元昊崛起，频繁侵扰陕西。宋军初战不利，前线连番向朝廷要钱要粮。身为度支判官的宋祁压力很大。

宋祁上书朝廷，痛陈时弊。他说："今左藏无积年之镪，太仓无三岁之粟。承平如此，已自凋困，良由取之既殚、用之无度也！"仁宗亲政已经五六年，宰相也好，皇帝也好，都觉得天下太平，国家安乐。一旦边关大战发生，竟然发现国家钱粮储备严重不足。宋太祖曾说："国家若没有可以支撑9年的粮食储备，就不配称之为一个国家。"可眼下呢，国库中竟然拿不出3年的军粮。其中根源是什么呢？宋祁尖锐地提出，是最高统治层索取无穷，不知珍惜，抨击的矛盾直接指向皇帝。

宋祁的奏章震动天下，士林疯传。他对"三冗""三费"的抨击，直接导致了后来的庆历新政！

可是，朝廷是怎么对待一心为国、直言上书的宋祁呢？奏章呈上，如泥牛入海，毫无声息。不久，宋祁调任盐铁判官。

景佑年间，宋仁宗下诏百官直言上书。宋祁上书批评仁宗无决断。宋祁言辞十分激烈，他说："身为仁君有三件事最让人担忧：其一，和贤人商量最后却听从小人意见；其二，看重选拔大臣，任命后却又怀疑；其三，对国家大事没有长远谋划，整天忙于处理眼前小事。"

当时朝廷宰执之间纷争不断，宋仁宗一会儿听这个人的，一会儿听那个人的，显得很没有主见。宋祁这道奏章，批评的锋芒再度指向皇帝和宰相。史家认为，宋祁的这些批评，"皆切中时病"。

后来，吕夷简罢相，晏殊出任宰相。晏殊对宋祁仰慕已久，特意在宋祁家旁边买了一座别墅。散朝后，晏殊经常邀请宋祁过府饮酒论文，两人私交不错。后来，晏殊阻挠新政，宋祁第一个跳出来弹劾晏殊，列举种种罪状，言辞犀利而刻薄。当时不少人慨叹，宋祁薄情寡义。其实，宋祁公私分明。他和晏殊有私交不假，但是，在是否应该改革，推行新政问题上，宋祁和晏殊的观点截然相反。

此后，宋祁多次上书，针对宋朝北疆、西疆存在的种种军政问题，提出自己的看法。宋祁的这些策论，不但文采飞扬，且切中时弊，大为时人称颂。正因为他言人所不敢言，赢得了天下人的尊敬，也因此无法进入宰执。

宋祁临终前给自己写了一篇墓志铭，他告诉子孙，死后3天就入殓，3个月就埋葬，不必考虑什么阴阳风水等流俗之说。棺材用杂木就好，油漆三遍即可。就算是再好的棺木，几十年后还不一样腐烂掉？宋祁交代，千万不要把什么金银财宝放入棺材。还有，宋祁说自己的文章仅仅是普通人标准，学问也称不上名家，为官也比不上那些好官，因此要求自己死后，家人不要向朝廷请求谥号，不要接受朝廷的追封。修建坟墓时，棺材上种上5棵柏树，坟头高3尺就可以了。坟墓前树立两个石头翁仲，其他的东西一律不用。

有人认为宋祁临终这些交代，是忏悔自己半生奢华，其实大谬！宋祁的墓志铭，通篇依然洋溢着宋祁洒脱不羁、率性自然的性情。

他饱读诗书，对当时人们看重的阴阳风水很是不屑，对一些腐儒提倡的厚葬之风也颇为不满。因此，他才要求薄葬。至于说自己文章不好，这是宋祁晚年的真实心情，犹如欧阳修晚年所谓“不畏先生畏后生”，也是大学问家谦恭的表现。

不知道宋祁临终前，会不会想起少年时吃剑鞘的往事。

那一年，宋祁兄弟在安州读书。冬至到了，宋庠、宋祁兄弟把亲戚朋友叫来，摆下酒宴。开席前，宋庠说：“冬至节庆，本当供给美酒佳肴。可家中实在贫寒，无力备办。幸亏祖上留下一柄宝剑，银制剑鞘得银一两，这才勉强办下这酒宴。”宋庠一番话，说得挺沉重，大家一时沉默，都不好意思下筷子了。这时候宋祁端着酒杯站了起来，他说：“冬至日吃剑鞘，等到过年时差不多就要吃剑了！”说完，他哈哈大笑，尴尬的气氛顿时化解。

性格决定命运，宋祁一生对富贵名利看得很淡，人生得意须尽欢，人生失意也寻常。进入宰执，号令天下是一种快乐，而坐拥书城赏花吟诗也是一种快乐。

不羁青年

蜀国公范镇乃仁宗朝名臣，宝元元年（1038年）殿试第一人。此公曾任谏官，连上10多道奏章，请仁宗尽早立储，言人所不敢言。后官拜翰林学士，也是《新唐书》修史官之一（范镇写了志与表的一部分），主持编修《仁宗实录》。范镇长寿，在神宗朝时依然活跃，是坚定的旧党人物，与司马光、苏轼等人关系莫逆。

范镇和柳永关系也不错，在布衣时两人就是知交。考中进士后，范镇青云直上，柳永则官运蹭蹬。每当听到柳永又写了某某新词，范镇就叹息说："可惜了，可惜了！"范镇觉得，像柳永这么有才华的人，应当把时间和精力放在造福百姓方面，整天写一些"淫词艳赋"算怎么回事呢？

一晃，很多年过去了，进入神宗朝。柳永死了，范镇也退休了。在退居田园的日子，范镇常常参加亲友间举办的各种宴会。几乎在每个宴会上，范镇都能听到歌伎和宾客同唱柳永填写的词曲。从党争和公务中解脱出来的范镇第一次认真听了柳永的词，他再次叹息说："仁宗皇帝在位42年，国家太平安乐，旷古罕见。我身为史官修史多年，无力描绘那个伟大的时代。可耆卿（柳永字耆卿）却展现的如此详尽，如此生动！"

柳永官职不高，以屯田员外郎终老，世称"柳屯田"。可是，柳永用他那支如椽大笔，为后人描绘出了真宗之治、仁宗盛治的富丽繁华。

柳永，无愧为那个伟大时代的伟大歌者。

也许有人会说，柳永一生官运蹭蹬，正是拜当时君王所赐。正因为真宗、仁宗两代帝王对柳永的打压，柳永的一生才充满了凄凉与哀怨。

柳永的确官运蹭蹬，可是，若非生活在真仁盛世，柳永的结局就不仅仅是受到打压，而可能是抄家灭门，死无葬身之地了。

当柳永还是叫柳三变的时候，他背负着父辈的厚望，得意过，也失意过。

所谓"三变"，源自《论语》："君子有三变：望之俨然，即之也温，听其言也厉。"子夏说，君子有三种变化，远望时样子庄严可怕，接近时发现温和可亲，再听他说话又发觉他严厉而不苟且。很明显，柳永的父亲希望儿子能够如同君子一样，既温和谦恭，又严谨守礼。

柳三变在宋太宗雍熙元年出生。父亲对他的要求非常严格，只是，父亲在外为官，数年才能回家一次。少年柳三变从小养成了叛逆不羁的性情。

宋真宗咸平四年，柳三变18岁，成婚并第一次参加科考，落榜。19岁，柳三变第二次参加科考，依然落榜。本年，父亲去世。柳三变内心失落，又没有严父管束，从此，经常出入青楼。此后数年，柳三变时常和妻子吵架。婚姻和仕途的双重打击，使得柳三变彻底变得狂放，与父亲的期望越来越远。

为了躲避妻子，更为了逃避落榜的痛苦，柳三变远走他乡，四处游历。

22岁时，妻子病故。柳三变内心愧疚，痛改前非，再次捡起书本，参加科考。

可惜，虽精心准备了一年，第三次科考依然落榜。

灰心失望的柳永极度惆怅，在这样的心情下，他再度涉足勾栏瓦舍，在歌伎和舞女的怀抱中找寻失落的尊严与快乐。

那一年，柳三变写下了《鹤冲天》一词：

黄金榜上，偶失龙头望。明代暂遗贤，如何向？未遂风云便，争不恣狂荡，何须论得丧。才子词人，自是白衣卿相。

烟花巷陌，依约丹青屏障。幸有意中人，堪寻访。且恁偎红翠，风流事，平生畅，青春都一饷。忍把浮名，换了浅斟低唱！

这首词很快便在汴京传开，人人都知道了柳三变的大名。才子词人，自是白衣卿相，何等狂傲；忍把浮名，换了浅斟低唱，何等洒脱！只是，23岁的柳三变太年轻。他完全没有想到，这首脍炙人口的妙词，会成为他一生厄运的起点。

此后的3年，柳三变漫游江浙。他走到哪里，写到哪里。很快，柳三变的词红遍江南，红遍天下。整个大宋娱乐圈，无人不知道“白衣卿相”柳三变的大名。

26岁时，放纵已久的柳永回到汴京，再度参加科举。这一次，柳永下笔如有神助，在上万举子中脱颖而出，名字第一次被写到礼部呈报的名单上。

宋代科举考试，除了京城会试外，还特别增加了殿试一环。不过，除非有人举报科考存在重大舞弊现象，一般殿试就是走个过场。可是，柳三变很不幸。

高高在上的宋真宗接过本年度新科进士名单。在无数个陌生的名字当中，他一眼就盯上了一个熟悉的名字：柳三变。他偏头问问身后的宦官：“这个柳三变的名字，怎么这么熟悉？”宦官躬身回禀：“前日宫廷宴乐，某歌伎曾经演唱过柳三变的《鹤冲天》。”宋真宗点点头，又问主考官：“这个柳三变，可就是那个填词的柳三变？”主考官一愣，回答：“是！”

宋真宗略带厌恶地说：“让他暂且去浅斟低唱吧，如此才子，要什么浮名呢？”宋真宗执政力求稳健，所用大臣如李沆、王旦，大都是庄严君子，最不喜欢浮华艳丽的文字。既然柳三变宣称不在乎功名，那又何必来参加科考呢？

结果，宋真宗大笔一挥，把柳三变的名字划掉。不久，皇榜发放，柳三变名落孙山。听闻圣上口谕，他狂放不羁的性情再度发作，从此之后竟然纵情酒楼妓院间。亲友劝柳三变不要如此堕落，他却说：“我是奉旨填词柳三变！”

柳三变的这番话传入那些朝廷高官耳中，人人摇头叹息。此举无异于和皇帝对着干！这样一来，只要真宗在位，柳三变再无出仕机会。

柳三变这一等，就是许多年。

一晃25年过去了。曾经有那么一段岁月，柳三变流连在烟花柳巷，沉湎于郎情妾意，放弃了出仕的念头。可是，随着时间的过去，家族的压力越来越大，内心的渴求也越来越强。数十年来，柳三变眼睁睁地看着一个个不如自己的人考中进士，为官做宰。

虽然，他也喜欢布衣的洒脱，他也喜欢隐士的自由，可最终，他还是走不出“学成文武艺，卖与帝王家”的千古怪圈。

当整个时代都把填词作曲看做不入流，把为官作宰当作成功时，个人的抗争实在渺小。在滚滚洪流中，柳三变最终决定放弃自我，重回科场，再求出仕。

只是，柳三变少年轻狂的故事人尽皆知，放眼官场，哪个主考官敢录用被皇帝点名批评的柳三变？

一晃，真宗驾崩了，真宗刘皇后（刘娥）也去世了，如今是宽容大度的仁宗皇帝的时代了。

不过，仁宗以孝治天下，怎会任用一个被自己父亲否定的小人物呢？柳三变苦思冥想，最终想到了解决之道。

柳三变找到熟人，偷偷地改掉户籍。从此之后，柳三变这个人消失了，他以柳永这个名字重生。

景佑元年（1034年），51岁的柳永终于考中进士，出任睦州（今杭州新安）团练推官。

此后的10年间，柳永在睦州、定海监（今舟山定海）、泗州（今江苏盱眙）一带担任八九品的微末小官。柳永虽然出身官宦世家，可是父亲也好，兄弟也好，都不过是州县级别的官员，能帮到柳永的实在有限。也曾经有领导帮他写过推荐信，可是，却被御史驳回。

柳永改名换姓参加科举的事情，瞒得过一时，瞒不过一世。为官不久，他的老底就被人给揭了出来。风流多情、流连青楼的柳永，注定了在官场多磨多难。

庆历三年，柳永60岁了。因为任期结束，柳永在京城等候吏部选官。他明白，如果没有大人物亲自批示，这一次选官注定还是个悲剧。

他四处托人，终于敲开了枢密使、同平章事晏殊家的大门。

晏殊，这位从皇太后刘娥时代就进入宰执的牛人，20多年来一直在高层屹立不倒。本年，朝中言官对宰相吕夷简展开了空前的大轰炸。老宰相心力交瘁，晏殊则岿然不动。对于柳三变来说，当初宋真宗的一句话，犹如泰山一般沉重。可是，在晏殊看来，只要他出面斡旋，根本就不算什么事儿。自古以来，哪个才子不孤傲？昔日唐玄宗还能让宠妃为李白磨墨呢，圣德如仁宗并不会计较柳永多年前的年少轻狂。

第一次拜见宰相级别的大人物，风流倜傥的柳大才子也有些战战兢兢。晏殊先开口了，他说:“贤俊作曲子吗?”对这位比自己年纪大7岁的下属，晏殊还是很客气的。他降低身段，主动和柳永聊天——柳大才子，最近还有写曲子吗?

柳永一听，大喜，没想到晏殊大人如此平易近人呢。他当即回答:“祇如相公亦作曲子。”我和相公您一样，也常常写一两首曲子。柳永觉得自己的回答很得体，说我们两人有共同爱好呢！没想到此举却犯了官场大忌。

领导拍下属的肩膀，是关心下属，平易近人；下属拍领导的肩膀，是没大没小，不懂尊卑。

晏殊当场翻脸了:“殊虽作曲子，不曾道‘针线慵拈伴伊坐’!”我晏殊虽然也写曲子，可我从来不曾写那些淫词艳赋!

晏殊之词写的都是宰相门第的富贵荣华，在端庄典雅中掺杂着淡淡的哀愁，慨叹时光流逝，岁月难再。柳永之词写的是勾栏瓦舍的离愁别绪，在男欢女爱中充溢着浓浓的离愁别绪。总之，一个是阳春白雪，一个是下里巴人。

在柳永看来，大家同是写词，自然一般无二。可在晏殊看来，两人一个高雅，一个低俗，怎可同日而语?

柳永知道，自己一言不慎得罪了晏殊，只好讪讪而退。

晏殊还是不错的。虽然柳永说话不知分寸，可是他有宰相气度，怎会一般计较？该办的事情还是替柳永办了。他给吏部写了一个条子。不久，吏部通告，柳永升著作郎，外放为正八品余杭县令。

余杭乃杭州大县，物阜民丰，风景秀丽。柳永喜滋滋上任去了，在那里度过了3年快乐的时光。

只是，人心总是贪婪的。当了几年县令后，柳永又希望更进一步。

时代歌者

庆历八年，65岁的柳永来到京城。此时，庆历新政已经谢幕，晏殊和范仲淹同样被罢黜。不过，柳永还是找到了一位朝廷要员——入内都知史志聪。

亲政之初，宋仁宗身边的大宦官是阎文应。因他涉嫌谋杀仁宗郭皇后，被御史弹劾，罢黜出京。此后，史志聪就逐渐取代了阎文应的位置，成为宋仁宗身边的头号大宦官。

史志聪是个酷爱诗词的大宦官。他主持宫廷宴乐多年，对这位歌伎口中的当世第一才子久闻其名。听了柳永的坎坷经历，他心中恻然，决意帮忙。史志聪交代柳永：务必仔细揣摩圣意，创作一首让皇帝陛下挑不出任何毛病的新词！他会抓住时机，将柳永最精彩的一面展现给皇帝。

不久，他告诉史志聪，新词已经写好。

刚巧，司天监呈报，天上有老人星显现。群臣都说，这是皇帝长寿的象征。宋仁宗心情颇好。史志聪提议，不妨在宫中摆下酒宴，歌舞相庆。宋仁宗点头。史志聪悄悄把柳永召到皇城外守候。席间，乐师歌伎表演的都是一些陈旧曲目。史志聪说："如今天显吉兆，万象更新，官家听个新曲如何?"宋仁宗点头。史志聪趁机禀奏："著作郎柳永文词出众，名传天下，不如唤他当场写一首新词如何?"宋仁宗很高兴地答应了。

史志聪把柳永叫来。柳永泼墨挥毫，把《醉蓬莱》写出。随即，史志聪安排乐师歌伎演奏。宋仁宗心情极好，没有意外的话，柳永青云直上，指日可待。

谁料想，意外还是发生了。问题根源，就是柳永苦心经营的《醉蓬莱》。

全词如下：

渐亭皋叶下，陇首云飞，素秋新霁。华阙中天，锁葱葱佳气。嫩菊黄深，拒霜红浅，近宝阶香砌。玉宇无尘，金茎有露，碧天如水。

正值升平，万几多暇，夜色澄鲜，漏声迢递。南极星中，有老人呈瑞。此际宸游，凤辇何处，度管弦清脆。太液波翻，披香帘卷月明风细。

宋仁宗闭上眼睛，沉浸在乐曲当中。一会儿，歌伎轻舒歌喉，开始演唱。史志聪敏锐地发现，歌伎刚唱出一个"渐"字，仁宗的眉毛就皱了起来。等到唱到"此际宸游，凤辇何处"，宋仁宗蓦然睁开眼睛。听到"太液波翻"句，仁宗拍案大怒，说："为何不说波'澄'?"

乐师、歌伎、宦官、宫女全都惊呆了，都不知道一贯宽容的仁宗皇帝为什么要生气。史志聪也愣在当场。众人不欢而散，自然，柳永灰溜溜地离开了皇城。

事后，史志聪仔细揣摩仁宗的反应，恍然大悟。他不禁慨叹，柳永命薄！柳永命薄！

古代的"渐"字除了"渐渐"意思外，还有别意。如"大渐"，就表示病危。词曲开头，柳永打破常规，用一"渐"字，本是独出心裁。可是，他忘记了宋仁宗年过40岁，身体多病。本因寿星显现而欢喜，不想柳永开篇就用一"渐"字，让仁宗不禁想到了大渐，自然觉得晦气十足！

“此际宸游，凤辇何处”和仁宗为真宗所作挽联相似。欢喜中的仁宗，不禁想起了丧父之痛，心情再度阴暗。古代臣子写诗作文，有许多地方需要避讳。宋仁宗为真宗写的挽联，曾刊发在诏令中公布天下。柳永的错误犯得很低级。

所谓“太液”本是汉武帝在皇宫修建的湖泊。此处自然是说大宋皇宫那些湖泊。仔细品味“翻”“澄”二字，结合上下句，可以发现，柳永用词确实不当。太液波翻，仿佛宫廷内波涛翻滚，内乱不息。唯有用“太液波澄”才能显示皇宫内祥和一片，天下歌舞升平景象。

柳永精心写下的一首词，竟然一连犯下这么多低级错误。任是一贯好脾气的宋仁宗，也不禁大怒。

若是在明朝，柳永的下场很可能是“拖出去喂狗，钦此”。若是在清朝，柳永的下场可能是挂牌游街“名教罪人”。万幸柳永生活在宋朝，而且是生活在仁宗朝。

仁宗虽然生气，可是，在他一生中，几乎没有因为个人的好恶随意杀害或者贬斥官员百姓。

正当柳永忧心如焚地等待朝廷处罚的时候，吏部传来消息，柳永由七品著作郎贬为正八品太常博士。本就有轻薄之名的柳永，又当场犯下大不敬之罪，可最终仅仅是官降一级。这就是宋仁宗，这就是宋朝。

此后的数年，柳永在蜀中一带辗转为官，辛苦倒在其次，内心的悲伤和悔恨浓浓地缠绕在他心头。

就在柳永即将放弃希望的时候，朝廷传来消息，69岁的柳永调任杭州为官，级别一跃成为从六品员外郎。这是史志聪进言所致，更是宋仁宗体恤柳永年老奔波、心有不忍的结果。

一年后，柳永退休了。

在人生的最后几年，柳永放下了所有的欲望：少年时期眷恋情爱，中年时期渴望功名，老年时期贪慕长寿。柳永奔波了一辈子，也追求了一辈子。无论他是否得到过心中所想，现在，他都满足了。他愿意用他的余生来歌咏这个伟大的时代。这个曾经让他痛苦，也给他无限欢乐的时代。

71岁的时候，柳永写下了《望海潮》一词：

东南形胜，三吴都会，钱塘自古繁华。烟柳画桥，风帘翠幕，参差十万人家。

云树绕堤沙，怒涛卷霜雪，天堑无涯。市列珠玑，户盈罗绮，竞豪奢。

重湖叠巘清嘉，有三秋桂子，十里荷花。羌管弄晴，菱歌泛夜，嬉嬉钓叟莲娃。千骑拥高牙，乘醉听箫鼓，吟赏烟霞。异日图将好景，归去凤池夸。

这首词一反柳永惯常风格，不再是羁旅惆怅，不再是离愁别恨。他以大开大阖、波澜起伏的笔法，浓墨重彩地铺叙展现了以杭州为缩影的大宋真仁盛世的繁荣壮丽，可谓“承平气象，形容曲尽”。

关于这首词，还有一个小故事。有的史料中，记载柳永将此词献给知州孙何，然孙何早在景德元年（1004年）就已经去世，当时柳永不过21岁，还是一个狂放不羁的青年。很难想象，那时的柳永可以写出如此大气，如此磅礴，且如此正统的歌颂时代的词作。

这个孙知州，应当不是孙何，而是曾任枢密副使的孙沔。孙沔外放为杭州知州，此公“跌荡自放，不守士节”，和柳永的脾气很像。柳永想要拜见孙沔。可是，孙沔并非普通知州，而是正二品衔的大佬，官衙门禁森严。怎么办呢？孙沔一生刚直不阿，可是极端好色，也喜欢和歌伎舞女来往。柳永找到杭州名妓楚楚，把自己的新作《望海潮》交给她。某日，孙何宴乐，楚楚当众演唱新曲。孙沔大惊，连连夸赞词作大妙。楚楚说明作者是柳永，孙沔立刻邀请柳永入府相见。此后数年，两人常有诗词唱和，一时传为佳话。

一两年后时，柳永定居润州（江苏镇江）。有人说，柳永晚年贫寒，到死时竟然无钱安葬，是歌伎们凑钱给安葬的。许多人还慨叹，士大夫薄情，歌伎们有义。其实，这也是谣传。

宋代官员俸禄优厚是历代之最，因此寇准和宋祁才能在不贪污的情况下，过着穷奢极欲的生活。即便是退休，也可以享受一半的俸禄。柳永以正六品郎官退休，也就是说，柳永晚年生活安乐，怎么可能无钱下葬呢？

千百年来，人们愿意相信李白是喝醉酒捞月而死，杜甫是饿极了最后活活撑死。自然，人们也愿意相信，大才子柳永，是贫穷而死。

其实，柳永是73岁寿终正寝而死。

柳永的一生是成功的。他仕途虽然稍有挫折，然晚年心境平和，对功名已经看透。他的词作更是空前绝后，堪称划时代的巨匠。“凡有井水处，便能歌柳词！”在那个信息闭塞、交通不便的年代，柳永已经走出国门，成为整个华语圈最耀眼的明星。估计当时知道柳永的人，远远比知道欧阳修甚至苏轼的人还要多。《独醒杂志》记载：“远近之人，每遇清明日多载酒肴饮于耆卿墓侧，谓之吊柳会。”

附近民众——没有说是歌伎舞女——常常在清明节时带着美酒佳肴，在柳永的坟墓旁吃喝吟咏。人们称呼这个聚会，叫做“吊柳会”。

在今日，清明节是祭祀祖先的严肃节日。若在别人墓前喝酒狂欢，那是对逝者的不尊重。而在唐宋，清明节更像一个狂欢节、情人节。男男女女会一起走到郊外，踏青赏花，喝酒宴乐，所以才有此吊柳会。

洒脱不羁的柳永看到后人如此祭奠自己，估计也会欣然一笑吧。

第18章 千古仁君的那些往事

宋仁宗乾兴元年（1022年）即位，嘉祐八年（1063年）驾崩，在位42年，终年54岁。宋代大儒邵伯温记载了仁宗驾崩后万民悲泣的情景。

驾崩消息传开，整个汴京城哀哭一片。商人们生意也不做了，官员百姓人人悲戚。就连乞丐和小孩，都拿着纸钱到皇城外焚烧祭奠。遗诏传到洛阳，7岁的邵伯温清晰地，记得那天城内所有的军兵百姓乃至妇女小孩，大家齐齐向东跪拜，痛哭泪流。街头巷尾到处都有人烧纸钱，烟灰弥漫天空，把阳光也给遮蔽了。那几天，他家亲戚前往剑州上任，走到乱山从中，看到当地提水的妇女也头戴白帽，边走边哭。

宋使前往幽州，通告辽国。燕云之地的百姓听闻宋仁宗驾崩，无论是汉人还是契丹人，无不流泪。辽国道宗皇帝拉着使者的手，悲伤地说："四十二年不识兵革矣！"辽道宗在辽国境内为宋仁宗建立衣冠冢，按时祭拜，犹如对待自家尊长。

身为君王，一朝身死，不但本国百姓哀戚一片，连邻国（敌国）君主也为之悲伤，这需要何等魅力？《宋史》高度评价宋仁宗："为人君，止于仁。"作为中国历史上第一个庙号为"仁宗"的帝王，宋仁宗在很多方面堪为人君表率，不敢说绝后，至少也是空前。

宽仁治国

宋仁宗为政宽仁，乃是千古以来难得的贤君。

宋仁宗亲政之后，开封府知府兼参知政事程琳因劝说刘太后效法武则天称帝而被外放为大名府知府。程琳身在地方，一心想讨好仁宗，以求回到朝廷。

有一次，程琳在检阅军队的时候发现一名士兵胳膊有些异样，让那士兵脱下上衣观看。那士兵死活不肯脱衣服，程琳喝令将那士兵按住。掀开衣服一看，众人大吃一惊。原来，那士兵的胳膊上不知道怎么长了一串奇怪的东西，从手掌到肩头，蜿蜒曲折，隐然像一条龙。军中哗然。有人说，莫非这个士兵是真龙下凡？程琳听了立刻将士兵抓捕送往京城。

宰相接到奏章不敢怠慢，急忙禀奏宋仁宗。宋仁宗带领宰臣共同观看。宰执大臣都说，必须将士兵斩首，以消弭祸患。宋仁宗摇摇头说："诸位说得不对。这个士兵应当是生了一种怪病，何罪之有？"宋仁宗不但把士兵释放，还让御医前往诊治。可惜，半年之后，士兵还是不治而亡。

类似的事情还发生过一次，不过情节更加严重。

益州有个四五十岁的老儒生多次参加科举都没有考中，内心郁闷，就在官衙外墙上写了一首诗歌。诗云："把断剑门烧栈道，西川别是一乾坤。"意思说，我要占据剑阁，烧断栈道，割据西川，称霸一方。

若说士兵胳膊上长龙纹就是谋逆，确实有点牵强。可这益州老儒的谋反诗可是证据确凿。

益州知州大惊，连忙派人抓捕，一番拷打把儒生的屁股打得开花。儒生吃痛，认下了谋反大罪，全家被抓捕下狱。知州快马禀奏朝廷。宰执大臣谁也不敢做主，即刻请示仁宗。不久，仁宗批示：这不过是老人家一心想要出仕，可惜久考不中内心焦虑，于是发发牢骚罢了，何必较真呢！不如就给他一个司户参军，看看才干如何。"结果，那儒生无罪释放，写了谋逆诗歌还当上了州政府户籍科科长。

宋仁宗亲政之初，一度将刘太后一党驱逐。不过，两三年之后，多数官员都重回朝廷，只要本身没有犯下大罪，照旧提拔重用。当时丁谓还活着，听到大赦的消息非常兴奋，多次托人向皇帝求情。可是，丁谓和寇准、曹利用不同，确实有擅权迹象。大家摸不准宋仁宗的心思，谁也不敢贸然为丁谓求情。

丁谓非常滑头，他让儿子带着奏章前往洛阳。洛阳留守叫刘煜，丁谓当初有恩于他。世事变迁，刘煜八成不会顾念什么旧情。不过，丁谓有法子。那一天，刘煜召集洛阳全体官员集会商讨政务，丁谓的儿子一路闯关，进入会议室，当着大家的面，将丁谓的书信交给刘煜，恳请他转呈皇帝。如此，刘煜想要隐瞒也不成了。

宋仁宗看了奏章，有点感动，下诏特赦丁谓，允许丁谓以秘书监的身份退休。景佑四年，丁谓去世。王曾听到消息后，说："丁谓之智深不可测。在海外多年，竟然也能重回内地。若是多活几年，未必不能够再度大用。若是此人再度执政，那天下间的不幸可就说也说不完了。”

作为当事人之一的王曾，他明白丁谓犯下的并非什么逆谋大罪。只因当初刘太后掌权未稳，故此必须除掉丁谓震慑朝臣。如今仁宗权力稳固，赦免丁谓以示恩泽遍及天下，也在情理之中。王曾一手促成丁谓倒台，若丁谓复位，王曾肯定不得好死。只是，他也是关心则乱，仁宗虽然赦免丁谓，但并不信任丁谓，对其大用已绝无可能。

宋仁宗想要打造的是一个没有党争、相对公平公正的王朝。为此，他付出了许多努力。

宋仁宗曾经对宰相吕夷简说：“朕每天退朝之后，会把天下官员呈交的奏章全部观看一遍。”吕夷简说：“陛下您贵为天子，何必事事躬亲？如此，也不是保全龙体的做法。”宋仁宗说：“朕蒙受先帝重托，肩负万民安危，怎么敢把自身的安危放在江山社稷之上呢？”随后，宋仁宗又说：“朕每天吃饭不求珍馐美味，只要能够填饱肚子就可以。穿衣服只需要普通的丝绸，还多次洗刷，后宫妃嫔还因此取笑朕过于节俭。大臣有进献食物，里面有虫子在饭菜中，内臣提议要追究责任，朕也为其掩饰，恐怕那位大臣因此获罪。”吕夷简非常感动，大赞宋仁宗乃是千古仁君。宋仁宗连忙劝阻，说：“今天朕看了奏章，有所感触，因此把心里话和吕公说说。希望吕公对外不要提起，朕不想以此邀取美名。”吕夷简听了，更加感动。

宋仁宗以宽仁治国，可对于自身，要求却异常严格。

宋仁宗从小就很喜欢吃一些海鲜、烧烤这类比较辛辣有味的食物。有一天，早上起来，宋仁宗上朝，在说完国事之后，和身边的宦官说：“哎呀，最近几天晚上都好饿，整晚睡不着觉，想着要吃烤羊啊。”宦官说：“既然官家想吃，为何不下旨让下面准备呢？”

宋仁宗说：“我听说啊，每当大内需要什么东西的时候，外面就会把它作为一项制度。我很担心从此之后就要夜夜宰杀，好随时为朕准备。这样的话，就浪费太大了啊。”宦官宫女们一听到皇上如此说，全都下跪磕头，三呼万岁。有这样仁德的皇帝，实在是天下臣民的幸运！

有一年的春天，宋仁宗在御花园散步，走着走着，忽然不断地回头。大家你看看我，我看看你，不知道皇帝什么意思。等到了后宫，宋仁宗对妃子说：“哎呀，渴死朕了！快拿些茶水来。”妃子就说：“官家为何不在外面喝水呢，怎么会渴成这样？”宋仁宗说：“我好几次回头，都看不到带水的小宦官。如果朕询问，那个小宦官就要受惩罚了。朕只好忍着了。”

身为一国之君，宋仁宗在想到自己的同时，还能够想到卑贱的宦官。有的时候，甚至能够为了他人，而委屈自己，实在难得。

宋仁宗经常会在皇宫内举办小型宴会，宴请一些妃嫔。宴会上吃的一些东西也都很平常，没什么特别有新意的。有一次，宋仁宗发现上了一道蛤蜊，很开心，立刻大嚼起来。他边吃边问身边的宦官："现在这季节，怎么会有这么大的蛤蜊呢？要多少钱1斤啊？"宦官看到皇帝吃得开心，满以为事情办得好，马上就有赏赐，于是回禀："据说每枚要1000钱呢。下面这次一共呈上来28枚，如果官家喜欢，还可以有很多献上。"

宋仁宗一听，立刻就停下筷子，沉着脸说："我一向就跟你们说，不要奢侈浪费。你看看，我这一盘子菜就要2.8万钱（约合8000多元），实在是太浪费了，朕也吃不起啊！"从此之后，宋仁宗再也不吃蛤蜊了。

宋仁宗喜欢吃梨。当时天下各地的梨子中，数陕西咸阳地区的梨子最好吃。咸阳地区种梨大户中又数元守亮家的梨子又大又甜。元守亮非常有头脑，主动把梨子白送给当地官员，但是提出，如果满意，希望进贡给皇帝品尝。地方官吃了之后，都觉得非常美味。且地方出了元守亮这样一心为国、不计私利的良民，也是地方官的一大政绩。于是，各级官员层层上报，元守亮的梨子果然送到了宋仁宗的案头。宋仁宗吃了，觉得味道还可以。不过，宋仁宗非常公道。他让人去打听咸阳梨子的市场价格是多少，然后按照市场价格的数倍付了钱给元守亮。

自从宋仁宗吃了元守亮的梨子之后，元守亮一家在咸阳城就变得无法无天起来。一开始是欺行霸市，后来干脆对咸阳官员呼来喝去。有人将这件事情汇报给了朝廷的枢密副使。枢密副使派人调查之后，禀奏宋仁宗："那个咸阳的梨农元守亮倚仗皇帝的恩赐，夸耀乡里，欺凌百姓，实在很不像话，恳请皇帝不要再接受元守亮的贡梨了。"宋仁宗听了很吃惊，连忙说："朕想不到元守亮胆敢如此胡为。"为了禁绝这等风气，宋仁宗下令，不但是各级官员不得接受元守亮的贡梨，各地进贡也多数罢免。

类似这种拉大旗作虎皮的小人历代都有，要想杜绝，几乎不可能。不过，从自身做起，摆正公私利害，大体上还是能够防患于未然的。

宋仁宗还是太子的时候，闲暇时喜欢画马玩。张士逊是太子的老师，有一天，他请求宋仁宗也给自己画一副马，作为纪念。宋仁宗说："给师傅画马怎么行呢？"他提起笔来写了几个大字"寅亮天地弼予一人"，意思是恭敬地信奉天地，辅佐我成就功业——以此表达对老师的尊敬之情。张士逊得了这幅字，装裱起来，到处炫耀。文武百官无不羡慕。真宗宠宦周怀政也是东宫总管，和太子关系亲密，宋仁宗平常都称呼他为“周家哥哥”。见张士逊得到太子赠字，周怀政很羡慕，也求太子送一幅字给他。宋仁宗不想给，但是抹不开面子，就写了“周家哥哥斩斩”六字。周怀政看后，很是尴尬。

张士逊和周怀政都是宋仁宗的身边人，为何仁宗厚此薄彼呢？只是张士逊是朝廷大臣，更是自己的老师，尊师重道乃是礼法。可周怀政职务再高，关系再好，也不过是太子的家仆，怎能和张士逊相提并论呢？

这幅字仿佛就是一个谶语，不久，周怀政就因密谋拥立太子被诛杀。

身为一国至尊，最常遇见的，就是各种阿谀奉承。为了讨好皇帝，各色人等绞尽脑汁，投其所好。因此，作为皇帝，时刻保持头脑清醒非常重要。

有宦官奏报，天安殿大柱子上生了一颗灵芝。据说这是宋仁宗称帝上应天象，所以有此祥瑞现世。宋仁宗大喜，带领宰辅大臣前往天安殿观看。宰臣们也纷纷奉承宋仁宗。青年宋仁宗听得飘飘然。这时候监察御史鞠咏兜头给宋仁宗泼了一瓢冷水。鞠咏说：“陛下您刚刚即位，黄河泛滥，大雨不断，北方数十个州县颗粒无收。如今陛下正应该勤政爱民，提拔忠良罢斥奸佞，让老百姓丰衣足食才是正道。阴雨季节，柱子上生了一颗蘑菇，何足道哉？”宋仁宗闻言非常羞愧，下令此后再不准禀奏类似祥瑞。

宋仁宗召开钓鱼宴，席间写了一首诗赠送给朝中宰臣。诗中有“徘徊”二字，宰臣们纷纷赞颂用得极妙，于是，所有宰臣和诗时都用上“徘徊”二字。消息传到宫外，教坊使命人加班创作了一个小品。戏中有一群人去租房子，一个人在厅堂前流连不已，不肯起来。众人问为何，那人说：“我正在徘徊啊。”到了后堂，那人又环顾左右不肯离开。众人问原因，那人又回答：“我正在徘徊呢。”众人大笑：“你愿意用‘徘徊’当然可以，只是‘徘徊’二字未免用得太多了！”百官尴尬不已，宋仁宗则哈哈大笑。看到皇帝大笑，百官也逐渐跟着大笑。

宋仁宗有一天在便殿处理日常公务，听到门外有两个宦官在争吵。宋仁宗就把那二人叫来，询问为何吵架。宦官甲说，一个人是贵是贱，乃是命中注定；宦官乙说，不对，是贵是贱当然是由我们至高无上的皇帝决定的。宋仁宗听了，也很想知道答案，于是提起笔来写了两张纸条放在两个盒子当中。宋仁宗在纸条中写了一模一样的一行文字：先到者升官。宋仁宗让那个主张贵贱皇帝做主的人拿了一个盒子先走。估摸那人已经走了一半路程了，再让主张贵贱命定的人再走。第二天，东门司提交晋升报告，宋仁宗一看，却是那个主张贵贱命中注定的人。

宋仁宗奇怪了，就问昨天另一个人怎么没有先到。官员回答说，那人虽然先走，可是走到半路跨过门槛的时候摔了一跤，把腿给扭伤了，结果后来的那个人反而先到了。

宋仁宗听了哈哈大笑，说："哎呀呀，还是不得不相信天命啊。"事情的真相究竟如何，是否有其他内幕，不得而知。不过，宋仁宗虽然贵为皇帝，却从不妄自尊大。身为一把手而能有所畏惧，实在是件大好事。

虚心纳谏

自古以来，无论昏君还是明君，往往都会听取臣下意见。只是，臣下的意见是出于公心，还是出于私意；是于国有利，还是于国有害；是只顾眼前，还是顾及长远……真相往往被各种关系、各种利害所遮蔽。唯有拨开迷雾，看清真相，选择最合适的意见，方能成为明君。

庆历年间朝廷有四大谏官：王素、欧阳修、蔡襄、余靖。王素任御史中丞，其他三位都是他手下的御史。不论犯事官员官职大小，与皇帝亲疏远近，只要于法不合，四人都勇于进谏。

有一年，京城大旱。宋仁宗已经交代宰臣前往祈祷。御史中丞王素进言，宰相级别太低，要皇帝亲自前往祈祷，才能感动上天。宋仁宗答应，但是说："钦天监官员说要到下月初二才有雨，朕想要在初一日前往祈祷。"王素听了，冷笑连连，说："臣料定初二日必定不会下雨。"宋仁宗问为什么。王素说："陛下您在会下雨的日子才去求雨，明摆着是投机取巧，不够诚心，如此怎能感动上天?"宋仁宗无奈了，说："那好吧，明天朕将亲自去醴泉观求雨。"不想王素说："醴泉观靠近皇城，莫非皇帝您是害怕暑热，于是随便挑了最近的道观去祈祷吗?"宋仁宗大怒，面红耳赤地说："好！明天我就去郊外的西太乙宫祈祷。"王素不依不饶，要求皇帝当即下诏。宋仁宗就说："皇帝出行，事先是不能下达通知的，莫非卿家连这个规矩都不知道?"皇帝出巡若是人尽皆知，很容易被小人利用，万一遭遇行刺就不好了。王素却说："建国之初，因为国家不够安定，才定下那个规矩。如今天下太平，预先通告又有何不可呢?"宋仁宗无奈，只能答应。

第二天，宋仁宗带着王素前去郊外的西太乙宫祈祷。当日骄阳似火，车轮过处，尘埃满天。宋仁宗肚子里窝着一股气，加上天气又热，脸色很不好看。走了几个小时，终于到了西太乙宫。宋仁宗带着百官举行祈祷仪式。宋仁宗亲自叩拜两百次，全身都被汗水湿透了。车驾回来走到半路，就雷电交加，大雨倾盆。回到皇宫，宋仁宗找来王素，告诉他，自己已经全部照做，如今雨也已经下了，想来卿家应该不会再唠叨了。没想到王素说：“陛下您侍奉上天自然应当恭敬畏惧。可是，陛下您身为天子，身系万民安危，应该顾惜龙体。祈祷全身被汗水湿透，之后又被大雨淋湿，陛下您怎么如此不知道养生呢！”宋仁宗回到后宫，对着妃嫔恨恨地说：“朕这个皇帝难当啊。无论怎么做，臣下总能找出毛病来。”

宋仁宗说了一番牢骚话后，却对王素没有一点处分。他明白，王素一心为公。对这种人，不能计较。

不过，王素却有点蹬鼻子上脸，不知道分寸。在另一件事情上，他把宋仁宗挤兑得当场哭了出来。

枢密使王德用卸任后到地方任职。仁宗没有子嗣，王德用就在当地找了几个既漂亮，又会生养的女子送入皇宫。不想消息泄露，被王素听到了。

朝会时，王素禀奏：臣要弹劾王德用进献女子一事！仁宗一听，急忙摆手让大臣们退出，单独留下王素。

宋仁宗皱着眉头说：“此乃宫闱秘事，卿家乃一外臣，如何得知？”宋仁宗想从消息来源上做文章。王素说：“臣身为御史，可以风闻言事。如果确有其事，陛下您自当改正。如果没有，那就是无稽之谈，陛下又何必追究消息从哪儿来呢？”王素很聪明，一句话把缺口堵死了。

宋仁宗赔上笑脸，说：“朕是真宗的儿子，爱卿是王旦的儿子，和其他人关系不同，我们可是世交呢。”宋仁宗想要和王素拉拉关系，希望王素也能够懂点风色，不要过于认真。

没想到王素就认死理，他说：“请问陛下，王德用是不是擅自向陛下进献了几位女子？”宋仁宗无奈，只好说：“是，那几个女子现在就留在朕的身边。朕和她们关系也挺好，想把她们留下来。不知道爱卿意下如何？”宋仁宗讲出了自己的现状，对王素没有隐瞒。宋仁宗满以为自己打出温情牌，全盘托出，王素也能够投桃报李。可是，宋仁宗失望了。

王素说：“臣要弹劾的原因，正是因为陛下和几位女子的关系太亲近了。后宫选秀、晋封嫔妃都有相关部门负责，有着严格的程序。陛下怎能随便接受大臣进献的女子呢？”王素一针见血地指出王德用此举不合法度，很容易引发百官投机取巧之心。

宋仁宗脸色惨淡，无力地坐在龙椅上。好久，他挥手叫来宦官，说：“王德用献上的几个女子，每个人都发给她们300贯钱（约为9万元），立刻下令让她们出宫门吧。”说话之间，眼泪竟然流了出来。

王素看了，有点尴尬，堂堂大宋天子竟然被自己挤兑得流眼泪，传出去自己罪名可不小。王素说：“陛下您就算认为臣的建议是对的，也不必做的这么急迫。可以等您回到后宫之后，慢慢再遣送出来嘛。”王素话说的挺委婉，看起来比较客气，可是骨子里一点没退让。遣送是一定要遣送的，最多不过是再去见一面，缠绵一下而已。

宋仁宗说：“爱卿，朕虽贵为帝王，其实也和百姓一样有感情啊。如果朕看到那几位女子流泪哭诉，不想出宫，恐怕就不忍心赶她们了。爱卿你可以留在这里，与朕一起听这件事的回报。”

王素忙躬身行礼说：“陛下从谏如流，即便是古代圣王，也绝无仅有。天下社稷幸甚！”

许久之后，宦官进来回话，说几位美女已经遣送出皇宫了。宋仁宗这才一脸悲戚地起身。

王素进谏的态度有点过，若是太祖皇帝，少不得敲掉王素几颗门牙。宋仁宗为政宽仁，宁可自己委屈点，也不愿意因个人而影响国法礼教。

以王素为首的四大谏官，在庆历年间做了许多大事，诸如弹劾宰相吕夷简，举报陕西边将不法，建议加强北疆防备，倡议罢黜宰相晏殊，等等。宋仁宗对王素等人的仗义执言、从无回避非常欣赏。他特意赏赐王素三品官服色，欧阳修、蔡襄、余靖五品官服色，当面褒奖他们：“卿等都是朕亲手拣拔，多次论事无所回避，很好！因此朕给你们特别赏赐！”后来，蔡襄多次请求调到地方为官，以便奉养父母。按照规定，谏官当在京城任职，若是到地方为官，就必须辞职。宋仁宗左思右想，破格允许蔡襄回家探亲，把父母接到京城供养，而蔡襄谏官的职务照旧。

不过，对百官的进言，宋仁宗并非完全言听计从。也有不少次，大臣虽一再进谏，但宋仁宗坚决不从。

宋祁的哥哥宋郊（即宋庠），是天圣二年状元。他30来岁就出任刑部员外郎、知制诰。此人工作稳健，文章老道，深得仁宗喜爱。宋郊分管审刑院，对大理寺审定的案件进行复核。

当时，密州有一个大户叫王澥，多年来私自酿酒，积攒下巨额财富。宋代盐、茶、酒都是官方专卖，百姓是不准酿酒的。邻居受王澥欺凌，很不甘心。一天半夜，邻居和3个儿子一起翻墙进入王家，想要找到王家的罪证。没想到人多动静大，被王澥发现。王澥本就是密州黑白通吃的恶人，他大声嚷嚷："有强盗啦，有强盗啦！"然后吩咐家奴一拥而上，把邻居父子4人当场全部打死。

当晚，州衙就派人了解案情。一开始，王澥还意图蒙蔽官府，可是，死者的母亲、媳妇到处告状，揭发王澥私自酿酒，恶意杀人。许久，知州判决：出手打死父子4人的几个家奴判处死罪；王澥私自酿酒有罪，可并未直接参与打人，减死一等，刺配流放。

案件呈报到大理寺。大理寺官员觉得州衙判决有误，作为主使者的王澥才是故意杀人的主凶，应当与家奴同判死罪。宰相陈尧佐偏袒王澥，向大理寺打招呼，大理寺官员不得已，维持原判。案件最后送到审刑院，有人悄悄告诉宋郊，宰相交代，务必轻判。

怎么办？得罪了宰相，前程难保；顺从宰相，却会让罪犯逃脱制裁。宋郊选择在朝会上公开提出此事，并且把州衙、大理寺的观点一一列出，然后说明自己的看法。最后，宋郊恳请宋仁宗亲自裁决。宋仁宗采纳了宋郊的意见，王澥被斩首。

也就是说，宋郊不但文章写得好，为官也有风骨，有手段。正是经历了这件事，宋仁宗准备大用宋郊。

宋仁宗询问宰执大臣意见。宰相回答说，按照惯例，知制诰官职太低，不能直接进入宰执队伍。毕竟，宋郊仅仅是从六品呢。宋仁宗点点头。这个简单，用人之道，或从经，或从权。既然宋郊有才，不妨打破常规，越级使用。宋仁宗当即提拔宋郊为正三品翰林学士。宰执大臣一看仁宗如此，没人再反对。

现任翰林学士李淑不乐意了。本来，按照资历应当是他进入宰执班子。李淑很滑头，他知道宋郊能力强，关系铁，就换了一个方式下手。李淑找到亲近的御史，悄悄嘱咐一番。朝会时，御史弹劾宋郊，反对翰林学士的任命。他们说："宋，乃是我朝国号；郊，就是交替。'宋郊'二字合在一起很不吉利。"

古人非常看中预兆，尤其是帝王将相，身份越尊贵，常常越迷恋各种祥瑞，各种异兆。贤明如唐太宗，也因为"武娘子亡李"的流言而滥杀无辜。李淑本以为可以一击致命，整死宋郊，没想到宋仁宗根本不上钩。他唤出宋郊，亲口赐名为"宋庠"。不久，宋庠升任参知政事。

庆历四年，为了应付西夏，朝廷在江南一带低价征收粮草。不少官员趁机鱼肉百姓，有一位名叫王伦的军士，趁机作乱。江南久安，各州县基本没有什么防御力量。很快，王伦攻破州城，叛军人数迅速从几百扩充到几千人。宋仁宗忧心如焚，急忙命令各路军政要员组织围剿。

最初，王伦在和州发动兵变，一路攻城拔寨，几乎无人可挡。进入青州地界时，青州知州陈执中和都巡检使傅永吉坚壁清野，严阵以待。王伦畏惧，转而流窜淮南。陈执中命傅永吉追击。结果，傅永吉率军从青州（山东）千里追击，一直杀到和州（今安徽马鞍山）。王伦叛军多数是饥民，见官军如此勇悍，纷纷投降，最终，王伦兵败被杀。

消息传到朝廷，宋仁宗大喜，亲自召见傅永吉，予以表彰。傅永吉说:“臣之所以能够完成使命，完全是因为陈执中居中调度，臣不过是奉命行事罢了。”接着，傅永吉大大夸赞了陈执中一番。

听到陈执中在青州有许多善政，宋仁宗也很高兴，说:“执中在青州几年了?”傅永吉回禀说:“已经两年了。”第二天宰执奏事，宋仁宗交代:“陈执中在青州时间已经很久了，可以把他召回京城。”宰相章得象、杜衍等人遵从。

消息传开，谏官蔡襄、孙甫等人不干了。他们一再上书，说陈执中如何刚愎自用，如何不学无术。如果把政务交给陈执中，是天下间大不幸。

宋仁宗不听，蔡襄等人争论不休。可是，蔡襄等人越反对，宋仁宗越坚持。他当即命令宦官带着圣旨前往青州，让陈执中当天就随使者回京，直接上任。

陈执中回京后，宋仁宗立刻接见，说:“朕重用卿家，满朝官员都认为不可以。朕不为人言所惑，坚持用卿家!”陈执中感激涕零。蔡襄、孙甫听到消息，急忙求见。他们刚进大殿，宋仁宗阴沉着脸说:“你们还要多说什么？陈执中已经到中书省上任去了!”蔡襄、孙甫脸色煞白，再不敢多说。第二天，蔡襄、孙甫辞职。宋仁宗准奏。

此前，宋仁宗为何听从谏官进言，此时为何又乾纲独断呢?只因蔡襄、孙甫都是范仲淹、欧阳修一党。仁宗朝因推行庆历新政，引得朝局动荡，朝中新旧两党互相倾轧，都不适合再用。为了稳定朝局，宋仁宗大力起用态度相对中立的陈执中进入宰执队伍，参与大政。等到新党离京后，宋仁宗又把晏殊、章得象等旧党魁首罢黜，以陈执中为宰相，执政多年。

善断家务

俗话说:“清官难断家务事。”身为皇帝，最难处置的不是军政要务，而是妃嫔争宠、亲眷要官、宗族纠纷，等等。那么，贤明如宋仁宗，又是怎么处理这些家务事呢？

有一位梳头女相貌仅仅是中等，但是凭着一手出色的梳头本事深得宋仁宗宠爱。可她最终因为多嘴，就被宋仁宗驱逐。

一天，宋仁宗散朝归来，龙袍也不脱，就吩咐说："朕今日头太痒了！"随从急忙传召那位梳头的宫女。宫女来了，三下两下，宋仁宗舒服多了。梳头女看到宋仁宗怀中还有一卷文书，就问："官家，不知那文书是什么？"宋仁宗说："是御史谏官的弹劾奏章。"本来，后宫不得干政，梳头女听到是御史奏章就不能再过问了。只是，宋仁宗很宠爱这个梳头女，随口解释："最近日子阴雨不断，谏官提出是后宫妃嫔太多，阴气太盛，要求朕遣散裁减一些宫女。"梳头女听了，很为宋仁宗不平："陛下，那些宰相公卿们，哪一个不是三妻四妾？只要升官，就要多纳几房姬妾。如今官家您身边一共才有几个人？难道只许他们风流快活，反倒让官家受委屈？"宋仁宗听了，有点生气，不说话了。可是梳头女还沉浸在自己的世界中。梳头女问："这件事情是不是一定要做呢？"宋仁宗说："那是台谏官员提出的事情，朕怎么敢不去做？"梳头女愤愤不平，说："如果一定要做的话，官家不如先把我赶走吧。"

梳头女仰仗着宋仁宗的宠爱，有点撒娇放刁。没想到宋仁宗听了立刻起身，叫来宫中的管事官宦和女官，把所有名册全部拿来，亲笔圈定了30多个逐出宫廷的人。第一个被圈定的，就是梳头女。消息传来，大家议论纷纷。曹皇后特意询问仁宗为何如此。宋仁宗说："此人劝我拒谏，怎能安排在身边？"曹皇后召集后宫训诫，以后切切不可干预朝政。

庆历、嘉祐年间，后宫妃嫔10多年没有晋级，多数人怨气很大。后宫妃嫔和前朝官员都盼着升官，因为官职的升迁不仅仅是俸禄提升，更是一个人、一个家族整体地位的提高。

终于，后宫那些不同山头的嫔妃们一起联合起来，共同拦住宋仁宗，要求给个说法。宋仁宗看到面红耳赤的女人们，笑了。他说："诸位爱妃，并非是我执意不肯加封，实在是晋封有制度。就算朕批了，中书省也不会同意的。"按照制度要求，后宫职位升迁，除非生下皇子公主，或者陪同参加祭祀。这两样，多数妃嫔都不沾。只是，规矩是死的，人是活的。只要皇帝宠幸，要想给宠妃提升品级，还不是一句话的事情？

女人们都不相信，大家你一言我一语，叽叽喳喳的。

有人说:“只要官家开口，那就是圣旨。只要是圣旨下达，哪个敢不从?”宋仁宗笑着说:“是吗?如果你不信，我可以为你写一道诏书试试。”于是宋仁宗就写了一道晋封诏书给这位妃子。

礼制规定，后宫晋级需要有皇帝圣旨，且经内阁宰臣盖印，才算得到认可。

那位妃子拿着圣旨前往内阁，本来以为不过就是走走过场，可是宰相大人竟然丝毫不讲情面，把皇帝下达的圣旨给驳回，说晋封理由不充分。那位妃子这才相信，就算是皇帝的圣旨，也有不灵的时候。

其他嫔妃们还是不死心。是不是第一个妃子面子不够大?或者中间出了什么纰漏呢?许多妃子还来请求，宋仁宗也不多说，拿起御笔，刷刷刷给每人都写了一份诏书，诏书都是标准格式，加封某阁某氏为某某官职。妃子们开开心心地拿着圣旨去了内阁。宰臣们看到妃嫔来势汹汹，只能接下诏书。到了领工资的那一天，妃嫔们都等着领新工资，可算来算去，还是那么几块钱。众位妃嫔都气得半死。大家聚在一起，去质问财务部门。财务部门说自己也没法子，宰相们不承认诏书，全都给退了回来。众位妃嫔就拿着退回的批条，当着宋仁宗的面给撕了，还纷纷说着:“原来官家的诏令都是没用的。”宋仁宗也不说话，一个劲地笑，打发她们回去了。

宋仁宗的诏令真的没用吗?当然不是。若是仁宗发飙，硬是要晋封某位妃嫔，宰执大臣也只能俯首听命，大宋皇权可是始终牢牢掌握在宋仁宗手上的。宋仁宗虽然宽仁，可并非仁弱之主。之所以妃嫔不得晋升，一方面是宋仁宗尊重宰执大臣，尊重祖宗制度;另一方面，也是更重要的一方面，是宋仁宗希望打压妃嫔，打压外戚势力。

当然，还有一点，就是这些妃嫔不过是各领风骚三五天。真正在宋仁宗心中，占据最重要位置的女人，是贵妃张氏。那么，对张贵妃，宋仁宗能不能做到礼法与感情兼顾呢?

张贵妃出身卑微，本是官人养女。在一次精心安排的歌舞宴会中，宋仁宗见到了张氏，一见钟情。短短几年间，张氏就从小小才人，混成仅次于皇后的贵妃。并且，宋仁宗对张贵妃恩宠异常，甚至动过废掉曹皇后改立张贵妃的念头。可惜，天妒红颜，张贵妃30岁出头就一命呜呼。宋仁宗悲痛万分，不顾曹皇后的冷眼、朝廷众位大臣的反对，在皇后在世的情况下，竟然追封张贵妃为温成皇后，痴情的有些过头。

可是，就算是宋仁宗对张贵妃如此宠爱，一旦牵涉到江山社稷、官员任免的大事，宋仁宗还是很能够把握分寸。不过，宋仁宗并非只爱江山不爱美人的冷酷皇帝，也并非爱江山更爱美人的荒淫皇帝，宋仁宗是江山美人两不误，在处理爱情和工作、家庭和事业的关系上，堪称完美。

张贵妃出身寒微，在宫中难免受人歧视，总盘算着拉自己娘家人一把。张贵妃的父亲兄弟都不够争气，或者早丧或者无能，只有伯父张尧佐比较争气。虽然关系疏远了一点，但总算是自己娘家人。张尧佐担任地方官多年，官场舆论还不错，于是顺利调到中央。可是担任什么官职好呢？张贵妃看中了“宣徽使”一职，宣徽使为皇城各衙门最高负责人，是皇帝的大总管，权力极大，油水多多，一般都是由枢密副使（类似于国防部副部长）兼任。

可是，张贵妃枕头风吹了很多遍，宋仁宗总是迟迟不动身。张贵妃每天都哭哭啼啼，宋仁宗招架不住，答应试一试。临出门，张贵妃还拍拍宋仁宗的背，说：“官家今天可不要忘了提宣徽使啊。”宋仁宗连连说：“得了得了。”很是无奈。宋仁宗上朝堂后宣布这项任命，可是包拯极力反对，说话慷慨激昂，唾沫都喷到皇帝脸上了。皇帝很无奈，只好放弃宣徽使的任命了。

以往看这则故事，往往只看到包拯的刚直敢谏和宋仁宗的仁慈虚心，可是仔细品读原文，却发现了一句奇怪的文字：“温成遣小黄门次第探伺，知拯犯颜切直，迎拜谢过。帝举袖拭面……”按照常理，一个人被人把唾沫喷到脸上后，会在第一时间擦去，可是宋仁宗没有。不但没有在朝堂上立刻擦去，就算是在散朝之后也没有擦去，一直从朝堂退出，走到后宫，来到张贵妃面前，才“举袖拭面”。

为何如此呢？很明显，宋仁宗在施展“苦肉计”。

宋仁宗就是要告诉张贵妃，不是我不把你放在心上，而是阻力实在太大，看看，我都被人吐口水啦，绝对不是骗人，有口水为证。宋仁宗还借题发挥，说：“殿丞向前说话，直唾我面。汝只管要宣徽使、宣徽使，岂不知包拯为御史乎？”言下之意，我这么受辱，完全是因为你啊。

果然，看到宋仁宗为自己受了这么大委屈，明明宋仁宗没有为自己办成事情，可是张贵妃也没有责备宋仁宗，反而主动迎上前去向宋仁宗道歉。面对大声嚷嚷、一脸愤然的宋仁宗，张贵妃小心翼翼，很久都没有再提给家人封官的事情了。

身为贵妃，大宋帝国的第二夫人，自然少不了人来巴结。宋仁宗富有天下，他的宠妃自然也是啥也不缺。大臣王拱宸（李清照的曾外公）因为反对庆历新政，刻意打压苏舜钦和范仲淹，被宋仁宗贬到地方担任知州去了。王拱宸想要调回京城，于是千方百计搜罗了一个定州红瓷器，献给张贵妃。定州瓷器本就是宋瓷中的珍品，而红瓷更是罕见的变种，据说颜色犹如朱砂，晶莹剔透又如美玉。

张贵妃见到后爱不释手，但知道宋仁宗不喜欢后妃和大臣来往，干预朝政，只是偷偷赏玩。有一天宋仁宗临时到来，张贵妃来不及收藏好定州红瓷，被宋仁宗发现了。宋仁宗一看大怒，生气地说："安得此物?"张贵妃看到仁宗大怒，也不敢隐瞒，供出了王拱宸。宋仁宗说："尝戒汝不得通臣僚馈遗，不听何也?"叫你不要收人家的礼物，你怎么就是不听话？宋仁宗不但是嘴上说说，还抄起柱斧（宋朝皇帝经常拿在手上的一种水晶装饰品，类似玉如意）一下子把瓷器给砸碎了。张贵妃一脸愧色，连忙下跪请罪。

可是，就算张贵妃总是宣扬自己绝不收礼，还是有许多人想破了脑袋用各种方法来表达自己的"心意"。像宋仁宗朝名臣文彦博，出身名门，位高权重，后来更是官拜宰相，有时候也不能免俗。张贵妃的父亲本是文彦博父亲的朋友，两人早年就认识。文彦博想要借重张贵妃之力拜相，费尽心思得到了一匹珍贵的用金线编织的蜀地灯笼锦。张贵妃得到之后大喜，用灯笼锦做了一件华丽的礼服。张贵妃在上元佳节宫廷大宴时穿上新衣，一时艳惊四座，连宋仁宗都频频注目。可是，当宋仁宗听说这个灯笼锦是文彦博所献，就算宴会上人多嘴杂，容易惹是非，宋仁宗还是登时沉下脸来，给了张贵妃一个大大的难堪。

不过，宋仁宗还是很注意分寸的，毕竟，要让自己的女人斩断所有人情往来，似乎也不大现实。王拱宸献上定州红瓷，宋仁宗一柱斧砸掉，而文彦博献上灯笼锦，宋仁宗只是给了点脸色。关键是因为王拱宸是反对朝廷新法，且恶意陷害朝臣的贬斥之臣，这种人绝对不能轻易赦免，于是宋仁宗态度强硬。而文彦博和张贵妃毕竟算是世交，互相有点人情往来，也不是不可以。只是一个是后妃，一个是朝廷重臣，并且是呼声很高，即将拜相的朝廷重臣，一旦勾结，很有可能操纵朝政，宋仁宗必须防患于未然。于是，按照正常程序，宋仁宗任命了文彦博为宰相，可是，当御史提出文彦博宰相曾经献给张贵妃灯笼锦的事情时，宋仁宗趁机发难，把文彦博罢相，以警醒大臣与自己的女人们。为了双方的脸面，宋仁宗把那个提出弹劾的御史也罢官，算是找了个平衡。

当然，宋仁宗如果只是一味强硬，总是使用家庭暴力，动手脚，甩脸子，那也算不得艺术。宋仁宗在处理家庭和事业关系，处理江山和美女关系时，还注意以理服人，以情动人。

当时的宫廷，常常是大宋流行元素的发源地，不但关系到大宋的政治、军事，还关系到大宋的经济、生活。像金橘，本是江西的特产，因为出产地太偏远，开封府的许多人都不认识。可是有一次江西的官员献上金橘，张贵妃一吃就爱上了这口，于是京城都流行吃金橘了，价格一下暴涨几十倍。

金橘不是什么贵重物品，价格比较低廉，对百姓的生活影响比较小，可是珍珠就不同了。宋代的珍珠，价格多是黄金的10倍。有一年，广州有一个外国商人非法携带一批珍珠进入，被官府抓捕充公。珍珠运到京城，宋仁宗带着后宫嫔妃集体观赏，当时张贵妃也在旁边。一看到硕大无暇的珍珠，张贵妃就走动不了。看到心爱的女人如此喜欢，宋仁宗自然大方地将珍珠赏赐给她。可是其他嫔妃不干了，平时皇帝就经常赏赐一些好东西给张贵妃，现在又给珍珠，实在太偏心了。宋仁宗也怕烦，就答应让人去集市上购买类似的珍珠，结果京城的珍珠价格暴涨。

宋仁宗听到之后很是担忧，本来当时就国家多难，西北不宁，又常年给辽国和西夏支付岁币，国库不充裕，若是因为购买珍珠这样的装饰品，耗费大量钱财，实在不划算。可是，也不能无视其他嫔妃。后宫不宁，朝廷难安啊。怎么办呢？众位妃嫔之所以要买珍珠，其实不是为了珍珠本身，只不过是不忿唯独张贵妃得到珍珠罢了。如果张贵妃能够主动放弃，其他人自然也就不会纠缠了。

几天之后，皇帝召集众位嫔妃观赏牡丹。皇后和嫔妃都到了，唯独张贵妃最后到，还满头戴满了前两天宋仁宗单独赏赐的名贵珍珠。众位妃嫔一看张贵妃那神气活现的样子，都很忌妒，曹皇后更是脸如寒冰。宋仁宗没有像以往一样迎上前去，而是站立不动，等张贵妃走过来。不但如此，宋仁宗还把袖子遮住自己的脸面，说:“满头白纷纷，更没些忌讳！”言下之意，说张贵妃实在难堪，一头的白色珍珠，仿佛死了人服丧一样。一听到宋仁宗这么说，所有嫔妃都哈哈大笑起来。张贵妃羞愧死了，急忙回去换了一件寻常衣服。宋仁宗看了很高兴，亲自上前给张贵妃在头上簪了一朵艳丽的牡丹花。于是，所有嫔妃都不戴珍珠首饰，改插牡丹花了。自然，京城的珍珠价格也恢复到了正常价格。

宋仁宗用一朵牡丹花就平抑了京城珍珠价格，更平衡了众位妃嫔的争议，处理好了家庭和事业、爱情和工作、美人和江山的关系，可谓高明！

附录一

985~1040年北宋历史进程和宰执变化表

	历史基本进程	宰执变化
立储之争（宋太宗中后期：985–997年）	1. 雍熙二年（985年）九月，宋太宗长子楚王赵元佐因焚烧宫殿被废	李昉任宰相
	2. 雍熙三年（986年）十月，太宗次子陈王赵元僖出任开封尹	端拱元年（988年），李昉罢相。在赵元僖的运作下，赵普第三次拜相。太宗为平衡相权，以吕蒙正为次相
	3. 淳化元年（990年），辽帝册封李继迁为夏国王，李继迁正式叛宋	正月，赵普病退
	4. 淳化二年（991年）九月，在赵元僖与吕蒙正的策划下，言官宋沆请立开封尹陈王赵元僖为皇太子，遭到太宗打压	九月末，吕蒙正罢相，李昉复相，张齐贤出任次相
	5. 淳化三年（992年）十一月，赵元僖误服毒酒死亡。皇储争夺战再次白热化	
	6. 淳化四年（993年）末，王小波、李顺在四川发动起义，震动天下。朝廷派遣宦官王继恩率军出征，历时一年余，至道元年（995年）二月方平定叛乱	淳化四年，李昉、张齐贤罢相，吕蒙正复相
	7. 淳化五年（994年），因寇准进言，皇三子赵元侃晋封寿王，任开封尹	
	8. 至道元年（995年），赵元侃被正式册封为皇太子，改名赵恒	四月，为保护皇太子，宋太宗罢黜吕蒙正，起用素有忠贞之名的吕端为宰相
	9. 至道二年（996年），辽国内乱，宋太宗派五路大军攻打西夏，无功而返，错过灭夏良机	

续表

	历史基本进程	宰执变化
平定三乱（宋真宗初期：997–1004年）	1. 至道三年（997）三月，宋太宗病故，皇太子赵恒即位，史称宋真宗。太宗李皇后、大宦官王继恩勾连参知政事李昌龄，图谋拥立楚王为帝。在吕端的帮助下，真宗击败了王继恩集团	四月，李沆升任参知政事。五月，参知政事李昌龄被罢黜。八月，曹彬任枢密使，向敏中升任枢密副使
	2. 咸平元年（998年）八月，益州军士刘旰叛乱，马知节、张咏、上官镇火速平叛	年末，吕端因老病告退，熟知军务的张齐贤任宰相，风格稳健的李沆任次相
	3. 从咸平二年（999年）起，辽国频繁攻打宋朝。宋真宗一度亲征，全力对抗辽国	咸平二年，曹彬病故，禁军大将王显升任枢密使
	4. 咸平三年（1000年）正月，益州军士王均叛乱，建立大蜀。十月，叛乱被剿灭。张咏再度主持蜀地政务	二月，因包庇傅潜，王显被罢枢密使。 十一月，因朝会失仪，张齐贤罢相。李沆、吕蒙正、向敏中出任宰相
	5. 咸平五年（1002年）三月，西夏王李继迁趁宋辽开战攻下灵州，改灵州为西平府，以西平府为都城。之后，李继迁继续向西南扩张，与吐蕃交锋	向敏中因违法购房罢相
	6. 咸平六年（1003年）五月，西夏王李继迁被吐蕃军队击杀，其子李德明继位，对宋暂时采取观望态势	吕蒙正因病请辞
	7. 景德元年（1004年）正月，宋真宗欲册封后宫刘娥为贵妃，遭到宰相李沆严词拒绝。 闰九月，宋辽大决战，最终辽军统帅被击杀，宋辽双方在澶州城下签订盟约。此后，宋辽盟好百年。 不久，西夏李德明对宋称臣。宋朝正式进入一个快速发展的和平时期	七月，李沆病故。真宗藩邸旧臣毕士安由翰林学士飙升至宰相，寇准任次相，王继英任枢密使，王钦若任参知政事，陈尧叟、冯拯任枢密副使
封禅与封后（宋真宗中期：1005–1016年）	1. 景德二年（1005年）后，外患既除，内忧遂起。抗辽时就已经存在的派系争斗进一步激化。王钦若趁机抹黑寇准，提议封禅	景德二年十月，毕士安病故。 景德三年二月，寇准罢相，王旦升任宰相，王钦若、陈尧叟任枢密使，冯拯、赵安仁升任参知政事，丁谓升任三司使
	2. 景德四年（1007年）四月，郭皇后去世，宋真宗提议以美人刘娥为后，遭到参知政事赵安仁强烈反对。年底，宋真宗与王钦若、王旦谋划封禅	马知节升任枢密副使
	3. 大中祥符元年（1008年）正月，宋真宗亲自导演“天书降世”。九月，宋真宗启程前往泰山封禅。 二年，丁谓主持修建玉清昭应宫	

续表

	历史基本进程	宰执变化
封禅与封后（宋真宗中期：1005–1016 年）	4. 大中祥符三年（1010 年）四月，修仪刘娥“诞下”皇子，此子即后来的宋真宗。 四年，宋真宗祭祀汾阴后土神	
	5. 大中祥符五年（1012 年），景灵宫开始修建。十二月，德妃刘娥封后	四月，向敏中任次相。九月，参知政事赵安仁被罢，王钦若、陈尧叟兼平章事，丁谓由三司使升任参知政事
	6. 大中祥符七年（1014 年）六月，因边关奏报问题，枢密院王钦若、陈尧叟、马知节三长官吵闹不休，真宗一怒之下将三人全部罢黜	六月末，寇准还朝，任枢密使
	7. 因寇准打压林特，引发不满，大中祥符八年（1015 年）四月，寇准罢黜，王钦若、陈尧叟复位	
	8. 大中祥符九年（1016 年），大将曹玮在三都谷大败吐蕃军队，此后百年吐蕃不敢扰边	八月，陈尧叟因老病请辞，丁谓主动请求外放，以避党争。王曾、张知白升任参知政事
帝后之争（宋真宗后期：1017–1022 年）	1. 天禧元年（1017 年）七月，王旦因老病辞官，党争再度达到高潮。此后一两年，在王钦若的排挤下，王曾、张知白、马知节先后被罢免	向敏中升任首相，王钦若升任次相，李迪任参知政事，曹利用任枢密副使
	2. 天禧三年（1019 年），因奉迎天书有功，寇准还朝。向敏中老病，朝廷大全尽在次相寇准手中	六月，王钦若罢相，寇准继任次相，丁谓、曹利用升任枢密使
	3. 天禧四年（1020 年）三月，向敏中病故。 六月，周怀政、寇准谋划太子监国，废黜皇后。政变失败后，周怀政被杀，寇准罢相。 十一月，宰相李迪和丁谓当众吵架。冯拯渔翁得利，最终李迪罢相，丁谓神奇地留了下来	本年，向敏中、寇准、李迪、丁谓、冯拯先后出任宰相。王曾复任参知政事，钱惟演任枢密副使
	4. 乾兴元年（1022 年）二月，宋真宗弥留之际，为保证皇太子即位，提拔不少品性忠正的官员进入宰执	张士逊任枢密副使，吕夷简、鲁宗道任参知政事

续表

	历史基本进程	宰执变化
太后垂帘（1022–1033年）	1. 乾兴元年六月，雷允恭擅自改动真宗皇陵地址，王曾揭发丁谓恶行，丁谓罢相	六月，冯拯升任首相，王曾升任次相。曹利用由枢密使兼侍中，位在王曾之上。与丁谓亲厚的枢密使钱惟演外放出京
	2. 天圣元年（1023年）九月，冯拯病退，刘太后秘密召回王钦若主持政务	王钦若任首相，王曾任次相
	3. 天圣三年（1025年）十一月，王钦若病逝，刘太后亲赴吊唁，厚加赏赐	十一月，王曾升任首相，张知白任次相
	4. 天圣六年（1028年），次相张知白病危。因举荐谁继任次相，王曾和曹利用矛盾激化	三月，曹利用举荐枢密副使张士逊升任次相
	5. 天圣七年（1029年）正月，因侄儿“谋逆”，曹利用被贬官流放，后病死。二月，参知政事鲁宗道去世，次相张士逊因救援曹利用被罢相外放。六月，因火灾事件，宰相王旦被罢相外放	二月，参知政事吕夷简升任宰相，夏竦、薛奎升任参知政事，陈尧叟之弟陈尧佐升任枢密副使
	6. 天圣十年（1032年），大内火灾，吕夷简力挺仁宗。十一月，刘太后病重，改元明道。 西夏王李德明去世，其子李元昊继任，图谋攻宋。宋加封吐蕃以牵制西夏	二月，张士逊回京出任次相
	7. 明道二年（1033年）二月，刘太后身穿冠冕拜谒太庙。三月，刘太后驾崩	
清党废后（宋仁宗亲政初期：1034–1040年）	1. 明道二年三月，宋仁宗亲政，以生母事件对朝廷进行清洗，太后一党尽数被驱逐。 十一月，皇后郭氏划伤仁宗，在仁宗与吕夷简的合作下，郭皇后被废	四月，以吕夷简为首的宰执班子几乎全被罢黜。仁宗老师李迪拜相。十月，吕夷简回京出任次相
	2. 景佑年间（1034–1037年），宰相吕夷简厉行改革，举荐贤臣，国内一片太平景象。苏轼云：宋兴七十余年,民不知兵,富而教之，至天圣、景佑极矣	景佑二年（1035年），李迪罢相。王曾出任次相。 景佑四年（1037年），因二相不和，吕夷简和王曾同日罢黜。王随，陈尧佐升任宰相
	3. 宝元元年（1038年），西夏李元昊攻宋，宰相举措不力。谏官韩琦上书弹劾，王随、陈尧佐罢免	三月，张士逊、章得象出任宰相
	4. 康定元年（1040年），张士逊喝酒失礼罢黜相位。五月，吕夷简出任宰相，调集人马抗击西夏	三月，晏殊、宋绶出任枢密副使

附录二

本书主要人物生平（以出场先后为序）

赵元佐（965–1027年），宋太宗长子，少年时最受太宗宠爱，后因救护叔父秦王赵廷美被太宗废黜。宋真宗即位后，恢复其楚王爵位，于宋仁宗天圣五年（1027年）去世。

赵元僖（966–992年），宋太宗次子，雍熙年间赵元佐被废后，倍受太宗宠爱，出任开封尹。淳化三年（992年），因误饮毒酒去世。

宋真宗（968–1022年），宋太宗第三子，原名赵元侃。至道元年（995年）受封皇太子，至道三年三月即皇帝位。此后数年扫平内忧外患，成“咸平之治”。景德元年（1004年）御驾亲征，击败辽军，订立盟约，宋朝正式进入和平时期。此后迷恋封禅，大兴土木，然在位期间多有善政，经济腾飞，为“仁宗盛治”的出现打下了坚实基础。

寇准（961–1023年），宋朝太宗、真宗朝重臣。30岁出头进入宰执，一生两度拜相，力促真宗亲政，为抗辽第一功臣。晚年与周怀政谋划拥立太子监国。政变失败后被驱逐出京，死在贬所。

吕端（935–1000年），本为太宗二皇子赵元僖属官，因忠诚守义被太宗赏识。太宗晚年拜相，护卫真宗即位，挫败王继恩政变密谋。有“吕端大事不糊涂”之美誉。

王继恩（？–999年），太祖、太宗时代最活跃的大宦官。太祖末年违背宋皇后旨意，召晋王赵光义入宫。太宗即位后，王继恩更率兵出征川蜀，成就军功。晚年与太宗李皇后谋划拥立楚王赵元佐，政变失败后自杀。

李顺（？–995年），太宗末年，川蜀民众在王小波的带领下起兵造反，提出“均贫富”的口号。王小波去世后，妻弟李顺接管起义军。淳化五年（994年）攻占成都，建立大蜀政权。至道元年（995年），在王继恩的武力征讨下，起义失败，李顺阵亡。

张咏（946–1015年），北宋太宗、真宗朝名臣，曾两任益州知州。在任期间，推行种种惠民措施，号称“三百年间治蜀第一人”。

马知节（955–1019年），太宗雍熙年间抗辽有功，后参与平定蜀地叛乱。真宗朝治理蜀地有功，升迁为枢密副使。为人耿直，与王钦若、陈尧叟不和，后任枢密使。

李继迁（963–1004年），夏州党项族领袖，因不满李继捧献出夏州，逃入大漠。辽国册封李继迁为夏国王，以牵制宋朝。宋朝几度举措失当，党项遂成尾大不掉之势。真宗初年全力抗辽，李继迁得以攻下灵州，势力进一步拓展。李继迁去世后，西夏对宋称臣。

萧太后（953–1009年），辽国杰出的政治家，本名萧燕燕，为辽景宗皇后。景宗多病，萧后参政。之后辽圣宗即位，萧燕燕以太后摄政。景德元年（1004年），率大军数十万攻宋，多方受挫后与宋订立澶渊之盟。宋辽互为兄弟之国，和好百年。

曹利用（？–1029年），本为禁军小校，澶渊之战时主动请求前往辽方进行谈判，最后以岁币30万两定盟，赢得真宗好感。真宗末年进入宰执，担任枢密使多年。天圣七年（1029年），因得罪刘太后遭到陷害，贬官流放而死。

毕士安（938–1005年），本为太宗第四子冀王赵元份属官，因表现出众，被太宗任命为翰林学士。后任开封府判官，为真宗藩邸重要大臣。咸平六年（1003年）李沆病故，毕士安越级升迁为宰相，力主抗辽，态度稳健，尽力在寇准与真宗之间斡旋。

王钦若（962–1025年），咸平年间因减免赋税为真宗器重，抗辽时主张南下金陵，后到大名府主持军务，抗辽有功。敌视寇准，力促真宗封禅。任枢密使多年，天禧元年（1017年）王旦病退后出任宰相，后因排除异己为真宗罢黜。刘太后垂帘时再度拜相，直到去世。

丁谓（966–1037年），早年受寇准赏识，在地方任职时政绩卓著，后升迁为三司使，主持全国财政多年。天禧末年出任宰相，仁宗即位后，因跋扈无礼为刘太后嫉恨。借雷允恭事件，刘太后将其罢黜。

王旦（957–1017年），咸平年间进入宰执，景德三年（1006年）出任宰相。面对真宗崇道行为，力主协调，风格稳健。在任期间，推行多项善政，人口、收入增长为两宋之冠。

钱惟演（962–1034年），吴越国王钱俶之子，其妹嫁后宫刘娥之兄刘美。力挺刘娥封后，和丁谓联姻，后出任枢密副使、枢密使。刘太后垂帘时，钱惟演被迫离京。

刘娥（968–1033年），本为川蜀女子，随龚美入京。15岁时遇上宋真宗。真宗即位后，刘娥入宫。为人机敏，权谋过人，为真宗智囊。大中祥符五年（1012年）封后。因真宗多病，刘娥主持政务。仁宗即位后，刘娥垂帘听政，一度图谋称帝，但最终放弃。史称其“有吕武之才，无吕武之恶”。

赵安仁（958–1018年），少年多才，为时人推崇。多次升迁后出任翰林学士。景德三年（1006年）出任参知政事，反对刘娥封后。大中祥符五年（1012年）被真宗借故罢黜，随即，刘娥封后。

周怀政（？–1020年），真宗朝大宦官，东宫总管，参与封禅。深受真宗、皇太子信任。后奉命与寇准谋划太子监国，政变失败后被杀。

杨亿（974–1020年），真宗朝大文豪，担任翰林学士多年，与寇准关系亲密。因参与太子监国事件遭到罢黜。

王曾（978–1038年），咸平五年（1002年）连中三元进入仕途。深受宰相王旦赏识，大中祥符末年进入宰执。为人精明，一举扳倒丁谓，出任宰相。因维护帝统，被刘太后罢黜。仁宗亲政后再度拜相。

鲁宗道（966–1029年），出任谏官时，正直敢言，不畏权贵，为真宗赏识。真宗病危时提拔鲁宗道出任参知政事。刘太后垂帘时期，鲁宗道态度鲜明地维护帝权，为刘太后敬畏。有“鱼头参政”美誉。

吕夷简（978–1044年），太宗朝名相吕蒙正侄儿。真宗年间因能力出众，调任开封尹兼参知政事。仁宗天圣七年（1029年）出任宰相，协调帝后关系，居功至伟。仁宗亲政时一度被罢，参与废后事件。主持国政多年，是促成“仁宗盛治”的首功之臣。

仁宗郭后（1012–1035年），宋初大将郭崇孙女，天圣初年，刘太后做主立郭氏为皇后。为人刁蛮，为仁宗不喜。明道二年（1033年）划伤仁宗，被仁宗废黜。数年后，凄凉死去。

赵元俨（985–1044年），宋太宗第八子，深受太宗喜爱，真宗即位多年后方出宫。有图谋称帝之心，与刘太后争斗多年。仁宗亲政后，赵元俨受到打压，居家不出。

曹玮（973–1030年），北宋名将，名将曹彬之子。在三都谷一战大破吐蕃，为真宗、仁宗朝第一名将。

包拯（999–1062年），北宋仁宗朝著名清官、谏官。接连弹劾三任三司使，后出任三司使、枢密副使。民间有“包青天”美誉。

宋祁（998–1061年），北宋仁宗朝文豪，翰林学士，主持编修《新唐书》。

柳永（984–1053年），著名词人，为北宋婉约词集大成者。其词多吟咏离愁别绪，不少篇章展现出真仁盛世的美好图景。柳永词的影响巨大，即便是在邻国，也有无数粉丝，有“凡有井水处，便能歌柳词”之说。